365일 은혜의 말씀과 명상

가정 예배서

* 성경 / 개역개정   * 찬송 / 새찬송가 (통일찬송가)

박종순·한제호·신인현·변한규 목사

한국문서선교회

머리말

　가정은 하나님께서 인간에게 주신 고귀한 선물입니다. 선물의 의미와 가치는 선물 자체의 값어치로도 평가할 수 있습니다만, 그 선물을 어떻게 보존하고 갈무리하느냐에 따라 가치가 결정됩니다. 즉 제 아무리 고귀한 선물도 그 선물을 제대로 갈무리하지 못하면 그 가치가 하락하게 되는 것입니다.

　결혼하는 젊은이들은 결혼선물을 주고받습니다. 결혼선물은 주는 사람과 받는 사람간의 사랑과 언약의 징표인 것입니다. 그래서 서로가 소중하게 관리하고 보존하는 것입니다. 하나님이 우리에게 주신 가정 역시 청지기의 원리에 따라 관리되어야 함에도 불구하고 최초의 가정은 사단의 꾐에 빠져 붕괴되고 말았습니다. 그러나 하나님은 예수 그리스도의 구속 사건을 통하여 가정도 구원해 주셨습니다. 그것은 고넬료의 가정과 같이 온 가족으로 더불어 하나님을 경외할 때 이룩되는 은총인 것입니다.

　그렇게 볼 때 가정예배란 참으로 중요한 신앙행위가 아닐 수 없습니다. 예배가 없는 교회가 존재할 수 없듯이 예배 없는 가정은 삭막한 벌판일 뿐입니다. 그러나 정작 예배를 드리려고 해도 '어떻게'의 문제가 걸리기 마련입니다. 이 점을 착안한 한국문서선교회가 가정예배를 위한 지침서로 가정예배서를 펴내게 된 것은 실로 기쁜 일이 아닐 수 없습니다.

　가정예배 인도자는 먼저 사도신경이나 간단한 묵상기도를 드린 후 본문을 교독하거나 윤독합니다. 인도자는 말씀을 전한 후에 기도하고 다함께 중보기도를 드리게 한 후 1분 정도 명상을 하게 합니다. 예배인도는 어린이나 연세 높으신 분 모두가 매일 돌아가며 하는 것이 좋을 것입니다.

　현대 가정의 위기와 도전을 이겨내는 길은 모든 가정마다 찬송과 기도가 끊임없이 메아리치는 것입니다. 이 가정예배서가 바로 그 일익을 담당함으로써 주의 말씀이 살아 역사하고 주께서 임재해 계시는 가정들이 되기를 바랍니다.

저자를 대표하여

차 례

(박종순 목사 편)

1월

1. 새해를 창조주 하나님과 함께 / 13
2. 가정을 주신 하나님 / 14
3. 나 때문입니다 / 15
4. 여호와의 이름을 부르는 가정 / 16
5. 하나님의 축복을 받는 가정 / 17
6. 여호와께 은혜를 입은 가정 / 18
7. 심판하시는 하나님 / 19
8. 용서하시는 하나님 / 20
9. 무지개의 하나님 / 21
10. 약속을 지키시는 하나님 / 22
11. 바벨탑의 교훈 / 23
12. 인도하시는 하나님 / 24
13. 양보하는 신앙 / 25
14. 하나님의 방법 / 26
15. 도우시는 하나님 / 27
16. 감찰하시는 하나님 / 28
17. 전능하신 하나님 / 29
18. 이루시는 하나님 / 30
19. 롯의 실패와 아브라함의 승리 / 31
20. 막으시는 하나님 / 32
21. 하나님, 우리 하나님 / 33
22. 하나님이 원하신다면 / 34
23. 나그네 인생 / 35
24. 여호와께 은혜를 얻으려면 / 36
25. 은혜를 주시는 하나님 / 37
26. 내림 신앙, 내림 축복 / 38
27. 경솔한 에서, 축복받은 야곱 / 39
28. 벧엘의 하나님 / 40
29. 공평하신 하나님 / 41
30. 뜻을 이루시는 하나님 / 42
31. 야곱과 함께하시는 하나님 / 43

2월

1. 압복강가에서 / 44
2. 엘 엘로헤 이스라엘 / 45
3. 디나의 교훈 / 46
4. 감사의 단을 쌓읍시다 / 47
5. 이루어진 축복 / 48
6. 꿈꾸는 요셉 / 49
7. 유다의 치욕 / 50
8. 요셉에게서 배웁시다 / 51
9. 해석은 하나님께 있지 아니하니이까 / 52
10. 총리대신이 된 요셉 / 53
11. 눈물을 씻기시는 하나님 / 54
12. 재회의 기쁨 / 55
13. 변화된 형제들 / 56
14. 고난에는 뜻이 있다 / 57
15. 브엘세바의 하나님 / 58
16. 사랑과 지혜의 사람 요셉 / 59
17. 황혼의 들녘에서 / 60
18. 야곱의 축복과 저주 / 61
19. 아벨미스라임 / 62
20. 창성한 민족 / 63
21. 이스라엘을 기억하시는 하나님 / 64
22. 모세의 소명 / 65
23. 부르시는 하나님, 거절하는 모세 / 66
24. 불신앙의 사람들 / 67
25. 하나님의 강한 손 / 68
26. 하나님의 백성, 이스라엘 / 69
27. 하나님의 권능 / 70
28. 히브리 사람의 하나님 / 71

차 례

(한제호 목사편)

3월

1. 두 가지 재앙 / 72
2. 마지막 경고 / 73
3. 유월절 어린양 / 74
4. 너는 내 것이다 / 75
5. 이스라엘을 위해 싸우시는 여호와 / 76
6. 치료하시는 여호와 / 77
7. 만나와 메추라기 / 78
8. 승리를 주시는 하나님 / 79
9. 게르솜과 엘리에셀 / 80
10. 제사장 나라, 거룩한 백성 / 81
11. 십계명을 주신 하나님 / 82
12. 율법을 주신 하나님 / 83
13. 자비하신 하나님 / 84
14. 하나님의 사람들 / 85
15. 언약의 피 / 86
16. 성소를 지어라 / 87
17. 지성소 / 88
18. 번제 제단 / 89
19. 제사장 직분 / 90
20. 제사장의 성결의식 / 91
21. 생명의 속전 / 92
22. 안식일을 제정하신 하나님 / 93
23. 금송아지를 만든 이스라엘 / 94
24. 하나님이 떠나신 이스라엘 / 95
25. 거룩하신 하나님 / 96
26. 즐겨 드리는 예물 / 97
27. 넘치는 예물 / 98
28. 법궤와 속죄소 / 99
29. 번제단 / 100
30. 순종하는 삶 / 101
31. 성막 위에 임한 여호와의 영광 / 102

4월

1. 다윗과 예수님 / 103
2. 예수님의 이름 / 104
3. 왕이신 예수님 / 105
4. 예배자의 기쁨 / 106
5. 회개에 합당한 열매 / 107
6. 하나님이 기뻐하시는 자 / 108
7. 마귀의 시험을 이기신 예수님 / 109
8. 흑암 중에 비취는 빛 / 110
9. 산상보훈에 나타난 그리스도인 / 111
10. 율법과 복음 / 112
11. 형제와 화목하자 / 113
12. 물욕을 이기는 길 / 114
13. 올바른 비판 / 115
14. 구하는 자에게 좋은 것을 주심 / 116
15. 예수님의 치유 / 117
16. 풍랑의 진정과 광인의 진정 / 118
17. 예수님의 권세 / 119
18. 죄인을 부르시는 예수님 / 120
19. 죽은 자를 살리는 권세 / 121
20. 우리 속에서 답변하시는 성령님 / 122
21. 예수님의 빛을 전하라 / 123
22. 기독 신자의 높은 지위 / 124
23. 사람을 회개시키는 능력 / 125
24. 복음의 중요성 / 126
25. 안식일의 주인이신 예수님 / 127
26. 그리스도인의 정숙 / 128
27. 언어의 중요성 / 129
28. 참된 표적과 이적 / 130
29. 복음을 이해하는 복된 눈과 귀 / 131
30. 천국의 완성 / 132

차례

5월

1. 천국의 제자된 서기관들 / 133
2. 주의 능력을 많이 받는 길 / 134
3. 세례 요한의 부음을 들으신 예수님 / 135
4. 믿음의 성장 / 136
5. 마음을 다스리는 종교 / 137
6. 바리새인과 사두개인의 누룩 / 138
7. 베드로의 신앙고백 / 139
8. 변화산의 교훈 / 140
9. 황홀 후의 경각 / 141
10. 물욕을 이기자 / 142
11. 기도의 능력 / 143
12. 청함받은 자와 택함받은 자 / 144
13. 그리스도는 누구의 아들이신가 / 145
14. 섬기는 사람의 축복 / 146
15. 선교의 사명 / 147
16. 지극히 작은 이웃의 중요성 / 148
17. 예수님의 언약의 피 / 149
18. 엘리 엘리 라마 사박다니 / 150
19. 복음 증거의 사명 / 151
20. 성경 기록의 정확성 / 152
21. 예수님의 승천 / 153
22. 예수님의 부활을 미리 본 다윗 / 154
23. 내게 있는 것으로 네게 주노니 / 155
24. 왜 우리를 주목하느냐 / 156
25. 본 것을 말하자 / 157
26. 큰 복음, 큰 이적들 / 158
27. 쉬지 않고 전도한 초대교회 / 159
28. 교회의 부흥 / 160
29. 스데반의 빛나는 얼굴 / 161
30. 스데반의 설교 / 162
31. 장애들을 물리치며 전진하는 교회 / 163

6월

1. 사울의 변화 / 164
2. 전광석화의 변화 / 165
3. 신앙 체험의 풍부성 / 166
4. 고넬료 가정의 구원 / 167
5. 성령은 누구에게 임하시는가 / 168
6. 지도자의 중재 역할 / 169
7. 안디옥교회의 실천적 신앙 / 170
8. 베드로의 옥중 구출 / 171
9. 하나님의 역사를 환상으로 여기지 말자 / 172
10. 안디옥교회의 선교사 파송 / 173
11. 선교의 현장 / 174
12. 복음의 통일성 / 175
13. 유대인을 버리고 이방인을 택하심 / 176
14. 구원받을 만한 믿음 / 177
15. 사도 바울의 충성과 용기 / 178
16. 예루살렘 공의회의 중요성 / 179
17. 서로 위로하는 교회 / 180
18. 약점을 극복하는 교회 / 181
19. 마게도냐 사람의 구원 요청 / 182
20. 찬송 소리에 흔들린 옥터 / 183
21. 성경을 상고한 베뢰아인들 / 184
22. 복음의 성화능력 / 185
23. 바울 사도의 복음 전파의 열성 / 186
24. 순교를 각오한 바울 사도 / 187
25. 바울 사도를 격려하신 예수님 / 188
26. 불의한 세속의 재판관 / 189
27. 자기의 생각과 하나님의 뜻 / 190
28. 나와 같이 되기를 원하나이다 / 191
29. 선상이 된 바울 사도 / 192
30. 복음 전도자의 자유 / 193

차 례

(신인현 목사편)

7월

1. 우리가 교회다 / 194
2. 자랑할 것 없다 / 195
3. 더 깊은 것을 아는 지혜 / 196
4. 사람은 아무것도 아니다 / 197
5. 지혜 있고 훌륭한 건축가 / 198
6. 정말 지혜로운 사람 / 199
7. 주님만이 최후 최고의 판단자 / 200
8. 아버지는 최고의 스승 / 201
9. 육신의 아픔이 영혼을 건강케 한다 / 202
10. 형제 우애 / 203
11. 우리 몸은 성전 / 204
12. 부부의 애정생활 / 205
13. 너의 처지가 나의 처지 / 206
14. 오직 한 분이신 아버지 하나님 / 207
15. 사람에게 하는 것, 주께 하는 것 / 208
16. 교역자를 위하자 / 209
17. 스스로 종이 된 삶 / 210
18. 역사에서 배우고 미래를 설계 / 211
19. 유익하고 덕스런 자유 / 212
20. 우리 가정의 머리는 하나님 / 213
21. 가난한 사람들을 부끄럽게 말자 / 214
22. 은사를 받은대로 / 215
23. 다양함에 통일을 / 216
24. 사랑이 없으면 / 217
25. 모든 것을 사랑으로 / 218
26. 성장하며 성숙한 인격 / 219
27. 알아듣게 말하는 것이 좋다 / 220
28. 화평의 하나님 / 221
29. 여신도와 교회 / 222
30. 자기소개의 겸손 / 223
31. 부활이 없다면 / 224

8월

1. 몸이 다시 사는 것 / 225
2. 드리는 자가 복이 있다 / 226
3. 위로의 하나님 아버지 / 227
4. 우리 서로 자랑이 되자 / 228
5. 근심을 주는 사랑 / 229
6. 그리스도의 향기 / 230
7. 그리스도의 편지 / 231
8. 무엇을 전파하는가 / 232
9. 우리는 보배를 담은 질그릇 / 233
10. 보이는 것과 보이지 않는 것 / 234
11. 죽음 그 다음은 / 235
12. 화목하게 하는 자 / 236
13. 화해의 사도 / 237
14. 함께 사는 것과 사귀는 것 / 238
15. 양심선언 / 239
16. 이해는 오해를 푼다 / 240
17. 연보 이전에 마음을 드리자 / 241
18. 의롭게 살자 / 242
19. 하나님이 사랑하는 자 / 243
20. 지혜 없는 자의 하는 일 / 244
21. 주 안에서 자랑하자 / 245
22. 열심 있는 중매자 / 246
23. 다른 것은 다르게 안 보인다 / 247
24. 마음의 무거움 / 248
25. 육체의 가시 같은 은혜 / 249
26. 나는 약하나 주는 강하다 / 250
27. 믿음이 있는가 / 251
28. 남을 유익하게 하는 자 / 252
29. 은혜, 사랑, 교통하심 / 253
30. 믿게 하옵소서 / 254
31. 개인전도를 배우자 / 255

차 례

9월

1. 마음으로 믿는 자 / 256
2. 믿는 자는 구원을 받는다 / 257
3. 참과 영으로 하는 예배 / 258
4. 예수를 증언하는 것들 / 259
5. 하나님의 일 / 260
6. 하나님의 뜻대로 / 261
7. 영생의 말씀 / 262
8. 말씀의 위엄 / 263
9. 양심의 가책 / 264
10. 누구의 죄인가 / 265
11. 장성한 사람 / 266
12. 참 목자 / 267
13. 사랑을 받는 비결 / 268
14. 사랑이 기적을 낳는다 / 269
15. 한 알의 밀 / 270
16. 내 제자인 줄 알리라 / 271
17. 하나님나라에 가는 길 / 272
18. 주를 떠나서는 아무것도 / 273
19. 예수는 나의 친구 / 274
20. 성령께서 하시는 일 / 275
21. 임마누엘 / 276
22. 예수님의 기도 / 277
23. 세 번 부인한 베드로 / 278
24. 예수의 나라 / 279
25. 민주주의의 오류 / 280
26. 세계의 왕 예수 / 281
27. 평강·성령·용서 / 282
28. 믿는 자가 되라 / 283
29. 성경이 목적하는 것 / 284
30. 보다 더 사랑하느냐 / 285

(변한규 목사편)

10월

1. 인도하신 여호와 / 286
2. 방황하는 이스라엘 / 287
3. 대장 되시는 여호와 / 288
4. 참 하나님 되시는 여호와 / 289
5. 호렙산에서의 언약 / 290
6. 이스라엘아 들으라 / 291
7. 신실하신 하나님 / 292
8. 기억하라 그리고 바라보라 / 293
9. 과거를 회상하라 / 294
10. 우리에게 요구하시는 것 / 295
11. 여호와께서 행하신 큰 일 / 296
12. 참된 제사를 드리라 / 297
13. 거짓 선지자를 물리치라 / 298
14. 여호와의 자녀 / 299
15. 안식년에 대한 규례 / 300
16. 세 절기를 지키라 / 301
17. 여호와의 목전에 / 302
18. 기업이 되시는 여호와 / 303
19. 도피성을 지으라 / 304
20. 거룩한 전쟁 / 305
21. 네 부모에게 순종하라 / 306
22. 신앙의 순결을 지켜라 / 307
23. 선민된 삶의 원리 / 308
24. 자비를 베풀라 / 309
25. 젖과 꿀이 흐르는 땅 / 310
26. 돌단을 쌓으라 / 311
27. 축복과 저주 / 312
28. 모든 일이 형통하리라 / 313
29. 여호와께 놀아오라 / 314
30. 자녀로 듣고 배우게 하라 / 315
31. 모세가 만난 하나님 / 316

차 례

11월

1. 함께하시는 하나님 / 317
2. 상천하지의 하나님 / 318
3. 요단강을 건너라 / 319
4. 이 돌들은 무슨 뜻이뇨 / 320
5. 가나안에서의 새출발 / 321
6. 여리고성을 정복하라 / 322
7. 새벽의 하나님 / 323
8. 패배한 이스라엘 / 324
9. 드러난 범죄 / 325
10. 불타는 아이성 / 326
11. 신실하신 하나님 / 327
12. 너를 당할 자 없으리라 / 328
13. 태양아 머무르라 / 329
14. 전쟁을 주관하시는 하나님 / 330
15. 점령당한 왕들 / 331
16. 얻은 땅과 얻을 땅 / 332
17. 칼에 죽은 발람 / 333
18. 가나안 땅의 분배 / 334
19. 축복받은 갈렙 / 335
20. 유다 지파의 영토 / 336
21. 요셉 후손의 축복 / 337
22. 에브라임 지파의 불순종 / 338
23. 므낫세 지파의 기업 / 339
24. 실로에 세운 회막 / 340
25. 나머지 지파의 기업 / 341
26. 도피성을 만들라 / 342
27. 레위 지파의 기업 / 343
28. 요단 강변의 제단 / 344
29. 여호수아의 유언(I) / 345
30. 여호수아의 유언(II) / 346

12월

1. 불완전한 가나안 정복 / 347
2. 사사를 세우신 하나님 / 348
3. 남겨 둔 나라들 / 349
4. 여선지자 드보라 / 350
5. 드보라와 바락의 노래 / 351
6. 함께하시는 여호와 / 352
7. 큰 용사 기드온 / 353
8. 기드온 삼백 용사 / 354
9. 여호와와 기드온의 칼이여 / 355
10. 기드온의 삶 / 356
11. 갚으시는 하나님 / 357
12. 범죄하는 이스라엘 / 358
13. 세움을 받는 입다 / 359
14. 입다의 서원 / 360
15. 에브라임의 불평 / 361
16. 삼손의 출생 / 362
17. 삼손의 청년 시절 / 363
18. 부르짖은 자의 샘 / 364
19. 쓰러진 삼손 / 365
20. 왕이 없는 이스라엘 / 366
21. 단 지파의 죄악 / 367
22. 레위인의 죄악 / 368
23. 베냐민의 전쟁 / 369
24. 베냐민 족속의 회복 / 370
25. 다윗의 조상 룻 / 371
26. 고향을 떠나는 엘리멜렉 / 372
27. 룻의 위대한 결단 / 373
28. 이삭 줍는 룻 / 374
29. 나오미의 제안 / 375
30. 룻의 결혼 / 376
31. 일곱 아들보다 귀한 자부 / 377

새해를 창조주 하나님과 함께
♣ 성경 창세기 1장 (외울요절 28절)   찬송 552(358)장 ♣

영광의 하나님, 창조주 하나님께서 새해를 선물로 주셨습니다. 희망의 새해를 감격 속에 맞이하면서 창조의 놀라운 사역이 우리 가정에서도 이루어지기를 원합니다. 새해 첫날, 창세기 1장이 주는 교훈을 먼저 생각해 봅니다.

첫째로 하나님은 빛을 만드신 분이십니다. 창조가 있기 전, 땅은 혼돈하고 공허하며 흑암이 깊음 위에 있었습니다. 새해가 시작되기 전, 우리의 가정도 혼돈과 무의미와 허무, 영적인 어두움에서 살고 있지는 않았습니까? 그러나 비록 우리가 흑암 가운데 헤매일 때에도 하나님의 신인 성령께서는 우리와 함께 거하고 계셨습니다.

우리의 가정도 빛 되신 주, 영광의 하나님이 찾아오실 때 질서가 잡혀지고, 의미를 되찾으며 빛 가운데 거하게 됩니다.

둘째로 하나님은 축복하시는 분이십니다. 인간은 하나님께서 창조하신 피조물 중에서 가장 많은 축복을 받았습니다.

올해 우리 가정도 생육하고 번성하여 땅에 충만한 가정, 땅을 정복하는 가정, 모든 생물을 주님의 뜻대로 잘 다스리는 가정이 되기를 원합니다.

✜ 기 도

새해를 감격 속에 맞이하게 해 주신 하나님, 은혜와 사랑에 감사를 드립니다. 새해 동터 오름과 동시에 지난해의 혼돈과 공허, 어두움이 물러가게 하시고, 저희 가정을 다스리셔서 승리하는 한해로 축복하여 주옵소서. 창조주 하나님의 성호를 찬송하게 하옵소서. 예수님의 이름으로 기도합니다. 아멘

✜ 중보기도

한민족이 복음화 되어서 창조주 하나님의 축복을 받을 수 있도록.

✜ 명 상

올해에는 하나님께서 어떤 일을 행하실까? 우리에게 무슨 말씀을 하실까? 설레임 속에서 기도하며 기대해 봅시다.

가정을 주신 하나님

♣ 성경 창세기 2장(외울요절 24절)   찬송 559(305)장 ♣

하나님께서 인간에게 축복으로 주신 두 가지 제도가 있는데 안식일과 가정제도입니다. 6일 동안의 창조사역을 다 마치신 하나님은 일곱째 날을 복 주사 거룩하게 하셨고, 그 날에 안식하면서 모든 피조물로 하여금 쉴 수 있도록 만드셨습니다. 또한 하나님께서는 두 남녀를 짝 지어 한 몸을 이루게 하셨습니다. 우리는 이 결혼제도 속에서 다음 몇 가지 교훈을 얻을 수 있습니다.

첫째는 "떠나라."는 명령입니다. 자신의 도리나 효행에서 떠나라는 말이 아니라, 부모를 의존하던 생활에서 떠나 자립의 세계를 이룩하라는 뜻입니다.

둘째로 "연합하라."는 명령입니다. 연합한다는 말은 '풀로 붙인다.' '교착시킨다.'는 말입니다. 결혼은 두 장의 종이를 풀로 붙인 상태와 같은데 그 상태를 떼려면 서로에게 치명적인 상처와 아픔이 뒤따릅니다.

셋째로 "한 몸을 이루라."는 명령입니다. 정신적으로 한 몸을 이루고 신앙적으로 하나가 되라는 말입니다.

하나님께서 결혼제도를 주신 뜻을 명심하면서, 우리 가정이 아름답고 행복한 에덴이 되도록 기도합시다.

✞ **기 도**

가정을 허락하신 하나님, 가정을 통해서 참 안식을 경험케 하시니 감사드립니다. 가정을 주신 하나님의 뜻을 잘 헤아려 가정을 통해 서로 사랑하며 하나님께 영광을 돌리게 하옵소서. 이웃과 모든 친척들에게 본이 되는 모범가정을 이루게 하옵소서. 예수님의 이름으로 기도드립니다. 아멘

✞ **중보기도**

결손 가정과 미혼모와 고아들을 위해서.

✞ **명 상**

그리스도는 이 집의 주인이시며 식사 때마다 보이지 않는 손님이시고 모든 대화에 말없이 듣는 분이십니다.

나 때문입니다
♣ 성경 창세기 3장 (외울요절 12절)   찬송 312(341)장 ♣

가정의 행복을 이루어가는 데 가장 중요한 요소는 무엇일까요?
가정은 하늘나라의 모형이요 사랑을 연습하고 경험하는 생의 도장입니다. 그러나 가정이 항상 아름다운 낙원만은 아닙니다. 가정을 행복의 동산, 에덴으로 만들기 위해서는 엄청난 노력이 소요됩니다. 가정의 행복을 가능케 하는 필수 불가결한 요소는 무엇일까요? 그것은 바로 '나 때문이요.' 라는 고백입니다.
남편이 아내에게, "여보, 모든 것이 다 내 잘못이요. 나를 용서해 주겠소?"
아내는 남편에게, "아니에요. 모든 것이 다 저 때문이에요."
부모가 자식에게, "다 나 때문이다."
자식이 부모에게, "죄송합니다. 저 때문이에요."
이와 같은 '나 때문' 의 고백은 가정을 에덴으로 만드는 힘을 가지고 있습니다. "나 때문입니다."의 고백은 가정을 행복하고 화목하게 하지만, 아담과 하와처럼, "너 때문이야."라는 질타는 가정을 파괴하고 불행하게 만듭니다. "이 풍랑을 만난 것이 모두 나의 연고입니다."라는 요나의 고백이 우리 입에서도 고백되어지는 하루가 되기를 원합니다.

✟ **기 도**
가정을 주신 하나님, 가족들이 가정의 잘못된 일들이 자신 때문임을 고백하고, 가정을 에덴으로 만들어 가게 하옵소서. 예수님의 이름으로 기도드립니다. 아멘

✟ **중보기도**
'너 때문이야.' 의 가정이 '나 때문이야.' 의 가정으로 바뀌도록.

✟ **명 상**
요나가 대답하되, "나를 들어 바다에 던지라 그리하면 바다가 너희를 위하여 잔잔하리라 너희가 이 큰 폭풍을 만난 것이 나 때문인 줄을 내가 아노라 하니라"(욘 1:12).

여호와의 이름을 부르는 가정

♣ 성경 창세기 4장(외울요절 26절)   찬송 10(34)장 ♣

아담이 비록 에덴동산에서 쫓겨났음에도 불구하고 아담은 하나님의 은혜로 아들을 선물로 받았습니다. 인간의 죄가 아무리 깊고 붉더라도 죄인을 용서하시는 하나님의 사랑은 더 넓고 깊습니다.

하나님의 은혜로 이 땅에 태어나게 된 가인은 당연히 하나님께 영광을 돌리며 살아야만 했습니다. 그러나 가인은 자신이 엄청난 은혜를 받은 자임을 망각하고 죄의 노예가 되어 죄의 다스림을 받았고 마침내 시기심으로 동생을 죽이는 끔찍한 범죄를 저지른 것입니다.

가인은 회개의 기회를 소홀히 하여 하나님의 돌이킬 수 없는 심판을 받았습니다. 그 심판으로 열심히 일해도 소득이 없고 공수래 공수거의 인생이 된 것입니다. 또한 유리하는 자가 되었습니다. 목적도 없이 끊임없이 황량한 인생길을 가는 사람이 된 것입니다. 하나님께서 여호와의 이름을 부르는 것도 금지시키셨습니다.

오늘날 가인과 같이 범죄한 우리가 여호와의 이름을 부른다는 것은 기적입니다. 그 기적은 하나님의 아들 예수 그리스도의 보혈 때문에 이루어졌습니다. 하나님의 이름을 부를 수 있을 때 소리 높여 부릅시다. "여호와여!"

✝ **기 도**
하나님 여호와여, 새 날을 주셔서 감사드립니다. 우리 가정이 오늘도 여호와의 크신 이름을 마음껏 소리 높여 부르게 하옵소서.
예수님의 이름으로 기도드립니다. 아멘

✝ **중보기도**
여호와의 이름이 거룩히 여김을 받도록 힘써 일하는 가족이 되기 위해서.

✝ **명 상**
"우리 구원의 하나님이여 주의 이름의 영광스러운 행사를 위하여 우리를 도우시며 주의 이름을 증거하기 위하여 우리를 건지시며 우리 죄를 사하소서"(시 79:9).

하나님의 축복을 받는 가정

♣ 성경 창세기 5장(외울요절 24절)   찬송 395(450)장 ♣

창세기 5장은 아담의 계보를 기록한 장입니다. 여기서 우리는 아담이 받은 축복을 세 가지로 나누어 생각해 볼 수 있습니다. 첫째로, 아담은 하나님의 형상대로 지음받았습니다. '하나님의 형상대로'라는 말은 하나님을 닮도록 지음을 받았다는 말입니다. 모든 피조물 중에서 오직 인간만이 하나님의 형상대로 지음을 받는 축복을 받은 것입니다. 둘째로, 가정의 축복입니다. 가정은 사랑과 화합의 장소요 힘을 얻는 장소입니다. 아담이 독처하는 것을 보시고 아담에게 돕는 배필 아내를 주심으로 아담을 강하고 온전케 하셨습니다. 셋째로, 생육의 축복입니다. 생육의 축복을 통하여 아담의 자손들은 이땅에서 자손을 낳으며 장수의 축복을 누리며 살 수 있었습니다.

하나님께 복받는 비결을 살펴봅시다. 첫째로 하나님과 동행하는 삶입니다. 창세기 5:21~24을 보면 하나님과 동행한 에녹의 삶이 나옵니다. 하나님과 동행하면서 오는 기쁨과 평안은 그 어느 것에서도 맛볼 수 없는 생의 희열입니다. 우리 가정도 하나님과 늘 동행하는 가정이 되어야겠습니다. 둘째로 여호와의 이름을 아는 것입니다. 우리를 사랑하고 축복하시는 하나님의 거룩하신 이름 앞에 무릎을 꿇을 때 축복을 받습니다.

✞ 기 도
　가정의 주인 되시는 하나님, 우리 가정으로 하여금 늘 하나님과 동행하게 하시고, 거룩하신 이름을 찬송하게 하옵소서. 예수님의 이름으로 기도합니다. 아멘

✞ 중보기도
　성도들의 모든 가정이 하나님과 동행하게 되기를 위하여.

✞ 명 상
　내 아들아 나의 법을 잊어버리지 말고 네 마음으로 나의 명령을 지키라……그리하면 네가 하나님과 사람 앞에서 은총과 귀중히 여김을 받으리라(잠 3:1~4).

여호와께 은혜를 입은 가정

♣ 성경 창세기 6장(외울요절 22절) 찬송 310(410)장 ♣

하나님께서는 사람들의 죄악으로 인해 근심하시면서, "내가 창조한 사람을 지면에서 쓸어버리겠다."는 심판의 말씀을 하셨습니다. 이 시간 나의 마음과 입술의 말 중에서 하나님 보시기에 악한 것은 없는가 돌이켜 봅시다.

죄악이 이처럼 관영하는 속에서 오직 여호와께 은혜를 받은 사람이 있었으니 그는 노아였습니다. 그 이유를 살펴봅시다.

첫째로 노아는 의로운 사람이었습니다. 그는 선한 삶을 살아가던 사람이었습니다. 죄의 노예가 아니라 오히려 선으로 죄를 다스리며 살던 사람이었습니다. 노아의 의로운 삶은 하나님께도 인정을 받아 당대에 있어서 완전한 자라는 칭찬을 들었습니다.

둘째로 순종의 사람이었습니다. 하나님께서 노아에게 심판을 대비해서 방주를 지으라고 말씀하셨을 때, 노아는 그대로 순종하였습니다(22절).

우리 가정이 하나님께 은혜를 받으려면 의로운 일에 힘써야 합니다. 하나님 앞에서 의로운 일이란 무엇입니까? 그것은 의로우신 예수 그리스도를 전하는 것입니다. 하나님께서 무슨 말씀을 하시든지 그대로 순종하여 주의 축복을 받는 가정이 됩시다.

✞ 기 도

하나님, 노아처럼 우리 가정도 의로운 가정, 순종하는 가정이 되게 하여 주옵소서. 믿음은 바라는 것들의 실상이요 보지 못하는 것들의 증거라 하셨사오니, 앞으로 닥칠 불심판에 믿음으로 대처하는 온 식구가 되게 하여 주옵소서. 예수님의 이름으로 기도드립니다. 아멘

✞ 중보기도

모든 가정이 의로운 가정, 순종하는 가정이 될 수 있도록.

✞ 명 상

예수 그리스도로 옷 입고 정욕을 위하여 육신의 일을 도모하지 말라(롬 13:14).

심판하시는 하나님

♣ **성경** 창세기 7장(외울요절 23절)   **찬송** 274(332)장 ♣

창세기 7장에서는 죄의 삯은 사망임을 알게 합니다. 즉 모든 삶 뒤에는 반드시 심판이 있다는 것입니다. 심판의 날은 두렵고 무서운 날입니다.

그 날에 큰 깊음의 샘들이 터지며 하늘의 창들이 열려 사십 주야를 땅에 비가 쏟아졌습니다. 하나님의 심판이 있은 후 육지에 있어 코로 호흡하는 생물은 다 죽었습니다. 그러나 하나님은 심판하시면서 동시에 은혜를 베푸시는 분입니다. 여호와께서 노아에게, "너와 네 온 집은 방주로 들어가라 이 세대에서 네가 내 앞에 의로움을 내가 보았음이니라"(1절)고 하셨습니다.

모두 다 하나님의 심판을 받은 것은 아닙니다. 우리는 여기서 일말의 희망을 가질 수 있습니다. 하나님 앞에서 경건한 삶을 살던 노아의 가정이 구원을 받은 것입니다. 하나님은 노아에게 심판이 있을 것을 미리 알려 주셨고, 심판에 대비해 방주를 만들고 먹을 모든 식물을 저축하라고 하셨습니다.

하나님은 하나님을 경외하는 가정에 은혜를 베푸십니다. 우리는 창세기 7장에서 하나님의 자상함을 발견합니다.

주님께서 말씀하셨습니다. "항상 깨어 있어라!" 심판이 있음을 알고 방주 되신 예수 그리스도를 영접하고 하나님을 경외하는 가정이 됩시다.

✝ **기 도**

여호와 하나님, 창세기 7장을 통하여 심판하시는 하나님의 모습을 보았습니다. 우리 가정에 은혜를 내리셔서 하나님을 경외하게 하시고, 풍랑 이는 세상에서 구원하여 주옵소서. 주 예수님의 이름으로 기도드립니다. 아멘

✝ **중보기도**

가정예배가 더욱 은혜스럽게 진행되고, 온 가족이 참여하기를 위해서.

✝ **명 상**

그러므로 이제 그리스도 예수 안에 있는 자에게는 결코 정죄함이 없나니 이는 그리스도 예수 안에 있는 생명의 성령의 법이 죄와 사망의 법에서 너를 해방하였음이라(롬 8:1~2).

20 / 1월 8일

용서하시는 하나님
♣ 성경 창세기 8장(외울요절 20절) 찬송 278(336)장 ♣

　하나님은 죄악을 심판하시지만 영원히 노하시지는 않습니다.
　사랑의 하나님, 은혜의 하나님 여호와께서는 심판 중에서도 노아와 그의 가정과 방주에 함께 있던 들짐승까지도 기억하시고는 바람을 일으켜 물이 줄어들게 하셨습니다.
　홍수를 일으키시고 바람을 불게 하시는 하나님의 모습에서 우리는 천지만물의 주관자가 하나님이심을 깨닫게 됩니다.
　땅과 사람을 홍수로 정결케 하신 하나님은 다시 한번 모든 혈육 있는 생물들에게 생육하고 번성하는 축복을 내리셨습니다.
　죄를 용서하실 뿐 아니라 축복하시는 하나님의 모습입니다. 동에서 서가 먼 것같이 우리의 죄과를 옮기시며 회개하는 자의 죄를 사해 주시는 하나님, 우리가 우리 죄를 자백하면 사하시고 깨끗하게 하시는 미쁘시고 의로우신 하나님께 노아는 단을 쌓고 예배를 드렸습니다(20절).
　여호와께서는 그 향기를 받으셨습니다. 죄를 용서하시는 하나님께 감사의 제단을 쌓고 찬양의 제물로 예배드리는 가정, 향기로운 산제사를 언제나 하나님께 드리는 가정이 되기를 위해서 기도드립시다.

✝ **기 도**
　날마다 우리 집을 지시는 여호와 하나님을 찬양합니다. 용서하시며 자애를 베푸시는 하나님께 감사로 제단을 쌓은 노아의 가정처럼 되기 원합니다. 우리 가정으로 하여금 향기로운 산제사를 드리며 살게 하옵소서. 주 예수 그리스도의 이름으로 기도합니다. 아멘

✝ **중보기도**
　가정예배가 하나님께서 기쁘시게 받으실 만한 산제사가 되도록.

✝ **명 상**
　또 그들의 죄와 그들의 불법을 내가 다시 기억하지 아니하리라(히 10:17).

무지개의 하나님

♣ **성경** 창세기 9장(외울요절 13절)　**찬송** 73(73)장 ♣

　창세기 9장은 크게 세 부분으로 나누어집니다. 1~7절은 홍수로 피폐된 땅과 사람을 축복하시면서 살인을 금하시는 하나님의 모습을 담고 있습니다. 8~17절은 하나님께서 무지개를 두어 세상과 언약을 맺으신 모습을 보여 줍니다. 마지막으로 18~29절에는 노아가 술에 취해 벌거벗은 것을 보고, 함은 그것을 드러내어 말했지만 셈과 야벳은 아비의 허물을 덮어주었습니다. 그로 인해 함은 저주를 받았고, 셈과 야벳은 축복을 받는 장면이 나옵니다.

　축복을 받은 인간이 취할 교훈은, 살인을 금하였다는 점입니다. 이는 하나님께서 사람을 얼마나 사랑하시는가를 알게 하는 증거입니다. 그리고 하나님께서 홍수에서 구원받은 노아와 그의 가족들에게 생육하고 번성케 하는 복을 주셨는데 이를 위해 홍수 후 비로소 육식을 허락하신 후 인간의 죄성을 아시고 인간에게 한계를 그으셨습니다. 자기 자신의 욕망을 위해서 살생하지 말라는 것입니다. 다시 말해서 하나님이 인간을 아끼고 사랑하듯이 동물을 아끼고 이웃끼리 서로 사랑하라는 명령입니다.

　우리가 남의 허물을 덮어주고 감싸줄 때, 하나님도 우리의 허물을 용서해 주시는 것을 기억합시다.

✝ **기 도**
　사랑의 하나님, 우리 가정이 서로 사랑하며 서로의 허물을 덮어주게 하옵소서. 예수님의 이름으로 기도합니다. 아멘

✝ **중보기도**
　아프리카에서 선교하는 선교사들에게 하나님이 함께해 주시기를 위해서.

✝ **명 상**
　내가 이르기를 내 허물을 여호와께 자복하리라 하고 주께 내 죄를 아뢰고 내 죄악을 숨기지 아니하였더니 곧 주께서 내 죄악을 사하셨나이다 이로 말미암아 모든 경건한 자는 주를 만날 기회를 얻어서 주께 기도할지라 진실로 홍수가 범람할지라도 그에게 미치지 못하리이다(시 32:5~6).

약속을 지키시는 하나님

♣ **성경** 창세기 10장(외울요절 32절)   **찬송** 393(447)장 ♣

　창세기 10장은 노아 자손들의 계보를 기록하고 있습니다. 생육하고 번성하여 땅에 충만하라는 말씀대로 노아에게 자손이 번성하게 되는 축복이 현실로 이루어졌습니다. 하나님께서 하시고자 작정하시면 그 일을 반드시 이루시고야 맙니다.

　노아에게 복 주시겠다고 말씀하신 그대로 하나님은 노아에게 복을 주심으로 그의 신실하심을 나타내셨습니다. 노아가 큰 축복을 받은 것은 여호와를 경외하는 데에도 그 원인이 있었지만, 보다 더 큰 이유는 노아를 사랑하시는 하나님의 사랑과 인자가 하늘처럼 높았기 때문입니다.

　자녀를 순산하고 자녀가 건강하게 자라는 것은 축복 중의 축복입니다. 하나님은 우리의 가정도 노아의 가정처럼, 자녀들은 감람나무 같고 아내는 포도원의 사랑스런 포도 열매 같은 축복을 주려 하십니다.

　신실하신 하나님 앞에서 우리 가정이 드릴 새해 약속은 무엇일까요? 여호와 한 분만을 즐거워하고, 크신 일을 행하신 주께 찬미의 제단을 쌓는 것이 아닐까 생각합니다. 주의 날이 가까움을 볼수록 더욱 그리합시다.

✞ **기 도**

　하나님 아버지, 온 가족이 신실하신 하나님을 알게 하시니 참 감사합니다. 지난날, 우리 입으로 주께 서원했던 모든 것들을 남김없이 갚는 은혜를 내려 주옵소서. 사람들과의 약속도 신실하게 지키는 저희들이 되게 하옵소서. 예수님의 이름으로 기도합니다. 아멘

✞ **중보기도**

　약속을 지키는 가족들이 되기 위해서.

✞ **명 상**

　내가 나를 두고 맹세하기를 내 입에서 공의로운 말이 나갔은즉 돌아오지 아니하나니 내게 모든 무릎이 꿇겠고 모든 혀가 맹세하리라 하였노라(사 45:23).

바벨탑의 교훈
♣ **성경** 창세기 11장(외울요절 1절)　**찬송** 220(278)장 ♣

창세기 11장은 바벨탑 사건의 교훈을 담고 있습니다. 에덴에서의 타락 이후에 인간은 분열과 부조화를 경험해왔습니다. 그러나 하나님께서는 인간을 완전한 절망의 나락으로 떨어뜨리지 않으셨습니다. 언어를 하나로 남겨두신 것입니다. "온 땅의 언어가 하나요 말이 하나였더라"(1절).

하나의 통일된 언어는 인간에게 많은 편리함을 가져다주었습니다. 의사전달이 쉽게 이루어졌습니다. 간혹 어려운 일이 있어도 대화를 통해 문제를 해결해갈 수가 있었습니다. 그런데 얼마 못가서 언어 통일의 축복도 사라져버리게 되었습니다. 하나님처럼 되려는 교만함을 보임으로 인간에게 마지막 남은 언어의 축복에 장애를 가져왔습니다.

"자, 성읍과 탑을 건설하여 그 탑 꼭대기를 하늘에 닿게 하여 우리 이름을 내고 온 지면에 흩어짐을 면하자"(4절)고 말하는 교만한 인간을 향해 하나님께서는 그들로 서로 알아듣지 못하게 하시고 그들을 온 지면에 흩으셨습니다.

부자간에, 부부간에, 형제간에 대화의 단절은 없습니까? 있다면 아마도 서로 자신의 이름을 더 높이려는 데서 온 것은 아닐까요?

하나님의 거룩한 성을 위해 살지 않고 우리 자신의 성만을 쌓으려고 고집하지 않았는지 깊이 생각해 봅시다.

✞ **기 도**
만군의 여호와여, 우리 가정에 찾아오셔서 대화 단절의 담을 헐어 주시고 하나의 언어, 즉 주님의 언어로 통일되게 하소서.
예수님의 이름으로 기도드립니다. 아멘

✞ **중보기도**
젊은 세대와 기성세대 간의 대화가 단절됨이 없도록.

✞ **명 상**
내가 사람의 방언과 천사의 말을 할지라도 사랑이 없으면 소리 나는 구리와 울리는 꽹과리가 되고(고전 13:1).

인도하시는 하나님
♣ **성경** 창세기 12장(외울요절 1~2절)　**찬송** 407(465)장 ♣

　우리는 오늘 본문에서 위대한 선택의 사람을 발견합니다. 그가 곧 아브라함입니다. 왜 그의 선택이 위대합니까?
　첫째, 미래지향적 선택이었기 때문입니다. 아브라함은 현재의 안일과 기반, 사회적 조건이나 생활 여건으로 보아서 살고 있는 곳을 떠날 수가 없었습니다. 그러나 그는 하나님이 지시하신 땅이 아니고 지시할 땅 미지의 세계를 향하여 떠났습니다. 이는 하나님께 모든 것을 전적으로 맡긴 신앙입니다.
　아브라함처럼 미래지향적인 신앙, 전진하는 신앙이 살아있는 신앙입니다. 영원한 미래는 미래지향적인 신앙을 가진 자들에게 열리게 되어 있습니다. 곧 하나님이 주시는 미래인 것입니다.
　둘째, 가치지향적인 선택이었기 때문입니다. "내가 너로 큰 민족을 이루고 네게 복을 주어 네 이름을 창대하게 하리니 너는 복이 될지라"(2절).
　형이상학적 축복입니다. 당장 눈앞에 보이는 돈이나 귀금속을 주시겠다는 것이 아닙니다. 그러나 신령한 가치를 추구하는 사람에게 이보다 더 큰 축복은 없습니다. 아브라함은 신령한 복을 더 중요시했습니다. 바울 역시 그리스도를 얻기 위하여 모든 것을 배설물로 여겼습니다(빌 3:3~8).
　우리들도 아브라함처럼 참된 가치를 추구하며 삽시다.

✞ **기 도**
　인간의 생사화복을 주관하시는 하나님, 하나님께서 가라고 말씀하실 때 '예' 하고 갈 수 있는 저희가 되게 해 주옵소서. 믿음의 조상 아브라함처럼 늘 여호와의 이름을 즐겨 부르고 영원한 세계를 바라보며 참된 가치를 추구하는 가정이 되게 하옵소서. 예수님의 이름으로 기도드립니다. 아멘

✞ **중보기도**
　농어촌 미자립교회를 섬기는 교역자들을 위해서.

✞ **명 상**
　선택에는 책임이 따릅니다. 내가 선택한 것은 자신이 책임져야 합니다.

양보하는 신앙

♣ 성경 창세기 13장(외울요절 9절)   찬송 503(373)장 ♣

아브라함은 하나님께 은혜를 입은 사람입니다. 하나님은 아브라함을 가나안으로 불러내시면서 복의 근원으로 삼으셨습니다. 가나안이 기근으로 어렵게 되자 아브라함은 애굽으로 내려갔습니다. 하나님은 그곳에서도 아브라함과 함께하셔서 애굽 왕으로부터 그를 건져 주셨습니다.

하나님께서 아브라함에게 물질의 축복도 주셨습니다. 성경은 아브라함이 애굽에서 나올 때 육축과 은금이 풍부하였다고 말합니다. 아브라함은 하나님의 은혜를 아는 사람이었습니다. 아브라함은 가는 곳마다 모든 것에 우선하여 여호와께 단을 쌓고 여호와의 이름을 경배하였습니다. 또한 그는 양보의 사람이었습니다. 아브라함이 자식처럼 데리고 있는 롯과 재산권 분쟁이 있자, 권리를 주장할 자격도 능력도 갖고 있던 그였지만 아브라함은 롯에게 권리를 양보하고 스스로 나쁜 곳을 선택했습니다.

하나님은 마음이 너그러운 양보의 사람에게 다시 넓은 땅과 많은 자손을 주시겠다고 약속하셨습니다. 우리에게도 양보하는 삶을 사는 마음의 여유와 너그러움이 필요합니다. 하나님은 그러한 사람들을 찾고 계심을 기억합시다.

✚ 기 도
하나님, 은혜에 감사하고 더불어 양보하며 살았던 아브라함의 믿음을 본받게 하옵소서. 우리들에게 마음의 여유와 너그러움을 갖고 신앙생활을 할 수 있게 은혜를 주옵소서. 예수님의 이름으로 기도드립니다. 아멘

✚ 중보기도
남북한이 서로 한걸음씩 양보할 수 있도록.

✚ 명 상
너희 안에 이 마음을 품으라 곧 그리스도 예수의 마음이니 그는 근본 하나님의 본체시나 하나님과 동등됨을 취할 것으로 여기지 아니하시고 오히려 자기를 비워 종의 형체를 가지사 사람들과 같이 되셨고(빌 2:5~7).

하나님의 방법

♣ 성경 창세기 14장(외울요절 20절)   찬송 358(400)장 ♣

롯은 소돔에 정주하기로 작정한 자신의 어리석음 때문에 고난을 당했습니다. 그가 하나님 앞에 경건치 못한 소돔 시민이 되었다는 것은 그의 영적생활이 현저하게 퇴폐했음을 말합니다. 우리의 본분을 벗어나 육욕으로 택한 것이 우리에게 위안이 될 수 없음을 명심해야 하겠습니다.

아브라함과 다툼의 원인이 되었고 그를 떠나게 했던 롯의 '재물' 도 빼앗김을 당하였습니다. 하나님의 방법이 아닌 인간의 수단과 방법은 헛된 것임을 보여 주는 장면입니다.

아브라함은 롯의 어려운 소식을 전해 듣고 즉각적으로 군사적인 행동을 취해 롯을 구출해 내었습니다. 그는 여기서 '히브리 사람' 아브람이라고 불리우고 있습니다. 그토록 타락한 시대에서도 하나님께 대한 참된 신앙고백을 유지하여 왔습니다.

아브라함은 히브리인답게 즉, 경건한 신앙고백자로서 이름과 성품을 더럽히지 않도록 처신했습니다. 전쟁이 승리로 돌아간 후 아브라함은 십분의 일을 멜기세덱에게 주었습니다. 아브라함은 지극히 높으신 하나님께 십분의 일을 드림으로 영광을 돌린 것입니다. 믿음의 선택이 때론 어리석고 손해 보는 것처럼 보이지만, 결국에는 많은 축복이 있다는 것을 기억합시다.

✞ 기 도
하나님, 믿음의 조상 아브라함처럼 신앙의 편에 서서 세상으로 나간 형제들을 구해내는 용기 있는 가정이 되도록 도우소서. 예수님의 이름으로 기도합니다. 아멘

✞ 중보기도
세상으로 나간 형제, 자매들이 하나님 품으로 돌아올 수 있도록.

✞ 명 상
이 멜기세덱은 살렘 왕이요 지극히 높으신 하나님의 제사장이라…… 곧 평강의 왕이요 아버지도 없고 어머니도 없고 족보도 없고 시작한 날도 없고 생명의 끝도 없어 하나님의 아들과 닮아서 항상 제사장으로 있느니라(히 7:1~3).

도우시는 하나님

♣ **성경** 창세기 15장(외울요절 1절) **찬송** 408(466)장 ♣

하나님은 참으로 구체적으로 우리를 도우시는 분입니다. 전쟁을 승리로 이끌긴 했어도 조금은 불안해 하는 아브라함에게 하나님은 나타나셔서 "두려워하지 말라"고 말씀하셨습니다. 때로 우리 마음에 엄습해 오는 불안과 두려움이 있습니다. 우리는 두려움이 가득할 때 방향감각을 잃고 방황하곤 합니다.

두려워하지 말아야 할 이유는 무엇입니까? 우리 주변에는 우리 힘으로 불가능한 문제들이 여전히 존재합니다. 그러나 조금도 염려하지 않아도 된다고 하나님은 말씀하십니다.

왜 두려워하지 않아도 됩니까? 하나님이 우리의 방패가 되시기 때문입니다. 하나님은 또 상급을 주시는 분입니다. 인생의 고된 길을 가는 자에게 위로를 주십니다. 자식이 없는 아브라함에게 하늘의 별처럼, 바닷가의 모래알처럼 셀 수도 없는 자손을 선물로 주시겠다고 약속하셨습니다.

우리의 처지만 바라보고 "그것은 안돼, 불가능한 일이야."라고 말할 때가 있습니다. 그러나 하나님은 하실 수 있는 분이심을 믿어야 하겠습니다.

하나님의 가능성은 우리의 불가능을 가능케 하십니다. 여호와의 크신 능력이 우리의 삶 속에 역사하시기를 위해서 기도드립시다.

✞ **기 도**

하나님, 우리 가정에 오셔서 샬롬이 되옵소서. 일마다 때마다 우리를 붙드시고 도와주옵소서. 또한 여호와를 바라는 모든 가정에 크신 상급을 내려 주옵소서. 예수님의 이름으로 기도합니다. 아멘

✞ **중보기도**

순간의 실수로 영어의 몸이 된 형제자매를 위해, 그리고 교도소 선교를 위해.

✞ **명 상**

이 하나님은 영원히 우리 하나님이시니 그가 우리를 죽을 때까지 인도하시리로다(시 48:14).

감찰하시는 하나님
♣ 성경 창세기 16장(외울요절 13절)　찬송 543(342)장 ♣

본문에서 아브라함의 두번째 잘못이 나오는데 그것은 하갈을 첩으로 맞이한 것입니다. "네 자손이 하늘의 별과 같이 되리라"는 하나님의 약속이 분명히 있었음에도 불구하고 아브라함은 하나님의 때를 기다리지 못했습니다. 그는 자기의 몸종 하갈을 통해 자손을 얻어 보자고 권유하는 사라의 어리석은 충고를 받아들였습니다.

그러나 그 결과는 참으로 비참했습니다. 가정에 불화가 찾아온 것입니다. 사라를 피하여 도망가는 하갈에게 하나님의 사자가 나타났습니다. "네가 어디서 와서 어디로 가느냐?" 이 질문은 하갈에게 던지신 하나님의 질문입니다. 하갈은 누구이며, 무슨 이유로 광야 길을 가는지 아신다는 말입니다.

아브라함의 실수의 대상으로 선택된 여인의 고통을 돌아보신 것입니다. 하갈은 이러한 하나님을 감찰하시는 하나님이라고 고백했습니다. 하나님은 실수의 현장에서 고민하고 고통스러워하는 사람들을 찾아오셔서 문제를 치료하시는 분이십니다. "가라, 네가 아들을 낳으리니 그 이름을 이스마엘이라 하라." 이스마엘이란 '여호와께서 네 고통을 들으셨다.'는 말입니다.

우리의 처지를 돌아보시며 고쳐 주시는 하나님께 감사와 찬송을 드립시다.

✝ **기 도**
우리의 처지와 형편을 아시고, 고통을 돌아보시는 아버지 하나님을 찬양합니다. 하나님의 때를 인내하며 기다리게 하시고, 하나님의 방법보다 우리의 방법을 앞세우지 않게 도와주옵소서. 의가 아닌 것은 좇지 않게 하옵소서. 예수님의 이름으로 기도드립니다. 아멘

✝ **중보기도**
북한의 동포들에게 신앙의 자유가 속히 주어지도록.

✝ **명 상**
나의 반석이시오 나의 구속자이신 여호와여 내 입의 말과 마음의 묵상이 주님 앞에 열납되기를 원하나이다(시 19:14).

전능하신 하나님

♣ **성경** 창세기 17장 (외울요절 7~8절)　**찬송** 383(433)장 ♣

창세기 17장은 스스로 자신을 계시하시는 하나님의 모습을 보여 줍니다.

아브라함의 99세 때, 하나님께서 그에게 "나는 전능한 하나님"이라고 선언하셨습니다. 아브라함의 불신앙에 종지부를 찍는 순간입니다. "99세에 어찌 아이를 낳을 수 있으리요?"라고 웃어넘겼던 아브라함 노부부에게, 하나님은 "나는 모든 것을 가능케 할 수 있는 전능자"라고 말씀하셨습니다.

따라서 "너는 내 앞에서 행하여 완전하라"고 하나님은 아브람을 아브라함으로 변화시켜 주셨습니다. 축복의 유업을 받으려면 그릇을 준비해야 합니다. 열국의 아비라는 축복을 받기에는 아브람이라는 그릇은 정말 보잘것없었습니다. 하나님으로부터 변화된 아브라함에게 하나님은 새 약속을 하셨습니다. "내가 너와 네 자손의 하나님이 되어 주겠다." 이 얼마나 큰 은혜입니까?

이 약속의 유업을 간직하게 하기 위해 하나님은 아브라함에게 할례를 명하셨습니다. 하나님 자녀답게 구별되어 살라는 뜻이 담겨져 있는 예식입니다.

우리는 예수 그리스도로 말미암아 하나님을 '아바 아버지'라 부를 수 있는 특권을 받았습니다. 이 특권을 우리 자손 대대로 이어가야 되겠습니다.

✞ **기　도**

그리스도의 보혈로 마음에 할례를 받게 해 주신 하나님을 찬양합니다. 삶의 현장에서 하나님은 모든 것을 가능케 하시는 전능자이심을 기억하게 하옵소서. 주 예수 그리스도의 이름으로 기도드립니다. 아멘

✞ **중보기도**

영적으로 거듭나지 못한 형제자매를 위해서.

✞ **명　상**

무릇 표면적 유대인이 유대인이 아니요 표면적 육신의 할례가 할례가 아니니라 오직 이면적 유대인이 유대인이며 할례는 마음에 할지니 영에 있고 율법 조문에 있지 아니한 것이라 그 칭찬이 사람에게서가 아니요 다만 하나님에게서니라 (롬 2:28~29).

이루시는 하나님

♣ 성경 창세기 18장(외울요절 19절) 찬송 425(217)장 ♣

하나님이 우리를 찾아오시는 데에는 두 가지 이유가 있습니다. 하나는 선한 목자로 위로하고 치료하시기 위해서이며, 또 하나는 심판주로서 심판하시기 위해서입니다(마 24:30). 창세기 18장의 하나님은 심판하시러 오시는 하나님이십니다. 아브라함은 오정쯤에 마므레 상수리 수풀 근처 장막 문에 앉아 있다가 하나님을 만났습니다. 그는 즉시 달려가 주님을 영접했고 정성을 다해 대접했습니다. 그 정성을 받으신 주님은 그를 축복하셔서 사라에게 아들이 있을 것과, 아브라함에게 대하여 말한 일을 행하시겠다는 주님의 뜻을 말씀하셨습니다. 하나님의 목적과 의도는 무엇일까요?

첫째, 여호와의 도를 지키게 하시려는 것입니다. 하나님께 선택받은 사람은 정성껏 여호와의 도를 따라 행해야 합니다. 이는 하나님의 말씀대로 사는 것을 의미합니다. 둘째, 하나님의 뜻을 이루시려는 것입니다. 하나님께서 아브라함을 부르신 것은 그를 통하여 만백성을 구원하시려는 뜻이 있었기 때문입니다. 하나님께서 한국을 구원하시려고 우리를 택하셨습니다. 하나님의 뜻에 순종하여 때를 얻든지 못 얻든지 주의 복음을 전하는 가정이 됩시다.

✝ 기 도

하나님 아버지, 창세기 18장을 통하여 하나님은 뜻을 이루시는 분임을 배웠습니다. 하나님의 뜻이 이 땅에서도 이루어지기를 간절히 소원합니다. 우리 가정에 찾아오셔서 다스려 주시고, 사용하셔서 주님의 크신 뜻을 이루어 주옵소서. 예수님의 이름으로 기도드립니다. 아멘

✝ 중보기도

민족의 복음화와 청소년들이 복음 안에서 건전하게 성장할 수 있도록.

✝ 명 상

아브라함이 또 이르되 주는 노하지 마옵소서 내가 이번만 더 아뢰리이다 거기서 십 명을 찾으시면 어찌 하려 하시나이까 이르시되 내가 십 명으로 말미암아 멸하지 아니하리라(창 18:32).

롯의 실패와 아브라함의 승리

♣ **성경** 창세기 19장(외울요절 16절)　**찬송** 268(202)장 ♣

　인류 문명의 흥망성쇠의 열쇠는 무엇일까요? 오늘날까지 수많은 문명들의 부딪침이 계속되어 왔는데 그 원인을 소돔에서 찾아볼 수 있습니다. 소돔의 죄악을 구체적으로 살펴보면서 하나님의 경고를 들어 봅시다.
　첫째로, 소돔은 음란한 땅이었습니다. 롯은 하나님의 천사들을 자기 집에 모셔서 극진히 대접하였습니다. 그런데 소돔 사람들이 와서는 손님들을 내어놓으라고 고함치면서 그들과 성 관계를 갖겠다고 주장했습니다.
　인류 문명 몰락의 마지막 징조는 극도의 음란함이었습니다. 심지어 하나님의 거룩한 천사들에게 음행을 요구할 정도로 그들은 타락해 있었던 것입니다. 소돔이란 말이 남색(男色)을 의미할 정도의 땅이 되었습니다.
　둘째로, 하나님의 경고를 농담으로 여겼습니다. 롯의 경고를 농담으로 받아들인 사위들은 심판을 받았습니다. 소돔은 그들의 죄악으로 인해 상당한 보응을 받았습니다. 죄악으로 인해 불 심판을 받아 멸망한 것입니다.
　오늘날의 모습은 어떠합니까? 마치 불로 심판당한 소돔의 모습은 아닙니까? 우리는 가정에서, 사회에서, 국가에서, 세계에서 음란함을 추방하고 성결을 지키기 위해 싸우고 힘쓰고 애써야겠습니다.

✟ **기　도**
　죄악으로 인해 멸망당한 소돔처럼 음란과 방종과 술취함으로 미친듯이 살아가는 현대인을 위해 기도합니다. 성령의 힘으로 주의 자녀들을 성결하게 하시고, 깨어 여호와의 심판을 알리는 파수꾼의 역할을 잘 감당하는 가정이 되게 하옵소서. 예수님의 이름으로 기도드립니다. 아멘

✟ **중보기도**
　건전하고 성경적인 경건한 문화가 사회 속에 뿌리를 내리도록.

✟ **명　상**
　그가 빛 가운데 계신 것같이 우리도 빛 가운데 행하면 우리가 서로 사귐이 있고 그 아들 예수의 피가 우리를 모든 죄에서 깨끗하게 하실 것이요(요일 1:7).

막으시는 하나님

♣ **성경** 창세기 20장 (외울요절 6절)   **찬송** 544(343)장 ♣

　창세기 20장은 아브라함의 세 번째 실수를 기록하고 있습니다.
　우리는 이 본문에서 범죄를 막으시는 하나님의 모습을 볼 수 있습니다. 만일 하나님께서 우리를 막지 않으시면 우리의 죄악은 하늘을 찌를 것입니다. 부패한 인간, 타락한 심성을 지닌 인간의 모의와 범죄의 계략을 하나님은 금지하십니다.
　죄에 대한 욕망과 탐욕은 인간이 힘으로 제어할 수 없습니다. 사도 바울도, "오호라 나는 곤고한 자로다 이 사망의 몸에서 누가 나를 건져내랴!"라고 절규했습니다. 하나님만이 우리의 죄악 행진을 막을 수 있습니다. 갈보리 십자가 사건은 죄의 기세를 꺾어버리는 하나님의 위대한 승리였습니다.
　다음으로 죄 지은 인간을 용서하시는 하나님의 모습을 볼 수 있습니다. "범죄한 인간을 위해 기도하라"고 하나님은 말씀하십니다. 어머니 모니카의 기도가 방탕한 어거스틴을 성자로 만들었습니다. 지금도 성령께서 말할 수 없는 탄식으로 범죄한 우리를 위하여 간구하십니다. 죄를 막으시는 하나님 앞에서 우리의 존재를 드려 치료받고 용서함을 받읍시다.

✟ **기　도**
　하나님이여, 주의 인자를 좇아 나를 긍휼히 여기시며 주의 많은 자비를 좇아 내 죄과를 도말하소서. 나의 죄악을 말갛게 씻기시며 깨끗이 제하소서. 대저 나는 내 죄과를 아오니 내 죄가 항상 내 앞에 있나이다. 내가 죄악 중에 출생하였음이여 모친이 죄중에 나를 잉태하였나이다. 주의 얼굴을 내 죄에서 돌이키시고 내 모든 죄악을 도말하소서. 예수님의 이름으로 기도드립니다. 아멘

✟ **중보기도**
　주의 종들에게 영력과 건강을 주셔서 주의 사역을 잘 감당하시도록.

✟ **명　상**
　하나님께서 구하시는 제사는 상한 심령이라 하나님이여 상하고 통회하는 마음을 주께서 멸시하지 아니하시리이다(시 51:17).

하나님, 우리 하나님
♣ 성경 창세기 21장(외울요절 22절) 찬송 408(466)장 ♣

하나님은 참으로 미쁘신 분이십니다. 미쁘다는 영어로 faithful, 우리말로 '신실하다' 는 뜻입니다. 하나님은 약속대로 사라의 몸에서 아들을 낳게 하여 아브라함과 사라 부부를 웃게 하셨습니다. 이삭이란 이름의 뜻이 웃음이듯이, 오랜 기다림 끝에 오는 기쁨과 웃음이 그 가정에 넘쳐흘렀습니다.

성 프란시스의 기도문처럼 절망이 있는 곳에 희망을, 슬픔이 있는 곳에 기쁨을 심어 주시는 분이 하나님이십니다.

아브라함의 가정에 근심이 하나 있었는데, 그것은 바로 몸종을 통해 난 이스마엘로부터 오는 것이었습니다(11절). 한번의 판단 착오, 불신앙이 가져다 준 결과는 매서웠습니다. 결국 신앙과 불신앙의 결과가 함께할 수가 없었기에, 하갈과 이스마엘은 아브라함의 품을 떠나 광야 길로 내몰렸습니다.

하갈이 브엘세바 들에서 방황하다가 두 손 들고 통회와 자복의 눈물을 흘릴 때 하나님을 만남으로 하갈의 눈이 밝아져 샘을 보게 되었고 환난에서 살아날 수 있었습니다(18절).

범죄한 아브라함을 용서하시고 일마다 형통케 하신 하나님은 미쁘신 분, 불쌍히 여기시는 분이심을 우리는 알 수 있습니다. 영원한 감사와 찬미의 제사를 하나님께 올려드립시다.

✞ **기 도**
참으로 미쁘신 하나님, 죽은 자와 같이 슬픔 속에 있던 우리에게 부활의 기쁨을 주시니 감사드립니다. 우리가 절망의 처지에 있더라도 주님을 향하여 부르짖게 하시고 찬미케 하옵소서. 예수님의 이름으로 기도합니다. 아멘

✞ **중보기도**
버림받은 사람들이 하나님을 만나도록.

✞ **명 상**
두려워하지 말라 하나님이 저기 있는 아이의 소리를 들으셨나니(창 21:17).

하나님이 원하신다면

♣ 성경 창세기 22장(외울요절 12절) 찬송 425(217)장 ♣

창세기 22장은 순종에 대한 바른 교훈을 주고 있습니다.

어느 날, 하나님께서 특별한 보호와 배려를 받은 아브라함이 혹시 우쭐대지나 않는지, 그 믿음이 변치 않고 하나님을 사랑하고 있는지를 알고 싶으셨습니다.

"네 아들 네 사랑하는 독자 이삭을 데리고 모리아 땅으로 가서 …… 그를 번제로 드리라." 평소 하나님의 말씀을 들어왔던 아브라함에게는 실로 충격이 아닐 수 없었습니다. 그러나 아브라함은 모리아를 향하여 떠났습니다.

키에르 케고르는 "그날부터 아브라함은 노인이 되어 버렸다."고 말했습니다. 희망이 절망으로 바뀌는 순간입니다. 그 걸음이 얼마나 무거웠을까요? 그러나 완전히 절망은 아니었습니다. 아브라함의 믿음이 절망보다 컸기 때문입니다.

"불과 나무는 있거니와 번제할 어린양은 어디 있나이까?" 라는 이삭의 물음에, 아브라함은 여호와께서 친히 준비하셨다는 위대한 신앙고백을 했습니다. 하나님이 계시는 한 희망이 있다는 것입니다.

이 시간 우리의 모습을 점검해 봅시다. 우리는 하나님의 마음에 흡족한 사람입니까? 아브라함에게서 하나님에 대한 경외심을 배웁시다.

✚ 기 도

내가 여호와를 항상 송축합니다. 내 영혼이 여호와를 자랑하리니 나의 산성이요 반석이신 여호와를 소리 높여 찬양합니다. 아브라함을 연단하시고 축복하셨던 하나님을 마음 깊이 사랑합니다. 예수님의 이름으로 기도합니다. 아멘

✚ 중보기도

온 가족이 하나님께 깊이 감사할 수 있는 하루가 되도록.

✚ 명 상

너희는 여호와의 선하심을 맛보아 알지어다 그에게 피하는 자는 복이 있도다 (시 34:8).

나그네 인생

♣ **성경** 창세기 23장 (외울요절 4절)　**찬송** 491(543)장 ♣

창세기 23장에서는 인생에게 죽음이 있음을 가르쳐 주고 있습니다(히 9:27). 하나님으로부터 열국의 어미로 축복받았던 사라의 죽음을 통해서 몇 가지 교훈을 생각해 보겠습니다.

첫째로 사람은 모두가 다 죽는다는 사실입니다. 따라서 우리는 삶의 유한성을 깨닫고 하나님 앞에서 겸허해야만 합니다. 둘째로, 죽음은 살아 있을 동안에 성실할 것을 요구합니다. 이 세상에서 가장 행복한 사람이 누구입니까? 사라는 살아 있을 때 자기를 위해 기도해 줄 사람이 있었고, 죽었을 때 울어 줄 사람이 있는 행복한 사람이었습니다. 셋째로, 인생은 나그네라는 점입니다. 장망성을 떠나 천성을 향해 가는 기독교도처럼 순례의 길을 가는 것이 인생입니다. 넷째로, 아브라함의 가정은 이웃에게 인정을 받았습니다. 사라의 도움과 기도가 있었기에 그 가정이 이웃에게 칭찬과 존경의 대상이 된 것입니다. 우리의 삶은 이웃에게 칭찬을 받는 삶이어야 합니다. 다섯째로 천국을 준비해야 한다는 점입니다. 아브라함은 죽은 사라의 매장지를 위해서 막벨라 굴을 은 사백 세겔을 주고 마련했습니다.

나그네 삶을 살아가는 우리가 영원히 안식할 천국 삶을 위해 신앙의 대가를 치르는 지혜로운 가정이 됩시다.

✞ **기 도**

사라의 삶을 통해 우리의 삶이 유한한 것임을 깨닫게 해 주신 하나님, 나그네의 삶을 인내와 사랑하는 마음을 가지고 살면서 영원한 천국을 사모하는 신앙인들이 되게 하옵소서. 예수님의 이름으로 기도드립니다. 아멘

✞ **중보기도**

병원에 있는 환우들을 위해서.

✞ **명 상**

주께서 내 생명을 사망에서 건지셨음이라 주께서 나로 하나님 앞, 생명의 빛에 다니게 하시려고 실족하지 아니하게 하지 아니하셨나이까(시 56:13).

여호와께 은혜를 얻으려면

♣ 성경 창세기 24장(외울요절 12절) 찬송 310(410)장 ♣

아브라함에게도 인생의 황혼기가 찾아왔습니다. 누구나 언젠가는 자신의 일생을 점검해야 할 순간이 옵니다. 아브라함의 일생은 축복받은 생애였습니다. 창세기 24:1은 하나님께서 아브라함에게 범사에 복을 내리셨다고 기록하고 있습니다. 아브라함이 복을 받게 된 원인은 무엇일까요?

첫째, 여호와를 경외하는 신앙입니다. 이삭의 결혼 상대자를 선택하기 위해 그의 종을 보낼 때도 아브라함은 그로 하여금 여호와의 크신 이름에 맹세하게 했습니다. 아브라함은 항상 여호와의 크신 이름 앞에서 일한다는 신앙을 갖고 있었습니다.

둘째, 하나님의 말씀에 순종하였습니다. 아브라함은 이삭의 아내를 가나안 땅에서 찾지 말라는 하나님의 말씀을 따라, 자기의 고향에서 며느리를 고르게 했습니다. 그는 하나님께서 앞서 가셔서 일을 이루실 것을 믿었습니다(7절).

셋째, 여호와를 늘 사모했습니다. 아브라함은 늘 여호와의 은혜를 사모하여 왔고 가정에 그 은혜를 가르쳤습니다(12절).

우리의 삶도 늘 여호와를 경외하는 삶, 하나님의 말씀을 믿고 순종하는 삶, 여호와의 은혜를 늘 사모하는 삶이 되도록 기도합시다.

✞ 기 도

아브라함의 하나님, 주의 인자와 성실로 길마다 우리를 인도하사 주의 전에 이르게 하옵소서. 예수님의 이름으로 기도드립니다. 아멘

✞ 중보기도

농어촌 미자립 교회와 전군의 복음화를 위해서.

✞ 명 상

하나님의 도는 완전하고 여호와의 말씀은 순수하니 그는 자기에게 피하는 모든 자의 방패시로다 여호와 외에 누가 하나님이며 우리 하나님 외에 누가 반석이냐(시 18:30~31).

은혜를 주시는 하나님
♣ **성경** 창세기 25장 (외울요절 34절)　**찬송** 597(378)장 ♣

　하나님께서는 약속대로 이삭에게 복을 주셨습니다. 이삭의 나이 사십 세에 아내 리브가를 선물로 주셨습니다. 또 리브가가 잉태치 못할 때, 여호와께서는 이삭의 그 간구를 들으셔서 잉태케 하셨습니다. 이렇게 여호와의 응답으로 태어나게 된 사람들이 바로 에서와 야곱이었습니다.
　어느 날, 에서는 들에서 돌아와 배고픔을 이기지 못하고, 장자권을 팔면 팥죽을 주겠다는 야곱의 말에 동의했습니다. 하나님의 축복이 담긴 장자권을 죽 한 그릇에 팔아버린 에서의 경솔함은, 그로 하여금 영원히 돌이킬 수 없는 후회거리가 되게 했습니다.
　히브리 사람들에게 있어서 장자권의 의미는 무엇입니까?
　첫째로 이 세상에서는 가나안 땅의 기업을 얻게 됨을 의미합니다.
　둘째는 부계로부터 받는 언약의 축복을 의미합니다.
　셋째로 약속으로 주신 후손 중의 장자권을 암시합니다.
　우리는 하나님의 축복과 은혜를 간직할 줄 아는 지혜로운 신앙인이 되어야겠습니다.

✠ **기 도**
　하나님 아버지시여, 우리에게 지혜와 계시의 정신을 주사 하나님을 알게 하옵소서. 하나님께서 우리에게 베푸신 능력의 크심을 우리로 하여금 알게 하옵소서. 예수님의 이름으로 기도드립니다. 아멘

✠ **중보기도**
　교회학교 교육과 병원선교를 담당하시는 분들을 위해서.

✠ **명 상**
　찬송하리로다 하나님 곧 우리 주 예수 그리스도의 아버지께서 그리스도 안에서 하늘에 속한 모든 신령한 복을 우리에게 주시되…… 그 기쁘신 뜻대로 우리를 예정하사 예수 그리스도로 말미암아 자기의 아들들이 되게 하셨으니(엡 1:3~5).

내림 신앙, 내림 축복

♣ 성경 창세기 26장(외울요절 29절) 찬송 559(305)장 ♣

　인생을 살아가면서 우리는 때로 고난을 경험할 때가 있습니다. 고난은 신자나 불신자를 막론하고 영향력을 행사합니다. 이삭도 땅에 흉년이 들어 이웃 그랄 땅으로 피해 갔습니다. 그러나 흉년 중에도 하나님께서는 이삭에게 나타나서 "내가 네게 지시하는 땅에 거주하라"고 말씀하셨습니다(2절). 고난 중에 있는 믿음의 사람들을 인도하시는 하나님의 모습입니다.

　하나님께서 이삭에게 축복의 약속을 상기시키시면서 고난 중에도 마음이 흔들리지 않게 도우셨습니다(4절). 하나님께서는 이삭을 축복하시는 까닭을 본문 5절에서 말씀하십니다.

　이삭은 좋은 부모의 신앙을 전수받았습니다. 또한 이삭은 이에 교만하지 않고 겸손하고 온유한 사람이었습니다. 우물로 인해 이웃이 싸움을 걸어왔을 때에도 그는 다투지 아니하고 다른 곳을 찾아 떠났습니다. 하나님께서는 이삭에게 수확물이 백배가 넘는 축복과 만사형통의 복을 주셨습니다.

　하나님의 축복이 우리 가정의 자녀들에게도 임할 수 있도록 신앙의 좋은 모범을 보여야 하겠습니다.

✞ **기 도**
　사랑의 하나님, 아브라함처럼 좋은 신앙을 유산으로 물려주는 부모가 되게 하옵소서. 우리 자녀들도 이삭과 같이 온유한 사람이 되어서 하나님의 복을 넘치도록 받게 하옵소서. 예수님의 이름으로 기도드립니다. 아멘

✞ **중보기도**
　결손가정의 자녀들과 북한의 가정교회에 하나님의 평화가 임하도록.

✞ **명 상**
　자녀들아 주 안에서 너희 부모에게 순종하라 이것이 옳으니라 네 아버지와 어머니를 공경하라 이것은 약속이 있는 첫 계명이니 이로써 네가 잘되고 땅에서 장수하리라 또 아비들아 너희 자녀를 노엽게 하지 말고 오직 주의 교훈과 훈계로 양육하라(엡 6:1~4).

경솔한 에서, 축복받은 야곱
♣ 성경 창세기 27장(외울요절 37절)　찬송 336(383)장 ♣

이스라엘 민족이 갖고 있는 가족 전통 중에 하나는 부모가 죽기 전에 자기 자녀를 마음껏 축복하는 것입니다. 대개의 경우 그 축복은 가정의 맏아들 몫이었습니다. 그런데 창세기 27장에서는 맏아들인 에서 대신 둘째아들인 야곱이 그 복을 누렸다고 기록하고 있습니다. 에서가 복을 받지 못하고 동생인 야곱에게 그 복이 돌아간 이유는 무엇일까요?

첫째로 에서의 자업자득입니다(창 25:34). 그의 잘못은 하나님께서 조상들에게 내리신 약속의 복을 헌신짝처럼 업신여긴 것입니다. 이것이 하나님께서 에서를 버리고 동생 야곱을 축복하신 첫째 이유입니다.

둘째는 부모의 마음을 근심케 했습니다. 그는 헷 족속의 딸과 혼인함으로써 부모의 마음을 근심케 했습니다. 반면에 야곱은 하나님의 축복이 얼마나 풍성한지를 누구보다도 잘 알았습니다. 형과 아버지를 속이면서까지 그 축복이 자기에게 임하기를 바랄 정도로 은혜를 사모했습니다. 비록 축복을 얻는 과정에서 야곱은 교활하다, 꾀가 많다, 질투심이 많다는 등의 비난을 받았지만, 하나님께서는 그러한 야곱을 축복하셨다고 성경은 말합니다. 하나님 은혜의 소중함을 알고 축복과 도움이 필요하다는 사실을 아는 야곱이었습니다.

하나님의 복을 경솔히 여겨 버림받는 에서가 아니라 하나님의 은혜를 사모하는 야곱과 같이, 힘쓰고 애써 하나님의 사랑을 받는 가정이 됩시다.

✝ 기 도
사랑의 하나님, 소망이 하나님께 있음을 고백합니다. 소리 높여 여호와의 크신 이름을 찬송합니다. 주의 은혜를 사모하오니, 야곱에게 내리셨던 축복을 내려 주소서. 예수님의 이름으로 기도드립니다. 아멘

✝ 중보기도
주의 몸된 교회와 성도들이 빛과 소금의 사명을 다하도록.

✝ 명 상
여호와는 나의 산업과 나의 잔의 소득이시니 나의 분깃을 지키시나이다(시 16:5).

벧엘의 하나님
♣ 성경 창세기 28장(외울요절 15절) 찬송 338(364)장 ♣

본문은 도피길에 오르는 야곱을 축복하고 권면하는 이삭의 모습을 서두에 담고 있습니다. 무엇을 권면하였는지 살펴보겠습니다.

첫째로, 이삭은 야곱에게 신앙의 유산을 지키라고 권면합니다(1~2절). 신앙의 유업을 지키기 위해서는 신앙의 가정과 결혼해야 함을 교훈했습니다.

둘째로, 이삭은 야곱에게 전능하신 하나님께서 네게 복을 주시기를 원한다고 말합니다. 전능하신 하나님의 이름으로 먼 인생 험로를 걸어갈 자녀를 축복하는 아버지 이삭에게서, 자녀에게 어떠한 물질적 재산보다도 더 귀하고 꼭 필요한 신앙의 유산을 물려주는 모습을 보게 됩니다.

이삭의 축복을 받은 야곱은 브엘세바를 떠나 하란을 향하여 길을 갑니다. 야곱은 홀로 광야 길을 걸어가야만 했습니다. 이제부터는 부모의 보호와 도움을 더 이상 받을 수가 없습니다. 그러나 하나님께서 그와 동행하고 계셨습니다(15절).

야곱은 돌베개를 베고 잠잔 곳에서 하나님을 뵈었습니다. 그리고 십일조 헌물을 드리기로 약속했습니다. 우리들도 용서하시고 도우시는 하나님께 몸과 마음을 다해 충성할 것을 다짐합시다.

✚ **기 도**
가정을 주신 하나님, 은혜와 사랑에 감사드립니다. 이삭의 기도를 들으시고 아들 야곱을 축복하신 벧엘의 하나님, 우리가 사는 날까지 늘 동행하여 주시고 주의 이름을 높이는 가정이 되게 하옵소서. 예수님의 이름으로 기도합니다. 아멘

✚ **중보기도**
가정의 평화와 신앙의 유산을 지키는 가정이 되도록.

✚ **명 상**
네 집 안방에 있는 네 아내는 결실한 포도나무 같으며 네 식탁에 둘러앉은 자식들은 어린 감람나무 같으리로다 (시 128:3).

공평하신 하나님

♣ 성경 창세기 29장 (외울요절 32절)   찬송 91(91)장 ♣

벧엘에서 하나님을 만난 이후 야곱의 도피길은 유쾌한 길이었습니다.

하나님께서 야곱의 길을 평탄케 하셔서 라반이 살고 있는 거처까지 그를 인도하셨습니다. 야곱은 그 곳에 도착하자마자 그의 마음을 심히 만족케 해 주는 하나님의 섭리를 발견하였는데 그것은 라헬을 만난 것입니다.

첫눈에 라헬을 사랑하기 시작한 야곱은 외삼촌 라반과 계약을 맺고 라헬을 아내로 얻기 위해 7년을 일하게 됩니다. 사랑은 지루하고 고생스러운 일을 짧고 손쉽게 해 줍니다. 아내를 얻기 위해서 7년을 수일같이 여기며 기쁨으로 봉사했는데, 하물며 영원한 하나님나라의 기쁨을 위하여 행하는 수고와 땀의 기간이 장차 주어질 축복과 영광에 비하면 얼마나 짧은 것이겠습니까?

계약된 기간이 다 끝났을 때, 라반은 약속한 라헬 대신에 레아를 들여보냈습니다(23절). 우리는 여기서 야곱이 형 에서를 속이고 또 형인 체하고 이삭을 속인 대가를 장인에게 되받는 모습을 보게 됩니다.

하나님은 공의로운 분이십니다. 야곱은 레아보다 라헬을 더 사랑했습니다. 따라서 레아는 남편의 사랑을 받지 못함에서 오는 슬픔을 느끼면서 살아야 했습니다. 그러나 하나님은 레아를 긍휼히 여기셔서 레아에게 네 명의 자녀를 선물로 주시는 축복을 내리셨습니다. 레아의 하나님께 영광을 돌립시다.

✞ 기 도

사랑의 하나님, 주 안에서 행하는 모든 수고를 사랑하는 마음으로 잘 담당하게 하옵소서. 악인과 선인에게 골고루 햇빛과 비를 내리시는 하나님을 찬송합니다. 예수님의 이름으로 기도드립니다. 아멘

✞ 중보기도

온 가족이 온전한 길로 행하기 위하여.

✞ 명 상

우리의 아름다운 지체는 그럴 필요가 없느니라 오직 하나님이 몸을 고르게 하여 부족한 지체에게 귀중함을 더하사(고전 12:24).

뜻을 이루시는 하나님

♣ 성경 창세기 30장(외울요절 2절) 찬송 425(217)장 ♣

라헬은 자기 언니처럼 자식을 갖지 못하는 것에 대해 야곱에게 불평하였습니다(1절). "자식은 여호와의 주신 기업"이라는 사실을 잊은 것입니다. 야곱은 이러한 라헬을 꾸짖으면서 말했습니다. "그대를 임신하지 못하게 하시는 이는 하나님이시니 내가 하나님을 대신하겠느냐"(2절). 이 말은 "내가 하나님보다 높으랴? 하나님께서 네게 거절하신 것을 내가 어떻게 네게 줄 수 있겠느냐?"라는 말입니다. 야곱은 라헬이 겪는 어려움이 하나님께서 하시는 일이라는 것을 알았습니다.

우리가 원하는 것이 무엇이든지 간에, 그것을 허락하시는 이는 주님이심을 기억해야 합니다. 그러나 라헬과 레아는 인간적인 방법으로 자녀를 얻으려는 경쟁을 했습니다. 여기서 인간의 오만함과 어리석음이 나타납니다. 잠잠히 서서 여호와의 때를 기다리는 인내가 아쉽습니다. 하나님께서 닫으면 열 자가 없고, 하나님께서 열면 닫을 자가 없습니다. 그 하나님께서 때가 되자, 라헬을 기억하사 아들을 주셨습니다. 야곱의 실수에도 불구하고 하나님께서는 선용하셔서 언약의 축복이 이루어지게 하셨습니다. 이 모든 것을 이루신 분은 하나님이십니다.

교활한 야곱, 실수하는 야곱, 문제투성이 야곱을 용서하시고 사랑하시는 하나님의 자비와 긍휼하심에 영광과 찬송을 세세토록 돌려드립시다.

✞ 기 도
  오늘 하루 주의 모든 일을 묵상하며 주의 행사를 깊이 생각하게 하옵소서. 예수님의 이름으로 기도드립니다. 아멘

✞ 중보기도
  주의 뜻이 이땅 위에서 이루어지도록.

✞ 명 상
  하나님이여 주의 도는 극히 거룩하시오니 하나님과 같이 위대하신 신이 누구오니이까(시편 77:13).

야곱과 함께하시는 하나님

♣ 성경 창세기 31장(외울요절 42절)　찬송 312(341)장 ♣

　창세기 31장은 하나님이 야곱과 함께하셔서 그를 라반으로부터 보호하시는 장면을 담고 있습니다. 야곱은 과거의 자신보다 훨씬 교활하고 속임수에 능한 라반에게 큰 미움을 사게 됩니다. 형과 아버지를 속인 대가로 정든 고향을 떠나온 야곱은 그 죄의 대가를 톡톡히 치르고 있습니다.
　20년 동안이나 성실하게 일했음에도 불구하고, 라반은 야곱을 속여 삯을 열 번이나 바꾸어 야곱을 곤경에 빠지게 만들었습니다. 거기에다 라반의 아들들이 야곱의 번창함을 시기하여 모함하기 시작했습니다. 더 이상 삼촌이 거하는 땅에서 살 수 없게 된 야곱은 떠나온 고향을 생각합니다. 그러나 그 고향도 마음대로 돌아갈 수 없는 형편이었습니다. 형 에서가 복수심에 불타 야곱이 돌아오기만을 기다리고 있었기 때문입니다. 그러나 하나님은 진퇴양난에 빠진 야곱, 사면초가에 처해 있는 야곱을 버리지 않으셨습니다.
　하나님께서는 야곱의 서원기도를 들으시고(창 28:21~22), 그를 곤경에서 구출하셨습니다. 고향으로 떠나는 야곱에게 하나님은 어떠한 해도 미치지 못하게 막으셨습니다(24절). 야곱을 도우신 것입니다.
　오늘도 하나님은 믿는 성도들을 도우십니다. 야곱의 하나님 여호와께서 오늘도 우리의 삶을 지키시고 임마누엘로 보호하십니다.

✟ 기 도
　우리들의 하나님, 야곱의 하나님이시여, 주를 경외하는 가정마다 임마누엘의 은혜를 베풀어 주옵소서. 우리의 고난과 손의 수고를 감찰하시고 선한 길로 인도하옵소서. 예수님의 이름으로 기도드립니다. 아멘

✟ 중보기도
　여호와의 선하신 이름이 온 땅에서 거룩히 여김을 받으시도록.

✟ 명 상
　여호와의 도가 정직한 자에게는 산성이요 행악하는 자에게는 멸망이니라(잠 10:29).

얍복강가에서

♣ **성경** 창세기 32장(외울요절 28절)   **찬송** 585(384)장 ♣

야곱은 드디어 꿈에 그리던 고향으로 돌아가게 되었습니다. 하나님께서는 야곱이 돌아가는 그 길에도 함께하셨습니다(1절). 야곱은 하나님의 사자들이 호위하는 것을 하나님의 군대라 하고 그 땅 이름을 마하나임이라 하였습니다. 마하나임의 축복이 오늘도 우리에게 임하기를 기도합시다.

야곱은 에서에게 사자들을 예물과 함께 앞서 보내며 은혜를 청했습니다. 그는 형 에서가 사백 명을 거느리고 온다는 소식에 놀라 심히 두렵고 답답해합니다. 아직도 에서의 노가 풀리지 않은 것이라고 생각한 야곱은 급하게 하나님께 부르짖기 시작합니다. "내 조부 아브라함의 하나님이여!" 그래도 마음이 놓이지 않은 야곱은 소유를 여럿으로 나누어 그 중 일부를 에서에게 보내 그의 마음을 풀어 보려고 갖은 수단과 노력을 다하면서도 아직 확신이 없었습니다.

야곱이 여기서 할 수 있는 일은 오직 한 가지, 하나님께 매달리는 방법밖에 없었습니다. 이 문제를 해결해 달라고 밤이 맞도록 하나님께 떼를 썼습니다. 야곱이 환도뼈가 부러질 정도로 간절하게 부르짖으니까 속이는 자 야곱이 승리자 이스라엘로 바뀐 것입니다. 야곱의 끈질기고 간절한 기도가 그의 전 운명을 뒤바꾸어 놓은 것입니다. 산적한 문제를 지닌 채 괴로워하면서 얍복강가에 서 있을 그 때 우리가 기억해야 할 것은 야곱의 기도입니다.

✚ **기 도**
야곱의 하나님, 주께서 전에 은혜를 베푸심같이 오늘도 주를 사모하는 가정에 주의 은총을 내려 주옵소서. 예수님의 이름으로 기도드립니다. 아멘

✚ **중보기도**
모든 가정마다 주의 은혜와 사랑이 넘치도록.

✚ **명 상**
야곱이 그 곳 이름을 브니엘이라 하였으니 그가 이르기를 내가 하나님과 대면하여 보았으나 내 생명이 보전되었다 함이더라(창 32:30).

엘 엘로헤 이스라엘
♣ 성경 창세기 33장(외울요절 20절)   찬송 390(444)장 ♣

　얍복강가에서 하나님을 만난 야곱은 예전의 그가 아니었습니다. 겁쟁이요 소심한 사람이었던 그가 담대하고 정직한 사람으로 변했습니다.
　야곱은 눈을 들어 강 건너 쪽을 바라보았습니다. 문제를 마주 대할 수 있는 담대함이 생긴 것입니다.
　야곱은 힘차게 400명을 거느리고 달려오는 형 에서 앞으로 나아갔습니다. 그리고는 형 앞에 일곱 번 몸을 굽혀 절했습니다. 형에게 지기 싫어하고 형을 넘어서려고 했던 그가 겸손한 사람이 된 것입니다. 겸손히 용서를 구하는 동생 야곱을 바라보는 순간 에서의 마음도 혈육의 정이 끓어올라 한동안 울음을 터뜨렸습니다.
　겸손함이 형 에서의 마음을 누그러뜨린 것입니다. 그 뿐만이 아니었습니다. "형님께 은혜를 얻었사오니 청컨대 내 손에서 이 예물을 받으소서." 하면서, 은혜를 갚으려 하는 야곱의 모습에 에서의 마음은 완전히 녹아졌습니다.
　끝으로, 변화된 야곱은 형 에서보다 결코 앞서지 않았습니다. 그는 형 에서가 안내해 주겠다는 것을 한사코 마다하고 형의 뒤를 따랐습니다.
　야곱은 형 에서와의 만남 후에 감사의 단을 쌓고 그곳 이름을 엘 엘로헤 이스라엘 즉 하나님, 이스라엘의 하나님이라고 불렀습니다.

✙ 기 도
　이스라엘 하나님 아버지여, 진정한 평화는 남을 나보다 낫게 여기는 겸손에서 비롯됨을 알았습니다. 우리 가정이 서로 사랑하며 높여 주고, 양보하는 평화의 가정이 되게 하옵소서. 특별히 형제자매가 우애함으로써 작은 천국을 이루게 하옵소서. 예수 그리스도의 이름으로 기도드립니다. 아멘

✙ 중보기도
　세계 평화와 대한민국의 평화통일을 위하여.

✙ 명 상
　진실로 그는 거만한 자를 비웃으시며 겸손한 자에게 은혜를 베푸시나니 (잠 3:34).

디나의 교훈
♣ **성경** 창세기 34장(외울요절 7절)　**찬송** 342(395)장 ♣

　본문 34장에서는 야곱의 딸 디나가 히위 족속 중 하몰의 아들 세겜에게 강간당한 사건을 중심으로 일어난 일들을 기록하고 있습니다.
　디나의 사건을 안 야곱과 그의 열두 아들들은 이 일을 이스라엘의 치욕으로 여기고 세겜족속의 청혼을 거절하고는 내심 복수를 결심합니다(8~13절). 그리고 복수를 결행할 작전으로 할례를 행해야 한다는 그럴듯한 이유들을 둘러댑니다(14~17절).
　세겜은 이 말을 듣고 자기 부족사람들에게 할례를 받아 야곱족속과 통혼하자고 제의하면서 그의 탐심을 드러냅니다(18~23절). 세겜 사람들은 모두 할례를 받게 되고, 그 틈에 야곱의 아들 중 시므온과 레위가 세겜성을 습격해 모든 남자를 죽이고 약탈하는 범죄를 저지릅니다(24~29절).
　우리는 여기서 몇 가지 교훈을 발견하게 됩니다. 첫째로, 정욕으로 행한 모든 일의 결과는 비참하다는 점입니다. 둘째로, 야곱 아들들의 죄악입니다.
　야곱의 아들들은 복수하기 위해 백성을 거룩히 구별하는 데 쓰이는 할례를 잔인하게 이용하였고, 그것을 달성하기 위해선 거짓말도 서슴지 않았습니다. 또한 세겜의 정욕으로 인한 범죄는 모두 하나님의 영광을 가리는 일들이었습니다. 우리의 삶이 무엇에 근거하고 있는지를 점검해 보는 하루가 됩시다.

✚ **기　도**
　하나님, 죄는 모양이라도 버리라고 했사오니 정욕을 좇는 구습을 벗게 하시고, 신령함으로 구원을 확증해 가는 온 가족이 되게 하옵소서. 예수님의 이름으로 기도드립니다. 아멘

✚ **중보기도**
　하나님 영광을 가리는 일을 행하고 있지는 않은지 점검하는 하루가 되도록.

✚ **명　상**
　허물의 사함을 받고 자신의 죄가 가려진 자는 복이 있도다(시 32:1).

감사의 단을 쌓읍시다
♣ **성경** 창세기 35장 (외울요절 3절) **찬송** 588(307)장 ♣

하나님은 야곱에게 일어나 벧엘로 가서 거기서 단을 쌓으라고 말씀하십니다. 지금까지 야곱은 세 번의 단을 쌓았습니다. 첫째 단은 광야에서 유리하며 방황하다가 그 곳에 계시는 여호와께 서원의 단을 쌓은 벧엘의 제단이었습니다. 둘째 단은 라반의 위협에서 구출해내신 하나님께 미스바에서 쌓은 단입니다. 셋째 단은 야곱이 밧단아람에서 평안히 가나안 땅 세겜성에 이르른 것을 기념하여 쌓은 엘 엘로헤 이스라엘의 단입니다.

야곱의 제단은 항상 어려움 속에서 지켜 주신 하나님께 대한 감사였습니다.

야곱은 하나님께 감사의 제단을 쌓기 전에 몇 가지 준비를 했습니다. 첫째로 야곱은 온 가족과 함께 한마음으로 하나님께 감사했고, 둘째는 우상을 버렸습니다. 그리고 자신을 정결케 하고 의복을 바꾸었습니다. 이와같이 늘 여호와께 감사하는 야곱을 이스라엘로 바꾸어 주셨고, 번창하는 복과 많은 왕들이 그로부터 나오는 축복을 받았으며, 땅을 기업으로 받았습니다. 여호와께 단을 쌓는 사람은 범사가 형통하는 축복을 받되 넘치도록 받음을 깨닫고 우리 가정도 늘 감사의 단을 쌓읍시다.

✟ **기 도**

이스라엘의 하나님, 지금까지 함께하셨고, 돌보아주신 하나님께 온 가족이 마음과 뜻을 모두어 감사와 찬양의 제단을 드립니다. 우리 주 예수님의 이름으로 기도드립니다. 아멘

✟ **중보기도**

한민족이 감사하는 민족이 되도록, 또한 국군장병을 위해서.

✟ **명 상**

지존자여 십현금과 비파와 수금으로 여호와께 감사하며 주의 이름을 찬양하고 아침마다 주의 인자하심을 알리며 밤마다 주의 성실하심을 베풂이 좋으니이다 …… 여호와여 주께서 행하신 일이 어찌 그리 크신지요 주의 생각이 매우 깊으시니이다(시 92:1~5).

이루어진 축복

♣ **성경** 창세기 36장 (외울요절 7절)   **찬송** 135(133)장 ♣

여호와께서 그랄 땅에서 이삭에게 약속하신 축복이 그의 아들 야곱과 에서에게 그대로 이루어졌습니다. 본문 36장에서는 에서가 받은 축복에 대해서 말해 주고 있습니다. 에서는 아내 셋(가나안 여인 헷족속 중 엘론의 딸 아다, 히위족속 중 시브온의 딸인 아나의 딸 오홀리바마, 이스마엘의 딸 바스맛)과 그녀들에게서 난 아들 다섯이 있었고 그 아들들을 통해 결국에는 11부족(딤나, 알와, 여뎃, 오홀리바마, 엘라, 비논, 그나스, 데만, 밉살, 막디엘, 이람 족장)의 조상이 되는 축복을 받았습니다.

성경은 에서의 자손들이 이룬 족속을 가리켜 에돔족속이라고 불렀습니다. 하나님의 말씀은 일점일획도 그릇됨이 없습니다. 하나님께서 그랄과 브엘세바에서 축복하신 대로 이삭의 두 아들은 복을 받았습니다. 본문 7절의 기록으로 보아, 그들은 땅이 감당하지 못할 정도의 넘치는 복을 받았습니다. 에서의 실수와 잘못, 야곱의 교활함에도 불구하고 하나님은 아브라함을 생각하사 그들을 축복하셨습니다.

우리의 실수와 잘못에도 불구하고 변함없이 우리를 사랑하시는 하나님께 영광을 돌립시다.

✞ **기 도**

하나님, 거룩하신 이름을 소리 높여 찬양합니다. 믿음의 선조들을 통해서 신앙의 유산을 상속받게 하시니 감사합니다. 저희 가정이 약속의 축복을 자자손손 영원토록 기업으로 받게 하옵소서. 예수님의 이름으로 기도합니다. 아멘

✞ **중보기도**

온 가족의 복음화를 위해서.

✞ **명 상**

주께서 심지가 견고한 자를 평강하고 평강하도록 지키시리니 이는 그가 주를 신뢰함이니이다 너희는 여호와를 영원히 신뢰하라 주 여호와는 영원한 반석이심이로다(사 26:3~4).

꿈꾸는 요셉
♣ **성경** 창세기 37장(외울요절 9절)　**찬송** 302(408)장 ♣

성경에 나오는 인물들 가운데 요셉만큼 우리에게 신선한 충격과 교훈을 주는 인물도 드뭅니다. 그것은 요셉이 꿈의 사람이었기 때문입니다.

요셉이 꾼 꿈은 무엇이며 어떠한 변화를 가져다주었는지 살펴보겠습니다.

첫째로, 요셉의 꿈은 미래지향적이었습니다. 야곱의 사랑을 독차지하면서 자란 요셉에게 부족한 것이 있을 리 만무하였지만, 현실에 안주하지 않고 미래를 꿈꾸었습니다.

둘째로, 요셉은 큰 꿈을 꾸었습니다. 자질구레한 꿈이 아니었습니다. 대양을 호흡하는 저 먼 별을 바라보는 꿈을 꾸었습니다(9절). 우리는 큰 그릇, 넓은 마음, 큰 꿈을 가슴에 품어야 하겠습니다(시 81:10).

셋째로, 요셉은 꿈 때문에 어려움을 당했습니다. 꿈은 결코 무지개빛이 감도는 환희만을 가져다주지는 않습니다. 그 꿈이 성취되기까지 수많은 세월을 눈물 골짜기를 통과해야 할지도 모릅니다. 그러나 그 꿈은 하나님을 향한 꿈이므로 하나님은 그를 도와 꿈의 목적지로 이르게 하십니다.

우리가 꾸어야 할 꿈은 무엇일까요? 그것은 하나님을 위한 꿈이어야 합니다. 오늘도 예수님만을 위한 꿈을 꾸며 사는 하루가 됩시다.

✞ **기 도**
요셉의 하나님, 우리도 요셉처럼 큰 꿈의 사람이 되게 하옵소서. 예수님의 이름으로 기도드립니다. 아멘

✞ **중보기도**
평화통일의 꿈을 이루는 민족이 되기 위해서.

✞ **명 상**
영원부터 영원까지 하나님의 이름을 찬송할 것은 지혜와 능력이 그에게 있음이로다 그는 때와 계절을 바꾸시며 왕들을 폐하시고 왕들을 세우시며 지혜자에게 지혜를 주시고 총명한 자에게 지식을 주시는도다 그는 깊고 은밀한 일을 나타내시고 어두운 데에 있는 것을 아시며 또 빛이 그와 함께 있도다(단 2:20~22).

유다의 치욕

♣ **성경** 창세기 38장 (외울요절 25절)　**찬송** 255(187)장 ♣

유다는 야곱의 넷째 아들로 레아의 소생입니다. 그는 며느리와 불의의 관계를 맺음으로 역사상 가장 부끄러운 일을 범한 사람이 되었습니다. 유다가 실수하게 된 이유는 무엇입니까? 그것은 유다의 이방 결혼 때문이었습니다. 이것이 장차 비극의 씨앗이 된 것입니다.

불신앙의 가정은 자녀들에게도 불신앙을 낳습니다. 하나님께서는 유다가 가나안 여인에게 난 두 아들(엘과 오난)이 보시기에 악했기 때문에 그들을 죽이셨습니다. 부모의 불신앙은 자녀의 불신앙을 가져왔고 이 점이 여호와 보시기에 악했던 것입니다. 계속해서 유다는 정욕에 눈이 어두워 며느리와 관계하여 아들을 낳는 실수를 저지릅니다. 깨어 있지 못하고 정욕에 눈이 어두워 엄청난 잘못을 저지른 것입니다.

유다가 나중에 자신의 잘못을 깨달았지만 이미 때는 늦었습니다. 성경은 유다의 잘못을 기록하고 있습니다. "유다는 다말에게서 베레스와 세라를 낳고"(마 1:3).

지금 우리의 초점은 어디를 향하고 있습니까? 치욕의 길입니까, 영광의 길입니까?

✢ **기 도**

하나님, 우리 가정이 신앙으로 하나 되게 하옵소서. 자녀들이 하나님 보시기에 온전한 삶을 살게 도와주옵소서. 예수님의 이름으로 기도드립니다. 아멘

✢ **중보기도**

미혼모와 고아들을 위해서.

✢ **명 상**

하나님이여 내 속에 정한 마음을 창조하시고 내 안에 정직한 영을 새롭게 하소서 나를 주 앞에서 쫓아내지 마시며 주의 성령을 내게서 거두지 마소서 주의 구원의 즐거움을 내게 회복시켜 주시고 자원하는 심령을 주사 나를 붙드소서(시 51:10~12).

요셉에게서 배웁시다

♣ **성경** 창세기 39장 (외울요절 9절)　**찬송** 426(215)장 ♣

　형들의 미움을 받아 애매히 고난을 당한 요셉은 낯설고 물 설은 애굽으로 팔려가게 되었습니다. 졸지에 아들 신분에서 종의 처지로 전락해 버린 요셉의 모습에서, 높이기도 하시며 낮추기도 하시는 하나님의 모습을 발견합니다. 애굽 왕 바로의 신하 시위대장 보디발의 몸종으로 팔려온 요셉에게 하나님은 함께하셨습니다. 요셉이 보디발에게 복의 근원이 된 것입니다.
　우리의 삶도 남을 윤택케 해주고 남에게 유익을 주는 평화의 소식을 담은 삶이어야 하지 않을까요? 그러나 꿈의 사람 요셉에게 시련이 닥쳐왔습니다. 주인의 아내로부터 동침 유혹을 단호히 물리친 죄로 요셉은 억울한 누명을 쓰고 옥에 갇히게 됩니다. 보통사람 같으면 불평이라도 함직한데, 그러나 요셉은 변명하지 않고 조용히 하나님께서 신원해 주실 날만을 기다렸습니다.
　하나님께서는 이러한 요셉에게 전보다 더 은혜를 내리셨고, 그와 함께해 주셔서 그의 보호막이 되어 주셨습니다(23절). 평소 하나님을 경외하며 죄를 짓지 않고 불평하지 아니한 요셉에게 하나님은 큰 은혜를 내리셨습니다.
　지금 우리의 삶은 어떠한가 생각해 보아야 합니다.

✟ **기　도**
　사랑의 하나님, 요셉처럼 하나님을 경외하며 하나님만 의지하는 삶이 되게 하옵소서. 순간마다 밀려오는 사단의 유혹과 시험을 말씀으로 이기게 하옵소서. 예수님의 이름으로 기도합니다. 아멘

✟ **중보기도**
　옥에 갇힌 이들을 위해서.

✟ **명　상**
　마음의 경영은 사람에게 있어도 말의 응답은 여호와께로부터 나오느니라 사람의 행위가 자기 보기에는 모두 깨끗하여도 여호와는 심령을 감찰하시느니라 너의 행사를 여호와께 맡기라 그리하면 네가 경영하는 것이 이루어지리라(잠 16:1~3).

해석은 하나님께 있지 아니하니이까

♣ 성경 창세기 40장(외울요절 8절)   찬송 365(484)장 ♣

본문 40장은 요셉이 감옥에 갇혔던 때에 있었던 일을 기록하였습니다.

어느 날, 요셉이 갇혀 있는 옥에 바로왕의 두 신하가 갇혔습니다. 그들이 바로에게 범죄했기 때문이었습니다. 어느 날 이들은 꿈을 꾸게 되고 범상치 않은 그 꿈 때문에 괴로워합니다. 왕의 두 신하는 꿈의 주인이 하나님이심을 몰랐기 때문에 어쩔 줄 몰라했습니다.

그러나 요셉은 그 꿈의 해석이 여호와께 있음을 너무나 잘 알고 있었습니다. 요셉은 근심하는 그들에게, "꿈의 해석이 여호와께 있지 아니합니까? 청컨대 그 꿈을 내게 이르소서."라고 담대히 말한 후에, 두 신하의 꿈을 듣고 그 꿈을 해석해 주었습니다.

여기서 우리는 요셉의 신앙을 발견합니다. 꿈의 해석이 여호와께 있다는 말은 인간의 장래가 하나님께 달려 있다는 것입니다(잠 16:1). 요셉은 이 사실을 잘 알았기 때문에 그에게 닥친 수많은 고난을 잘 견뎌낼 수가 있었습니다.

고난 가운데 있는 가족이 있습니까? 해결의 열쇠가 바로 하나님께 있음을 기억해야 합니다.

✞ 기 도

꿈을 통하여 뜻을 계시하시며 그 꿈대로 반드시 이루시는 하나님, 우리 가정에 품으신 하나님의 크신 꿈을 그대로 이루어 주소서. 우리로 하여금 하나님의 뜻을 헤아릴 수 있는 지혜와 명철을 주시사 오직 주님께만 영광을 돌리게 하옵소서. 예수님의 이름으로 기도드립니다. 아멘

✞ 중보기도

한순간의 실수로 옥에 갇힌 이들을 위해서.

✞ 명 상

사람이 마음으로 자기의 길을 계획할지라도 그의 걸음을 인도하시는 이는 여호와시니라(잠 16:9).

총리대신이 된 요셉
♣ **성경** 창세기 41장(외울요절 16절)　**찬송** 542(340)장 ♣

　성경은 문제가 생길 때 도울 힘이 없는 인생을 의지하지 말며 네 명철을 의뢰하지 말라고 충고합니다. 하지만 우리는 때로 본문의 바로처럼 어리석게도 도울 힘이 전혀 없는 인생에게 그 문제를 의탁하곤 합니다.
　바로의 문제는 하나님이 주신 것이었습니다. 따라서 그 문제의 해결은 하나님에게서만이 가능합니다. 애굽 땅에 7년 동안 풍년과 흉년을 내리시려는 하나님의 계획을 꿈을 통해서 계시하셨습니다.
　하나님께서는 두 가지 이유에서 이와 같은 사건을 일으키셨습니다. 하나는 애굽의 모든 사람에게 천지만물의 주관자와 풍요와 재난의 주관자는 바알이 아니라 히브리 민족의 하나님 여호와이심을 알리시려는 것과, 다른 하나는 꿈을 통하여 하나님이 사랑하시는 종 요셉을 건지시려는 이유에서였습니다.
　요셉은 하나님의 신에 감동되어 바로의 꿈을 해석합니다. 그 일로 인해 요셉은 지혜로움과 하나님이 함께하시는 것이 인정되어 애굽의 총리대신이 되었습니다. 또한 하나님은 요셉에게 장자 므낫세를 주심으로써 모든 고난을 잊어버리게 하셨고, 차자 에브라임을 주시어 요셉이 수고한 땅에서 그를 창성케 하셨습니다. 때가 되자, 하나님께서는 요셉의 명예를 회복시키신 것입니다. 세우시고 폐하심이 오직 하나님께 있음을 기억합시다.

✞ **기 도**
　천지만물을 주관하시는 하나님, 경건하고 정직하며 하나님만 의뢰하는 자에게 뜻을 밝히시는 하나님을 찬송합니다. 예수님의 이름으로 기도합니다. 아멘

✞ **중보기도**
　지방의 미자립 교회를 위해서.

✞ **명 상**
　바로가 그의 신하들에게 이르되 이와 같이 하나님의 영에 감동된 사람을 우리가 어찌 찾을 수 있으리요 하고(창 41:38).

눈물을 씻기시는 하나님

♣ 성경 창세기 42장 (외울요절 21절)   찬송 370(455)장 ♣

기근은 야곱이 우거하던 땅에도 어김없이 닥쳐왔습니다. 여기서 악인과 선인을 공평하게 대우하시는 하나님의 공의를 발견할 수 있습니다.

야곱은 아들들에게 애굽으로 내려가서 양식을 사오라고 말합니다. 창세기 15:13~14에 아브라함에게, "너의 자손이 400년 동안 이방에서 객이 되어 종살이를 하다가 출애굽할 것이라" 하셨던 예언이 이루어지는 순간입니다.

하나님의 경륜과 섭리는 너무나도 오묘하고 뛰어나서 인간의 머리로는 헤아리기가 어렵습니다. 드디어 애굽 땅에서 요셉과 형제들이 만났습니다. 꿈의 사람 요셉은 자신의 꿈이 이루어지는 것을 형들과의 만남을 통해서 확인할 수 있었습니다. 형들이 요셉 앞에서 절을 한 것입니다.

사실 요셉의 꿈은 하나님의 꿈입니다. 하나님의 경륜 속에서 이스라엘을 구원하시려는 하나님의 꿈이 요셉을 통하여 나타난 것뿐이었습니다.

우리도 하나님의 선하신 뜻이 무엇인지 분별하여 하나님의 꿈을 우리의 꿈으로 삼는 것이 대단히 중요합니다. 깊은 절망에서, 불가능에서 하나님의 은혜로 다시 부모님과 동생을 살아서 만난다는 사실이 얼마나 감격스러웠겠습니까? 하나님께서 요셉의 눈물을 씻기셨습니다.

오늘도 우리를 살리고 회복시키시는 하나님께 영광과 찬송을 돌립시다.

✙ **기 도**

요셉의 눈에서 눈물을 씻기신 하나님, 우리의 눈에서도 눈물을 씻겨 주옵소서. 형제간에 서로 우애하게 하시고, 주님을 사랑하듯 서로 아끼고 사랑하게 하옵소서. 예수님의 이름으로 기도드립니다. 아멘

✙ **중보기도**

파키스탄을 비롯한 회교권 선교를 위해서.

✙ **명 상**

오직 우리 하나님은 하늘에 계셔서 원하시는 모든 것을 행하셨나이다 (시 115:3).

재회의 기쁨

♣ **성경** 창세기 43장(외울요절 14절) **찬송** 197(178)장 ♣

고향에 돌아간 요셉의 형제들은 애굽에 두고 온 시므온을 까마득히 잊어 버렸습니다. 그러나 계속되는 기근으로 그들은 어쩔 수 없이 애굽으로 돌아가지 않으면 안 되었습니다. 요셉을 제외한 열 형제 중 유다가 비교적 지혜로워 문제가 생길 때마다 지혜로운 충고를 했습니다. 이번에도 유다는 베냐민 때문에 고민하는 야곱에게, 모든 결과를 책임지겠다며 베냐민과 함께 애굽으로 갔습니다. 애굽에 도착한 요셉의 형제들은 겸허한 모습으로 이전에 지불하지 못했던 양곡 값과 함께 두 배나 지불하려 하지만, 애굽의 청지기는 사양합니다(23절).

요셉의 신앙은 이방인에게도 하나님의 살아계심을 나타내었습니다. 이방인인 청지기의 입으로 전능하신 하나님을 부르고 시인하게 만든 것입니다. 우리의 믿음도 믿지 않는 이웃에게 하나님의 전능하심을 나타내는 것이 되어야 합니다. 잠시 후, 꿈에 그리던 동생 베냐민을 첫눈에 알아본 요셉은, 형들에게 "이 사람이 너희가 말하던 작은 동생이냐?"고 묻고는, 하나님의 이름으로 축복을 합니다. 참으로 인자하고 남에게 복을 빌어 주는 착한 마음씨를 지닌 요셉의 모습입니다.

"하나님이 네게 은혜 베푸시기를 원하노라"(29절). 얼마나 아름다운 인사입니까? 요셉은 대연을 배설하고 베냐민에게 형들보다 5배나 더 넘치도록 음식을 주었습니다. 넘치는 은혜를 쏟아부어 주시는 하나님께 감사드립시다.

✝ **기 도**
저희에게 가정을 주신 하나님, 어려울 때일수록 서로 화목하게 하시고, 서로에게 주님의 이름으로 복을 빌어 주는 복된 가정이 되게 하옵소서. 예수님의 이름으로 기도드립니다. 아멘

✝ **중보기도**
가정을 떠나 있는 이들을 위해서(군대, 해외 유학, 근로자).

✝ **명 상**
하나님이 네게 은혜 베푸시기를 원하노라(창 43:29).

변화된 형제들

♣ 성경 창세기 44장 (외울요절 16절)   찬송 387(440)장 ♣

요셉은 형들의 우애와 동생 베냐민에 대한 형들의 사랑이 어떠한지를 알고 싶었습니다. 그래서 요셉은 형들의 자루와 베냐민의 자루에 곡물을 넣어 보내면서, 요셉이 아끼는 은잔을 몰래 집어넣습니다.

요셉의 모략대로 잠시 후 형제들은 다시 요셉이 있는 궁으로 돌아오게 됩니다. 형들이 돌아오자 요셉은 일부러 호된 꾸지람을 하면서 베냐민을 종으로 삼겠다고 말합니다.

하루아침에 날벼락을 맞은 형제들은 어쩔 줄을 몰라합니다. 왜냐하면 베냐민은 아버지 야곱이 애지중지 아끼고 사랑하는 아들이었고, 무사히 데리고 돌아오겠다고 약속했기 때문입니다.

유다는 이 일에 책임을 지고 모두 요셉의 종이 되겠다고 말합니다(16절). 자기만을 위해서 살던 삶에서 형제가 서로 함께 사는 삶으로 바뀐 것입니다. 깊은 효성과 남의 짐을 대신 지는 예수 그리스도의 모습이 보여지는 순간입니다. 유다는 자기 계열에서 메시아가 탄생하는 축복을 받았습니다. 진정한 변화가 하나님의 축복을 가져온 것입니다.

우리도 이 시간 옛 성품을 벗어버리고 새사람으로 거듭나기 위해 성령의 능력을 힘입어야겠습니다.

✚ **기 도**
우리의 죄악을 아시는 주여, 우리의 죄악을 고백합니다. 서로 사랑하지 못했음을 용서하옵소서. 주의 자녀들을 기억하사 죄를 도말하여 주옵소서. 예수님의 이름으로 기도드립니다. 아멘

✚ **중보기도**
참된 변화가 이 강산에 물결치듯 일어나도록.

✚ **명 상**
그런즉 누구든지 그리스도 안에 있으면 새로운 피조물이라 이전 것은 지나갔으니 보라 새 것이 되었도다(고후 5:17).

고난에는 뜻이 있다

♣ **성경** 창세기 45장(외울요절 7절)   **찬송** 272(330)장 ♣

요셉은 더 이상 자신을 감출 수가 없었습니다. 형제들의 눈물어린 사랑과 희생에 감격한 요셉은 자신이 바로 형들에 의해 애굽으로 팔려온 동생 요셉임을 알렸습니다. 어쩔 줄 몰라하는 형들 앞에서 요셉은 아름다운 신앙인의 모습을 보여 주었습니다.

첫째로, 요셉은 벌써 형들의 과오를 용서하였습니다. 요셉은 형들에게 "당신들이 나를 이곳에 팔았다고 해서 근심하지 마소서 한탄하지 마소서"(5절)라고 말합니다. 둘째로, 고난에는 반드시 뜻이 있음을 밝혔습니다. 요셉이 겪은 고난은 사실 욥의 고난과 견줄 수 있을 만큼 가혹했습니다. 그러나 요셉은 절망 가운데서도 신앙을 굳건히 지켰고 하나님을 신뢰했습니다.

요셉은 형들을 만난 자리에서 자신이 당한 고난은 반드시 뜻이 있어서 그렇게 된 것이라고 말합니다(5, 8절). 하나님이 나에게 고난을 주시는데 내가 어찌 거부할 수 있겠습니까. "우리가 하나님께 복을 받았은즉 화도 받지 아니하겠느냐"라는 욥의 고백이 바로 요셉의 신앙고백이었습니다.

셋째로 낮추고 높이시는 분이 하나님이시라는 사실입니다(8절).

생명의 주관자이신 하나님께 요셉의 마음을 달라고 기도합시다.

✞ **기 도**

전능하신 하나님, 고난도 하나님의 구원 수단이요 사랑의 표현임을 알 수 있게 하시니 감사합니다. 모든 것의 주인이신 하나님, 하나님의 인자하심과 깊은 경륜을 찬송하게 하옵소서. 예수님의 이름으로 기도드립니다. 아멘

✞ **중보기도**

고난당하는 우리의 이웃을 위해서.

✞ **명 상**

나의 고난이 매우 심하오니 여호와여 주의 말씀대로 나를 살아나게 하소서 여호와여 구하오니 내 입이 드리는 자원제물을 받으시고 주의 공의를 내게 가르치소서(시 119:107~108).

브엘세바의 하나님

♣ 성경 창세기 46장(외울요절 29절)　찬송 288(204)장 ♣

　하나님은 우리의 눈물을 씻기는 분이십니다. 야곱이 요셉으로 인해 얼마나 많은 눈물을 흘렸나요? 더욱이 야곱이 가장 사랑했던 요셉이었던지라 그 아픔은 더했을 것입니다. 그런데 그 요셉을 다시 만나게 된 것입니다.
　자녀를 위해 흘리는 기도의 눈물은 반드시 응답됩니다.
　이스라엘은 브엘세바에서 하나님의 은혜를 생각하면서 희생 제사를 드렸습니다. 브엘세바는 전능하신 하나님께서 아브라함과 이삭을 축복하신 장소였기 때문입니다. 하나님의 축복을 다시 한번 생각해 봅시다.
　첫째로, 큰 민족을 이루는 축복을 주셨습니다. 하나님의 축복대로 야곱의 자손들 70명이 애굽으로 내려갔습니다. 야곱이 얼마나 감격했겠습니까? 약속을 이루시는 하나님이십니다. 둘째로, 함께해 주시겠다는 축복을 내리셨습니다. 하나님께서는 야곱의 일생 동안 동행하셨습니다. 특히 가는 길이 낯설수록 임마누엘의 복은 값집니다. 셋째로, 자녀들의 효도를 받으며 편안히 죽는 축복을 내리셨습니다. 잘 죽는 것도 큰 축복입니다. 천수를 다하고 자녀들이 지켜보는 가운데 하나님의 품으로 돌아가는 것은 얼마나 복된 일입니까? 브엘세바의 제단이 바로 우리 가정의 제단이 되도록 힘씁시다.

✞ 기 도

　하나님을 경외하는 자에게 은혜를 내리시는 하나님, 감사와 찬미의 제사를 영원히 돌립니다. 브엘세바의 축복이 우리 가정의 축복이 되게 하옵소서. 예수님의 이름으로 기도드립니다. 아멘

✞ 중보기도

　공단 근로자들과 이산가족을 위해서.

✞ 명 상

　저 멀리 뵈는 나의 시온성, 오 거룩한 곳 아버지 집, 내 사모하는 집에 가고자 한밤을 새웠네. 저 망망한 바다 위에 이 몸이 상할지라도 오늘은 이 곳 내일은 저 곳 주 복음 전하리.

사랑과 지혜의 사람 요셉

♣ **성경** 창세기 47장 (외울요절 9절)   **찬송** 463(518)장 ♣

본문 47장은 크게 두 부분으로 나눌 수 있습니다.

첫째 부분은 1~12절까지로 요셉이 형들을 바로에게로 인도하여 바로의 은혜를 입게 하는 것과, 야곱과 바로의 대화를 다뤘습니다.

둘째 부분은 13~31절까지로 요셉이 총리의 일을 지혜롭게 감당하여 모든 소유를 바로에게로 향하게 만드는 장면을 담았습니다.

말씀의 첫째 부분은 요셉의 용서와 야곱의 인생관을 생각하게 합니다. 요셉은 형들을 용서했습니다. 그뿐 아니라 형들에게 생업의 길도 열어 주었습니다. 신앙인의 위대함은 진정한 용서에서 비롯합니다. 예수의 용서를 실천한 사람이 바로 요셉인 것입니다. 다음은 야곱의 인생회고담입니다. 야곱은 자기가 일생동안 험악한 세월을 보내왔다고 말했습니다. 마치 인생은 고난을 위해 난 것처럼 많은 어려움이 인생의 전도에 놓여 있습니다.

둘째 부분에서는 청지기로서의 요셉의 삶을 생각하게 합니다. 요셉은 지혜로운 사람이었습니다. 지혜를 발휘해서 애굽의 모든 소유가 바로의 것이 되게 했습니다. 그것은 남을 용서해야 한다는 점이고, 인생은 나그네란 점입니다. 그리고 우리의 신분은 청지기란 사실입니다.

✝ **기 도**

선하신 하나님, 이웃의 작은 허물도 용서하지 못했던 좁은 마음을 회개합니다. 진정한 용서와 회개가 마음으로부터 우러나오게 하시고, 선한 청지기로서 맡겨 주신 사랑의 사역을 잘 감당하게 하옵소서. 예수님의 이름으로 기도드립니다. 아멘

✝ **중보기도**

국군장병들과 세계 평화를 위해서.

✝ **명 상**

우리는 형제를 사랑함으로 사망에서 옮겨 생명으로 들어간 줄을 알거니와 사랑하지 아니하는 자는 사망에 머물러 있느니라(요일 3:14).

황혼의 들녘에서

♣ **성경** 창세기 48장(외울요절 11절)　**찬송** 428(488)장 ♣

본문은 인생에게 마지막이 있음을 교훈합니다(전 3:2). 본문 1절을 보면 야곱이 늙고 병들어 열조와 함께 잠들 때가 가까웠음을 말해 줍니다. 야곱은 나이로 인해 눈의 시력을 잃어 자녀들을 바라볼 수 없었습니다.

건강할 때 열심히 성경 보고 주의 일을 해야겠습니다.

하나님께서는 나그네 인생을 살아온 믿음의 사람 야곱을 축복하셨습니다. 하나님께서 야곱에게 주신 복은 무엇이며 야곱이 하나님의 이름으로 자손에게 내린 복의 내용은 무엇인지 알아봅시다.

하나님은 야곱에게 요셉을 다시 만날 수 있는 축복을 주셨습니다. 죽은 줄 알았던 아들을 다시 만났습니다. 불가능한 것이 가능하게 되었을 때 느끼는 기쁨은 얼마나 크겠습니까? 하나님은 이렇게 큰일을 행하셔서 우리를 기쁘게 하십니다.

야곱은 전능하신 하나님의 이름으로 자녀들을 마음껏 축복합니다. 그 축복의 소리를 들어봅시다.

"나를 모든 환난에서 건지신 여호와의 사자께서 이 아이들에게 복을 주시오며 이들로 내 이름과 내 조상 아브라함과 이삭의 이름으로 칭하게 하시오며 이들이 세상에서 번식되게 하시기를 원하나이다"(16절).

✝ **기 도**

야곱과 요셉을 만나게 하신 하나님, 가족의 생사조차 몰라 괴로워하는 이산가족을 긍휼히 여기사 재회의 기쁨을 주옵소서. 통일의 기쁨을 주옵소서. 주 예수님의 이름으로 기도드립니다. 아멘

✝ **중보기도**

북한 동포들에게 자유의 그날이 속히 임하도록.

✝ **명 상**

이 사람들은 다 믿음을 따라 죽었으며 약속을 받지 못하였으되 그것들을 멀리서 보고 환영하며 또 땅에서는 외국인과 나그네임을 증언하였으니(히 11:13).

야곱의 축복과 저주

♣ **성경** 창세기 49장(외울요절 25절)　**찬송** 491(543)장 ♣

　야곱은 열두 아들의 장래에 대해 예언합니다. 르우벤, 그는 장자요 야곱의 능력이요 기력의 시작이며 위풍이 월등하고 권능이 탁월한 사람이었으나 아비의 침상을 더럽힌 죄를 범하여 그는 탁월치 못한 사람으로 전락되고 맙니다. 시므온과 레위, 그들은 모략의 천재요 광포한 사람들이었습니다. 그들은 누이 디나의 일로 하나님의 선한 계약인 할례를 이용해서 세겜족속을 죽였습니다. 따라서 그들은 노염과 분기가 맹렬했기에 저주를 받았습니다. 단, 그는 야곱이 라헬의 몸종 빌하에게서 낳은 아들로 반역적이고 잔악한 사람이었습니다. 이스라엘의 우상숭배가 단 지파에서 시작되었고 이로 인해 단 지파는 저주를 받았습니다. 유다, 그는 넷째아들로 레아의 소생입니다. 늘 악한 일을 멀리했던 그는 그리스도의 계보에 기록되는 영광을 누렸으며, 장자의 축복과 함께 형제의 찬송이 되었고 그 혈통에서 메시아가 났습니다.

　요셉, 이름 뜻은 '여호와께서 더하실 것'입니다. 라헬에게서 야곱의 열한 번째 아들로 태어났으며, 야곱의 특별한 총애를 받았습니다. 요셉은 전능자의 손을 힘입는 축복과 이스라엘의 반석인 목자가 나오는 축복을 받았습니다.

　여호와를 경외하고 말씀대로 사랑하는 자에게는 그리심의 축복이 천대까지 임하지만(삿 9:7~8), 패역한 세대를 좇고 주를 경외하지 않는 자에게는 에발의 저주가 임함을 기억합시다.

✞ **기 도**
　축복과 저주의 주관자이신 하나님, 주를 경외하는 삶, 경건한 삶, 주를 의뢰하는 삶을 지속하는 가정이 되게 하옵소서. 예수님의 이름으로 기도합니다. 아멘

✞ **중보기도**
　이 민족이 주의 평화와 사랑을 전하는 나라가 되기 위해서.

✞ **명 상**
　네 하나님 여호와를 사랑하여 그가 주신 책무와 법도와 규례와 명령을 항상 지키라(신 11:1).

아벨미스라임

♣ **성경** 창세기 50장(외울요절 20절)　**찬송** 310(410)장 ♣

　아벨미스라임은 요셉과 그의 일행이 아버지 야곱의 죽음을 애도하는 모습에서 연유된 것으로, '애굽 사람의 애통'이라는 뜻입니다.
　야곱의 죽음을 지켜보면서 우리가 배워야 할 교훈은 무엇일까요? 첫째로 창세기 49:33에서 야곱은 기운이 진하여져 숨을 거두었다고 말씀합니다. 비록 지금은 힘이 있다 해도 영원한 힘이 되지 못합니다. 따라서 우리는 하나님 앞에서 겸허해야 합니다. 둘째로 요셉의 어버이를 향한 사랑입니다. 본문 1절을 보면 야곱 얼굴에 자신의 얼굴을 비비며 애통해하는 아들 요셉의 모습이 보입니다. 부모에 대한 마지막 애절한 사랑과 연모가 엿보이는 순간입니다.
　요셉은 아버지 야곱의 시신을 정성껏 단장해 가나안으로 향합니다. 출애굽의 위대한 거보가 내디뎌지는 순간입니다.
　다음으로 요셉의 어진 마음에서 교훈을 찾아봅시다.
　야곱이 죽자, 두려움에 휩싸인 형제들은 야곱의 부탁대로 자신들의 잘못을 용서해달라고 요셉에게 간구합니다. 그 때 요셉은 먼저 두려워 말라 하며 모든 것이 합력하여 선을 이루시는 하나님의 주권을 말합니다. 요셉의 고난은 하나님의 구원을 체험하고 그것을 가능케 하는 좋은 방법이었음을 고백했습니다. 우리도 요셉의 삶을 본받읍시다.

✞ **기 도**
　생사화복의 주관자이신 하나님, 우리에게 부모님 주신 것을 감사드립니다. 인생의 유한함을 알게 하시고, 우리 이웃의 허물을 용서해 주는 절대 신앙의 사람들이 되게 하옵소서. 예수님의 이름으로 기도합니다. 아멘

✞ **중보기도**
　부모님들을 위해 기도하는 자녀들이 되도록.

✞ **명 상**
　여호와는 나의 반석이시요 나의 요새시요 나를 건지시는 이시요 나의 하나님이시요(시 18:2).

창성한 민족

♣ 성경 출애굽기 1장(외울요절 7절) 찬송 27(27)장 ♣

애굽 민족이 영화가 쇠해 가는 민족이라고 한다면, 이스라엘 민족은 번영해 가는 민족이라고 할 수 있습니다. 왜냐하면 이스라엘은 전능하신 하나님의 축복이 있기 때문입니다.

창세기 15:5에서 아브라함에게 하셨던 축복이 애굽에서 이루어졌습니다. 이스라엘 자손이 처음 애굽으로 건너올 때는 70명에 불과하였지만, 하나님의 축복으로 이스라엘 자손은 생육하고 불어나 번성하고 심히 강대하여 온 땅에 가득하게 되었습니다(7절).

하나님께서 이스라엘에게 내리신 복은 애굽에게 큰 근심이 될 정도로 엄청난 것이었습니다. 애굽 사람들은 이스라엘이 더 강대해지는 것을 막기 위해 이스라엘을 박해하기 시작합니다. 그러나 학대를 받을수록 더욱 창성한 민족이 바로 이스라엘입니다.

애굽 왕은 히브리 산파에게 남자아이면 모두 죽이라고 명령합니다. 그러나 히브리 산파는 하나님을 두려워하여 바로의 명을 좇지 않았고, 이로 인해 하나님의 큰 은혜를 받았습니다. 우리도 하나님을 경외하여 악인의 길에 서지 않고 죄인의 꾀를 좇지 않는 삶을 살아야 합니다.

✝ **기 도**
이스라엘을 창성케 하신 전능자 여호와 하나님, 대한민국에 하나님의 은혜를 내리셔서 창성한 민족이 되게 해주옵소서. 주 예수님의 이름으로 기도드립니다. 아멘

✝ **중보기도**
민족의 복음화와 해외 선교사들을 위해서.

✝ **명 상**
또 주께서 주의 구원하는 방패를 내게 주시며 주의 오른손이 나를 붙들고 주의 온유함이 나를 크게 하셨나이다 (시 18:35).

이스라엘을 기억하시는 하나님
♣ 성경 출애굽기 2장(외울요절 25절)   찬송 28(28)장 ♣

　세월이 지날수록 바로의 박해는 심해졌고, 이스라엘의 고통은 극심하게 되었습니다. 이때 이스라엘은 탄식하면서 여호와를 부르기 시작했습니다. 부르짖는 소리가 얼마나 애절하고 컸던지 여호와께 상달이 되었습니다.
　하나님께서는 그 고통 소리를 들으시고 그 옛날 아브라함과 이삭과 야곱과 세우신 언약을 기억하셨습니다. 하나님은 한번 정하신 언약은 결코 잊지 않으십니다. 아브라함의 자손을 축복하시겠다고 말씀하신 약속을 기억하시고 약속대로 이스라엘의 고통을 돌아보셨습니다.
　오늘도 하나님은 예수 그리스도를 통하여 피로 세우신 우리와의 언약을 기억하십니다. 예수로 말미암아 하나님의 축복을 누리는 백성이 된 우리는 고난 가운데서 하나님께 큰 소리로 부르짖어 구원을 요청해야 합니다.
　하나님께서는 "환난 날에 나를 부르라 내가 너희를 건지겠다"고 말씀하십니다. 우리는 하나님을 향하여 큰 소리로 구원을 요청해야 합니다.

✞ 기 도
　이스라엘의 고통을 돌아보시고 구원하기 위해 모세를 보내 주신 사랑의 하나님께 감사를 드립니다. 세세토록 하나님은 우리의 하나님이시며 홀로 하나이신 만유의 주, 만왕의 왕이십니다. 예수 그리스도의 이름으로 기도드립니다. 아멘

✞ 중보기도
　가족을 위해 서로 돌아가면서 기도하도록.

✞ 명 상
　여호와께서 자기를 위하여 경건한 자를 택하신 줄 너희가 알지어다 내가 그를 부를 때에 여호와께서 들으시리로다(시 4:3).

모세의 소명

♣ **성경** 출애굽기 3장(외울요절 14절) **찬송** 323(355)장 ♣

소명받은 모세와 소명을 주시는 하나님에 대해서 생각해 봅시다.

'모세'의 이름은 '물에서 건지움을 받았다.'는 뜻입니다. 즉 바로의 손에서 모세를 건진 사실과 장차 이스라엘을 출애굽시키려는 하나님의 계획이 담겨 있습니다. 모세가 어떻게 해서 소명을 받게 되었습니까? 모세는 호렙 산에서 양을 치다가 하나님께 소명을 받았습니다. 삶의 현장에서 하나님의 부르심을 받은 것입니다. 하나님께서 모세를 만나시는 방법은 참 특이했습니다. 하나님께서는 불타는 떨기나무를 보이심으로 모세를 이끄셨습니다.

하나님은 모세에게 이곳은 거룩한 곳이니 네 발에서 신을 벗으라고 말씀하십니다. 하나님의 소명을 받기 위해서는 변화를 받아야 합니다. 하나님은 모세를 거룩케 하신 후 모세에게 사명을 주셨습니다(7~8절).

이 놀라운 소명을 받은 모세는 "당신은 누구십니까?"라고 질문했습니다. 그때 하나님은 "나는 스스로 있는 자니라."고 하나님 자신에 대해서 말씀하셨습니다. "나는 곧 창조주 존재의 근원이다."라는 것입니다. 스스로 계시면서 인간을 존재케 하시는 전능의 주 하나님께서 내 백성을 고통 가운데서 구원하시겠다는 것입니다. 오늘도 하나님께선 우리에게 "가라."고 명하십니다.

✞ **기 도**
홀로 하나이신 하나님, 누가 우리를 위하여 갈까라는 주님의 요청에 나를 보내소서라고 응답하게 하옵소서. 예수님의 이름으로 기도드립니다. 아멘

✞ **중보기도**
한국 교회가 땅끝까지 복음을 증거하는 구원의 전위대가 되도록.

✞ **명 상**
내가 말하였거니와 내가 너희를 애굽의 고난 중에서 인도하여 내어 젖과 꿀이 흐르는 땅 곧 가나안 족속, 헷 족속, 아모리 족속, 브리스 족속, 히위 족속, 여부스 족속의 땅으로 올라가게 하리라(출 3:17).

부르시는 하나님, 거절하는 모세
♣ 성경 출애굽기 4장(외울요절 11절)   찬송 9(53)장 ♣

여호와께 갑자기 소명을 받은 모세는 그 일이 너무나도 크고 중요한 일이었기에 자신이 없었습니다. 그러자 하나님께서는 함께하겠다고 약속하시면서 세 가지 표징을 주셨습니다.

첫째는 지팡이가 뱀이 되게 하셨고, 둘째는 손에 문둥병이 발하게 하셨으며, 셋째로 하수가 피가 되게 하는 표적을 행할 수 있는 능력을 모세에게 주셨습니다. 세 가지 사건 모두 인간이 행할 수 없는 일들이었습니다. 지팡이가 뱀이 되는 것은 생물을 창조하신 분이 하나님이심을 나타내는 것입니다. 문둥병이 발한 사건은 생사화복의 주관자가 하나님이심을 의미합니다. 끝으로 하수가 피로 변한 사건은 생명의 근원이 하나님이라는 것입니다.

하나님의 확실한 보장에도 불구하고 모세는, 입이 뻣뻣하고 둔한 자여서 말할 수 없으니 다른 사람을 보내달라고 사양합니다. 그러자 하나님은, "누가 사람의 입을 지었느냐?" 하나님의 일에는 인간의 조건에 구애됨이 없다고 말씀하시면서 동역자를 주셨습니다. 더 이상 거절할 수 없게 만드신 후에 하나님께서는 모세의 손에 지팡이를 들려 사명지 애굽으로 보내셨습니다.

"못 갑니다. 제가 뭘요."라고 말하는 사람들의 손에 주님의 십자가를 쥐게 하시고는 떠나라고 말씀하는 분이 바로 하나님이십니다.

✞ **기 도**
하나님께서 '가라' 고 하실 때 '예' 라고 대답하게 하옵소서. 예수님의 이름으로 기도드립니다. 아멘

✞ **중보기도**
해외 선교사와 국내 미자립교회 교역자를 위해.

✞ **명 상**
백성이 믿으며 여호와께서 이스라엘 자손을 찾으시고 그들의 고난을 살피셨다 함을 듣고 머리 숙여 경배하였더라(출 4:31).

불신앙의 사람들
♣ 성경 출애굽기 5장(외울요절 2절)   찬송 261(195)장 ♣

본문을 통해 바로의 범죄에 대해 생각해 보겠습니다. 바로는 "내 백성을 보내라"는 하나님의 말씀을 일언지하에 거절했습니다.

거절 이유 중 하나는 "여호와가 누구관대 내가 그 말을 듣겠느냐."이고, 다른 하나는 "나는 여호와를 알지 못한다."는 것이었습니다. 어리석게도 바로는 전능하신 하나님 여호와를 애굽이 섬기는 지방 신 정도에 불과한 것으로 오해했습니다. 바로의 오해는 애굽에 엄청난 재난을 가져옵니다. 게다가 바로는 하나님의 말씀을 거짓말로 여겼습니다. 바로의 박해가 더욱 심해지자 (9절), 그 고통은 자연히 히브리인들에게 돌아갔습니다. 히브리인들은 자신들이 전능자에 의해 선택받은 귀중한 존재라는 사실을 망각하고 바로의 노예로 사는 삶에 체념함으로써 거룩한 자유로의 투쟁에 나서질 못하고 오히려 자유케 하려는 하나님의 종들에 대해 원망하는 불신앙을 보였습니다(21절).

히브리인들은 자신들이 애굽인의 소모품 정도에 불과하다고 생각했습니다. 철저한 자기비하입니다. 신앙과 자유의 상실은 인간의 존엄성을 파괴합니다. 상황이 어렵게 되자 모세는 우왕좌왕하고 결국에는 하나님께 나아가 불평하기 시작했습니다(22절). 우리도 문제에 봉착했을 때 모세와 같이 불평하고 하나님을 탓하고 있지는 않은지 묵상하는 하루가 됩시다.

✝ 기 도
우리 모두 불신이 가득한 이 세대에 더욱더 하나님을 신뢰할 수 있게 도우소서. 예수 그리스도의 이름으로 기도합니다. 아멘

✝ 중보기도
우리 자녀들이 이 세대를 본받지 않고 오직 주의 뜻을 분별하도록.

✝ 명 상
우리가 여호와를 알자 힘써 여호와를 알자 그의 나타나심은 새벽 빛 같이 어김없나니 비와 같이 땅을 적시는 늦은 비와 같이 우리에게 임하시리라 하니라 (호 6:3).

하나님의 강한 손
♣ **성경** 출애굽기 6장 (외울요절 6~8절) **찬송** 377(451)장 ♣

인생을 사노라면 하나님의 손이 감추인 듯이 보이거나, 하나님이 침묵하시는 듯이 보일 때가 있습니다. 신앙의 위기를 만날 때마다 사람들은 하나님을 향하여 불만을 터뜨립니다. 모세도 예외는 아니었습니다. 하나님 말씀에 의지하여 용기백배하여 바로에게 나아갔던 모세는 의외의 결과에 직면했습니다. 바로가 하나님 말씀을 귀담아 듣지 않을 뿐 아니라 이스라엘 백성들을 더욱 괴롭혔기 때문입니다. 하나님 말씀이 외관상 문제를 더 어렵게 만드신 듯이 보였습니다. 게다가 백성들까지도 덩달아 모세를 원망하기 시작했습니다. 사면초가에 직면한 모세는 하나님께 항변했습니다(출 5:22). "왜 바로를 그냥 두십니까?"라는 모세에게 대답하신 내용이 출애굽기 6장입니다.

1절에, "여호와께서 모세에게 이르시되 이제 내가 바로에게 하는 일을 네가 보리라 강한 손으로 말미암아 바로가 그들을 보내리라"고 했습니다.

여기서 모세가 미처 깨닫지 못했던 하나님의 경륜이 있습니다. 바로의 포악은 하나님의 허락하심 하에서였지, 그에게 무슨 힘이 있어서가 아니었습니다. 그의 교만함은 하나님의 능력을 드러내는 데 이용되었습니다.

하나님 앞에서 바로는 마른 막대기에 불과한 존재였습니다. 또한 바로의 강퍅함은 하나님의 능력을 드러내어, 하나님이 이스라엘뿐만 아니라 만유의 주이심을 보이는 데 사용되었습니다.

우리는 하나님을 바로 알고 그 능력을 힘입어야 하겠습니다.

✠ **기 도**
겸손한 자에게 자신을 계시하시는 하나님, 겸손히 주를 섬길 때 비록 괴로운 일이 많으나 잘 감당하게 하옵소서. 예수님의 이름으로 기도드립니다. 아멘

✠ **중보기도**
우리 민족이 여호와 앞에 겸허한 민족이 되기를 위해서.

✠ **명 상**
교만은 패망의 선봉이요 거만한 마음은 넘어짐의 앞잡이니라(잠 16:18).

하나님의 백성, 이스라엘

♣ **성경** 출애굽기 7장 (외울요절 4절)　**찬송** 191(427)장 ♣

하나님께서 이스라엘을 얼마나 사랑하시는가에 대해서 구체적 행동들을 본문에서 잘 보여 주고 있습니다.

첫째로, 하나님께서는 바로 앞에서 이스라엘을 '내 군대, 내 백성'이라고 선언하셨습니다. 이스라엘을 변호하시는 하나님의 모습입니다.

둘째로, 하나님께서는 모세를 바로의 신으로 삼으셨습니다. 애굽 왕 바로보다 더 큰 권세와 능력을 모세에게 주신 것입니다.

시편 23:5의 말씀과 같이, 하나님은 믿는 우리에게 목전에서 상을 베푸시고 기름으로 머리에 바르시며 잔을 넘치게 하시는 분입니다.

셋째로 바로 앞에서 이적을 베푸셨습니다. 하나님의 이적을 보이심으로 하나님께서 이스라엘과 함께 계심을 온 애굽에 알리셨습니다. 시편 121편의 말씀처럼, 하나님께서는 이스라엘로 실족지 않게 하시며 졸지도 주무시지도 않고 이스라엘을 지키십니다.

또한 이스라엘의 우편 그늘이 되셔서 낮의 해나 밤의 달이 해치 못하도록 지키시며 이스라엘을 지켜 모든 환난을 면케 하시며 영혼을 지키십니다.

이스라엘을 지키시는 하나님의 축복이 오늘날, 예수를 주로 고백하는 영적 이스라엘인 우리에게도 동일하게 내려진다는 사실을 생각하며 감사합시다.

✝ **기 도**
이스라엘을 지키시는 하나님, 이스라엘로 하나님의 백성, 군대가 되게 하심을 감사드립니다. 험한 죄악의 세상을 살아가는 우리들에게도 동일한 축복과 은혜를 내려 주옵소서. 예수님의 이름으로 기도합니다. 아멘

✝ **중보기도**
민족의 복음화와 한국이 영적 이스라엘이 될 수 있도록.

✝ **명 상**
여호와께서 너의 출입을 지금부터 영원까지 지키시리로다(시 121:8).

하나님의 권능

♣ 성경 출애굽기 8장(외울요절 19절)　찬송 521(253)장 ♣

애굽에는 '헤카' 또는 '헤크트'라는 개구리 신이 있습니다. 하나님께서 내리신 개구리 재앙은 애굽 사람들이 신성한 것으로 숭배하는 개구리가 오히려 애굽 사람들에게 불편을 주는 미물이라는 점과 하나님께서 모든 신 위에 뛰어난 신이심을 보여 주시기 위해서였습니다.

개구리 재앙은 애굽 사람들이 섬기는 신들이 실제로 애굽 사람들에게 해를 가져올 뿐, 아무런 도움도 주지 못한다는 사실을 보여 줍니다. 그러나 하나님을 섬기는 이스라엘에게는 하나님께서 능력을 보이셨습니다. 하나님께서는 애굽과 이스라엘이 사는 고센 땅을 구별하셔서 고센 땅에는 재앙이 미치지 못하게 하심으로, 이스라엘이 섬기는 신이 애굽의 신보다 더 우위에 있음을 보이셨습니다. 하나님께서 이렇게 하신 이유가 무엇일까요? 그것은 이스라엘을 하나님만을 섬기는 백성으로 삼으시기 위해서였습니다.

이스라엘로 하여금 하나님께 예배하고 하나님을 영화롭게 하시려는 의도에서 하나님의 전능하심을 나타내셨습니다. 그래서 이스라엘의 하나님은 모든 신 위에 뛰어난 분이심을 보이셨습니다.

✝ 기 도

이스라엘을 구별하여 하나님의 백성을 삼으신 만군의 여호와여, 영원히 주를 즐거워하며 여호와의 크심을 선포하게 하옵소서. 예수님의 이름으로 기도드립니다. 아멘

✝ 중보기도

추위에 떠는 이웃과 국군 장병을 위하여.

✝ 명 상

나의 힘이신 여호와여 내가 주를 사랑하나이다 여호와는 나의 반석이시오 나의 요새시오 나를 건지시는 이시오 나의 하나님이시오 내가 그 안에 피할 나의 바위시오 나의 방패시오 나의 구원의 뿔이시오 나의 산성이시로다(시 18:1~2).

히브리 사람의 하나님

♣ 성경 출애굽기 9장(외울요절 29절) 찬송 424(216)장 ♣

바로의 나라 애굽은 강대한 민족이었고, 히브리인의 나라 이스라엘은 약소민족으로 애굽의 노예였습니다. 그런데 성경은 하나님께서 강대국인 바로의 하나님이 아니라, 힘없고 약한 노예 히브리인의 하나님이시라고 합니다. 그 당시 '히브리 사람' 하면 노예를 상징하는 경멸어였습니다. 여기서 우리는 하나님의 긍휼하심을 발견하게 됩니다. 하나님은 때로 약한 자를 들어 강한 자를 부끄럽게 하십니다. 이는 강한 자는 교만하기 쉽고 하나님의 도움을 필요치 않으나, 약한 자는 전능자의 도움 없이는 살 수 없기 때문입니다.

바로는 엄청난 힘으로 약자인 히브리 사람들을 학대했습니다. 가난한 이를 멸시하는 자는 그를 지으신 이를 멸시하는 것입니다. 바로는 교만하여 이 사실을 무시함으로 하나님의 무서운 심판을 당했습니다.

하나님께서는 애굽이 개국 이래로 경험하지 못했던 재앙을 내리심으로 전능하심을 보이셨습니다. 독종과 우박의 재앙은 전 애굽 땅을 황폐하게 했습니다. 비로소 바로가 모세와 아론을 불러 자신의 범죄를 시인했습니다(27절). 처음에는 여호와가 누구냐 나는 그를 모른다고 부인하던 사람이, 하나님의 힘 앞에 주의 높으심을 인정한 것입니다.

바로를 굴복시키고 승리하신 여호와 하나님께 영광을 세세토록 돌립시다.

✚ 기 도

사랑의 하나님, 승리의 주를 찬양합니다. 겸손한 자에게 방패가 되시며 교만한 자를 물리치시는 하나님께 영광을 돌려드립니다. 저희가 요단을 건너 천국으로 출애굽하는 날까지 주만 바라보게 하옵소서. 예수님의 이름으로 기도합니다. 아멘

✚ 중보기도

가정이 믿음, 소망, 사랑으로 하나가 되도록.

✚ 명 상

바로가 사람을 보내어 모세와 아론을 불러 그들에게 이르되 이번은 내가 범죄하였노라 여호와는 의로우시고 나와 나의 백성은 악하도다(출 9:27).

두 가지 재앙

♣ **성경** 출애굽기 10장 (외울요절 23절) **찬송** 214(349)장 ♣

바로의 교만함은 더 큰 재앙을 가져왔습니다. 당시에 애굽인은 '세라피스'라고 부르는 신이 메뚜기의 피해를 막아 준다고 생각했습니다.

하나님은 메뚜기를 재앙의 도구로 사용하심으로 애굽인이 섬기는 신이 헛된 것임을 밝히셨습니다. 그러나 여전히 바로의 마음이 강퍅하여 이스라엘 사람들을 보내지 않자, 하나님은 땅 위에 흑암의 재앙을 내리셨습니다.

애굽인이 섬기는 태양신인 '라'는 애굽의 가장 우두머리 신이었기 때문에 이 흑암 재앙은 애굽인에게 치명타를 안겨 주었습니다. 여호와의 신이 애굽의 우두머리 신을 이긴 것입니다. 게다가 이스라엘 자손이 거하는 고셴 땅에는 흑암 재앙이 미치지 않았고 오히려 광명이 있었습니다.

하나님께서 바로의 마음을 강퍅케 해서 내리신 재앙의 의도는 하나님의 능력과 전능하심을 애굽에 보이시기 위함이었으며, 모세를 통해 그의 자손에게 하나님의 이적과 구원을 알리고, 자손들로 하여금 구원하신 분이 하나님이심을 알게 하여, 마땅히 하나님만을 섬기도록 하기 위함이셨습니다.

하나님은 오늘도 사단의 세력에서 우리를 건지십니다. 이는 영원히 하나님을 섬기게 하기 위함입니다. 구원의 주를 영원토록 찬송합시다.

✞ **기 도**

하나님, 오늘은 우리 민족이 일제의 압제에 대항하여 독립만세를 부른 날입니다. 바로의 압제에서 이스라엘을 건지신 것처럼 우리 민족을 일제의 사슬에서 건지심을 찬송합니다. 하나님은 영원히 한국의 하나님이 되어 주옵소서. 예수님의 이름으로 기도드립니다. 아멘

✞ **중보기도**

한반도의 통일을 위해서.

✞ **명 상**

나의 힘이시여 내가 주께 찬송하오리니 하나님은 나의 요새이시며 나를 긍휼히 여기시는 하나님이심이니이다(시 59:17).

마지막 경고
♣ 성경 출애굽기 11장(외울요절 7절) 찬송 180(168)장 ♣

하나님께서는 바로에게 마지막 경고를 하셨습니다. 계속해서 바로가 여호와의 백성을 내보내라는 명령을 거절하자 하나님은 최후의 수단을 쓰십니다. 그것은 애굽 가운데 처음 난 것 즉 위에 앉은 바로의 장자로부터 맷돌 뒤에 있는 여종의 장자까지 모든 생축의 처음 난 것을 죽이시는 것이었습니다. 바로의 불순종은 죽음을 가져왔습니다. 장자가 모두 죽으리라는 최후의 경고를 바로는 경청했어야만 했습니다. 물질은 없어져도 다시 얻을 수 있지만 인간의 생명은 한번 죽으면 그것으로 끝입니다.

그러나 바로는 이 마지막 경고도 무시해서 애굽 전국에 전무후무한 큰 곡성이 있게 합니다. 바로의 범죄로 인하여 발바닥에서 머리까지 성한 곳이 없었고, 상한 곳과 터진 곳과 새로 맞은 흔적뿐이었습니다. 한마디로 말해서 만신창이가 되었습니다. 그래도 바로는 회개할 줄 몰랐습니다.

우리는 어떠합니까? 하나님의 말씀에 귀 기울이고 있습니까?

예수께서 말씀하셨습니다. "그러므로 너희는 가서 모든 민족을 제자로 삼아 아버지와 아들과 성령의 이름으로 세례를 베풀고 내가 너희에게 분부한 모든 것을 가르쳐 지키게 하라"(마 28:19~20). 바로에게 내린 마지막 경고가 우리에게 다가오기 전에 땅끝까지 주의 복음을 전파합시다.

✠ 기 도
하나님, 하나님 앞에 교만하지 않도록 우리를 도우셔서 마음이 강퍅하여 심판받은 바로와 같이 되지 않게 하옵소서. 예수님의 이름으로 기도드립니다. 아멘

✠ 중보기도
하나님의 나라와 의가 이루어지도록.

✠ 명 상
너희는 옷을 찢지 말고 마음을 찢고 너희 하나님 여호와께로 돌아올지어다 그는 은혜로우시며 자비로우시며 노하기를 더디하시며 인애가 크시사 뜻을 돌이켜 재앙을 내리지 아니하시나니(욜 2:13).

유월절 어린양

♣ **성경** 출애굽기 12장 (외울요절 13절)   **찬송** 265(199)장 ♣

장자 재앙을 통한 멸망이 바로와 애굽에는 엄청난 재앙이었지만 이스라엘 편에서는 하나님의 승리였습니다. 하나님 앞에는 복과 저주가 함께 놓여 있습니다. 믿고 순종하는 자에게 영원한 축복이, 불순종하는 자에게는 저주가 임합니다. 이스라엘은 아빕월에 출애굽을 하게 되었습니다. 이스라엘 자손이 애굽에 거주한 지 사백 삼십년 째 되는 해입니다.

유월절 규례는 다음과 같습니다.

첫째로, 흠 없고 일년 된 수컷으로 어린양을 잡아야만 했습니다. 예수님께서는 죄 없으신 어린양으로 우리 죄를 대속하여 십자가에 달리셨습니다. 둘째로, 어린양을 잡아 그 피를 문설주에 발라 죽음을 면했습니다. 예수님께서는 보혈의 피로 우리의 죄를 씻어 주시고 사망을 면케 합니다.

셋째로, 양의 살과 머리와 정강이와 내장을 다 구워 먹었습니다. 예수께서는 십자가에 제물 되어 죽으셨고 우리의 죄를 위해 물과 피를 흘리셨으며, 살이 찢기셨습니다. 예수의 살과 피를 먹고 마시는 자만이 구원을 받습니다.

넷째로, 무교병을 먹음으로 유월절의 의미를 되새겼습니다. 유월절 어린양의 피로 이스라엘은 죄 가운데서 구원받았습니다.

오늘도 예수는 유월절 어린양이 되셔서 우리를 죄 가운데서 구속하십니다. 유월절 어린양 예수를 찬미합시다.

✤ **기 도**

어린양 예수 그리스도의 살과 피를 먹고 마심으로 구원에 이르는 지혜를 얻게 하옵소서. 예수 그리스도의 이름으로 기도합니다. 아멘

✤ **중보기도**

북녘땅에도 유월절 사건이 일어나도록.

✤ **명 상**

우리는 다 양 같아서 그릇 행하여 각기 제 길로 갔거늘 여호와께서는 우리 모두의 죄악을 그에게 담당시키셨도다(사 53:6).

너는 내 것이다

♣ 성경 출애굽기 13장 (외울요절 2절)   찬송 310 (410)장 ♣

　유월절을 경험한 이스라엘에게 하나님은 너는 내 것이라 말씀하시고, 다음의 몇 가지를 준수하라고 명령하십니다.

　첫째로, '구별하라' 입니다. 이스라엘 자손 중에 사람이나 짐승이나 무론하고, 초태생은 다 거룩히 구별하여 내게 돌리라 이는 내 것이니라고 말씀하셨습니다. 왜냐하면 여호와가 거룩하시기 때문입니다. 따라서 하나님의 백성은 당연히 자신을 구별하여 거룩히 하여야만 합니다.

　둘째로, '기념하라' 입니다. 이스라엘은 하나님의 구원 역사를 기억해야만 했습니다. 그래서 이스라엘은 무교절과 여호와의 절기를 지켰습니다.

　예수께서는 잡히시기 전날 밤, 떡과 포도주를 나누어 주시면서 이것을 먹고 마실 때마다 나를 기념하라고 말씀하셨습니다. 나의 허물과 죄를 사하시려 십자가에 달리신 예수의 사랑과 은혜를 결코 잊어서는 안 됩니다.

　셋째로, '교육하라' 입니다. 출애굽 사건을 자손들에게 교육하라는 것입니다. 부모의 신앙을 자녀에게 전수시키는 것은 부모의 책임이며, 의무입니다.

　넷째, '전파하라' 입니다. 초태생의 수컷을 여호와께 희생 제물로 드려 네 손의 기호와 네 미간의 표를 삼으라고 말씀하셨습니다.

　구원의 기쁜 소식을 세상에 널리 전하라는 것입니다. 그리하면 하나님께서 구름 기둥과 불기둥으로 인도해 주십니다.

✞ 기 도

　우리를 하나님 백성으로 삼으신 하나님의 뜻을 알고 세속에서 자신을 지킴으로 거룩한 백성이 되게 하옵소서. 예수님의 이름으로 기도합니다. 아멘

✞ 중보기도

　대한민국이 제사장의 나라가 되도록.

✞ 명 상

　여호와께서 그들 앞에서 가시며 낮에는 구름 기둥으로 그들의 길을 인도하시고 밤에는 불기둥을 그들에게 비추사 낮이나 밤이나 진행하게 하시니 (출 13:21).

이스라엘을 위해 싸우시는 여호와

♣ **성경** 출애굽기 14장 (외울요절 13절)　**찬송** 352(390)장 ♣

신앙의 위기가 닥쳐올 때 우리의 태도는 어떠합니까?

유월절의 감격을 안고 가나안으로 향하던 이스라엘에게 위기가 닥쳐왔습니다. 애굽 왕 바로가 다시 마음이 강퍅하여져서 특별 병거 육백 대와 애굽의 모든 병거를 동원하여 이스라엘의 뒤를 쫓아온 것입니다. "이스라엘 자손이 눈을 들어 본즉 애굽 사람들이 자기들 뒤에 이른지라"(10절).

앞에는 홍해바다, 뒤에는 성난 애굽 군대. 사면초가에 놓인 이스라엘의 태도는 어떠했을까요? 이스라엘 백성은 원망하기 시작했습니다. "애굽에 매장지가 없어서 이 광야에서 죽게 하느냐, 우리가 애굽 사람을 섬기는 것이 더 낫지 아니하냐?"하며, 사신 하나님을 모욕하고 모세를 난처하게 하는 불신앙의 소리를 내뱉었습니다. 그러나 신앙의 사람 모세는 불평하고 무서워 떠는 이스라엘 사람들에게 구원을 선포합니다. "너희는 두려워하지 말고 가만히 서서 여호와께서 오늘날 너희를 위하여 행하시는 구원을 보라"(13절).

하나님께서 모세의 손을 들어 홍해를 가르셨고, 이스라엘 백성이 건너는 동안 하나님의 사자와 구름 기둥이 애굽과 이스라엘 사이를 가로막았습니다.

어려움이 닥쳐왔을 때 우리의 모습은 이스라엘 백성인가, 모세인가? 바르게 분별하여 온전한 신앙의 가정이 됩시다.

✚ **기　도**
구름 기둥과 불기둥으로 주의 자녀들을 안보하시는 하나님, 어떠한 위기가 닥쳐와도 신앙의 사람으로 여호와의 구원을 바라보게 하옵소서. 예수님의 이름으로 기도드립니다. 아멘

✚ **중보기도**
북녘땅에 복음의 문이 열리도록.

✚ **명　상**
모세가 바다 위로 손을 내밀매 여호와께서 큰 동풍이 밤새도록 바닷물을 물러가게 하시니 물이 갈라져 바다가 마른 땅이 된지라(출 14:21).

치료하시는 여호와

♣ **성경** 출애굽기 15장 (외울요절 26절)　**찬송** 471(528)장 ♣

본문은 크게 두 부분으로 나누어집니다.

여호와의 구원하심을 노래하는 모세와 미리암의 찬미 부분과 치료하시는 하나님에 대한 말씀 부분입니다.

먼저 찬미 속에서 나타난 하나님의 모습을 살펴보겠습니다.

첫째로, 하나님은 나의 힘이십니다. 영원하신 하나님 여호와, 땅끝까지 창조하신 하나님은 피곤치 아니하시며 곤비치 아니하시며 피곤한 자에게 능력을 주시고 무능한 자에게 힘을 더하십니다.

둘째로, 여호와는 용사이십니다. 이스라엘을 위해 싸우시며, 큰 위엄으로 주를 거스리는 자를 엎으시고 바람을 일으켜 교만한 자들을 덮으십니다.

셋째로, 모든 신 중에 가장 뛰어난 분이십니다. 여호와여, 신 중에 주와 같은 자 누구이며, 주와 같이 거룩함에 영광스럽고 찬송할만한 위엄이 있으며 기이한 일을 행하는 자 누구입니까?

넷째로, 다스리시는 분이십니다. 온 천하만물을 다스리시며 주관하시는 만유의 주이십니다. 다섯째로, 치료하시는 분이십니다. 말씀에 삼가 주의하며 순종하는 자의 생명을 파멸에서 구속하시고, 인자와 긍휼로 관을 씌우며 모든 죄악을 사하시고 모든 병을 고쳐 독수리 같은 청춘으로 새롭게 하십니다.

✞ **기 도**

높고 영화로우신 하나님, 말과 그 탄 자를 바다에 던지신 여호와 하나님을 찬송합니다. 우리의 힘이시고 용사이시며, 우리를 다스리시고 치료하시는 하나님을 의지하며 찬미합니다. 예수님의 이름으로 기도합니다. 아멘

✞ **중보기도**

이 민족이 하나님을 경외하는 정직한 민족이 되도록.

✞ **명 상**

너희는 천지를 지으신 여호와께 복을 받는 자로다(시 115:15).

만나와 메추라기

♣ 성경 출애굽기 16장 (외울요절 4절)   찬송 183(172)장 ♣

　이스라엘은 끊임없이 하나님을 원망하는 어리석은 백성이었습니다. 신 광야까지 오는 동안 목마르고 배고팠던 이스라엘은 모세와 아론을 향해 원망하기 시작합니다. "우리가 애굽 땅에서 고기 가마 곁에 앉아 있던 때와 떡을 배불리 먹던 때가 더 좋았다"(3절).
　자유보다 노예를, 인간성 회복보다는 동물적인 삶에 더 향수를 느끼는 어리석은 백성이었습니다. 하나님은 우리가 주려 죽는구나 하면서 소리소리 지르는 이스라엘에게, 만나와 메추라기를 풍성히 내리십니다.
　"보라 내가 너희를 위하여 하늘에서 양식을 비같이 내리리니"(4절). 이는 여호와의 말씀입니다. 하나님께서는 만나와 메추라기를 진에 덮이도록 내려 이스라엘의 양식이 되게 하셨습니다.
　모세가 이스라엘에게 "이는 여호와께서 너희에게 주어 먹게 하신 양식이라"(15절)고 말했습니다. 이스라엘 자손은 가나안 지경에 이르기까지 40년 동안 만나를 먹었습니다. 예수께서도 주기도문에서, "우리에게 일용할 양식을 주옵시고"라고 기도하라 말씀하셨습니다.
　하나님은 우리를 먹이시는 하나님이십니다. 하늘의 하나님께 오늘을 살아가는 데 필요한 우리의 양식을 간구합시다.

✝ **기 도**
　하늘에 계신 아버지 하나님, 이름이 거룩히 여김을 받으시오며 나라이 임하옵시며 뜻이 하늘에서 이룬 것같이 땅에서도 이루어지이다. 오늘날 우리에게 일용할 양식을 주옵소서. 주 예수의 이름으로 기도합니다. 아멘

✝ **중보기도**
　하늘의 양식이 없어 주리고 목마른 우리의 이웃을 위해서.

✝ **명 상**
　너희 모든 목마른 자들아 물로 나아오라 돈 없는 자도 오라 너희는 와서 사 먹되 돈 없이, 값 없이 와서 포도주와 젖을 사라(사 55:1).

승리를 주시는 하나님
♣ 성경 출애굽기 17장 (외울요절 9절)   찬송 348(388)장 ♣

이스라엘은 문제가 생길 때마다 그 문제를 해결할 방법을 구하지 않고 원망부터 했습니다. 끊임없이 불평하고 원망하는 이스라엘! 철저한 불신앙의 모습임에도 불구하고 하나님은 므리바에서 생수를 주셨습니다.

인생길을 가노라면 물이 없어 갈증을 느낄 때가 종종 있습니다. 사람에게 물은 생명과도 같이 소중합니다. 지친 나그네의 목을 적실 한방울의 물은 그에게 새로운 힘을 주어 새 길을 떠나게 합니다.

그러나 영적으로 고갈한 인생은 물리적인 물로 만족할 수가 없습니다.

예수님은 영적으로 고갈한 인생에게, "누구든지 목마른 자는 내게 와서 먹으라. 나를 믿는 자는 배에서 생수의 강이 넘쳐흐를 것이라"고 하십니다.

르비딤에서 이스라엘은 강적을 만나 싸우지 않을 수 없었습니다. 아말렉이 싸움을 걸어온 것입니다. 위기의 순간에서 모세는 하나님의 지팡이를 손에 잡고 산꼭대기에 올라 하나님께 기도하기 시작합니다. 모세의 두 팔이 올라가면 이스라엘이 승리하고 손이 내려지면 패배했습니다.

모세의 기도는 이스라엘에게 승리를 가져다주었습니다. 모세는 여호와께 단을 쌓고 그 이름을 '여호와닛시'라고 불렀습니다. 하나님은 위기의 순간에서 기도하는 우리 모두에게 '여호와닛시'가 되십니다.

✞ 기 도

승리를 주시는 하나님, 위기의 순간이 닥쳐올 때마다 저희들이 믿음의 손을 높이 들어 주게 기도하게 하시고 승리를 경험하게 하옵소서. 여호와닛시, 승리되신 예수님의 이름으로 기도합니다. 아멘

✞ 중보기도

믿음으로 승리하는 가족이 되기 위하여.

✞ 명 상

그는 마음이 지혜로우시고 힘이 강하시니 그를 거슬러 스스로 완악하게 행하고도 형통할 자가 누구이랴(욥 9:4).

게르솜과 엘리에셀

♣ 성경 출애굽기 18장 (외울요절 11절)   찬송 531(321)장 ♣

모세는 승리의 기쁨 속에서 가족들과 재회합니다. 사실 아내와 두 아들을 보낼 때는 바로에게 목숨을 빼앗길지도 모르는 상황에 있었습니다. 그러나 하나님의 도우심으로 강대한 바로를 이기고 이스라엘을 이끌고 나왔으니 모세의 감격과 기쁨은 실로 어떠했을까요? 그래서 모세는 자녀들의 이름을 게르솜, 엘리에셀이라 불렀습니다. 이 이름에는 모세의 신앙고백이 담겨 있습니다. 게르솜이란 '이방에서 나그네'라는 뜻입니다. 인생은 나그네입니다. 특히 크리스천은 천국을 향해 나아가는 순례자입니다. 그 순례자의 삶 속에 하나님은 엘리에셀이 되어 주셨습니다. 엘리에셀이란 '내 아버지의 하나님이 나를 도우사 바로의 칼에서 구원하셨다'라는 뜻입니다. 하나님께서 게르솜의 인생에게 엘리에셀이 되신 것입니다.

하나님의 도우심을 경험한 모세는 자기를 구원하신 하나님을 이웃에게 증거했습니다. 인생 험로를 나그네로 살아가면서 하나님의 보호와 도우심을 경험한 인생은 마땅히 영광과 찬송을 하나님께 돌려드려야 합니다. 고난은 우리에게 하나님의 크심을 알게 하고, 승리하는 길로 나아가게 합니다.

하나님의 도우심을 경험한 인생은 서로 짐을 나누어지면서, 이 세상을 살아가야만 합니다. "내가 너희를 사랑한 것같이 너희도 서로 사랑하라"는 말씀을 기억해야겠습니다.

✞ 기 도

하나님은 우리의 삶 속에서 모든 신보다 크시며, 교만히 행하는 원수들을 파하고 승리하는 분이심을 깨닫게 하소서. 예수님의 이름으로 기도합니다. 아멘

✞ 중보기도

이산가족과 떠돌이가 된 사람들을 위해서.

✞ 명 상

새 계명을 너희에게 주노니 서로 사랑하라 내가 너희를 사랑한 것같이 너희도 서로 사랑하라(요 13:34).

제사장 나라, 거룩한 백성

♣ **성경** 출애굽기 19장(외울요절 5~6절) **찬송** 208(246)장 ♣

하나님께서 목적과 의도를 가지시고 이스라엘을 출애굽시키셨습니다.

하나님은 바로의 압제로 신음하던 이스라엘을 구원하시기 위해서 애굽을 치셨고 그의 날개로 업어 인도하셨습니다(4절).

계속해서 하나님은, "세계가 다 내게 속하였나니 너희가 내 말을 잘 듣고 내 언약을 지키면 너희는 모든 민족 중에서 내 소유가 되겠고 너희가 내게 대하여 제사장 나라가 되며 거룩한 백성이 되리라"(5~6절)고 말씀하셨습니다.

하나님께서 이스라엘을 바로에게서 건져내신 이유는 하나님의 소유가 되게 하시려는 것과 제사장 나라가 되어 하나님께 영광을 돌리게 하려 함이었습니다. 하나님께 제사장 나라로 선택받은 이스라엘이 하나님 앞에서 행해야 할 의무가 몇 가지 있었습니다. 첫째는, 자신을 구별하여 거룩히 하여야 했습니다. 거룩하신 하나님을 친히 뵈었기 때문입니다. 둘째는, 하나님의 구원하심을 온 천하에 선포하여야 했습니다. 친히 여호와의 구원하심을 목도한 사실을 전해야 했습니다. 셋째는, 여호와의 말씀에 청종해야 했습니다. 주의 말씀에 대한 순종은 제사장 된 백성에게 필수적인 것입니다.

✞ **기 도**

이스라엘을 불러 구원해 내시고 제사장 나라로 삼으신 하나님, 우리 민족으로 하여금 주의 말씀을 청종케 하셔서 제사장 나라가 되게 하옵소서. 예수님의 이름으로 기도드립니다. 아멘

✞ **중보기도**

땅끝까지 복음을 전하는 모든 사람들을 위해서.

✞ **명 상**

사람아 주께서 선한 것이 무엇임을 네게 보이셨나니 여호와께서 네게 구하시는 것은 오직 정의를 행하며 인자를 사랑하며 겸손하게 네 하나님과 함께 행하는 것이 아니냐(미 6:8).

십계명을 주신 하나님

♣ 성경 출애굽기 20장(외울요절 20절)   찬송 521(253)장 ♣

　하나님께 이스라엘에게 향하신 관심은 놀라울 정도로 섬세하고 깊습니다.
　하나님께서는 시내산에서 이스라엘이 준수하며 살아야 할 열 가지 계명을 주셨습니다. 이 십계명은 이스라엘에 대한 하나님의 사랑 표현이며 삶의 규범인데 크게 세 부분으로 나눌 수 있습니다.
　첫째 부분은, 제 1계명에서 4계명까지로 하나님만을 경외하고 그분만을 즐거워하라는 말씀입니다. 따라서 하나님의 백성에게 우상은 금기입니다. 둘째 부분은, 부모공경에 대한 말씀입니다. "네 부모를 공경하라 그리하면 네 하나님 나 여호와가 네게 준 땅에서 네 생명이 길리라"(제 5계명). 이 말씀은 부모를 공경하지 않는 사람은 이땅에 오래 살 가치가 없다는 말씀으로 느껴질 정도로 부모님 살아계실 때 힘써 공경할 것을 강조합니다. 셋째로 이웃을 사랑하라고 말씀하십니다. "네 이웃의 집을 탐내지 말라"는 말씀입니다. 더 나아가 예수께서는 네 원수까지도 사랑하라고 말씀하십니다.
　기독교는 위대한 사랑의 종교입니다. 신앙인들이 십계명을 통해서 배울 수 있는 교훈은 하나님만 섬기라는 것과 정성을 다해 예배를 드리는 것 그리고 서로 사랑하는 것입니다.

✥ 기 도

　하늘의 하나님, 여호와께서 이스라엘을 위해 행하신 큰 일과 예수 그리스도를 통하여 우리를 죄악 가운데서 구원하신 큰 일을 찬양합니다. 우리에게 주신 계명들을 성실히 지킴으로 하나님만을 경외하며 경건한 삶을 살도록 인도하옵소서. 예수님의 이름으로 기도드립니다. 아멘

✥ 중보기도

　가족이 그리스도의 사랑 안에서 하나가 되도록.
　병원선교를 담당하시는 주의 종들을 위해서.

✥ 명 상

　주의 말씀은 내 발에 등이요 내 길에 빛이니이다(시 119:105).

율법을 주신 하나님

♣ **성경** 출애굽기 21장 (외울요절 2절)　**찬송** 202(241)장 ♣

　출애굽기 21장은 언약의 책으로 불리는 율법 중 일부분입니다. 하나님의 법과 일반법과의 차이점을 살펴보겠습니다. 첫째로, 율법에 권위를 부여한 경우, 일반법은 인간의 약속이나 제도에 권위를 두는 반면에 하나님의 법은 하나님 자신에 권위를 둡니다. 둘째로, 인간의 생명은 똑같이 고귀하므로 부유한 자나 가난한 자나 모두 율법에 의해 평등한 대우와 보호를 받습니다.

　"생명은 생명으로, 눈은 눈으로, 이는 이로, 손은 손으로, 발은 발로, 데운 것은 데움으로, 상하게 한 것은 상함으로, 때린 것은 때림으로 갚을지니라"는 이 법은 예수님의 원수까지도 사랑하라는 사랑의 법보다 열등한 하위의 법입니다. 그렇다고 이 법이 불완전한 것은 아니며, 완전한 법입니다. 게다가 이 법에서 인간에 대한 하나님의 특별한 배려를 발견할 수 있습니다. 하나님은 인간의 나약함에서 오는 범죄를 전제하고 계십니다.

　인간은 다 죄인이기에 이웃에게 여러 가지 잘못을 범할 수도 있고, 타인이 나에게 해를 가했을 때 그 이상의 보복을 가할 수도 있습니다. 눈은 눈으로, 이는 이로의 법은 가령 타인이 나의 눈을 실수로 상하게 했다면 내가 그를 눈만 상하게 할 것인가? 아마도 그를 증오심에서 죽일지도 모르는 것이 '나'인 것입니다. 우리의 연약함을 주님의 온전하심으로 채웁시다.

✚ **기　도**
　죄인을 용서하시는 하나님, 우리가 우리에게 죄 지은 자를 사하여 준 것같이 우리의 죄를 사하여 주옵소서. 예수님의 이름으로 기도드립니다. 아멘

✚ **중보기도**
　이 민족에게 용서와 화해의 물결이 넘치도록.

✚ **명　상**
　또 네 이웃을 사랑하고 네 원수를 미워하라 하였다는 것을 너희가 들었으나 나는 너희에게 이르노니 너희 원수를 사랑하며 너희를 박해하는 자를 위하여 기도하라(마 5:43~44).

자비하신 하나님
♣ 성경 출애굽기 22장 (외울요절 21절) 찬송 376(422)장 ♣

하나님께서 이스라엘에게 율법을 주신 까닭은 인간의 죄악을 막아서 거룩한 백성이 되게 하시려는 데 있었습니다.

먼저 하나님께서는 남의 재산권에 침해를 가하지 말라고 말씀하셨습니다. 만일 남의 재산을 침해했을 경우 그것에 해당하는 법대로 되갚게 하셨습니다. 현재의 법이 인신구속법임을 볼 때 하나님의 법이 더 지혜로우며 인간을 위한 법임을 알 수가 있습니다.

그러나 여기서 가장 금하신 법이 있는데 그것은 영적인 죄악에 대한 것입니다. 무당이나 짐승과 행음하는 자, 우상숭배자는 용서하지 않고 죽이시는 하나님의 엄격한 면을 보여 주십니다.

하나님의 관심이 물질보다 영적인 면에 더 가치를 두고 계심을 알 수 있습니다. 또 하나님께서는 나그네나 고아와 과부를 학대하지 말라고 준엄히 말씀하십니다. 왜냐하면 우리들도 전에는 이방에서 나그네였기 때문입니다. 만일 약자들을 학대할 경우 하나님의 심판이 따를 것임을 경고하고 있습니다.

오늘의 상황이 강자 편임을 볼 때 하나님의 말씀대로 약한 자를 돌봐주는 우리가 되어야 하지 않을까요? 왜냐하면 하나님은 자비로우신 분이기 때문입니다.

✚ 기 도
자비로우신 하나님, 이웃의 아픔을 나의 아픔으로 받아들이게 하옵소서. 나그네 대접하기를 즐겨하는 가정, 작은 소자에게 친절을 베푸는 사랑의 가정으로 축복해 주옵소서. 예수님의 이름으로 기도드립니다. 아멘

✚ 중보기도
사회정의와 부의 분배가 속히 이루어지도록.

✚ 명 상
가난한 사람을 학대하는 자는 그를 지으신 이를 멸시하는 자요 궁핍한 사람을 불쌍히 여기는 자는 주를 공경하는 자니라(잠 14:31).

하나님의 사람들
♣ 성경 출애굽기 23장(외울요절 25절)   찬송 200(235)장 ♣

이스라엘 백성은 하나님의 완전하신 선택에 의해서 하나님의 백성이 되었습니다. 신앙인의 삶은 "너의 하나님 여호와를 섬기라"(25절)는 말씀이 중심이 되어야 합니다. 이 말씀을 중심으로 삶의 규범들이 정해집니다. 하나님의 백성이 일상생활에 지켜야 할 규칙들은 무엇인지 살펴보겠습니다.

첫째로 무고하지 말아야 합니다. 허망한 풍설을 전파하지 말며 악인과 연합하여 남을 모함하는 증인이 되어서는 안 됩니다.

둘째는 매사에 공의를 행하여야 합니다. 가난한 자의 송사라고 편벽되이 두호해서는 안 됩니다.

셋째는 거짓을 멀리하며 뇌물을 받아서는 안 됩니다. 정직한 삶이 필수적입니다.

넷째는 안식일을 준수하여야 합니다.

다섯째는 여호와의 이름 외에는 다른 신의 이름을 불러서는 안 됩니다.

여섯째는 여호와의 절기를 때마다 정해진 대로 지켜야 합니다.

하나님을 삶의 주인으로 모시는 사람들에게는 하나님의 보호하심이 임하며 장수하는 축복을 주신다고 약속하셨습니다. 이 계명들을 깊이 간직하며 사는 하루가 됩시다.

✝ 기 도

여호와여, 주는 저희의 하나님이십니다. 그 하나님을 경배합니다. 하나님의 사람답게 하나님의 계명을 소중하게 여기며 살게 하옵소서. 예수님의 이름으로 기도드립니다. 아멘

✝ 중보기도

주님의 몸된 교회와 주의 종들을 위하여.

✝ 명 상

이스라엘아 들으라 우리 하나님 여호와는 오직 유일한 여호와이시니 너는 마음을 다하고 뜻을 다하고 힘을 다하여 네 하나님 여호와를 사랑하라 (신 6:4~5).

언약의 피

♣ 성경 출애굽기 24장 (외울요절 8절)　찬송 268(202)장 ♣

　본문은 하나님의 언약이 선포되고 기록되며 다시 인준되는 과정에서 나타난 피의 제사와 여호와의 영광을 다뤘습니다. 하나님은 거룩하신 분이기에 하나님 편에서 오라고 말씀하시지 않으면 어느 누구도 가까이 나아갈 수가 없습니다. 하나님께 가까이 나아가지 못하는 사실은 인간 편에서 볼 때 엄청난 불행입니다. "하나님께 가까이 함이 내게 복이라 내가 주 여호와를 나의 피난처로 삼아 주의 모든 행적을 전파하리이다"(시 73:28)라는 말씀이 나의 복이 되지 못하기 때문입니다.

　모세는 하나님께 단을 쌓고 피의 제사를 드렸습니다. 이 제사는 짐승을 잡아서 드리는 화목제입니다. 피흘림 없이는 죄사함이 없기 때문에 죄인인 인간은 피의 제사를 드린 후에 하나님께 나아갈 수가 있습니다.

　피의 제사를 드린 이스라엘 위에 여호와의 영광이 나타났습니다. 그런데 그 모습은 마치 발 아래가 청옥을 편 듯하고 하늘같이 청명했습니다. 이 때 비로소 인간들은 하나님 앞에서 먹고 마실 수가 있었습니다. 우리는 예수의 피로 말미암아 성소에 들어갈 담력을 얻었고, 예수로 인해 하나님의 자녀가 되었고 하나님을 아바 아버지라 부르게 된 것입니다. 예수의 이름과 그의 흘리신 보혈이 얼마나 고귀합니까? 예수의 보혈은 능력이 있습니다!

✟ **기 도**
　하나님, 예수를 믿음으로 담대히 아버지께 나아갑니다. 우리들이 하나님께 가까이 나아갈 수 있도록 특권과 기회를 주신 주님을 영원토록 찬양합니다. 예수님의 이름으로 기도드립니다. 아멘

✟ **중보기도**
　온 성도들이 그리스도의 보혈을 의지하며 살아가도록.

✟ **명 상**
　우리가 마음에 뿌림을 받아 악한 양심으로부터 벗어나고 몸은 맑은 물로 씻음을 받았으니 참 마음과 온전한 믿음으로 하나님께 나아가자(히 10:22).

성소를 지어라

♣ 성경 출애굽기 25장(외울요절 2절)   찬송 25(25)장 ♣

하나님께서 모세에게 하나님을 위하여 성소를 지으라고 하시면서 성소의 모양과 방식을 알려주셨는데, 여기에 몇 가지 교훈이 있습니다.

첫째로, 하나님의 성전은 하나님께서 거하시는 곳입니다. 그렇기 때문에 성전은 거룩하며 사람들은 성전에서 하나님을 만납니다. 히브리서 11:6에서도, "하나님께 나아가는 자는 반드시 그가 계신 것과 또한 그가 자기를 찾는 자들에게 상 주시는 이심을 믿어야 할지니라"고 말씀합니다.

둘째로, 성도들은 하나님의 성전을 짓는 일에 즐거움과 기쁜 마음으로 참예해야 합니다. 1~2절에 보면, "여호와께서 모세에게 말씀하여 이르시되 이스라엘 자손에게 명령하여 내게 예물을 가져오라 하고 기쁜 마음으로 내는 자가 내게 바치는 모든 것을 너희는 받을지니라"고 말씀합니다.

우리가 가진 것 중에 가장 좋은 것을 드려 성전을 지어야 합니다. 그러면 성전에서는 어떤 일이 일어납니까? 22절을 보면, 하나님께서는 내가 너와 만난다고 말씀하십니다. 예배를 통해서 하나님을 만난다는 것입니다.

우리는 본문에서 성소에 대한 하나님의 관심이 크심을 볼 수가 있습니다. 우리의 눈과 마음을 하나님의 성전을 향하여 활짝 열어 놓아야 합니다.

✠ 기 도

하나님 아버지, 예배하는 자마다 삶의 지성소에서 신령과 진정으로 감사의 예배를 드리게 하옵소서. 예수님의 이름으로 기도드립니다. 아멘

✠ 중보기도

하나님의 몸된 교회를 위해서.

✠ 명 상

너의 하나님 여호와가 너의 가운데에 계시니 그는 구원을 베푸실 전능자이시라 그가 너로 말미암아 기쁨을 이기지 못하시며 너를 잠잠히 사랑하시며 너로 말미암아 즐거이 부르며 기뻐하시리라 하리라 (습 3:17).

지성소

♣ 성경 출애굽기 26장(외울요절 33절)   찬송 26(14)장 ♣

　성경에 나오는 성소의 이름은 여섯 가지로 집, 성막, 장막, 회중의 장막, 증거의 성소, 지성소입니다. 이 곳은 하나님이 임재하는 곳으로 속죄소가 있어 대제사장이 1년에 한 번 속죄일에 들어갈 수가 있는 지극히 거룩한 곳입니다. 본문은 크게 세 부분으로 나누어집니다.
　첫째는 1~14절로 성막을 덮는 막 곧 휘장에 대한 말씀입니다. 이는 성막을 이루는 나무로 된 골격을 덮을 성막 내면의 막으로 폭풍이나 우박, 비로부터 장막을 보호하는 것입니다. 둘째는 15~30절로 성막의 형체를 유지하기 위해 필요한 조립식 널판에 대한 규정입니다. 이 널판의 재료는 조각목, 즉 아카시아 나무이고 규격은 높이가 4.6m, 폭이 68.4㎝이며, 나무는 그리스도께서 인간으로 성육신하셔서 인간 중에 거하시는 것을 상징합니다. 마지막으로 성소와 지성소를 구분하는 성막 휘장에 대한 설명입니다. 휘장은 히브리어로 '분리시킨다' 의 뜻을 가지며 두께는 약 10.2㎝로서 매년 새 것으로 교체되었고, 대제사장만이 휘장 안으로 들어갈 수 있었습니다. 성소의 중심은 지성소입니다. 이 휘장이 갖고 있는 의미는 하나님과 인간 사이에 죄악의 담이 놓여 있다는 뜻입니다. 이 휘장을 가를 수 있는 유일한 힘은 하나님이셨고 거기에는 피가 동반되어야만 했습니다. 예수의 십자가는 이 휘장을 둘로 갈라놓았고 예수로 인해 우리는 하나님께 담대히 나아가게 되었습니다.

✝ 기 도
　하나님, 담대히 주의 보좌로 나아갑니다. 예수님의 이름으로 기도합니다. 아멘

✝ 중보기도
　교회를 섬기는 분들을 위해서.

✝ 명 상
　우리가 예수의 피를 힘입어 성소에 들어갈 담력을 얻었나니 그 길은 우리를 위하여 휘장 가운데로 열어 놓으신 새로운 살 길이요 휘장은 곧 그의 육체니라 (히 10:19~20).

번제 제단

♣ 성경 출애굽기 27장(외울요절 20~21절)   찬송 93(93)장 ♣

본문 1~8절에서는 번제단에 대해 자세히 설명하고 있습니다.

번제는 하나님께 드리던 제사의 한 형식으로 제물을 태워서 드렸습니다. 제물은 계층에 따라 어린양이나 비둘기를 택했습니다. 의식은 제사장이 손을 제물의 머리에 올려 놓고 성소 입구 제단의 북쪽에서 짐승을 잡아 각을 뜨고 내장과 다리를 씻으며, 피를 뿌리고, 제물 전부를 제단 위에서 불살랐습니다.

번제를 드리는 제단은 운반하기 쉽도록 조각목으로 만들었고 그 위에 놋을 입혔습니다. 크기는 2.3m×2.3m×1.4m였고, 성막 뜰로 나가는 입구 맨 앞에 놓였습니다. 번제단의 의미는 희생제를 드리지 않고서는 누구도 여호와 앞에 나아갈 수 없다는 것입니다. 다음으로 뿔이 나옵니다. 이 뿔은 희생제물로 드려진 동물을 제단에 붙들어 매기 위해 사용된 것으로(시 118:27) 보호와 힘을 상징했습니다. 이 뿔은 범죄자가 제단 뿔을 잡고 목숨의 구원을 요청하는 데 사용되기도 하였고, 속죄제의 피를 그 뿔에 바르기도 했습니다. 끝으로 등불입니다. 하나님께서 이스라엘 자손에게 명하신 것으로, 등불은 감람으로 찧어 낸 순결한 기름으로 밝혔으며 회막 안 증거궤 앞 휘장 밖에서 저녁부터 아침까지 밝혀졌고, 관리는 레위 자손들이 맡았습니다.

예수는 우리를 대속하기 위해 번제물이 되셨고, 우리를 죄 가운데서 구속하시는 구원의 뿔이시며, 우리의 인생길을 비춰 주시는 등불이십니다.

✞ 기 도

여호와여, 주의 이름으로 나아오는 저희를 축복하여 주소서. 예수님의 이름으로 기도드립니다. 아멘

✞ 중보기도

하나님나라와 의를 구하는 자가 되기를 위하여.

✞ 명 상

온 땅이 주께 경배하고 주를 노래하며 주의 이름을 노래하리이다(시 66:4).

제사장 직분

♣ 성경 출애굽기 28장 (외울요절 43절)   찬송 575(302)장 ♣

　여호와께서 아론 가문을 특별히 택하여 여호와를 섬기는 제사장 직분을 감당케 하셨습니다. 본문은 제사장직 수행을 위한 예복과 마음가짐에 대해서 상세히 기록하였습니다. 제사장이 입을 예복은 하나님의 지혜로운 영으로 충만한 사람들이 특별히 아름답고 영화롭게 만들어 제사장이 지극히 거룩하신 분을 섬기는데 합당하도록 했습니다. 제사장의 의복에는 에봇과 판결 흉패와 관과 띠, 그리고 반포 속옷과 고의가 함께 딸려 만들어졌습니다.
　하나님께서 제사장 의복에 대해 신경을 쓰시는 까닭은 무엇일까요? 거룩한 제사장직을 세상직과 구별하기 위해서였습니다. 또한 백성들의 대소사를 판결하는 제사장은 여호와를 대신하여 백성의 삶을 판단해야 했으므로 권위가 필요했던 것입니다.
　제사장의 자세는 어떠해야 했습니까? 첫째로, 성결해야 했습니다. 대제사장이 쓰는 관 앞면 정금패에 '여호와께 성결' 이라고 쓰고는 몸과 마음을 항상 성결케 하였습니다. 둘째로, 하나님께 나아갈 때는 항상 예복을 입어야만 했습니다. 왜냐하면 지성소는 흠 있는 인간이 감히 나아갈 수 없는 지극히 거룩한 곳이기에 자신의 허물을 가리는 예복을 반드시 입어 죽음을 면해야 했습니다. 그러나 지금은 대제사장이신 예수로 말미암아 담대히 하나님의 보좌 앞에 나아가게 되었으니, 예수의 은혜가 얼마나 크고 놀랍습니까?

✟ 기　도
　지극히 거룩하신 하나님, 저희 몸과 마음을 세상과 구별하여 거룩한 산제사로 드리게 하옵소서. 예수님의 이름으로 기도드립니다. 아멘

✟ 중보기도
　여호와의 거룩하심을 온 세상에 널리 증거하는 하루가 되도록.

✟ 명　상
　여호와께서 자기를 위하여 경건한 자를 택하신 줄 너희가 알지어다 내가 그를 부를 때에 여호와께서 들으시리로다(시 4:3).

제사장의 성결의식
♣ **성경** 출애굽기 29장(외울요절 45~46절)   **찬송** 312(341)장 ♣

　본문은 제사장 위임식에 대해 말씀하고 있습니다. 위임은 여호와께 성별하여 바치는 것을 의미합니다. 제사장은 자신을 성별하여 하나님께 바친 사람들로서 위임을 통하여 권위와 공적인 능력을 인정받았습니다.
　위임의 절차는 다음과 같습니다. 첫째로 목욕을 하고(4절), 둘째로 머리 위에 기름부음을 받으며(7절), 셋째로 예복을 입고, 넷째로 준비된 제물로 하나님께 제사를 드립니다. 이때 준비된 제물로는 어린 수소 한 마리와 흠 없는 숫양 두 마리 그리고 무교병과 기름 섞인 무교과자와 기름 바른 무교전병이었습니다. 어린 흠 없는 짐승은 가장 귀하고 완전한 것을 의미하며 소제물로 제시된 '무교병' 즉 누룩 없는 떡은 순결을 상징합니다. 제사는 속죄제와 화제와 소제로 차례대로 7일 동안 드려짐으로써 여호와께 경배했으며, 매일 드리는 상번제에 대한 규례가 38~42절까지 나옵니다.
　매일 일 년 된 어린 양 두 마리를 아침과 저녁에 나누어 고운 밀가루 에바 10분의 1과 찧은 기름 힌의 4분의 1을 더하고, 또 전제를 포도주 힌의 4분의 1을 더해 함께 드려, 향기로운 냄새가 되게 해 여호와께 화제를 드렸습니다. 이를 통하여 하나님은 이스라엘을 만나셨고 이스라엘의 하나님이 되어 주셨습니다. 그 분은 이스라엘을 구원해 내신 전능하신 하나님이십니다.

✞ **기 도**
　이스라엘의 하나님, 우리의 몸과 마음을 하나님께서 기뻐하시는 거룩한 산제사로 드리게 하옵소서. 예수님의 이름으로 기도드립니다. 아멘

✞ **중보기도**
　교회가 세상에 대한 제사장의 직분을 잘 감당하도록.

✞ **명 상**
　너희 몸을 하나님이 기뻐하시는 거룩한 산제사로 드리라 이는 너희의 드릴 영적 예배니라(롬 12:1).

생명의 속전

♣ **성경** 출애굽기 30장(외울요절 12절) **찬송** 449(377)장 ♣

여호와께 드릴 제사를 위해 쓰여질 성물은 모두 거룩히 구별되었습니다.

하나님께서는 분향단을 만들어 성소와 지성소를 가로지르는 휘장 앞에 놓으라고 하셨습니다. 이 단은 번제단보다 작지만 더 값진 재료를 사용하여 만들었고, 분향은 아침과 저녁으로 등대를 손질할 때 행해졌습니다.

이스라엘 제사장 아론은 일 년에 일차씩 여호와께 향단에서 향기로운 제사를 드려 이스라엘의 죄악을 속했고, 분향단은 거룩하게 구별되어졌습니다.

다음으로, 하나님께서 생명의 속전을 지불하여 재앙을 면하라고 말씀하셨습니다. 생명을 구하기 위해 내는 속전을 모든 사람이 똑같이 반 세겔을 내게 함으로써 하나님 앞에서는 만인이 평등함을 보여 주셨습니다. 이 헌물은 회막 봉사에 거룩히 구별되어 쓰여졌습니다.

우리는 어떠합니까? 생명의 속전을 지불했습니까? 아닙니다. 예수께서 보혈로 값 주고 사신 것이 우리입니다. 따라서 우리 몸은 우리 것이 아니므로 우리의 몸과 생명은 주의 영광을 위해 사용해야 합니다. 끝으로 하나님께 나아가는 자는 몸을 정결케 하는 결례의식을 행해야만 했습니다. 만일 수족을 씻지 않고 나아갔을 경우에는 여지없이 죽임을 당했습니다.

우리는 예수의 보혈로 뿌림을 받아 하나님의 보좌 앞에 담대히 나아가게 되었습니다. 놀라우신 주의 은혜를 찬송드립시다.

✝ **기 도**

하나님, 몸과 혼과 영혼의 뜻을 모두어 주님을 사랑하게 하옵소서. 예수님의 이름으로 기도드립니다. 아멘

✝ **중보기도**

제사장의 사역을 감당하는 주의 종들을 위해서.

✝ **명 상**

내가 숫양의 향기와 함께 살진 것으로 주께 번제를 드리며 수소와 염소를 드리리이다 (시 66:15).

안식일을 제정하신 하나님
♣ 성경 출애굽기 31장(외울요절 13절) 찬송 43(57)장 ♣

본문은 크게 두 부분으로 나눌 수 있습니다.

전반부는 하나님의 성소를 섬기는 데 필요한 인물들을 선택하여 부르시고, 성령을 충만히 부어 주셔서 그들이 봉사하는 장면을 기록하였습니다. 하나님께서는 모세에게 말씀하신 성소를 만들게 하기 위해 브살렐과 오홀리압을 부르시고는 그들에게 성령충만함을 주셨습니다. 여기서 우리는 하나님의 일을 하기 위해서는 성령충만과 지혜가 반드시 필요함을 알 수 있습니다.

후반부는 안식일 성수에 대해서입니다. 하나님께서는 이스라엘 자손에게 나의 안식일을 지키라고 하셨습니다. 안식일 성수는 어떻게 해야 합니까? 첫째로, 안식일을 성일로 구별하여 거룩히 하고 더럽혀서는 안 됩니다. 하나님께서는 안식일을 더럽히는 자는 반드시 죽이라고 말씀하십니다. 둘째로, 안식일의 주인은 하나님이십니다. 하나님께서는 나의 안식일이라고 하셨습니다. 그러므로 안식일에 내 마음대로 살아서는 안 됩니다. 하나님의 날이므로 그분 뜻대로 살아야만 합니다. 마지막으로, 안식일은 쉼을 누리는 날입니다. 6일 동안 힘써 일한 수고를 씻고 평안함을 얻는 날입니다.

하나님께서는 안식일 제도를 통해 이스라엘과 계약을 맺으셨습니다. 이스라엘이 안식일을 지킴으로써 하나님의 거룩한 백성이 될 수 있는 것입니다.

안식일을 기억하여 거룩히 지킵시다.

✚ **기 도**

저희들을 부르시고 총명과 지혜를 주신 하나님, 안식일을 기억하여 거룩히 지키고 하나님의 거룩하심을 경배하게 하옵소서.

예수님의 이름으로 기도드립니다. 아멘

✚ **중보기도**

성수주일 하는 이 나라가 되도록.

✚ **명 상**

안식일을 기억하여 거룩하게 지키라 (출 20:8).

금송아지를 만든 이스라엘
♣ 성경 출애굽기 32장 (외울요절 32절)   찬송 284(206)장 ♣

　모세가 시내산에서 거룩하신 하나님으로부터 이스라엘을 위한 말씀을 받는 동안에 산 아래에서는 하나님 앞에 불경스러운 일들이 벌어졌습니다.
　이스라엘의 죄악이 무엇이며 그 결과는 어떠했는지를 살펴봅시다.
　첫째로, 우상을 만든 이스라엘입니다. 모세의 내려옴이 지체되자 이스라엘은 아론을 불러, "우리를 인도할 신을 우리를 위해 만들라"고 했습니다. 출애굽하게 하신 하나님, 이스라엘을 위하고 인도하시던 전능하신 하나님을 버리고 우상을 의지하는 어리석은 이스라엘의 모습입니다.
　둘째로, 이스라엘의 배반입니다. 이스라엘은 조금 전까지만 해도 영광 중에 거하시는 하나님 앞에서 율례와 계명을 준수하겠다고 엄숙히 맹세했습니다. 그런데 맹세의 침이 마르기도 전에 하나님을 알지 못한다며 그 맹세를 배반하고 헌신짝처럼 버렸습니다.
　이스라엘이 행한 죄악의 결과는 어떠했습니까? 여호와께서는 목이 곧은 백성 이스라엘을 진멸하시겠다고 말씀하셨습니다. 이때 모세는 주의 기록하신 책에서 자신의 이름을 지워버릴지언정 이스라엘 백성을 살려달라고 애원했습니다. 모세의 간구 때문에 이스라엘 전부가 진멸당하는 것은 면하고 3천 명 가량만 죽임을 당했습니다. 여호와를 경외하지 않는 백성에게 주시는 하나님의 경고와 심판을 명심합시다.

✟ 기 도
　전능하신 하나님, 이스라엘의 범죄를 똑같이 범하지 않게 하시고, 우상을 멀리하고 하나님만을 섬기게 하옵소서. 예수님의 이름으로 기도드립니다. 아멘

✟ 중보기도
　우리 민족이 우상을 모두 버리도록.

✟ 명 상
　여호와께서 모세에게 이르시되 누구든지 내게 범죄하면 내가 내 책에서 그를 지워 버리리라(출 32:33).

하나님이 떠나신 이스라엘
♣ 성경 출애굽기 33장(외울요절 19절) 찬송 287(205)장 ♣

하나님께서는 목이 곧은 이스라엘 백성과 더 이상 함께하지 않으시겠다고 말씀하셨습니다. 임마누엘의 축복이 이스라엘의 범죄로 인해 없어졌습니다.

그러나 하나님께서는 옛날 아브라함과의 언약을 지키셔서 이스라엘을 가나안 복지로 인도하겠다고 말씀하셨습니다. 심판 중에도 인자하심과 성실하심을 보이시는 하나님이십니다. 하나님께서 함께하지 아니하면 그것은 곧 죽음이요, 패배입니다.

하나님의 사람 모세가 하나님의 자비와 인자하심을 의지하고 이스라엘의 죄악을 용서해 달라고 간구합니다. 모세는 자신과 이스라엘이 주의 목전에서 은총을 입게 해 달라고 애원합니다. 그러자 하나님께서는 이스라엘을 용서하시고 다시 이스라엘과 함께하십니다.

우리는 본문에서 우상숭배가 얼마나 큰 죄악이며 하나님께서 싫어하시는 일인지를 알았습니다. 우리 민족은 아직도 많은 곳에서 우상숭배를 자행하여 하나님의 진노를 쌓고 있습니다.

우리의 죄가 하늘에 사무치기 전에 믿는 성도들이 재를 뒤집어쓰고 민족구원을 위한 중재의 기도를 드립시다.

✞ **기 도**
임마누엘 되신 하나님, 이 민족의 죄악을 용서하여 주옵소서. 우리 민족에게 주의 성령을 내려 주시고, 오직 하나님만 섬기는 민족이 되게 하옵소서. 예수님의 이름으로 기도드립니다. 아멘

✞ **중보기도**
우리 민족의 죄악을 용서받기 위해서.

✞ **명 상**
나는 은혜 베풀 자에게 은혜를 베풀고 긍휼히 여길 자에게 긍휼을 베푸느니라 (출 33:19).

거룩하신 하나님

♣ 성경 출애굽기 34장(외울요절 6절)   찬송 285(209)장 ♣

　모세는 이스라엘 백성의 죄악에 화가 머리끝까지 치밀어 올라 그만 하나님께서 친히 주신 돌판을 던져 깨뜨려버렸습니다.
　하나님께서는 다시 돌판을 주시기 위해 모세를 부르시고 계십니다. 우리는 본문에서 하나님의 모습을 살펴볼 수가 있습니다.
　첫째로, 권능의 하나님이십니다. 모세가 시내산에 오를 때 여호와께서 구름 가운데 강림하셨습니다(5절). 구름은 하나님의 위엄과 영광을 나타냅니다.
　둘째로, 자비로우신 하나님이십니다(6절). 이스라엘의 패역함을 용서하시는 하나님, 다시 십계명을 주시는 자비로우신 하나님이십니다. 죄는 미워하시지만 죄인을 용서하시는 하나님이십니다.
　셋째로, 선하신 하나님이십니다(7절). 하나님은 선하시기에 악을 싫어하시지만, 참고 선을 행하는 자에게는 인자를 천대까지 베푸는 분이십니다. 권능의 하나님, 자비로우시고 선하신 하나님께서 이스라엘의 하나님이 되셨습니다. 이 얼마나 큰 은혜요, 기쁜 소식입니까?
　하나님의 백성 된 이스라엘이 준수해야 할 의무는 무엇입니까? 먼저 하나님의 모든 명령을 준수하고 우상을 버려야만 합니다. 다음으로 여호와께서 제정하신 절기를 지켜야 합니다. 항상 감사 제사를 드리라는 말씀입니다. 오늘날 이 축복은 이스라엘에게만 해당된 것은 아닙니다. 여호와를 섬기고 그 명령을 지키는 모두에게 해당되는 말씀입니다.

✞ 기 도
　십계명을 주신 거룩하신 하나님, 주의 율례를 좇아 행하게 하시고 하나님께만 경배하면서 살게 하옵소서. 예수님의 이름으로 기도드립니다. 아멘

✞ 중보기도
　문서선교와 방송선교를 담당하는 이들을 위해서.

✞ 명 상
　내 백성아 내 말을 들으라 이스라엘아 내 도를 따르라(시 81:13).

즐겨 드리는 예물
♣ **성경** 출애굽기 35장 (외울요절 21절) **찬송** 575(302)장 ♣

모세는 시내산에서 받은 하나님의 말씀을 대언합니다.
"너희의 소유 중에서 너희는 여호와께 드릴 것을 택하되 마음에 원하는 자는 누구든지 그것을 가져다가 여호와께 드릴지니"(5절).

이 말씀 속에서 예물 드리는 자의 자세에 대한 교훈을 얻을 수 있습니다. 하나님께 드려지는 예물은 어떠해야 합니까?

첫째로, 예물은 가장 귀중한 것으로 드려져야 합니다. 내가 쓰고 남은 것이어서는 안 됩니다. 하나님이 내게 주신 것 중에서 가장 귀한 것을 성별해서 드려야 합니다.

둘째로, 자원하는 심정으로 즐겨 드려야 합니다. 마지못해서 드리거나 억지로 해서는 안 됩니다. 하나님은 즐겨 내는 자의 예물을 받으십니다.

셋째로, 믿음으로 드려야 합니다. 아벨은 믿음으로 드려서 하나님께 열납되었지만, 가인은 그렇지 않아서 열납되지 못했습니다. 예물은 믿음을 나타내는 좋은 신앙의 잣대입니다.

이와 같은 마음으로 예물을 즐겨 드리는 자에 대해서 성경은 지혜로운 자, 슬기로운 자라고 말합니다. 누가 하나님의 지혜와 은총을 받을 자입니까?

우리들도 기꺼운 마음으로 하나님께 정성껏 예물을 드리는 성도가 됩시다.

✞ **기 도**
하나님 아버지, 날마다 우리의 삶이 주님께 열납되는 예물 되게 하옵소서. 예수님의 이름으로 기도드립니다. 아멘

✞ **중보기도**
하루에 한 가지 이상 감사하는 삶을 살도록.

✞ **명 상**
하물며 영원하신 성령으로 말미암아 흠 없는 자기를 하나님께 드린 그리스도의 피가 어찌 너희 양심을 죽은 행실에서 깨끗하게 하고 살아 계신 하나님을 섬기게 하지 못하겠느냐(히 9:14).

넘치는 예물

♣ 성경 출애굽기 36장(외울요절 3절)   찬송 588(307)장 ♣

본문에서는 이제까지 패역한 모습과는 달리 변화된 이스라엘의 모습을 말해 주고 있습니다. 하나님의 용서하심과 자비로우심이 이스라엘을 변화시킨 것입니다. 하나님의 사랑은 인간의 교만한 마음을 녹일 정도로 강력합니다.

이스라엘 백성이 성소의 모든 것을 만들기 위하여 예물을 가져오는데 그 예물이 너무 많아 쓰고도 남을 정도였습니다. 참으로 아름다운 모습입니다. 생활이 넉넉하지 않았음에도 불구하고 예물이 넘친 것은 하나님을 사모하는 마음이 넘쳐흘렀기 때문입니다.

하나님을 향한 우리의 마음은 어떠합니까? 구원의 감격과 크신 은총으로 벅차 있습니까? 아니면 냉냉해지고 인색해져 있습니까?

하나님이 선택하신 사람 브살렐과 오홀리압과 마음이 지혜로운 사람들은 백성들이 가져온 예물을 가지고 성소의 모든 것을 만들기 시작했습니다. 하나님께 드려진 예물은 하나님의 영광을 위해 쓰여졌습니다.

하나님께 대한 풍요는 곧 축복이라는 사실을 기억합시다. 성경은 하나님의 일을 하는 사람들을 일컬어 지혜로운 사람이라고 말씀합니다.

하나님의 영광을 위해 힘쓰고 애쓰는 자에게 하나님은 풍성한 은혜를 내리십니다. 하나님께 감사합시다.

✟ 기 도

주여, 받으려고만 했던 이기적인 마음을 회개합니다. 이제 후로는 넘치는 감사만이 있게 하옵소서. 예수님의 이름으로 기도합니다. 아멘

✟ 중보기도

병원에 입원한 환우들과 장애우들을 위하여.

✟ 명 상

우리가 감사함으로 그 앞에 나아가며 시를 지어 즐거이 그를 노래하자(시 95:2).

법궤와 속죄소

♣ **성경** 출애굽기 37장 (외울요절 9절) **찬송** 144(144)장 ♣

본문에서는 브살렐이 성소에서 사용될 성물들을 만드는 장면이 나옵니다.

브살렐은 조각목(아카시아의 일종)으로 언약궤를 만들었습니다. 궤의 크기는 길이 112.5㎝, 폭 67.5㎝, 높이 67.5㎝이며 언약궤의 형태는 성막과 같이 모세가 산에서 하나님으로부터 계시받은바 그대로 만들어졌습니다. 그 의미는 하늘에서 제정된 언약의 구속적 표현이었습니다(히 8:5).

다음은 속죄소입니다. 속죄소는 '덮다' '화해하다' 란 뜻입니다. 속죄소 양편에는 천사들의 일종인 그룹들이 만들어져 있었습니다. 그룹들은 하나님을 찬양하고 호위하며 명령을 받들어 일하는 역할을 맡았습니다. 이 속죄소에서 죄가 사해졌습니다. 브살렐은 정금으로 등대를 만들었습니다. 등대는 어둠 속에 갇힌 자들에게 빛을 비춰 주시는 그리스도의 사역을 의미하며, 하나님께서는 믿는 성도들이 그리스도의 빛을 발하기 원하십니다.

마지막으로 분향할 단입니다. 분향제단은 성소와 지성소를 구별하는 휘장 앞에 놓았으며 오직 하나님께서 구별하신 향만을 사용했습니다.

의미는 분향단 위에서 타오르는 향기로운 향이 하나님 앞에 상달되듯이 우리의 간구도 그리스도의 보좌 앞에서 하나님께 상달된다는 것입니다.

존귀와 영광을 세세토록 하나님께 돌립시다. 아멘

✚ **기 도**

하나님, 우리의 삶이 하나님께 올려지는 향기로운 냄새가 되게 하시고, 언약적 구속함을 입은 성도의 삶을 살게 하옵소서. 우리의 죄를 그리스도의 보혈로 사하여 주소서. 예수님의 이름으로 기도드립니다. 아멘

✚ **중보기도**

예수의 향기를 발하는 가정이 되도록.

✚ **명 상**

나의 기도가 주의 앞에 분향함과 같이 되며 나의 손 드는 것이 저녁 제사같이 되게 하소서(시 141:2).

번제단

♣ 성경 출애굽기 38장(외울요절 1절)   찬송 146(146)장 ♣

　브살렐은 조각목으로 하나님께 번제물을 드릴 번제단을 만들었습니다.
　하나님께서 아론과 그의 자손에게 명하신 번제의 규례는 다음과 같습니다. "번제물은 아침까지 제단 위에 있는 석쇠 위에 두고 제단의 불이 그 위에서 꺼지지 않게 할 것이요 제사장은 세마포 긴 옷을 입고 세마포 속바지로 하체를 가리고 제단 위에서 불태운 번제의 재를 가져다가 제단 곁에 두고 그 옷을 벗고 다른 옷을 입고 그 재를 진영 바깥 정결한 곳으로 가져갈 것이요 제단 위의 불은 항상 피워 꺼지지 않게 할지니 제사장은 아침마다 나무를 그 위에서 태우고 번제물을 그 위에 벌여 놓고 화목제의 기름을 그 위에서 불사를지며 불은 끊임이 없이 제단 위에 피워 꺼지지 않게 할지니라"(레 6:9~13).
　번제는 상번제로서 아침과 저녁으로 매일 드려졌습니다. 또한 안식일과 월삭과 종교적 축제 때에도 번제가 드려졌습니다. 이스라엘 백성이 광야에서 행진하지 않고 머물고 있는 동안 번제단 위의 불이 주야로 계속 타고 있었습니다. 이 번제는 하나님께 대한 끊임없는 예배를 나타냅니다. 또한 상번제는 전 이스라엘의 하나님께 대한 충성과 헌신을 상징합니다.
　본문의 번제단은, 오늘날 우리에게 성도는 경건과 성결로 일관된 생활을 해야 함을 교훈하고 있습니다.

✞ 기 도
　하나님, 환경의 변화에도 흔들리지 않는 굳건한 믿음과 세속에 물들지 않은 구별된 생활을 통해 삶 전체를 하나님 앞에 거룩한 산제사로 드리게 하옵소서.
　예수님의 이름으로 기도드립니다. 아멘

✞ 중보기도
　퇴폐산업과 문화가 말씀으로 정화되도록.

✞ 명 상
　그러므로 누구든지 이런 것에서 자기를 깨끗하게 하면 귀히 쓰는 그릇이 되어 거룩하고 주인의 쓰심에 합당하며 모든 선한 일에 준비함이 되리라(딤후 2:21).

순종하는 삶

♣ 성경 출애굽기 39장 (외울요절 43절)   찬송 520(257)장 ♣

본문은 제사장의 거룩한 옷을 만드는 장면을 말씀하고 있습니다.

제사장이 입는 의복은 청색, 자색, 홍색실로 정교하게 만들어졌습니다. 제사장 의복을 아름답고 정교하게 꾸미는 이유는 장막을 영광스럽게 하고 여호와의 거룩하심과 아름다우심을 나타내기 위해서였습니다.

모세와 그의 동역자들은 여호와께서 명하신 대로 순종하여 그대로 만들었습니다. 순종은 하나님의 섭리를 이루는 첫걸음입니다. 하나님과 백성과의 관계는 언제나 순종을 통해서만이 올바로 이루어집니다. 순종의 의미는 무엇이며 결과는 어떠해야 합니까? 순종은 히브리어로 '소야마'인데, 이 말의 뜻은 '말씀을 잘 듣는다.'라는 의미입니다. 여기서 듣는다의 의미는, 듣고 그대로 실천한다는 행동지향적인 뜻을 내포합니다.

다음으로 순종은 믿는다는 뜻입니다. 순종은 헬라어로 '페이도'인데 뜻은 '신뢰한다, 희망을 건다.'입니다. 어떤 의미에서 '믿음'은 '순종'입니다. 하나님의 말씀에 대한 신뢰가 믿음이며, 하나님께 순종한다는 것은 하나님의 뜻에 내 뜻을 맞춘다는 것입니다.

하나님은 순종하는 자에게 어떤 복을 주십니까? 그것은 영혼이 구원을 받으며, 자손이 복을 받는 것입니다(신 28:4).

✞ 기 도

우리를 죄 가운데서 구원하신 하나님, 하나님의 크신 뜻을 헤아려 알게 하시고 그 뜻에 절대 순종하게 하옵소서. 예수님의 이름으로 기도드립니다. 아멘

✞ 중보기도

공산권 선교의 문이 활짝 열리도록.

✞ 명 상

사무엘이 이르되 여호와께서 번제와 다른 제사를 그의 목소리를 청종하는 것을 좋아하심 같이 좋아하시겠나이까 순종이 제사보다 낫고 듣는 것이 숫양의 기름보다 나으니(삼상 15:22).

성막 위에 임한 여호와의 영광

♣ **성경** 출애굽기 40장 (외울요절 38절)   **찬송** 9(53)장 ♣

하나님께서는 모세에게 회막을 세우게 하고 그 안에 속한 성물과 성전에서 섬길 제사장에게 기름을 발라 거룩하게 하십니다.

하나님께서 명하신 대로 성막이 세워지자 여호와의 영광이 성막에 충만히 임했습니다. 이제 이스라엘의 중심은 개인에게서 성막으로 바뀌게 되었습니다. 하나님을 버리고 우상을 숭배하였을 때 떠나가신 하나님께서 순종하는 이스라엘에게로 다시 돌아오신 것입니다.

하나님의 임재는 이스라엘에게 두 가지 큰 축복을 가져다주었습니다.

첫째로, 하나님의 인도하심을 받았습니다. 구름이 성막 위에 떠오르는 것을 보고 이스라엘은 앞으로 전진하였고, 구름이 성막 위에 머물러 있으면 이스라엘도 머물렀습니다. 둘째로 하나님의 보호를 받았습니다. 하나님께서는 낮에는 구름그늘로, 밤에는 불기둥으로 이스라엘을 보호해 주셨습니다.

출애굽기에서 우리가 얻을 수 있는 교훈은 무엇입니까?

이스라엘을 노예의 신분에서 구원하시고, 가나안으로 인도하신 하나님께서 죄와 사망의 노예가 되어 신음하는 우리를 출애굽시키신다는 사실입니다.

다음으로 출애굽한 사람들이 해야 할 의무는, 오직 하나님만을 섬기고, 그 뜻에 절대 순종해야 한다는 것입니다. 하나님께 순종하는 우리 가정이 됩시다.

✚ **기 도**

이스라엘을 구름과 불기둥으로 인도하신 하나님, 북녘땅에도 출애굽의 해방을 주셔서, 두만강 푸른 물로 세례를 베푸는 감격의 날이 어서 돌아오게 축복하소서. 예수님의 이름으로 기도드립니다. 아멘

✚ **중보기도**

민족 통일과 복음화를 위해서.

✚ **명 상**

할렐루야 구원과 영광과 능력이 우리 하나님께 있도다(계 19:1).

다윗과 예수님

♣ **성경** 마 1:1, 20~25(참고 마 22:41~46 외울요절 1절)   **찬송** 27(27)장 ♣

"아브라함과 다윗의 자손 예수 그리스도의 계보라"는 말씀에서 다윗왕과 예수님의 관계에서 나타난 복음의 비밀을 상고해 봅시다.

마태복음 1:1에서는 예수님이 '아브라함과 다윗의 자손'이라고 했으나, 1:20~25에서는 예수님이 다윗의 자손이 아니시고, 성령으로 잉태되신 하나님의 아들(임마누엘)이심을 말씀합니다. 그리고 마태복음 22:41~46에서 예수님이 죽으시기 수일 전에 자신은 다윗의 자손이 아님을 밝히셨습니다.

이와 같이 마태복음과 신약성경 전체 또는 구약의 배경이 보여 주는 진리는, 다윗왕이 예수님께서 성육하시기 천 년 전에 그의 회개와 기도를 통하여 구세주를 분명히 만난 사실입니다(삼하 7:18~19, 시 16:8~11, 40:5~8, 행 2:25~28).

우리 가정도 회개와 기도를 통하여 예수님을 분명히 만나게 되기를 원합니다.

✞ **기 도**

하나님 아버지, 다윗이 예수님께서 성육신하시기 천 년 전에 그의 회개와 기도를 통하여 예수님을 분명히 만남으로 그가 예수님의 영적 조상이 된 것같이 우리도 회개와 믿음의 기도를 통하여 예수님의 영적 가족이 된 것을 감사드립니다. 다윗의 체험을 상고함으로 이 복음을 확신하게 하여 주옵소서. 예수님의 이름으로 기도드립니다. 아멘

✞ **중보기도**

성도들이 다윗과 같은 진정한 회개와 구원의 체험을 하도록.

✞ **명 상**

예수님 오시기 천 년 전에 예수님을 믿음으로 보았던 다윗왕의 그 깊은 영성을 우리도 소유합시다.

예수님의 이름

♣ **성경** 마태복음 1:21(외울요절 21절)   **찬송** 80(101)장 ♣

"아들을 낳으리니 이름을 예수라 하라 이는 그가 자기 백성을 그들의 죄에서 구원할 자이심이라"(21절). 이 말씀에, 예수님의 이름에 나타난 대속의 구원이 잘 설명되어 있습니다.

'자기 백성'이라는 말에는 죄인을 천국 백성으로 삼아 주시는 하나님의 은혜와 능력이 계시 되었습니다. 또한 '자기 백성' 즉 믿는 자만이 구원받는 제한구원(Limited Salvation)의 진리를 통해 전도를 해야 하고 전도를 받아야 한다는 것과 이를 위해 우리의 열심이 요구되고 있음을 깨닫습니다.

"그들의 죄에서 구원할 자이심이라"는 말씀에서는 우리의 죄의 절망성과 예수님의 십자가 대속의 능력과 사랑을 깨닫습니다.

예수님의 이름은 그가 인류에게 최대의 유익을 주신 분임을 보여 주고, 따라서 우리는 최대의 유복자(有福子)임을 보여 줍니다.

우리 가정을 찾아오신 예수님을 바로 모시고 그의 이름을 높이며 이웃에게 전합시다.

✝ **기 도**

하나님 아버지, 만일 인류와 저의 죄가 우리의 힘으로 속량할 가능성이 조금이라도 있었다면, 하나님께서 예수님을 보내시지 않았을 것입니다.

하나님이 예수님을 우리에게 보내신 사실에서 우리 죄의 절망성을 배웁니다. 그리고 주님의 피로 우리를 완전히 속죄해 주신 것을 감사합니다. 예수님의 이름으로 기도드립니다. 아멘

✝ **중보기도**

아직도 주님의 이름 뜻을 모르는 이웃들이 속히 전도되기를 위해서.

✝ **명 상**

"주 예수 이름 높이어" 찬양의 뜻을 알게 하여 주신 주의 은혜를 감사합시다.

왕이신 예수님

♣ 성경 마태복음 2:1~6 (외울요절 2절)   찬송 93(93)장 ♣

어린 아기 예수님을 찾아온 동방박사들이, "유대인의 왕으로 나신 이가 어디 계시냐 우리가 동방에서 그의 별을 보고 그에게 경배하러 왔노라"(2절)고 말한 것은 예수님이 인류의 참 왕이시며, 천국에서 영원한 왕이심을 보여줍니다. 구약에서부터 예수님께서 왕으로 오실 것이라고 예언되었습니다(창 49:10, 시 2:5~12).

예수님께서 스스로 자신이 왕이심을 선언하셨고, 제자들은 그것을 증거했습니다(요 18:37, 1:49, 행 17:7). 예수님은 심판 때에 "만왕의 왕이요, 만주의 주"로 오십니다(계 19:16).

예수님께서 우리의 왕이신 사실은 인류에게 큰 축복이 됩니다.

첫째는 인간 지배자들의 불완전한 통치에서 우리가 완전히 놓임을 받은 복이며, 둘째는 신자가 예수님과 함께 왕 노릇 하는 복입니다(마 19:28, 딤후 2:12, 벧전 2:9, 계 5:10, 20:4~6).

예수님을 우리의 왕으로 모시고 우리도 주와 함께 왕 노릇 하는 삶을 삽시다.

✞ 기 도

하나님 아버지, 우리를 다스리기 위해 세움받은 자들과 그 다스림을 받는 우리들이 계속 범죄하여 오늘도 이와 같은 불행 중에 있음을 회개합니다. 우리 믿는 자들이 먼저 예수님의 참 통치를 바르게 받게 하시고, 주의 나라가 속히 이 땅에 임하게 하옵소서. 예수님의 이름으로 기도드립니다. 아멘

✞ 중보기도

예수님이 참 왕이심을 모르는 불신의 통치자들과 이웃들에게 주의 복음이 전파 되기를 위해서.

✞ 명 상

영원하신 왕 예수님은 지혜가 얼마나 깊으십니까? 우리도 그 지혜를 부지런히 배우기 원합니다.

예배자의 기쁨

♣ **성경** 마태복음 2:9~12(외울요절 10절)   **찬송** 14(30)장 ♣

　예수님의 탄생 시에 멀리 동방으로부터 예수님의 별을(민 24:17) 보고 베들레헴에 와서 아기 예수님께 경배를 드렸던 동방박사들을 통해 하나님을 예배하는 사람들의 기쁨과 축복을 볼 수 있습니다.
　"그들이 별을 보고 매우 크게 기뻐하고 기뻐하더라 집에 들어가 아기와 그의 어머니 마리아가 함께 있는 것을 보고 엎드려 아기께 경배하고 보배합을 열어 황금과 유향과 몰약을 예물로 드리니라"(10~11절).
　동방박사들은 첫째로 그들이 믿었던 대로 구세주를 만나 뵙고 큰 기쁨을 얻었습니다. 하나님은 믿음으로 만날 수 있습니다. 그리고 그들은 성육신하신 하나님을 구주로 받고 기뻐했습니다.
　끝으로 감사와 사랑과 헌신의 예물을 드렸을 때 그들의 기쁨은 온전해졌습니다. 우리도 동방박사와 같은 기쁨을 갖는 헌신적인 일을 찾고, 그 온전한 기쁨을 누리는 가정이 됩시다.

✝ **기 도**
　하나님 아버지, 우리가 아기 때부터 박사들의 경배를 받을 만큼 참된 구세주이신 예수님을 알고 믿게 하심을 감사드립니다. 우리도 박사들처럼 예수님을 뵈올 때까지 비록 먼 길을 가더라도 그 끝에 있는 믿음의 실상을 보고, 주님의 보호하심을 감사하며, 예물을 드리는 기쁨으로 예배하게 하옵소서.
　예수님의 이름으로 기도드립니다. 아멘

✝ **중보기도**
　주님을 예배할 때 인생이 누리는 최고의 기쁨을 모든 이들에게 속히 전할 수 있도록.

✝ **명 상**
　"구주를 생각만 해도 내 맘이 좋거든 주 얼굴 뵈올 때에야 얼마나 좋으랴"

회개에 합당한 열매

♣ **성경** 마태복음 3:1~10(외울요절 8~9절) **찬송** 280(338)장 ♣

"그러므로 회개에 합당한 열매를 맺고 속으로 아브라함이 우리 조상이라고 생각하지 말라 내가 너희에게 이르노니 하나님이 능히 이 돌들로도 아브라함의 자손이 되게 하시리라"(8~9절)고 외친 세례 요한의 경고는, 우리 모두에게 의미 있는 말씀입니다.

예수님을 믿고 구원의 확신이 있으며, 주님의 복음 전파를 위해 최선을 다하고 있다는 자부심을 가진 신자에게도 '바리새인과 사두개인' 처럼 회개에 합당한 열매가 보잘것없는 경우가 많기 때문입니다.

우리의 믿음도 세례 요한이나 예수님 자신의 음성(마 4:17) 같은 신선한 경고를 늘 필요로 합니다. 그러한 내부의 경고가 힘을 잃을 때 우리도 속으로 안일한 자위(自慰)의 말(9절)이나 되풀이하는 '열매 없는 회개'의 늪에 빠져들어 가기 때문입니다.

회개에 합당한 열매를 위해 힘쓰는 신자에게만 신선한 은혜가 계속 임할 것입니다. 우리의 신앙생활을 겸손한 마음으로 반성하면서 회개의 합당한 생활을 해야겠습니다.

✝ **기 도**
하나님 아버지, 예수님의 말씀과 세례 요한의 경고로 시작하여, 요한계시록까지 신약성경을 통해 우리에게 회개할 수 있도록 경고해 주심을 감사드립니다. 우리에게서 이 경고의 소리가 멀어지지 않게 하옵소서. 회개에 합당한 열매를 풍성히 맺는 우리 삶이 되게 하옵소서. 예수님의 이름으로 기도드립니다. 아멘

✝ **중보기도**
오늘의 세계 교회가 바리새인, 사두개인의 외식과 안일에서 깨어나도록 계속 주의 경고를 듣는 귀가 열리기를 위해서.

✝ **명 상**
알렉산더 대왕의 아버지 빌립은 아침마다 종을 시켜서 "빌립아, 너는 어느날 죽을 것이다."라고 외치게 하여 잠을 깼다고 합니다.

하나님이 기뻐하시는 자

♣ 성경 마태복음 3:13~17 (외울요절 17절)   찬송 10(34)장 ♣

　동방교회(희랍정교)는 옛날부터 지금까지 예수님의 탄생일을 1월 6일(主顯節, Epiphany)로 지켜 오고, 서방교회(천주교)는 12월 25일에 성탄절을 지킵니다. 그러나 예수님께서 공적으로 세상에 나타나시기는 요단강에서 세례를 받으시고, "이는 내 사랑하는 아들이요 내 기뻐하는 자라" 하시는 하나님 아버지의 음성을 들으신 때에 이뤄졌다고 볼 수 있습니다.
　예수님이 하나님의 작정과 뜻에 순종하셔서 사람-죄인의 몸을 입으시고 베들레헴의 구유에서 탄생하셨을 때, 또는 죄인들이 받는 세례를 요한에게 받으시고 물에서 올라오실 때 하나님은 그의 아들을 얼마큼 사랑하시고 열납하셨겠습니까!
　예수님이 하나님의 허락하심 중에 세계에 나타나신 날은 우리 구원받은 무리들이 영원히 경하할 날입니다. 또 우리 역시 삼위의 기뻐하시는 자로 세상에 나타나기를 힘써야 하겠습니다. 하나님께서 예수님을 그처럼 사랑하신 사랑이 우리에게도 이 시간 임하신 줄 믿습니다. 그 하나님의 사랑과 은총에 감사하며, 기뻐하시는 하나님의 자녀가 되어야 하겠습니다.

✚ 기 도
　하나님 아버지, 우리 구주께서 하나님의 기뻐하시는 뜻에 순종하여 성육신하여 오시고, 또 세례를 받으시고 아버지의 허락하심 중에 우리 앞에 나타나게 하셨음을 감사합니다. 우리도 주님처럼 하나님께서 기뻐하시는 자들로 이 세상에 나타나서 봉사하게 하옵소서. 예수님의 이름으로 기도드립니다. 아멘

✚ 중보기도
　성도들이 세상에 나타남으로 많은 이웃들이 구원의 은혜를 누릴 수 있게 되기를 위해서.

✚ 명 상
　태양의 온기를 모든 피조물이 받듯, 우리도 세상에서 이웃들에게 빛과 따스함을 주게 하소서(시 19:5~6).

마귀의 시험을 이기신 예수님

♣ **성경** 마태복음 4:1~11(외울요절 11절)   **찬송** 499(277)장 ♣

예수께서 그의 공생애를 시작하실 때에 그는 성령에 이끌리어 광야에서 40일 금식하신 후 마귀에게 시험을 받으셨으나 세 번의 시험을 모두 말씀으로 승리하셨습니다.

마귀의 큰 시험 셋을 살펴보면, 첫째 우리의 원조(原祖) 아담과 하와가 낙원에서 마귀의 시험을 받았을 때, 그들은 참패하여 그 원죄가 수억만의 후손들을 괴롭히고 있습니다. 둘째로 마귀가 욥을 시험했을 때 욥은 그 처자와 함께 무쌍한 고난을 맛보았습니다.

그러나 예수님은 마귀의 세 번의 시험을 다 물리치시고 승리하셨습니다. 그의 구세주로서 신성의 능력과 그의 말씀의 지식과 기도의 준비가 그 승리의 무기였습니다.

우리 신자들도 구원받은 내 신분을 확신하고, 성경에 능통하고, 기도로 무장함으로 마귀의 시험을 항상 이겨야 하겠습니다.

✚ **기 도**

하나님 아버지, 예수님께서 마귀의 시험을 물리치고 승리하심으로 원조(原祖)들 이래의 패배를 승리로 변하게 해주심을 감사드립니다. 우리도 예수님처럼 주님 안에 있는 우리의 새 신분을 믿고, 말씀과 기도로 무장하고, 마귀의 시험을 늘 이길 수 있도록 도와주소서. 예수님의 이름으로 기도드립니다. 아멘

✚ **중보기도**

성도들이 은혜로 무장하고, 마귀를 이김으로 많은 이웃들을 마귀의 손에서 구출하게 되기를 위해서.

✚ **명 상**

원조들의 패배와 욥의 고난과 같은 인생의 고난을 승리로 역전시키신 주님의 능력을 찬송합니다.

흑암 중에 비취는 빛

♣ 성경 마태복음 4:12~16 (외울요절 16절)   찬송 84(96)장 ♣

"흑암에 앉은 백성이 큰 빛을 보았고 사망의 땅과 그늘에 앉은 자들에게 빛이 비치었도다"(16절)라는 말씀은, 예수님의 구원 역사와 신자의 구원받은 체험을 그림처럼 아름답고 정확하게 묘사한 말씀입니다.

그런데 예수님 당시에나 지금이나 예수님의 생명 빛(요 1:4, 9)을 받아들이는 믿음의 눈이 있는 사람만이 그 큰 빛을 볼 수 있음을 생각할 때, 우리가 먼저 구원받은 축복을 감사하며, 또 책임을 느껴야 하겠습니다.

예수님의 큰 빛을 보던 가버나움이나 고라신은 소돔과 고모라 이상의 심판을 받으리라고 주님은 경고하셨습니다(마 11:23~24).

우리가 성경을 통하여 우리에게 나타내시는 주님의 구원의 큰 빛을 발견했으니, 하나님의 은혜와 능력의 기이함을 다 형용할 수 없습니다. 우리의 이웃들은 어떻게 이 빛을 볼 수 있습니까? 우리가 입을 열어서 그들에게 이 빛을 증거하고, 그들도 성경을 상고함으로 그들 또한 이 큰 구원의 빛을 발견케 해야 합니다.

우리를 전도해 주었던 분들의 고마움에 보답하기 위해서라도 우리는 쉬임없이 주님의 구원의 빛을 이웃에게 증거합시다.

✛ 기 도

하나님, 흑암에 앉았던 저희에게 생명의 빛을 주시되, 고마운 이웃의 전도를 통해 주신 것을 감사합니다. 우리도 이웃들에게 이 빛을 늘 전하게 하소서. 예수님의 이름으로 기도드립니다. 아멘

✛ 중보기도

생명의 빛을 반사하기 위하여, 또한 자기를 돌보지 않고 전도를 목숨처럼 여기는 전도자들을 위해서.

✛ 명 상

믿기 전 우리의 어둠은 칠흑보다 더했으나, 지금은 해보다 밝은 주의 빛을 봅니다. 이 빛을 감사하게 여겨 전하리라.

산상보훈에 나타난 그리스도인
♣ **성경** 마태복음 5:1~12(외울요절 3~10절) **찬송** 214(349)장 ♣

산상보훈의 첫 부분에 기록된 여덟 가지 복된 사람의 모습은 안으로는 가난하고 애통하고 의에 주리고 청결한 마음을 지녔고, 밖으로는 온유, 긍휼, 화평, 핍박을 견디는 한마디로 해서 온유하고 자비한 모습입니다.

신자가 개인적으로나 단체적으로나 복음 전파를 위해서 적극적이고 진취적이어야 할 때에도 이 근본적인 온유의 모습을 떠나서는 존재할 수 없습니다.

우리는 주님께서 제시하신 신자의 모습에서 양면의 교훈을 배웁니다.

첫째는, 우리가 나의 성격 때문에, 또는 하는 일의 진취성 때문에 이른바 진취적이고 도전적일 때에도 팔복인(八福人)의 자비한 모습을 잃지 말 것입니다. 둘째는, 팔복인의 소극적 자세를 내 죄로 인한 무기력함의 은신처로 삼지 말아야 할 것입니다.

주님의 산상보훈을 신앙의 표준으로 삼고 복 있는 삶을 살아가는 우리 가정이 되기를 기도합시다.

✚ **기 도**

하나님 아버지, 주님께서 보여 주신 복된 사람의 온유하고 자비한 모습이 참으로 강한 힘의 그릇임을 깨닫게 하심을 감사드립니다. 저희들이 의욕이 넘치고 힘이 충만할 때도 이 기본적인 자비한 자세를 떠나지 말게 하옵소서. 그러나 내 죄로 말미암은 무기력을 가지고 겸손자의 온유인 양 가장치 말게 하옵소서. 예수님의 이름으로 기도드립니다. 아멘

✚ **중보기도**

우리가 주님의 은총으로 참 온유하며 또 굳세어서 우리를 통하여 주님의 세계가 확장될 수 있도록.

✚ **명 상**

참 강한 사람은 온유한 모습이고, 우리의 속이 비었을 때 요란한 소리가 우리에게서 나오게 마련입니다.

율법과 복음

♣ 성경 마태복음 5:17~20(외울요절 18절)   찬송 314(511)장 ♣

"내가 율법이나 선지자를 폐하러 온 줄로 생각하지 말라 폐하러 온 것이 아니요 완전하게 하려 함이라 진실로 너희에게 이르노니 천지가 없어지기 전에는 율법의 일점일획도 결코 없어지지 아니하고 다 이루리라"(17~18절)고 하신 예수님의 말씀은, 율법과 구약의 중요성을 더할 나위 없이 분명하게 보여 주십니다.

구약에 나타난 율법은 신약에 나타난 복음의 기초이며 뿌리입니다. 그리고 우리가 율법의 깊고 참된 뜻을 이해할 때에만 복음을 올바르게 터득하게 됩니다.

당시의 제사장과 서기관과 바리새인은 구약을 읽고 외우나, 그 참된 뜻을 모르므로 복음(예수님)을 모른다고 거듭 경고하신 예수님의 말씀을 오늘의 우리들도 명심해야 합니다(요 5:46~47).

✞ 기 도

하나님, 신약의 복음을 바르게 이해할 수 있도록 구약의 율법을 먼저 주신 것을 감사드립니다. 우리가 예수님의 십자가로 구원을 받고, 성령의 힘으로 율법을 향하여 하나님의 의가 온전히 이뤄지도록 우리를 도와주소서.

"너희의 의가 서기관과 바리새인보다 더 낫지 못하면 결단코 천국에 들어가지 못하리라"고 하신 말씀의 뜻을 분명히 깨닫는 저희들이 되게 하옵소서. 예수님의 이름으로 기도드립니다. 아멘

✞ 중보기도

은혜로 구원받은 것만 믿고, 의를 행하기에 등한함으로써 우리가 이루지 못한 의무 때문에 실족한 이웃들을 위해서.

✞ 명 상

믿음의 의와 율법의 의가 다 온전히 이뤄진 천국의 완전한 모습이 우리의 삶에 서 날마다 자라게 하소서.

형제와 화목하자

♣ **성경** 마태복음 5:21~26 (외울요절 23~24절)　**찬송** 220(278)장 ♣

"누구든지 살인하면 심판을 받게 되리라 하였다는 것을 너희가 들었으나 나는 너희에게 이르노니 형제에게 노하는 자마다 심판을 받게 되고 형제를 대하여…… 미련한 놈이라 하는 자는 지옥 불에 들어가게 되리라"(21~22절)는 주님의 말씀은 우리의 가슴을 꿰뚫는 말씀입니다.

그 이유는 형제에게 노하는 일이나 미련한 놈이라고 욕하는 우리의 부도덕성의 수치감과 '지옥 불'의 공포 때문입니다.

'형제에게 원망 들을 만한 일'이 있으면서도 주님의 제단에 예물을 드리는 우리는 "옥에 가둘까 염려하라"는 말씀을 잊고 살아갑니다. 그러나 형제에게 원망 들을 일이 있으면 우리는 옥중의 부자유를 면할 길이 없습니다.

죄인인 우리를 하나님과 화목케 하려고 고난의 길을 택하신 예수님의 사랑을 몸으로 실천하여 화목과 화평의 사자가 됩시다.

우리를 통해 예수 믿는 사람 모두에게 원망 들을 만한 행동이나 말투가 은연중에 발설되지 않도록 매사에 조심합시다. 형제와 화목하게 지낼 수 있는 실제적 도덕생활은 오랜 경건의 연습에서만 자랄 것입니다.

✞ **기 도**

하나님, 우리의 마음이 늘 깨어서 형제에게 원망 들을 일을 범치 말게 하시고, 형제끼리 욕하며 사는 죄와 부자유의 생활에서 우리를 건져 주옵소서. 형제간의 작은 불화에도 서로 마음에 찔림을 받고, 곧 사화(私和)하게 하옵소서.

예수님의 이름으로 기도드립니다. 아멘

✞ **중보기도**

우리의 작은 미움과 불화로 상처받고 고통받는 이웃들과, 손해 보는 복음의 대의(大義)가 우리의 화목으로 치유될 수 있도록.

✞ **명 상**

형제와 '호리'만큼도 불화가 없는 천국이 얼마나 그리운가? 그곳을 향해 쉬임 없이 화목의 노력을 기울입시다.

물욕을 이기는 길

♣ 성경 마태복음 6:24~27(외울요절 24절) 찬송 258(190)장 ♣

"너희가 하나님과 재물을 겸하여 섬기지 못하느니라"고 주님이 말씀하셨습니다. 우리는 자기도 모르는 사이 물욕에 이끌려서 하나님의 뜻을 버리고 부끄러운 욕심을 추구할 때가 있습니다. 예수님께서 이 교훈을 주신 이유가 우리들에게 흔히 있을 죄가 물욕이기 때문일 것입니다.

물욕의 유혹을 이기는 길을 주님의 말씀에서 찾아봅시다.

첫째는 '하나님과 재물'의 비교할 수 없는 차이를 생각하면 되겠습니다. 하나님의 크심과 사랑을 어찌 우리의 물질-그나마 아직 얻은 것도 아닌 물욕-과 비할 수 있겠습니까?

둘째는 욕심의 결과는 죄와 사망임을 기억합시다.

셋째는 하나님을 사랑하는 생활의 금생과 내생의 복을 기억합시다. 물욕을 이기고 하나님을 더 사랑하는 일은 넉넉히 가능한 일입니다.

✞ 기 도

하나님, 우리 마음이 죄로 어두워져서 하나님의 크심과 그 풍성하신 축복을 못 보고 아직 이뤄지지도 않은 신기루 같은 욕심과 욕망을 하나님보다 더 중히 여김을 용서하옵소서. 우리 마음의 눈을 밝히사 하나님의 크심과 사랑, 십자가의 은혜를 기억함으로 물욕을 늘 이기게 하옵소서.

예수님의 이름으로 기도드립니다. 아멘

✞ 중보기도

우리의 물욕으로 말미암아 훼손된 주의 영광과, 이웃들의 복리(福利)가 우리의 변화된 삶으로 회복되기를 위해서.

✞ 명 상

하나님의 영광과 사랑의 크심을 더욱 깨달아서, 내 물욕이 얼마나 비천한 것인가를 압시다.

올바른 비판

♣ **성경** 마태복음 7:1~5(외울요절 5절)   **찬송** 151(138)장 ♣

"비판을 받지 아니하려거든 비판하지 말라 너희의 비판하는 그 비판으로 너희가 비판을 받을 것이요……" 라고 하신 예수님의 말씀은 무비판(無批判)의 세계를 요구하시는 말씀처럼 오해하기 쉬우나 예수님께서 하신 말씀의 뜻은 그것이 아닙니다.

예수님 자신이 당시의 유대인들을 신랄하게 비판하신 사실과, 사도들의 준엄한 비판들이 예수님의 교훈을 바르게 이해할 필요를 깨닫게 합니다.

예수님이 '비판하지 말라'고 하신 말씀은 무엇을 교훈하려고 하셨습니까?

첫째는, 하나님의 구원을 모르는 죄인들의 죽은 비판은 무용하다는 뜻입니다. 둘째는, 성경에 나타난 바른 판단력(요 7:24)을 갖추지 못한 처지에서 어리석은 비판을 말라는 뜻입니다. 셋째는, 사랑이 없는 무자비한 비판을 말라는 뜻입니다. 하나님의 구원을 받고, 성경을 터득하고, 사랑으로 하는 비판은 많을수록 좋습니다만, 바른 분별의 영을 받고 해야만 합니다(고전 6:1~3, 11:18~19).

✝ **기 도**

하나님, 저희가 하나님의 구원을 깨닫고, 특히 예수님의 복음으로 마음의 눈이 밝아지게 하옵소서. 또한 이웃을 위한 비판을 바로 해서, 그릇된 비판으로 황폐한 세상을 고르게 할 수 있도록 도와주옵소서. 예수님의 이름으로 기도합니다. 아멘

✝ **중보기도**

비판할 자격이 없는 사람들의 비판으로 상처뿐인 세계를 주님의 비판으로 치유케 되기를 위해.

✝ **명 상**

주님께서 영광의 보좌에 앉으실 그 때 우리가 열두 보좌에 앉아 세상을 심판할 그날까지 우리의 판단력을 키웁시다(마 19:28).

구하는 자에게 좋은 것을 주심
♣ **성경** 마태복음 7:7~11(외울요절 11절)   **찬송** 364(482)장 ♣

　예수께서 우리에게 기도를 힘쓰라고 권면하시는 말씀마다 매우 적극적이고 단호함을 알 수 있습니다. 오늘 본문이나 벗에게 떡 세 덩이를 구한 사람의 비유(눅 11:5~13), 불의한 재판관과 과부의 비유(눅 18:1~8)는 모두가 기도할 때에 굳센 믿음으로 하고 낙망치 말라는 것입니다.
　본문에서 기도를 '구하라' '찾으라' '문을 두드리라'의 세 가지 적극적인 행동으로 말씀한 것은 기도할 때 결코 낙심치 말 것을 보여 주십니다.
　또 "구하는 이마다 얻을 것이요.", "찾는 이가 찾을 것이요.", "두드리는 이에게 열릴 것이라."고 하심은 기도에는 반드시 응답이 있다는 약속입니다. 끝으로 기도하는 자에게 구한 것 이상의 더 좋은 것을 주시는 분이 하나님이라고 하셨습니다.
　우리 가정도 이제까지의 안일과 막연히 바라는 소극적 태도를 버리고, 주님 말씀을 의지하여 적극적으로 기도함으로 하늘의 좋은 것을 구하는 성도가 됩시다. 또한 우리 가정뿐만 아니라 이웃과 사회를 위해 더욱 기도합시다.

✞ **기 도**
　하나님 아버지, 기도는 아버지께서 아들을 먼저 주신 크신 사랑과, 이 적극적인 권면 앞에서 하는 것이오니, 기도하며 낙심하지 않게 하옵소서. 우리에게 구할 일들이 많사오니 더욱 힘써서 기도하여, 과연 기도는 가장 큰 영계의 힘인 것을 우리로 하여금 체험케 하옵소서. 구하는 이마다 얻을 것이라고 약속하신 예수님의 이름으로 기도드립니다. 아멘

✞ **중보기도**
　우리들 자신의 필요를 위해 기도하고, 이웃을 위해 더 많이 기도하는 복된 기도자의 반열에 속히 들어가기 위해서.

✞ **명 상**
　하나님께서 허락하신 기도의 특권을 다 누리는 높은 믿음의 세계가 얼마나 아름다울 것인가?

예수님의 치유

♣ **성경** 마태복음 8:1~13(외울요절 3,13절)　**찬송** 471(528)장 ♣

　마태복음 8장에는 팔복산(The Mount of Beatitude)에서 산상수훈을 마치시고 산 아래로 내려오신 예수님께서 기적을 행하시고, 병자들을 치유하시며, 가버나움 백부장의 하인의 병과, 가다라 지방 광인의 마음을 고치신 일들이 기록되어 있습니다. 그 중에서 나병환자의 치유(1~4절)와 백부장 하인의 중풍병 치유 기사에 나타난 교훈을 살펴봅시다.

　나병환자의 치유에서는 "주여 원하시면 저를 깨끗케 하실 수 있나이다" 하고, 예수님의 신성(神性)과 자비에 기대를 건 환자에게 예수님은 "내가 원하노니 깨끗함을 받으라"고 하셨습니다. '내가'에 힘을 주신 메시아의 나타냄에서 복음의 강한 빛을 볼 수 있습니다.

　백부장 하인의 치유에서도 "내가 가서 고쳐 주리라"(7절)고 하시는 예수님의 자기 계시를 깨닫고 자신의 직권(職權)에서 메시아를 이해한 백부장의 믿음에서 그의 하인보다도 백부장 자신의 믿음을 통한 치유가 더 귀중하게 나타났습니다. 우리들도 나보다 연약한 자를 위한 자애의 마음을 갖되 주님을 향한 믿음을 가져야 하겠습니다.

✚ **기 도**
　하나님, 예수님은 산상보훈을 말씀으로만 그치지 아니하시고, 병과 마음을 치유하시는 실제적 재창조의 역사로 연결하신 것을 감사드립니다. 병자들이나 백부장이나 서기관이 마음까지 치유 받은 것이 더 귀중함을 깨닫게 하옵소서.
　우리의 삶 가운데서도 주님 치유의 역사가 있기를 간절히 간구합니다. 예수님의 이름으로 기도드립니다. 아멘

✚ **중보기도**
　연약한 이들의 육신의 병과 함께 마음의 병이 고침받게 되기를 위해서.

✚ **명 상**
　나병환자의 치유뿐만 아니라, 그보다 더 비참한 마음의 병들을 고쳐 주시는 주님의 크신 은혜여!

풍랑의 진정과 광인의 진정

♣ **성경** 마태복음 8:23~34 (외울요절 27절)   **찬송** 432(462)장 ♣

본문에 나타난 두 기사 – 풍랑 위의 배에서 주무시던 예수님이 일어나셔서 바람과 바다를 꾸짖으시니 아주 잔잔해진 사실과, 가다라 지방의 광인이 예수님을 만나는 즉시 그에게서 귀신들이 나와서 돼지 떼에 들어간 사실 – 의 배후에는 예수님의 복음사역의 한 성질이 나타나 있습니다.

그것은 예수님이 풍랑을 잔잔케 하시고, 광인을 고쳐 주시기 이전에 예수님의 임재 자체가 자연이나 영물(靈物)을 평정케 하시고 진정케 하시는 힘을 소유하고 있다는 사실입니다.

예수님이 풍랑 위의 배에서 주무셨다는 기록과, 광인에게 어떤 말씀을 하시기도 전에 귀신들이 먼저 항복했다는 기사에 그것이 나타났습니다.

지금도 예수님이 임재하시기만 하면 우리의 마음과 주위에서 평정의 역사가 고요하게 계속됩니다.

✝ **기 도**

하나님, 평정의 역사가 주님이 어떤 행동을 하시기 이전에, 또는 우리나 다른 피조물이 주님을 향해 어떤 반응을 보이기 이전에, 주님의 임재 자체와 사랑으로 일어남을 감사드립니다. 우리도 질병이나 자연의 동요 앞에서 우리의 대응수단이 있기 이전에 주님을 그렇게 알고 믿게 하옵소서.

예수님의 이름으로 기도합니다. 아멘

✝ **중보기도**

우리의 움직임 이전에 주님의 임재 자체의 은총과 힘을 우리의 주위에 알릴 수 있도록.

✝ **명 상**

하나님의 창조 능력이 보이지 아니하시는 하나님께로부터 나옴같이, 예수님의 구원 능력이 주님의 임재 자체에서 나옵니다.

예수님의 권세

♣ **성경** 마태복음 9:1~8 (외울요절 8절)   **찬송** 70(79)장 ♣

   네 사람에 의해 침상 채 들려 온 중풍병자를 예수님께서 먼저 그의 죄를 사해 주시고, 그 병도 고쳐 주시니, 사람들이 두려워하며 이런 권능을 사람에게 주신 하나님께 영광을 돌렸습니다(8절).
   이 권능의 본질 두 가지를 찾아봅시다. 첫째는 예수님의 사랑입니다. 예수님이, 중풍병자에게 이르시되 "소자야 안심하라. 네 죄 사함을 받았느니라!"고 하셨는데, 이 말씀에는 죄인의 죄고(罪苦)를 불쌍히 여기시고, 또 육신의 병고(病苦)를 불쌍히 여기시는 주님의 사랑이 충만히 담겨 있습니다. 둘째는 예수님께서는 하나님 자신이시라는 점입니다. 예수님이 중풍환자에게 "네 죄 사함을 받았느니라"고 하시자, '오직 하나님 한 분 외에는 누가 능히 죄를 사하겠느냐?' 라고 서기관들이 속으로 말했습니다. 그렇습니다. 예수님의 권세는 바로 하나님 자신의 권세였습니다.
   우리는 예수님의 권세 앞에 복종하고 온 세상에 그를 전해 영육간에 병든 이들을 고침받게 하고 구원의 반열에 서게 해야겠습니다.

✚ **기 도**
   하나님, 하나님의 권세로 우리 모든 육체의 병과 마음의 병을 고쳐 주심을 감사합니다. 주님의 이 권세를 믿고, 우리 자신과 많은 이웃들이 질병과 마음의 병을 고침받게 하옵소서. 예수님의 이름으로 기도합니다. 아멘

✚ **중보기도**
   지금도 놀라운 권세로 우리와 함께 계시는 주님을 우리의 이웃들에게 알릴 수 있기를 위해서.

✚ **명 상**
   우리 마음눈의 비늘을 벗겨 주사 이 권세의 주님을 잃지 않게 하소서.

죄인을 부르시는 예수님

♣ **성경** 마태복음 9:9~13(외울요절 13절)   **찬송** 280(338)장 ♣

"건강한 자에게는 의사가 쓸 데 없고 병든 자에게라야 쓸 데 있느니라 너희는 가서 내가 긍휼을 원하고 제사를 원하지 아니하노라 하신 뜻이 무엇인지 배우라 나는 의인을 부르러 온 것이 아니요 죄인을 부르러 왔노라"(12~13절) 하시는 예수님의 말씀은, 언제나 인생들의 발걸음을 멈춰 서게 하는 말씀입니다.

이 말씀의 뜻은 예수님께서 모든 인생의 죄를 속죄하러 오신 분임을 천명하는 동시에, 신자가 된 이후에도 다음과 같은 죄관(罪觀)을 항상 소유해야 함을 보여 줍니다.

첫째 예수를 믿고 구원받았으나 남은 죄성의 준동(蠢動)을 늘 경계해야 합니다. 둘째 회개하는 심령을 계속 유지하고, 죄를 끊어버림에 있어서 절수결안(切手抉眼, 마 5:29~30)의 노력을 계속해야 합니다.

끝으로 성결한 자의 평안과 능력을 늘 유지해야 함을 보여 주십니다.

✞ **기 도**

하나님께서 죄인을 부르신다고 하오나, 우리는 죄 중에 머물 수 없고, 우리의 남은 죄성이 끊임없이 우리의 틈을 엿보나이다. 그러므로 우리 구원받은 자들이 주님 앞에 나아올 때마다 내가 죄인임을 회개하면서, 겸손한 마음으로 나아오게 하옵소서. 죄인을 불러 의인된 죄인으로 삼고 친구 삼으심을 감사드립니다. 예수님의 이름으로 기도드립니다. 아멘

✞ **중보기도**

우리뿐만 아니라, 죄의 병으로 고통받는 많은 이웃들에게 유일하신 의원이신 예수님을 속히 전할 수 있기 위해서.

✞ **명 상**

죄의 병을 온전히 벗을 천국을 사모합시다.

죽은 자를 살리는 권세

♣ **성경** 마태복음 10:1~8 (외울요절 8절) **찬송** 161(159)장 ♣

"예수께서 그의 열두 제자를 부르사 더러운 귀신을 쫓아내며 모든 병과 모든 약한 것을 고치는 권능을 주시니라"(1절)고 하신 말씀과, 8절의 "병든 자를 고치며 죽은 자를 살리며 나병환자를 깨끗하게 하며 귀신을 쫓아내되 너희가 거저 받았으니 거저 주라"고 하신 예수님의 말씀은 우리에게 다음과 같은 교훈을 줍니다.

첫째, 모든 질병을 고치며, 귀신을 내쫓고, 심지어 죽은 자를 살리는 권세는 예수님이 제자들에게 주신 권세입니다. 결코 제자들이 자신들의 덕이나 간구의 결과로 받은 것이 아니었습니다. 예수님은, "기도 외에 다른 것으로는 이런 종류가 나갈 수 없느니라"(막 9:29)고 하셨습니다. 우리도 기도에 힘써서 그 권세를 반드시 받아야 하겠습니다.

둘째, 육신의 질병과 사망보다 더 불행한 영혼의 질병과 죽음을 고치고, 부활시키는 복음 전달에 그 어느 것보다 더 많은 힘을 기울이라는 교훈이 내포되어 있습니다.

우리도 주님의 권능을 받아 거저 받은 것을 이웃에게 거저 나누어 줄 수 있는 신앙인이 되기를 바랍니다.

✝ **기 도**
하나님, 우리에게 사람의 질병을 고치며, 죽은 자를 일으키는 권세 주심을 감사드립니다. 오늘도 우리는 이웃의 영혼의 질병을 고치기 위해 더욱 기도하고, 전도하며 봉사하게 하옵소서. 예수님의 이름으로 기도드립니다. 아멘

✝ **중보기도**
내 영혼과 육체의 치유를 위해 최선을 다함 같이, 이웃의 치유를 위해서도 힘쓸 수 있도록.

✝ **명 상**
우리의 시간과 정력을 아껴서 주님께서 주신 큰 권세를 다 발휘하게 하소서.

우리 속에서 답변하시는 성령님

♣ **성경** 마태복음 10:16~23(외울요절 20절)　**찬송** 197(178)장 ♣

　제자들이 예수님의 복음을 전파하며 특별히 죽은 종교가들의 비난과 이방인 권세자들의 핍박을 받을 때에, "어떻게 또는 무엇을 말할까 염려하지 말라…… 말하는 이는 너희가 아니라 너희 속에서 말씀하시는 자 곧 너희 아버지의 성령이시니라"고 하신, 예수님의 약속은 오늘의 우리와 어떤 관계가 있습니까?

　첫째로 이 약속은 교회의 단회적(單回的) 직분이었던 사도들에게 특별히 주셨던 은혜였습니다. 그러나 오늘의 우리들도 적게는 사사로운 대화나 회의 석상에서도 우리가 받을 수 있는 은혜요, 지금도 주님께서 허락하시면 우리에게 닥쳐올 핍박과 순교의 자리에서 우리를 도우시는 은혜입니다.

　그러므로 우리도 사도들과 같은 전도의 열심, 거룩한 경건생활, 성령에 대한 순종을 항상 힘써서 이 은혜에 동참하기를 사모합시다.

✞ **기 도**
　하나님, 우리는 사도들의 단회적 직분의 시대를 지나서 성령의 내적조명에 의한 말씀의 전파시대에 살고 있습니다. 항상 성령님께 순종하는 경건생활을 힘씀으로, 모든 말을 성령의 도우심으로 소금 치듯 고르게 할 수 있는(골 4:6) 은총을 내려 주옵소서. 예수님의 이름으로 기도합니다. 아멘

✞ **중보기도**
　우리의 부덕한 말 때문에 상처받은 이웃들에게 성령의 감동으로써 발하는 말로 치유와 덕을 나타낼 수 있기를 위해서.

✞ **명 상**
　경건의 능력 있는 생활을 힘써서 성령의 감화력 있는 맛을 냅시다.

예수님의 빛을 전하라

♣ 성경 마태복음 10:25~33(외울요절 26~27절) 찬송 550(248)장 ♣

"그런즉 그들을 두려워하지 말라 감추인 것이 드러나지 않을 것이 없고 숨은 것이 알려지지 않을 것이 없느니라 내가 너희에게 어두운 데서 이르는 것을 광명한 데서 말하며 너희가 귓속말로 듣는 것을 집 위에서 전파하라"
(26~27절)고 하신 예수님의 말씀에 중요한 두 가지 사실이 있습니다.

첫째는, 소극적이긴 하나 역시 중요한 면인데, 세상의 모든 어두운 그늘에 숨어 있는 죄와 그 비참하고 억울한 사연들이 하나님의 심판 앞에 다 숨김없이 드러난다는 뜻입니다. 이 하나님의 섭리는 작은 일에서나, 큰 일에서나 항상 계속되고 있습니다.

둘째는, 적극적이며 보다 큰 뜻은, 예수님과 그의 천국 복음이 마치 겨자씨와 같이 어둠에 묻혀 있고, 귓속말로 들리듯이 적게 들릴 때가 있으나 복음은 온 세계에 점점 더 밝고 크게 전파되리라는 웅장한 예언입니다.

우리 모두 심판받기 전에 어두운 죄들을 다 버리고, 주님의 광명한 복음을 우렁차게, 넓게, 속히 전합시다!

✞ 기 도

하나님, 우리의 숨은 죄를 부지런히 버리게 하여 주시고, 그 노력보다 몇 천 배 큰 노력으로 주의 광명한 복음을 세계에 전파하게 하옵소서.

예수님의 빛을 전하는 사명을 갖고 하나님의 섭리에 동참하는 저희들이 되도록 도우소서. 예수님의 이름으로 기도드립니다. 아멘

✞ 중보기도

아직도 죄의 어둔 그늘에서 이 밝은 복음을 못 들은 이웃에게 속히 복음을 전할 수 있도록.

✞ 명 상

내 죄의 어둠이 사라지게 하고 광명을 주는 복음의 위대함이여! 주님의 광명한 복음을 소리 높이 전합시다.

기독 신자의 높은 지위

♣ **성경** 마태복음 11:1~12 (외울요절 11절)   **찬송** 370(455)장 ♣

"내가 진실로 너희에게 말하노니 여자가 낳은 자 중에 세례 요한보다 큰 이가 일어남이 없도다 그러나 천국에서는 극히 작은 자라도 그보다 크니라"(11절)고 하신 말씀은, 기독 신자들의 하나님 앞에서의 높은 지위를 잘 보여 줍니다.

여기서 예수님이 말씀하신 '천국'이 지상교회를 말씀하셨든지, 내세의 영원 천국을 말씀하셨든지 상관없습니다. 예수님을 믿고 영원한 천국시민이 된 우리는 지극히 작은 신자라도 세례 요한보다 더 큰 축복, 더 큰 사명을 받았다는 말씀이니 만큼 기독 신자의 하나님 앞에서의 지위가 얼마나 높은지 놀라움을 금할 수 없습니다.

그 이유는 첫째로 예수님의 품격과 그의 구속의 은총이 그렇게 크시기 때문입니다.

둘째로는 우리들 크리스천의 신앙이 그처럼 보배롭기 때문입니다. 베드로는 우리의 믿음을 금보다 더 귀하다고 했습니다(벧전 1:7).

우리 모두 이 큰 지위를 소홀히 여기지 말고, 그리스도인다운 삶의 자리에서 선용하기를 바랍니다.

✝ **기 도**
하나님, 우리 크리스천의 지극히 작은 자가 구약시대의 최대 선지자보다 크게 하신 은혜를 감사드립니다. 이 크신 은혜를 우리가 헛되이 하지 않도록 우리를 분발시켜 주시기를 원합니다. 품위 있는 그리스도인이 되게 하옵소서. 예수님의 이름으로 기도드립니다. 아멘

✝ **중보기도**
우리에게 이 큰 은혜를 주심은 우리만을 위함이 아님을 명심하기 위해서.

✝ **명 상**
오직 주님이 크시기 때문에 우리 같은 왜소한 자들을 이처럼 크게 하신 주의 뜻을 명심하기 원합니다.

사람을 회개시키는 능력

♣ **성경** 마태복음 11:20~24(외울요절 20~21절)   **찬송** 287(205)장 ♣

이 본문 말씀은 우리에게 충격적인 교훈을 줍니다. 왜냐하면 예수님께서 권능을 가장 많이 베푸셨던 고을들이(고라신, 벳새다, 가버나움 등) 회개하지 않았기 때문에 예수님의 책망을 받고 그곳들이 심판날에 소돔보다도 더 중한 벌을 받으리라고 하셨습니다. 그 고을들의 죄가 얼마나 컸으며, 사람의 죄를 회개시키기가 얼마나 어려운가를 보여 주신 것입니다.

우리는 예수님의 이 탄식어린 선언에서 두 가지 충격적인 교훈을 깨닫기를 바랍니다.

첫째는 고라신과 벳새다와 가버나움 같이 우리는 주님의 크신 권능의 역사 앞에서도 죄를 회개하기가 어렵다는 사실입니다.

둘째는 내 죄를 회개하기가 그토록 어려운데 이웃 죄인들의 죄를 회개시키려면 우리는 얼마나 큰 권능을 받아야 하겠느냐는 질문입니다.

우리의 지혜나 지식으로는 어림없는 일입니다. 오직 사람을 회개시키는 능력은 하나님의 크신 은혜를 구하는 데서만 얻어짐을 이 시간 깨달읍시다(마 19:25~26).

✟ **기 도**

하나님, 우리의 은밀한 생활을 들여다볼 때에 우리의 죄도 고라신과 벳새다와 가버나움 같이 회개하기가 어렵습니다. 우리를 도우사 참되고 철저한 회개를 하게 하소서. 더욱 크신 은혜와 사랑과 권능을 주시어, 이웃들의 죄까지 회개시킬 수 있게 하옵소서. 모든 것이 가능하신 예수님의 이름으로 기도드립니다. 아멘

✟ **중보기도**

이처럼 큰 죄에서 우리를 구원하신 주님 은혜를 감사하며, 우리의 이웃에 대한 사명을 다할 수 있도록.

✟ **명 상**

우리 죄의 깊이와 주님 은혜의 높이는 지옥과 천국의 차이를 보여 주고도 남음이 있습니다.

복음의 중요성

♣ **성경** 마태복음 11:25~30(외울요절 27절)   **찬송** 397(454)장 ♣

어제 본문(마 11:20~24)과 오늘 본문은 밀접한 연관을 갖습니다. 어제 본문이 제시한 인간의 죄의 깊이와, 그것을 회개시킬 수 있는 주님의 능력이 얼마나 큰가 하는 비밀이 오늘 본문에서 나타나기 때문입니다. 즉 사람의 죄가 그토록 깊어서 예수님의 권능을 가장 많이 본 고을조차도 회개치 않은 곳이 있었으나, 예수님은 감사하면서 하나님이 자신에게 주신 권능의 크심을 선포하셨습니다.

"내 아버지께서 모든 것을 주셨으니 아버지 외에는 아들을 아는 자가 없고, 아들과 또 아들의 소원대로 계시를 받는 자 외에는 아버지를 아는 자가 없느니라"(27절)고 하신 말씀과 같이, 예수님을 통해 나타나신 하나님의 계시, 즉 십자가의 복음은 하나님이 아들에게 주신 '모든 것'이기 때문입니다.

그렇기에 그 권능은 우리 죄를 회개시키고, 모든 사람에게 구원을 주고도 남음이 있습니다(28~30절).

✞ **기 도**

하나님, 우리의 죄가 이처럼 크고, 그것을 회개하기가 이처럼 어렵지만 천지의 주재이신 아버지께서 모든 것을 아들에게 주시사 그를 권능 있게 하시고 우리를 회개시키심을 감사드립니다. 모든 죄인들에게 구원과 안식을 베푸실 때까지 아들의 권능이 더욱 나타나게 하소서. 예수님의 이름으로 기도합니다. 아멘

✞ **중보기도**

안식이 없는 이들에게 안식이 주어지기 위해, 또한 이땅의 방방곡곡에 복음이 전파되기를.

✞ **명 상**

우리 죄의 크기보다도 더 크신 주의 권능 그리고 회개한 신자에게 있는 안식의 큼이여.

안식일의 주인이신 예수님
♣ 성경 마태복음 12:1~8(외울요절 8절) 찬송 46(58)장 ♣

"인자는 안식일의 주인이니라"고 하신 예수님의 말씀은 예수님이 하나님과 인간과 만물의 참 안식을 그의 십자가의 속죄로 이룰 것을 보여 줍니다(마 11:28~30).

그리고 그가 안식일의 주인이시니 또 모든 것의 주인이심을 천명한 말씀입니다. 그러므로 그는 하나님과 동등하십니다. 그런데 본문은 하나님과 아들이 성취하신 그 완전한 안식을 인간이 어떻게 받아 누리는가를 잘 보여 줌으로 앞 부분의 안식에 관한 말씀(마 11:28~30)을 완결하였습니다.

다윗이 놉의 성막에 가서 진설병을 먹은 것은 그의 젊은 때요, 또 그 결과 제사장 85인과 그 가족들과 소유물이 진멸되었습니다(삼상 21-22장). 그러나 예수님은 그의 율법상 죄를 용서하실뿐 아니라, 다윗은 복음 신앙으로 제사장이기에 진설병을 먹을 수 있었다고 선언하심으로 복음이 율법을 완전히 이기는 진리를 보여 줍니다.

이는 곧 예수님이 성전보다 크신 때문이요(6절), 율법은 자비(7절)로써 심판을 이기는 능력이 있기 때문입니다(약 2:13). 예수님이 안식일의 주인이신 이유는 그의 복음이 우리에게 참 안식을 주시기 때문입니다.

✝ 기 도
하나님, 예수님이 율법을 이기신 참 크신 성전이요, 우리가 그 안에서 참 안식을 누릴 수 있음을 감사드립니다. 우리의 안식이 참 안식인 예수님 안에서 다시 오실 그날까지 이어지게 하옵소서. 예수님의 이름으로 기도드립니다. 아멘

✝ 중보기도
이 놀라운 안식을 아직 모르는 이웃에게 우리 자신이 안식의 전달자가 될 수 있기를 위해서.

✝ 명 상
주님이 나에게 주신 안식은 얼마나 크며, 그것을 주실 수 있으신 주님은 얼마나 크신 성전이신가?(6절)

그리스도인의 정숙

♣ **성경** 마태복음 12:9~21(외울요절 19절)　**찬송** 430(456)장 ♣

　예수님께서 한편 손 마른 사람을 말씀 한마디로 고쳐 주시고, 병자들의 병을 다 고쳐 주시면서도(13~15절), 사람들에게 자기를 나타내지 말라고 경계하셨습니다. 그 이유는 그가 "다투지도 아니하며 들레지도 아니하리니 아무도 길에서 그 소리를 듣지 못하리라"는 선지자의 말(사 42:1~3)을 응하게 함이었습니다.
　여기서 예수님의 참된 능력이 고요하게 나타났던 것 같이 그리스도인의 능력도 정숙하게 나타나는 것임을 보여 주셨습니다.
　우리가 세상에서 바울 사도와 같은 실천의 사람, 행동하는 사람의 생활을 할지라도, 거기서 나타나는 소리는 고요하고 정숙하여 하나님 보좌 앞에 평온한 아름다움을 유지해야 하겠습니다. 이 고요함은 죽은 자의 무기력의 산물이 아니라 모든 질병을 고치며, 죽은 자를 살리시는 능력에서 나오는 고요함입니다.
　우리 가정도 예수님처럼, 바울처럼, 그리스도의 정숙을 몸으로 드러내는 생활을 해야 하겠습니다.

✠ **기 도**
　하나님, 예수께서 말씀 한마디로 손 마른 사람을 고쳐 주시는 크나큰 능력이 있었으나 아무도 길에서 그 소리를 듣지 못하도록 하늘의 정숙을 지키신 것같이 우리들도 고요하게 하나님의 능력을 나타내는 생활을 하게 하옵소서. 예수님의 이름으로 기도드립니다. 아멘

✠ **중보기도**
　주님의 이 정숙한 노력을 모르고 소동하는 영혼들에게 속히 복음을 전할 수 있도록.

✠ **명 상**
　주님의 지상사역(地上事役)의 정숙한 능력을 사모하게 하시고, 주님의 천상 위엄을 찬양하게 하소서.

언어의 중요성

♣ 성경 마태복음 12:22~37(외울요절 36~37절) 찬송 420(212)장 ♣

예수님께서 귀신 들리고 눈멀고 벙어리 된 사람을 고쳐 주셨을 때 바리새인들이 예수님을 비방하고 말로 성령을 훼방했습니다(22~31절).

예수님께서는 "누구든지 말로 인자를 거역하면 사하심을 얻되 누구든지 말로 성령을 거역하면 이 세상과 오는 세상에서도 사하심을 얻지 못하리라"(32절)고 말씀하셨습니다.

"사람이 무슨 무익한 말을 하든지 심판 날에 이에 대하여 심문을 받으리니 네 말로 의롭다 함을 받고 네 말로 정죄함을 받으리라"(36~37절)고 하신 예수님의 말씀에 중요한 교훈이 있습니다.

첫째로 우리의 말로 예수님과 성령님의 크신 진리를 증거함으로 우리의 언어가 지극히 중요합니다. 둘째로 우리의 '무익한 말'도 하나님이 들으실 만큼 우리의 언어가 중요함으로, 매사에 말을 조심해야 함을 보여 주셨습니다.

말의 실수로 인하여 나나 상대방이 실족하지 않도록 정결한 언어생활을 합시다.

✞ 기 도

하나님, 하나님께서 말씀으로 천지와 만물을 지으셨고, 말씀이 육신이 되는 성육신의 사건을 통해 언어의 중요성을 깨닫게 해주셔서 감사합니다. 우리의 말로 구원과 멸망을 판가름 지으며, 하나님은 우리의 작은 말도 바르게 하기를 원하오니, 우리가 정결한 언어생활을 하게 하소서.

예수님의 이름으로 기도드립니다. 아멘

✞ 중보기도

큰 힘이 있는 언어로 이웃을 상해(傷害)하는 대신, 이웃을 주님께로 인도할 수 있기를 위해서.

✞ 명 상

현재에서도 이같이 큰 언어인데, 천국에서 완전히 속량된 우리의 언어는 얼마나 큰 것일까?

참된 표적과 이적

♣ **성경** 마태복음 12:38~45(참고 16:1~4 외울요절 39~40절)   **찬송** 501(255)장 ♣

예수님께 표적(이적·기사)을 보여 주시기를 구하는 서기관과 바리새인들에게 예수님은 "악하고 음란한 세대가 표적을 구하나 선지자 요나의 표적밖에는 보일 표적이 없느니라"(39절)고 말씀하셨습니다. 그리고 예수님의 속죄의 죽으심과 3일 후의 부활이 최대의 표적이니, 이후부터 표적을 구하지 말 것을 교훈하셨습니다.

최대의 표적으로 나타난 주님의 부활에서 하나님의 구원의 능력과 사랑을 믿으면 다른 표적의 도움이 필요 없기 때문입니다.

구약시대에 표적을 행하기 위하여 파송되었던 천사 대신 신약시대에는 '진리의 영이신'(요 16:13) 성령을 보내심으로 우리는 표적을 구치 않았습니다. 진리를 터득하면 표적을 보든지 못 보든지 구원의 길을 잘 가지만, 표적을 구하다가는 진리와 구원을 모르는 경우가 많기 때문입니다. 또 표적을 구하는 허황된 삶은 점점 더 악해집니다(43~45절).

✝ **기 도**

하나님, 표적을 구하던 서기관과 바리새인들처럼 우리는 상리주의(商利主義)의 믿음을 곧잘 따르는 자신을 발견한 때가 종종 있습니다. 하나님께서 교훈하신 말씀을 기억하여 악한 세대가 되지 않게 하시고, 나중 형편이 전보다 더 악해지지 않게(45절)해 주옵소서. 예수님의 이름으로 기도드립니다. 아멘

✝ **중보기도**

'진리의 영'(요 16:13)이신 성령 안에서, 진리를 구하며 선해지는 삶이 되기를 위해.

✝ **명 상**

참된 표적이시며, 최대의 표적이신 부활의 주님을 진리 안에서 따르는 믿음의 평안함이여!

복음을 이해하는 복된 눈과 귀

♣ **성경** 마태복음 13:1~17(외울요절 15~16절)　**찬송** 143(141)장 ♣

　예수님께서 씨 뿌리는 비유로 천국의 비밀을 말씀하신 후(1~12절), 이사야 선지자의 예언처럼, '마음이 완악한' 자들은 들어도 깨닫지 못하고, 보아도 알지 못하여 멸망하게 되지만, 복된 사람들은 복음을 이해하는 큰 축복을 받는다고 하셨습니다. 그것은 많은 선지자들과 의인들이 원했어도 받지 못했던 큰 복이라고 말씀했습니다(17절). 이같이 큰 축복을 받으려면 첫째로 하나님의 허락을 믿는 믿음이 있어야만 합니다. "천국의 비밀을 아는 것이 너희에게는 허락되었으나 그들에게는 아니 되었나니 무릇 있는 자는 받아 넉넉하게 되되 없는 자는 그 있는 것도 빼앗기리라"(11~12절)고 주님이 말씀하셨는데, '있는 자'는 먼저 믿음이 있어야 합니다.
　복음을 이해하는 복된 눈과 귀를 받는 둘째 길은 선지자들과 의인들과 같이 헌신적 생활을 할 때에 받을 수 있습니다(17절).
　우리 가정도 성경에 나타난 위대한 신앙위인들처럼 하나님의 말씀을 바로 이해하는 복된 믿음의 생활을 해 나아갑시다.

✝ **기 도**
　하나님, 우리의 영혼도 옥토가 되어서 주님의 복음을 이해하고, 100배, 60배, 30배의 열매를 맺게 하옵소서. 천국의 비밀이신 예수님을 이해하고, 선지자와 의인들 같은 생활을 하기에 힘쓰는 복된 눈과 귀를 주옵소서. 예수님의 이름으로 기도합니다. 아멘

✝ **중보기도**
　'천국의 비밀'인 복음을 아직 모르는 이웃에게 우리가 좋은 파종꾼이 되기를 위해서.

✝ **명 상**
　천국의 비밀을 이해하는 복과, 그것을 이웃에게 이해시키는 더 큰 복을 다 누리는 자의 행복이여!

천국의 완성

♣ 성경 마태복음 13장(외울요절 47~48절)   찬송 516(265)장 ♣

마태복음 13장에 기록된 천국에 관한 일곱 가지의 비유들은 예수님을 통하여 우리 가운데서 이뤄지고 있는 천국의 완성 단계들을 보여 준다고 할 수 있습니다.

처음의 다섯 비유들은 씨와 밭의 비유, 가라지 비유, 겨자씨 비유, 누룩 비유, 밭의 보화 비유(1~44절)로 천국이 개인이나 인간 세상에 착근(着根)하기 어려운 첫 단계를 보여 줍니다. 진주 장사의 비유(45~46절)는 취사선택을 반복하면서 천국이 개인에게서와 세계에서 성장하고 전진하는 단계를 보여 줍니다. 끝으로 물고기 비유(47~50절)는 현세의 끝날에 있을 심판과 천국의 완성을 보여 줍니다.

우리 그리스도인 각자와 가정과 이 세계 전체가 천국 완성을 위해 준비된 밭이요, 바다입니다. 천국의 씨이신 예수님(37절)을 잘 받아들이고, 좋은 진주를 구하듯이 취사선택을 거듭하는 전진 끝에, 천국에 입성하는 우리 모두가 됩시다.

✚ 기 도

하나님, 우리의 마음 밭과 전도하는 세상 바다에서 천국의 알곡들과 좋은 고기들이 항상 자라고 수확되게 하옵소서. 이 복음의 성장의 진리를, 밭에서 발견한 보화를 기쁜 마음으로 사서 소유했던 사람처럼, 우리도 기쁨으로 간직하게 하옵소서. 예수님의 이름으로 기도드립니다. 아멘

✚ 중보기도

우리 마음의 밭과 바다뿐 아니라, 이웃의 마음에서도 천국의 알곡들과 고기들이 풍성히 자라도록 힘쓰기 위해서.

✚ 명 상

천국이 자라고 있는 세계의 밭이 씨를 죽이는 돌밭이나, 못된 고기를 기르는 바다가 되지 않게 하소서.

천국의 제자된 서기관들

♣ **성경** 마태복음 13:51~58 (외울요절 52절) **찬송** 391(446)장 ♣

예수님은 복음의 생성, 발전, 완성으로 이뤄지는 천국의 비유를 다 말씀하신 후 제자들에게 "이 모든 것을 깨달았느냐?"고 물으셨고, 제자들은 '예'라고 반가운 대답을 했습니다(51절).

또한 예수님은, "그러므로 천국의 제자된 서기관마다 마치 새것과 옛것을 그 곳간에서 내오는 집주인과 같으니라"(52절)고 말씀하셨는데, '천국의 제자된 서기관'이라는 표현에서 예수님이 제자들에게 보여 준 것은 무엇입니까?

첫째는 제자들의 천국에 관한 지식이 서기관의 지식과 같이 정확하고 풍부해야 함을 보여 주셨습니다. 예수님 당시의 서기관들은 성경과 역사를 기록하고 연구하고 보관하고 증거하는 일에 전념하였고, 그 일에 능통했습니다. 우리도 성경과 세상의 지식을 알고 증거하는 힘이 능해야 하겠습니다.

둘째는 "새것과 옛것을 그 곳간에서 내오는 집주인"이 자신이나 자기의 식구들만 먹이려고 곳간에서 내오지 않는다는 것을 보여 주셨습니다. 우리도 요셉처럼 많은 것을 준비했다가 이웃을 위해 복음을 나눠주는 천국의 서기관들이 됩시다.

✞ **기 도**
하나님, 천국을 소유하고 전파하려면 서기관같이 '깨달음'이 풍부하길 원하오니 큰 곳간같이 많은 깨달음을 주옵소서. 예수님의 이름으로 기도합니다. 아멘

✞ **중보기도**
우리가 복음의 풍부한 곳간이 되어, 앞을 미리 내다본 요셉같이 수많은 어려운 이웃들에게 나눠주는 삶을 살기를 위해서.

✞ **명 상**
부자의 곳간같이 주님의 복음으로 가득한 마음, 그 풍부를 이웃에게 나눠주는 천국 제자의 복된 생애가 어떠한 것인가를 명상해 봅시다.

주의 능력을 많이 받는 길

♣ **성경** 마태복음 13:53~58(외울요절 57~58절)　**찬송** 529(319)장 ♣

　예수님은 공생애 초기에 세례 요한이 잡힌 것을 보시고 고향 나사렛을 떠나서 갈릴리 해변의 가버나움에 가셔서 사람들을 가르치며, 복음을 전하시고, 병을 고치는 일을 하셨습니다(마 4:12~23).
　얼마 후 예수님이 고향 나사렛에 돌아오셔서 회당에서 고향 사람들에게 천국 복음을 가르치시니, 동향인들은 "이는 그 목수의 아들이 아니냐? 그의 모친, 형제들, 누이들이 다 우리와 함께 있지 아니 하냐?" 하면서 예수님을 배척했습니다. 예수님은 동향인들의 불신과 불경(不敬)을 탄식하시고, 저희가 믿지 않으므로 거기서 많은 능력을 행치 아니하셨습니다.
　예수님이 우리를 통하여 많은 능력을 행하시게 하려면 우리는 첫째로 그가 하나님의 아들이심을 믿고, 둘째로는 그를 존경해야 합니다. 그리하여 주의 능력을 많이 받는 길로 매진해 나아갑시다.

✝ **기 도**
　하나님, 예수님의 동향인들이 예수님의 동정녀 탄생과 성육신하신 하나님의 아들이심을 믿고 존경했다면, 그들을 위하여 많은 능력을 행하셨을 터이오니, 우리는 예수님의 신성을 믿고, 그를 존경하여, 주님의 능력이 우리에게 많이 나타나게 하옵소서. 예수님의 이름으로 기도드립니다. 아멘

✝ **중보기도**
　우리의 불신과 불경으로 인해 예수님의 능력이 제한되지 않기를 위해서.

✝ **명 상**
　예수님을 하나님으로 믿고, 바로 공경할 때 나는 얼마나 큰 주님의 능력을 받을 것인가!

세례 요한의 부음을 들으신 예수님

♣ **성경** 마태복음 14:1~14 (외울요절 13~14절) **찬송** 336(383)장 ♣

세례 요한이 체포되었다는 소식을 들으시고 예수님은 고향 나사렛을 떠나셔서 갈릴리 해변 가버나움 지방에서 전도하셨습니다(마 4:12~16). 아직도 위험 앞에 나타내실 때가 아님을 아신 주님의 조심스러운 처신이었습니다.

무도(無道)한 헤롯(안디바)이 불륜 아내 헤로디아의 꾀에 빠져 그 딸의 춤에 현혹되었습니다. 헤롯이 세례 요한의 목을 베어다가 '소녀'(11절)에게 주었다는 소식을 들으신 예수님께서, "배를 타고 (가버나움을) 떠나서 따로 빈들에 가시니 무리가 듣고 여러 고을로부터 걸어서 따라오므로" 예수님은 그들을 불쌍히 여기시고 그 중에 있는 병자들을 고쳐 주신 사실을 전하고 있습니다.

세례 요한의 순교 소식을 들으시고 빈들에서 예수님은 무엇을 기도하셨을까요? 첫째는 세례 요한의 위대성을(마 11:7~11) 찬양하시고, 둘째로는 헤롯가(家)를 민망히 여기사 기도하시고, 셋째로는 무리들을 불쌍히 여겨 고쳐 주시며(14절) 가르치실 능력을 구하시고, 넷째로는 자신에게도 임할 고난을 이기실 은총을 아버지께 구했던 것입니다.

✞ **기 도**
　하나님, 세례 요한의 죽음을 들으시고 빈들에서 기도하신 주님을 따라서 우리도 죄악을 이길 힘을 더욱 아버지께 구하게 하옵소서. 예수님의 이름으로 기도드립니다. 아멘

✞ **중보기도**
　헤롯 일가와 같이 유리하는 이웃들이 복음을 받아들이기를 위해서.

✞ **명 상**
　헤롯 일가의 죄를 보시는 예수님의 아픈 심정을 헤아리며 나도 빈들에서 기도하여 능력을 받고 나가서 전합시다.

믿음의 성장

♣ 성경 마태복음 14:15~33 (외울요절 32~33절)   찬송 445(502)장 ♣

본문에 예수님께서 갈릴리 해변 빈들에서 떡 다섯 개와 물고기 두 마리로 남자 5000명과 그 가족들을 배불리 먹이시고도 남은 것이 12바구니였다는 말씀이 있습니다. 그리고 또 다른 사건은 그 밤에 예수께서 풍랑의 바다를 걸어서 배를 타고 있는 제자들에게 오시다가 베드로도 풍랑 위를 잠깐 걷게 하셨다는 기록이 있습니다.

이 큰 기적들을 목도한 제자들은 예수께 절하며 "진실로 하나님의 아들이로소이다"(33절)라고 신앙을 고백했습니다. 이와 같은 신앙고백의 차원이 깊어짐에 따라서 그들의 신앙이 성장했습니다. 마태복음 16:16에 보면, 베드로는 "주는 그리스도시요 살아계신 하나님의 아들이시니이다"라는 더 높은 차원의 신앙을 고백했습니다.

우리 모두 어떠한 현상적 표적만 보지 말고 구세주이신 예수님만을 믿는 더 복된 믿음으로 계속 성장하고 성숙해지기를 바랍니다(요 20:29).

✝ 기 도

하나님, 예수님께서는 제자들의 믿음을 그 크신 기적을 통하여 자라게 하셨나이다. 우리는 기적 없이, 진리의 영의 인도로 이처럼 믿음을 자라게 하여 주심을 감사드립니다.

우리의 구원 자체가 큰 기적임을 믿습니다. 이제 더 큰 믿음 주옵소서. 예수님의 이름으로 기도합니다. 아멘

✝ 중보기도

더욱 많은 사람들이 진리되시는 성령의 인도로 믿음이 자랄 수 있기 위해서.

✝ 명 상

기적을 보고 자라는 믿음도 복되나, 그것을 보지 않고 자라는 믿음은 더욱 귀하다.

마음을 다스리는 종교

♣ **성경** 마태복음 15:1~20(외울요절 18~20절) **찬송** 266(200)장 ♣

　예수께서 아직도 갈릴리 동쪽 게네사렛 지방에서 전도하실 때에(마 14:35~36) 멀리 예루살렘으로부터 바리새인들과 서기관들이 예수님을 찾아왔습니다. 그들은 필연코 공회의 회의와 결정을 거쳐서 파송된 어마어마한 조사단의 성격을 띠고 찾아 왔었으나, 그들의 문책거리는 참으로 보잘것이 없었습니다. 그들의 문책거리는 예수님의 제자들이 왜 식사 전에 손을 씻고 먹으라는 장로들의 유전(규칙)을 범하느냐는 것이었습니다(1~2절).
　예수님은 그들의 신앙을 입술에만 붙은 공허한 신앙이요, 하나님이 심지 아니하신 거짓이니, 뽑혀 망할 신앙이라고 경고하셨습니다(7~14절).
　그들은 소경이 소경을 인도하는 불행하고 가증한 존재들이었습니다.
　마음을 다스리는 참된 종교(17~20절)는 지엽적인 문제를 떠나고(2절), 성령의 은혜로 거듭난 마음을 소유해야 하는 것입니다. 이렇게 거듭남의 새 인생을 사는 것은 오직 기독교뿐입니다.

✟ **기 도**
　하나님, 저희가 은혜로 구원받고 속사람이 중생하여 지엽에 매이는 율법을 이기고, 마음이 새롭게 변화됨을 감사합니다. 참된 것을 입으로 나타내게 해주신 하나님의 은혜를 진심으로 감사드립니다. 예수님의 이름으로 기도합니다. 아멘

✟ **중보기도**
　바리새인들처럼 지엽적인 일에 매여 있는 거짓 종교인들이 속히 구원의 길에 들어서도록.

✟ **명 상**
　마음을 다스리지 못하는 거짓 종교가 주는 해독(害毒)과, 기독교의 차이는 하늘과 땅의 차이보다 더 큽니다.

바리새인과 사두개인의 누룩

♣ **성경** 마태복음 16:1~12(외울요절 12절)　**찬송** 200(235)장 ♣

표적 보기를 원하는 서기관들과 바리새인들(마 12:38~45)에게 예수님은 오늘 본문(1~4절)과 거의 같은 대답으로 교훈하셨습니다.

표적(이적, 기사)은 결국 하나님의 뜻을 알리는 수단인데, 하나님의 뜻(시대의 징조)은 믿음만 있으면 천기(天氣)와도 같이 누구나 쉽게 알 수 있는 것이라고 예수님은 교훈하셨습니다. 그리고 예수님은 제자들을 데리고 갈릴리 호수를 건너오시다가 "바리새인들과 사두개인들의 누룩을 주의하라"고 경고하셨습니다(11~12절).

'바리새인들과 사두개인들의 누룩'은 무엇입니까?

첫째로 모세 율법의 근본 정신은 모르고, 지엽적인 문제-예컨대 식사 전에 손을 씻어야만 한다는 유전 고수 등-에 얽매여서, 복음의 실체이신 예수님을 불신하며 거역합니다.

둘째로는 표적과 기사 등 무력한 힘을 의지하고, '진리의 성령'(요 16:13)을 거역하며, 또 막상 표적을 보여 주면 믿지 않습니다(9~11절).

바리새인과 사두개인의 누룩은 결국 형식주의이며, 부활을 믿지 못하는 인본주의입니다. 이와 같은 교훈(누룩)이 언제 어디서나 우리를 침투하여 멸망시키려고 노리고 있음을 알고 늘 경계합시다.

✞ **기 도**
하나님, 죄가 가득하고 완악하며 형식적인 신앙으로 부활을 믿지 못하는 바리새주의, 사두개주의를 멀리하게 하옵소서. 예수님의 이름으로 기도합니다. 아멘

✞ **중보기도**
불신과 완악함으로 마음이 어두워진 형식주의, 인본주의자들의 구원을 위해.

✞ **명 상**
우리가 참된 신앙을 갖게 된 은혜를 감사하며, 그것이 오염되지 않도록 늘 깨어 기도합시다.

베드로의 신앙고백

♣ **성경** 마태복음 16:13~28 (외울요절 15~16절)   **찬송** 405(458)장 ♣

"너희는 나를 누구라 하느냐?"라고 물으신 예수 그리스도의 의미심장한 물으심에 대하여, "주는 그리스도시요 살아 계신 하나님의 아들이십니다"라고 대답했던 베드로의 신앙고백은, 베드로 자신을 위해서나 온 인류를 위하여 참으로 복된 사건이었습니다.

베드로의 '그리스도' 고백이 복된 이유는 첫째 그것이 베드로의 힘이 아닌 하나님의 은혜로 된 것이었기 때문입니다. 예수님께서 "바요나 시몬아 네가 복이 있도다 이를 네게 알게 한 이는 혈육이 아니요 하늘에 계신 내 아버지시니라"(17절)고 말씀하시며 탄복하신 바와 같이, 베드로나 우리는 혈육이 주지 못하는 하나님의 은혜를 받았습니다.

둘째로 이 고백이 복된 이유는 예수의 구원이 제한된 것이므로(20절) 제한적으로 알려지는 것인데, 베드로와 우리는 그것을 먼저 알았기 때문입니다.

셋째로 이 고백을 한 베드로나 우리는 실족을 거듭하지만, 십자가를 지는 고난의 길이라도 끝까지 완주함으로 구원받고, 승리하기 때문에 복된 것입니다(21~28절). 할렐루야!

✞ **기 도**

하나님, 하나님의 은혜로 우리도 주님 교회의 반석이 되며 땅과 하늘의 열쇠를 받게 하시오니 감사합니다. 예수님을 주로 고백케 하신 은혜를 감사하며 예수님의 이름으로 기도드립니다. 아멘

✞ **중보기도**

모든 이웃이 유일한 구원의 길인 '그리스도'에 대한 고백을 할 수 있도록.

✞ **명 상**

모든 문제를 푸는 열쇠인 그리스도의 능력을 찬양하고, 이 보배를 잘 지키도록 힘씁시다.

변화산의 교훈

♣ **성경** 마태복음 16:28~17:8(외울요절17:8) **찬송** 401(457)장 ♣

예수님께서 변화산에서 세 제자들이 보는 가운데 하늘의 영광된 모습으로 변화하신 데는 깊은 교훈이 있습니다. 그 중 몇 가지를 찾아봅시다.

첫째는 천국 내도(來到)에 관한 예수님의 예언의 확실한 성취를 미리 보여 주셨습니다. 예수님의 변형은 6일 전의 예고대로(27~28절) 이루어진 것입니다. 이와 같이 천국도 예수님의 예언대로 실현될 것입니다.

둘째는 모세와 엘리야의 등장은 천국에서 율법이 완성되고 선지자의 예언이 성취될 것을 보여 주십니다. 누가복음에는 모세와 엘리야가 예수님의 죽으심을 예고했다고 기록하였습니다(눅 9:31).

셋째는 신약시대에는 구원받을 사람들(천국 백성들)이 오직 예수 그리스도를 바라보는 믿음으로 보존될 것을 보여 주십니다(히 12:2 참고).

넷째는 온전한 변화산이 될 천국을 향해 전진하는 교회는 우리들에게 변화(휴거)의 그 날까지, 산 밑의 불쌍한 영혼들을 구원하는 일에 기도로 힘을 얻어 헌신할 것을 가르쳐 주십니다.

✝ **기 도**

하나님, 예수님께서 예고하신 대로 변화산 영광이 실현된 것처럼, 온전한 변화산인 천국의 실현도 확실한 것을 믿고 더욱 충성된 헌신을 하게 하옵소서. 예수님의 이름으로 기도드립니다. 아멘

✝ **중보기도**

변화산 밑의 비참한 영혼들을 망각한 제자들과 같이 되지 않고 깨어 있도록.

✝ **명 상**

잠시 동안의 변화(영화)가 그토록 황홀하였으니, 영원한 천국의 변화된 생활은 얼마나 황홀할까?

황홀 후의 경각

♣ 성경 마태복음 17:9~20(외울요절 20절)   찬송 35(50)장 ♣

변화산상에서 변형된 예수님의 모습을 통해 참으로 황홀한 천국 광경을 목격하고 여기가 좋사오니 초막 셋을 짓자고 주님께 제안했던 세 제자들은, 산 밑에 내려오자마자 다른 제자들이 당하고 있던 곤혹된 장면과 함께 예수님의 추상 같고 비수 같은 경책의 말씀을 듣고 일대 경각심을 품어야 했습니다.

산 밑에서 간질병 소년을 고치지 못하여 곤경과 수치에 빠졌던 제자들에게, "믿음이 없고 패역한 세대여 내가 얼마나 너희와 함께 있으며 얼마나 너희에게 참으리요"(17절)라고 하신 예수님의 탄식과 책망은 제자들 모두의 가슴을 찌르고도 남았습니다.

예수님께서 간질병 소년을 고치시고 "우리는 어찌하여 쫓아내지 못하였나이까" 하고 묻는 제자들에게, "너희 믿음이 작은 까닭이니라 진실로 너희에게 이르노니 만일 너희에게 믿음이 겨자씨 한 알 만큼만 있어도……" 하셨습니다.

예수님의 이 말씀은 제자들과 우리의 마음에 깊이 새겨야 할 말씀입니다.

✝ **기 도**

하나님, 변화산상의 황홀에서 아직 깨어나기도 전에 제자들에게 주셨던 청천벽력 같았던 주님의 경고를 우리가 들을 수 있도록 우리 심령의 귀를 열어 주옵소서. 오늘도 온 가족이 믿음을 지키기 위해 생명을 걸고 전진하게 하옵소서.

예수님의 이름으로 기도드립니다. 아멘

✝ **중보기도**

우리 모두 천국의 황홀한 빛 속에서, 천국 복음을 모르는 이웃들의 비참함을 잊지 말고 경각심을 갖도록.

✝ **명 상**

제자들은 이 경험에서 격려받고 기도하여 그들의 능력을 받았으니, 나도 분발하리라!

물욕을 이기자

♣ 성경 마태복음 19:16~30(외울요절 27~28절)   찬송 337(363)장 ♣

본문이 우리에게 주는 교훈은 물욕을 이기라는 말씀입니다.

영생에 이르는 온전한 믿음을 얻기 위해 하나님의 선하심을 따르고, 계명들을 지킨 후에라도 자기의 소유를 팔아서 가난한 자들에게 주고, 주님을 따르라고 예수님은 부자에게 말씀하셨습니다. 부자가 하나님의 나라에 들어가는 것은 낙타가 바늘귀로 들어가는 것보다 어려운 길이지만 하나님의 능력으로 실천, 실행하라는 것입니다(22~24절).

베드로와 제자들은 모든 것을 버리고 주님을 따랐고(27절), 주님의 이름을 위해 집, 형제, 자매, 자식, 전토를 버렸고(29절), 최후에는 순교까지 했습니다. 그 결과 그들은 인자가 영광의 보좌에 앉을 때에 그들도 열두 보좌에 앉아서 이스라엘 열두 지파를 심판할(28절) 자리에 이르게 될 것입니다.

이 교훈을 아무리 달리 해석하려 해도, 신자는 물욕을 이겨야 한다는 교훈 이외에 다른 뜻이 없습니다(25~26절). 우리가 세상을 살아가면서 가장 눈이 멀기 쉬운 약점이 있다면 물욕일 것입니다. 그렇기 때문에 크리스천의 삶을 바로 하라고 예수님께서 간곡히 말씀하신 줄 압니다. 이 물욕을 이겨 주 안에서 참 풍요를 누리는 우리 가정이 됩시다.

✞ **기 도**
하나님, 우리가 물욕을 이기고, 주님을 따라가게 하소서. 우리의 원조(元祖)들부터 우리 자신까지 물욕 때문에 주님을 버린 줄 압니다. 우리에게 물욕을 이길 힘을 주옵소서. 예수님의 이름으로 기도드립니다. 아멘

✞ **중보기도**
물욕으로 말미암아 실족한 많은 영혼들이 회복되기를 위해서.

✞ **명 상**
물욕에 어두워진 우리, 물욕의 깊은 잠에서 깨어납시다.

기도의 능력

♣ **성경** 마태복음 21:18~22 (외울요절 22절) **찬송** 365(484)장 ♣

고난주간을 맞이하신 예수님은 제자들에게 엄청나게 중요한 교훈들을 많이 주셨는데, 그중 하나가 기도의 능력에 관한 교훈입니다.

요한복음에 예수께서 만찬시간에도 기도의 능력을 거듭 강조하신 사실을 기록했습니다 (요 14:13~14, 16:23~27).

"내가 진실로 너희에게 이르노니 만일 너희가 믿음이 있고 의심하지 아니하면 이 무화과나무에게 된 이런 일만 할 뿐 아니라 이 산더러 들려 바다에 던져지라 하여도 될 것이요 너희가 기도할 때에 무엇이든지 믿고 구하는 것은 다 받으리라 하시니라" (21~22절).

만약 예수님의 이 말씀에 어떤 '수정적 해석'의 여지가 있음을 인정하더라도, 우리는 그 '수정'(修正)으로서 기도의 능력을 부인하고, 기도의 책임을 회피할 수는 없습니다. 우리에게 필요한 것은 오직 믿고 구하는 것은 주님께서 이루어 주신다는 확신에 찬 믿음뿐입니다.

✞ **기 도**

하나님, 우리에게는 주님의 말씀을 읽는 것이 부족하고, 지켜 행함이 부족함을 고백합니다. 주님은 하나님이시요, 죽은 나사로를 부활시킨 능력의 주님이십니다. 주님은 새벽 미명에 산에서 기도하셨고, 심한 통곡과 눈물로 간구와 소원을 올리셨고, 그 경건하심을 인하여 들으심을 얻었습니다 (히 5:7). 우리에게도 기도의 능력을 주옵소서.

예수님의 이름으로 기도드립니다. 아멘

✞ **중보기도**

기도의 능력에 대한 확신이 없는 자들이 확신을 갖게 되기를 위해서.

✞ **명 상**

우리가 기도의 능력을 받을 때 기도로 얼마나 큰 일을 할 것인가?

청함받은 자와 택함받은 자

♣ **성경** 마태복음 22:1~14(외울요절 14절)　**찬송** 285(209)장 ♣

"임금이 손님들을 보러 들어올새 거기서 예복을 입지 않은 한 사람을 보고 이르되 친구여 어찌하여 예복을 입지 않고 여기 들어왔느냐 하니 그가 아무 말도 못하거늘 임금이 사환들에게 말하되 그 손발을 묶어 바깥 어두운 데에 내던지라 거기서 슬피 울며 이를 갈게 되리라 하니라 청함을 받은 자는 많되 택함을 입은 자는 적으니라"(11~14절).

주님께서 비유로 하신 말씀 중에 '예복'은 무엇이겠습니까? '천국의 혼인 잔치'(2절)에 청함을 받고 믿음으로 구원받은 우리들의 행위일 것입니다.

"청함을 받은 자는 많되 택함을 입은 자는 적으니라"는 말씀은, 믿는다는 사람은 많으나 깨끗한 행위의 예복을 입고 천국에 들어갈 자는 적다는 뜻입니다.

사거리 길에서 악한 자나 선한 자나 만나는 대로 모두 데려 왔으니(10절) 예복 입을 시간도 없었고, 예복이 없기도 했으나, 예복은 입어야 했습니다. 우리 모두 믿음의 형식을 갖춥시다.

✟ **기 도**

하나님, 우리는 천국 잔치에 청함을 받고, 잔치 자리에 가득 모였습니다. 그러나 예복을 입었는지 돌아보게 하옵소서. 바깥 어둠에 내던져지지 않도록 행위의 예복을 입게 하소서. 예수님 덕분에 천국백성이 될 수 있었던 저희들에게 부름에 응답하는 삶이 되게 도우소서.

예수님의 이름으로 기도드립니다. 아멘

✟ **중보기도**

믿음의 예복을 입고 나아가 주님께 택함받는 자가 되기를 위해서.

✟ **명 상**

천국 혼인 잔치에서 참 기쁨을 얻기 위해서 어떤 예복을 갖추어야 할까요?

그리스도는 누구의 아들이신가

♣ **성경** 마태복음 22:41~46 (외울요절 44절) **찬송** 90(98)장 ♣

예수께서는 그의 고난주간 2~3일 동안 예루살렘 성전에서 유대 종교 지도자들에게 매우 중요한 교훈들을 많이 말씀하셨습니다. 성전을 정결케 하시고, "내 집은 기도하는 집인데 너희는 강도의 굴혈을 만들었다"라는 말씀과 세례 요한의 세례의 권위, 두 아들의 비유, 악한 농부들의 비유, 왕의 아들의 혼인 잔치와 예복의 비유, 가이사에게 세금을 바칠 의무, 일곱 형제와 한 아내의 교훈, 계명 중의 첫째 계명 등에 관한 교훈들입니다.

그 중요한 교훈들을 주신 후에 예수님이 자진하여 "그리스도는 누구의 자손(아들)이냐?"고 물으셨습니다.

'다윗의 자손'이라고 대답하는 바리새인들에게 예수님은 다윗의 시편 110:1을 인용하시고, "다윗이 그리스도를 주라 칭하였은즉 어찌 그의 자손이 되겠느냐"는 말씀으로 마태복음 1:1의 유대인의 통념을 시정하시고, 자신이 성령으로 잉태되어 나신 하나님의 아들이심을 자증(自證)하셨습니다.

이 교훈이 고난주간 교훈들 중에서 가장 귀중한 것일 겁니다(46절 참고). 그러므로 우리 각자는 그리스도는 하나님의 아들이시다는 확실한 신앙 고백을 해야 할 줄 압니다.

✞ **기 도**
하나님, 예수께서 말씀으로 자신이 다윗의 자손이 아니라, 하나님의 아들이심을 증거하신 것을 명심하고, 그가 메시아이심을 더욱 확신케 하옵소서. 예수님의 이름으로 기도드립니다. 아멘

✞ **중보기도**
참 메시아가 예수님이심을 모르는 동포들에게 이처럼 밝은 증거들을 속히 전할 수 있기를 위해서.

✞ **명 상**
성령으로 잉태되어 오신 메시아의 영광을 천 년 전에 본 다윗의 은혜를 나도 받읍시다.

섬기는 사람의 축복

♣ 성경 마태복음 23:1~12(외울요절 11~12절) 찬송 218(369)장 ♣

본문에서 "땅에 있는 자를 아버지라 하지 말라 너희의 아버지는 한 분이시니 곧 하늘에 계신 이시니라 또한 지도자라 칭함을 받지 말라 너희의 지도자는 한 분이시니 곧 그리스도시니라"(9~10절)고 하신 예수님 말씀의 뜻이 무엇인지 이 시간 잠시 생각해 보겠습니다. 이는 우리 육신의 아버지나 세상의 지도자들을 무시하고 저버리라는 말씀이 아닙니다. 예수님은 육신의 부모를 공경하라고 하셨고(마 15:4~9), 세상의 제도적 지도자들을 공경하라고 말씀하셨습니다(마 22:21).

본문 말씀의 뜻은 구원받지 못한 지도자들이 완전히 타락한 사실을 보여주신 후에(1~7절), 하나님의 새 피조물이 되라는 뜻입니다.

그 결과 신자들의 겸손한 봉사를 통하여 복음이 전파됨으로 천국 성취를 촉진시키라는 뜻입니다(11~12절). 그러기 위해서 하나님만을 공경하고, 그리스도만을 지도자로 따르라고 하셨습니다.

우리가 그리스도를 지도자로 섬길 때 반드시 섬기는 축복이 임할 것입니다.

✟ 기 도

하나님, 하나님의 삼위의 역사로 우리를 구원하셔서, 하나님만이 인생의 아버지시요 그리스도만이 인류의 지도자이심을 알게 하시니 감사합니다. 모든 인생들이 이 진리를 깨닫게 하옵소서. 예수님의 이름으로 기도드립니다. 아멘

✟ 중보기도

인류의 완전타락의 비참을 깨닫고, 이웃의 회복을 위해 더욱 기도하는 자들이 되기를 위해서.

✟ 명 상

누구든지 자기를 높이는 자는 낮아지고 누구든지 자기를 낮추는 자는 높아지리라(마 23:12).

선교의 사명

♣ **성경** 마태복음 24:1~14(외울요절 13~14절)   **찬송** 500(258)장 ♣

"그러나 끝까지 견디는 자는 구원을 얻으리라 이 천국 복음이 모든 민족에게 증언되기 위하여 온 세상에 전파되리니 그제야 끝이 오리라"(13~14절)고 하신 예수님의 말씀은 인류에게 가장 큰 소망과 또 가장 큰 의무를 주신 것입니다. 왜냐하면 '끝이 오리라'는 말씀은 천국이 마침내 실현되리라는 약속이요, 복음이 모든 민족에게 전파되어야만 끝이 온다는 말씀은 선교 사명이 인간의 가장 귀중한 사명임을 보여 주기 때문입니다.

천국이 실현됨으로써 현세는 끝이 와야 하는 이유는 무엇입니까?

첫째는, 성전(율법)은 인간을 구원하는데 돌 하나도 돌 위에 남지 않고 다 무너뜨려질 만큼 완전히 무력하기 때문입니다(1~2절).

둘째는, 현세의 거짓 선지자(지도자)들의 미혹과 불법의 성행은(4~12절) 복음 선교 이외의 어떤 길로도 제거할 수 없기 때문입니다.

우리는 선교 사명의 절대적 중요성을 깨닫고 끝날, 즉 천국의 실현이 당겨지도록 최선을 다합시다.

✞ **기 도**

하나님, 성전(율법)은 돌 하나도 돌 위에 남지 않고 다 무너뜨려질 만큼 구원의 힘이 없고, 인간 지도자들의 거짓과 불법은 더욱 성해가는데, 주님의 복음 선교로 천국 실현을 앞당기게 하여 주심을 감사드립니다. 우리가 선교에 더욱 힘쓰도록 깨워 주소서. 예수님의 이름으로 기도드립니다. 아멘

✞ **중보기도**

주님께서 우리에게 명시하신 갈 길을 아직도 모르고 있는 이들에게 속히 알릴 수 있기를 위해서.

✞ **명 상**

주님의 밝은 섭리를 다 알게 된 나의 복과 의무의 큼이여!

지극히 작은 이웃의 중요성

♣ 성경 마태복음 25:31~46 (외울요절 40절) 찬송 595(372)장 ♣

마태복음 25장은 예수께서 고난주간의 셋째 날, 즉 그가 십자가에 못 박혀 죽으시기 이틀 전에 감람산에서 제자들에게 주신 말세와 재림의 심판에 관한 중요한 교훈들 중 마지막 세 비유를 기록하였습니다.

그 첫째는 열 처녀 비유, 둘째는 달란트 비유, 셋째는 양과 염소 구분의 비유입니다.

이 세 비유의 연관성은 처녀들이 등과 함께 예비해야 했던 기름은 예수님을 믿는 믿음이요, 달란트는 믿음의 열매인 전도와 선행의 공로요, 양과 염소 구분의 표준이 된 '지극히 작은 자에게 행한 자비'는 우리의 전도와 선행의 내용이 허영이 아닌, 진실이어야 함을 가르치십니다.

"여기 내 형제 중에 지극히 작은 자 하나에게 한 것이 곧 내게 한 것이니라"(40절), "이 지극히 작은 자 하나에게 하지 아니한 것이 곧 내게 하지 아니한 것이니라"(45절)고 주님은 말씀하셨습니다. 전도와 선행이 사람 눈에는 작게 보이는 일이지만 우리는 이 일에 힘써야 하겠습니다(약 2:1~9).

✠ 기 도

하나님, 우리 안에 숨어 있는 작은 자를 무시하는 죄를 범하지 않게 하시고, 지극히 작아 보이는 이웃들과 일들에 정성을 다 기울이게 하옵소서. 예수님의 이름으로 기도드립니다. 아멘

✠ 중보기도

우리가 작아 보이는 이웃의 중요성을 깨달음으로 많은 불의와 비참이 제거되기를 위해서.

✠ 명 상

우리 눈에 작아 보이는 이웃들에게 선을 행하는 것은 어렵지 않지만 그 보상은 큽니다.

예수님의 언약의 피

♣ 성경 마태복음 26:26~29 (외울요절 28절)   찬송 229(281)장 ♣

"이것은 죄 사함을 얻게 하려고 많은 사람을 위하여 흘리는 바 나의 피 곧 언약의 피니라 그러나 너희에게 이르노니 내가 포도나무에서 난 것을 이제부터 내 아버지의 나라에서 새것으로 너희와 함께 마시는 날까지 마시지 아니하리라" (28~29절).

최후 만찬석에서 하신 예수님의 이 말씀은 현세와 내세(천국)에서 이뤄질 하나님의 구원을 웅장하게 펼쳐 보이신 선포의 말씀입니다. 첫째로 예수님이 십자가 위에서 흘리신 보혈은, "많은 사람의 죄 사함을 얻게 하시는" 언약의 피라는 선포입니다. 구약(레 17:11)에서부터 죄인의 생명은 생명 자체인 피로만 속량될 것과, 그 속죄의 피는 반드시 죄인과는 이질(異質)인 타자(他者)의 피여야 한다고 했습니다(예컨대 나귀 새끼를 속량하려면 어린양의 피여야 함. 출 13:13).

예수님은 인생과 이질(異質)인 하나님의 독생자이시므로 우리 죄를 사할 수 있으신 것입니다.

둘째로 예수님의 대선포는, 천국에서 참되고 영원한 신인화목(神人和睦)한 생활의 약속입니다(29절). 우리는 주님의 이 언약을 굳게 믿고, 죄 사함받은 평안함으로 천국을 힘차게 전파합시다!

✝ **기 도**
하나님, 주님의 언약의 피가 현세와 내세에서 성취하실 큰 일을 더욱 굳건히 믿고, 전하게 하옵소서. 예수님의 이름으로 기도합니다. 아멘

✝ **중보기도**
사죄의 은총을 아직도 모르는 이들을 위하여.

✝ **명 상**
주님의 언약은 우리들을 확고부동한 삶으로 인도하심을 믿고, 우리가 갈대같이 요동하지 않게 하소서.

엘리 엘리 라마 사박다니

♣ 성경 마태복음 27:45~54(외울요절 46절)   찬송 143(141)장 ♣

　예수께서 십자가의 고통을 다 이겨내고 드디어 영혼이 떠나시는 시간이 임박하셨을 때에 외치신 말씀 – "엘리 엘리 라마 사박다니"(나의 하나님, 나의 하나님, 어찌하여 나를 버리셨나이까)는 그 뜻을 모르는 자들의 추측처럼 "엘리야여 와서 구해 주시오"(49절)라는 뜻이 아닙니다. 그렇다고 하나님의 버리심을 원망하는 절망의 소리도 아닙니다. 그것은 시편 22:1의 다윗의 부르짖음이었는데, 다윗의 절망을 예수님 자신의 절망의 소리로 인용하신 것도 더욱이 아니었습니다.

　예수님의 이 부르짖음은 예수님의 예표자였던 다윗이 하나님의 구원을 호소한 데 대한 하나님 자신의 구원의 응답이었습니다. 시편 22:16~18에는 예수님께서 수족이 찔리우고, 그의 겉옷과 속옷이 찢기고 제비 뽑힐 것을 예언했습니다. 다윗은 죄인의 대표자로서 하나님의 속죄를 절망 중에 호소했고, 예수님은 십자가에서 그의 고난을 통하여 그 호소를 응답하시고, 구원의 역사를 완성하셨던 것입니다.

　우리들도 어떠한 절망 가운데 있다 할지라도 하나님께서 구원하실 것을 믿고 응답하는 삶을 삽시다.

✚ 기 도
　하나님, 옛날 선민 이스라엘의 황금제국을 이뤘던 다윗이 죄인의 대표자로서 하나님께 부르짖었던 사죄의 호소를, 예수님께서 십자가에서 응답하사, 믿는 자들을 구원해 주셨음을 감사합니다. 우리도 다윗 같이 우리 죄를 회개하고 구원받게 하옵소서. 예수님의 이름으로 기도드립니다. 아멘

✚ 중보기도
　하나님의 버리심과 구원을 모르는 이들을 위해서.

✚ 명 상
　죄인의 절망과 구세주의 고난을 통과하여 이뤄진 구원의 귀중함을 찬양합시다.

복음 증거의 사명

♣ **성경** 마태복음 28:16~20 (외울요절 18~20절)   **찬송** 520(257)장 ♣

"볼지어다 내가 세상 끝날까지 너희와 항상 함께 있으리라"(20절)는 예수님의 의미심장한 이 말씀으로 마태복음의 마지막 끝맺음을 하고 있습니다.

부활하신 예수님께서 제자들과 모든 믿는 사람들과 세상 끝날까지 항상 함께 계시겠다는 약속에는 첫째로 신자들이 예수님의 동행과 도우심을 항상 받아서 현세의 죄악과 고난을 극복하고 맡겨진 복음 증거의 사명을 완수할 수 있음을 보증하는 약속입니다.

둘째로 이 세상이 끝난 후에 올 영원한 천국에서 현세의 충성을 보상하시고, 영원한 축복을 주시겠다는 주님의 언약이 이 말씀에 들어 있습니다. 왜냐하면 현세는 인간에게 짧고 신자에게는 고난의 세월이므로, 그 참된 보상은 영원한 천국에서만 주어지기 때문입니다.

마태복음 1:23에서 탄생하실 예수님의 이름을 '임마누엘'이라고 부른 마태는, 그의 복음서 맨 끝에서도 "세상 끝날까지 너희와 항상 함께 있으리라", '임마누엘'로 끝맺은 것은, 이 가장 복된 약속이 우리에게서 확실히 이뤄질 것을 보여 주고 있기 때문입니다. 할렐루야!

✞ **기 도**
하나님, 마태복음의 시작과 끝이 임마누엘의 약속인 것을 감사하오며, 이 축복을 충만히 누리는 우리 가정과 이 나라와 전 인류가 되게 하옵소서. 예수님의 이름으로 기도드립니다. 아멘

✞ **중보기도**
임마누엘의 은혜를 모르는 이웃들에게 우리의 입을 크게 열어 증거할 수 있기를 위해서.

✞ **명 상**
마태복음의 처음과 끝이 되는 임마누엘의 약속을 우리에게도 약속해 주심을 감사합시다.

성경 기록의 정확성

♣ **성경** 사도행전 1:1~3(외울요절 3절)　**찬송** 200(235)장 ♣

　누가가 기록한 누가복음과 사도행전은 학자들에게 신약성경 중에서 문장이 유창할 뿐 아니라, 문장 자체와 그 기록한 내용들이 정확하다는 인정을 받습니다. 특히 누가복음의 서론(1:1~4)에서 누가는 자신의 성경 기록하는 자세를 '정확'의 한마디에 결집시켰습니다.

　사도행전의 서문(1:1~3)에서도 그는 동일한 기록 자세를 밝히고 있습니다. 예컨대 3절에서 예수님의 부활을 간단히 기록하면서도 확실성을 나타냈습니다.

　첫째, 예수님은 자신의 부활을 '확실한 많은 증거'로 나타내셨고, 둘째 '친히(환상이나 말뿐이 아니고) 사실을 나타내셨고', '40일 동안 제자들에게 보이셨는데' 40은 성경에서 완전수(完全數)를 나타냅니다.

　이와 같이 성경 기록은 모두 정확하므로 그것이 하나님의 말씀이요, 우리가 믿을 수 있습니다. 우리 가정도 정확무오한 하나님의 말씀을 그대로 믿고 누가처럼 확실한 증거자의 생활을 하도록 해야 하겠습니다.

✝ **기 도**
　하나님, 삼위께서 계시하신 구원 복음은 그 자체가 정확할 뿐 아니라, 선지자들과 사도들이 기록한 문장과 내용도 정확함을 믿으며 감사드립니다. 저희들도 성경을 정확하게 공부하고 이해하게 하옵소서.
　예수님의 이름으로 기도드립니다. 아멘

✝ **중보기도**
　이와 같이 정확한 성경을 의심하여 믿지 못하는 이들에게 정확하게 전하고 가르칠 수 있도록.

✝ **명 상**
　하나님은 참되시니, 그의 계시한 말씀이 정확함은 당연합니다. 우리도 성경을 바르게 이해합시다.

예수님의 승천

♣ **성경** 사도행전 1:4~11(외울요절 10~11절)　**찬송** 516(265)장 ♣

"오직 성령이 너희에게 임하시면 너희가 권능을 받고 예루살렘과 온 유대와 사마리아와 땅 끝까지 이르러 내 증인이 되리라"(8절)는 분부를 마치신 예수님께서는 "그들이 보는데 올려져 가시니 구름이 그를 가리어 보이지 않게" 했습니다. 두 천사가 제자들에게, "갈릴리 사람들아 어찌하여 서서 하늘을 쳐다보느냐 너희 가운데서 하늘로 올려지신 이 예수는 하늘로 가심을 본 그대로 오시리라"고 말했습니다. 천사의 이 말에는 예수님의 승천에 관한 중대한 사실이 몇 가지 계시되었습니다.

첫째로, 예수님이 '올려지신 하늘'은 음식도 잡수신 변화되신 예수님의 몸이 계신 곳이니, 천국이 실제 있음을 보여 줍니다. 둘째로, '이 예수는 하늘로 가심을 본 그대로 오시리라'고 하셨는데, 이 말씀으로 볼 때 예수님의 재림은 확실합니다. '어찌하여 서서 하늘을 쳐다보느냐?' 하신 말씀은 복음전파를 부지런히 해야 함을 보여 줍니다.

승천하신 예수님은 다시 오실 것입니다. 그날을 기대하며 하늘의 소리를 널리 증거하는 우리 가정이 되어야 하겠습니다.

✚ **기 도**

하나님, 예수님의 부활도 확실하고, 예수님이 가신 천국의 장소적 실재성도 확실하고, 예수님의 재림과 우리의 복음 전파 사명의 긴급성도 확실함을 감사드립니다. 주님의 승천의 영광을 잘 전하게 하옵소서. 예수님의 이름으로 기도드립니다. 아멘

✚ **중보기도**

승천하심을 본 그대로 다시 오실 주님을 더욱 많은 사람들이 기쁘게 영접할 수 있도록 속히 전하기 위해서.

✚ **명 상**

초대교회의 성령충만, 전도폭발은 주님의 승천 영광이 자극했습니다. 우리도 그 충격적 능력을 구하여 받읍시다.

예수님의 부활을 미리 본 다윗

♣ **성경** 사도행전 2:25~36(외울요절 30~31절)　**찬송** 162(151)장 ♣

　예수님께서 부활하고 승천하신 지 10일 후에, 예루살렘의 다락방에 모여서 기도하던 120문도에게 예수님이 약속하신 대로 성령 강림하실 때부터 생겨났던 기사와 이적들, 그리고 그 결과로 탄생하여 힘찬 출발을 한 교회의 첫 모습이 사도행전 2장에 자세히 기록되었습니다.
　그 결과 그 이후의 예루살렘, 그리고 오늘 전세계 교회에서 일어나고 있는 힘찬 복음의 계시운동, 전파 역사들 중에서 가장 놀라운 사실이 있습니다. 그 하나는 본문에 나타난 바와 같이, 다윗이 예수님 초림 또는 죽으심과 부활과 승천하시기 천 년 전에 예수님의 부활을 미리 보았었다는 베드로의 증언입니다(29~36절). 심지어 다윗왕은 예수님이 부활하셔서 승천하사 하나님 우편에 계신 것까지 보았고, 하나님이 예수님에게 하신 중요한 말씀을 듣기까지 했습니다(30~35절).
　오순절 이후 지금까지 복음은 때로는 방언 같은 신비를 통하여(행 2:4~11), 때로는 새 술에 취한 사람들의 주정 같은 소리로(행 2:13) 전파되기도 합니다. 또한 다윗의 시편 같이 천년을 꿰뚫어 내다보는 분명한 말씀을 통하여 전파될 때에 가장 빠르게 전파되는 것을 우리는 명심해야 하겠습니다(25~35절).

✞ **기 도**
　하나님, 예수님의 속죄의 죽으심과 부활과 승천과 하나님 우편에 앉으심까지 천 년 전에 미리 본 다윗같이 복음을 확실히 알고 믿게 하소서. 예수님의 이름으로 기도드립니다. 아멘

✞ **중보기도**
　복음을 방언이나 환상같이 희미하게 보는 이들이 분명히 깨달을 수 있도록.

✞ **명 상**
　다윗이 천 년 전에 본 복음은 얼마나 명확한 것인가!

내게 있는 것으로 네게 주노니
♣ **성경** 사도행전 3:1~10(외울요절 6절)　**찬송** 327(361)장 ♣

　베드로 사도는 나면서부터 앉은뱅이가 되어서 예루살렘 성전 미문에 앉아 구걸하던 남자를 주목하여, "은과 금은 내게 없거니와 내게 있는 이것을 네게 주노니 나사렛 예수 그리스도의 이름으로 일어나 걸으라"고 하였습니다. 그랬더니 그 남자는, "발과 발목이 곧 힘을 얻고 뛰어 서서 걸으며 그들과 함께 성전으로 들어가면서……" 하나님을 찬미했습니다(7~8절).
　"은과 금은 내게 없거니와 내게 있는 이것을 네게 준다."는 베드로의 말에서 몇 가지 중요한 교훈을 얻을 수 있습니다. 첫째는 복음전도에서 '은과 금'의 위치나 역할을 바로 정할 것을 보여 줍니다. 물욕을 떠난, 물량주의를 경계하는 자세가 필요합니다. 둘째는 전도자의 소유는 예수와 그 이름에 들어 있는 권능이라는 진리입니다. 구약에서부터 많이 계시던 하나님의 '이름' 뜻을 더욱 바르게 터득할 수 있게 됩니다.
　초대교회 사도들의 전도 역사와 오늘 우리 역사의 원리에는 큰 차이가 있음을 두려운 마음으로 인식해야 합니다. 오직 예수의 이름으로만, 그 이름을 드러내기 위해 선한 일을 도모합시다.

✞ **기　도**
　하나님, 초대교회의 사도들 같이, 우리도 성령충만하고, 병자를 긍휼히 여기며, 예수 이름의 권능을 얻어 오직 주님의 능력으로 할 수 있는 일들을 하게 하소서. 예수님의 이름으로 기도드립니다. 아멘

✞ **중보기도**
　우리의 착각으로 무시되는 예수 이름의 권능을 다시 찾고, 연약한 이들에게 진정한 참 힘을 주기 위해서.

✞ **명　상**
　물욕의 해독(害毒)을 알고, 그것을 이기고 헌신함으로 주의 예비하신 능력을 받자.

왜 우리를 주목하느냐
♣ **성경** 사도행전 3:1~15(외울요절 12~13절)　**찬송** 511(263)장 ♣

　예루살렘 성전의 미문에서 구걸하던 나면서부터 앉은뱅이인 사람을 베드로와 요한이 한마디의 말로 고쳐 준 사건은, 초대교회의 기사와 이적 중에서도 큰 사건이어서 사도행전 3장과 4장에 그 결과까지 자세히 기록되었습니다. 그 사건을 보고 사도들의 전도를 받아들여 믿은 사람이 약 5000명이었습니다(행 4:4).
　그런데 그처럼 큰 역사를 행한 베드로나 요한, 그리고 그들의 동역자들은 그 큰 일을 자신들이 했다고 생각한다든지, 그 영광을 자기들이 받으려 하지 않고, '오직 하나님의 역사였으니까' 하고서, 하나님께만 영광을 돌렸습니다.
　베드로와 요한은 사람들이 자기들에게 모여들자, "이스라엘 사람들아 이 일을 왜 놀랍게 여기느냐 우리 개인의 권능과 경건으로 이 사람을 걷게 한 것처럼 왜 우리를 주목하느냐 아브라함과 이삭과 야곱의 하나님 곧 우리 조상의 하나님이 그의 종 예수를 영화롭게 하셨느니라"(12~13절)고 했고(행 4:10 참조), 후에 그들은 기도할 때도 같은 정신이었습니다(행 4:24~30).
　주님의 복음을 전하면서 내 얼굴 내기를 좋아하는 우리에게 귀중한 교훈이라고 생각합니다.

✟ **기 도**
　하나님, 초대교회 사도들처럼 우리도 큰 일을 하면 할수록, 우리의 이름이 아니라 주님의 영광을 나타내게 하소서. 무엇인가 내 힘으로 내 지혜로 했다는 자만심은 꿈속에서라도 갖지 않도록 도우소서. 오직 주님만 바라보게 하옵소서.
　예수님의 이름으로 기도드립니다. 아멘

✟ **중보기도**
　우리의 이기주의 때문에 실족한 많은 사람들이 돌아올 수 있도록.

✟ **명 상**
　우리의 고질인 이기주의는 더 큰 경건의 연습과 기도로만 이길 수 있습니다.

본 것을 말하자

♣ **성경** 사도행전 4:13~22 (외울요절 19~20절)　**찬송** 502(259)장 ♣

　베드로와 요한 두 사도가 미문에 앉아서 구걸하던 남자를 말 한마디로 고쳐서 병자가 일어나 걷고 뛰어다니게 되자, 이 때문에 예수 믿은 남자의 수만도 5000명이나 되니 유대인의 지도자들은 크게 당황했습니다. 그들은 두 사도를 잡아다가 위협하면서 "예수의 이름으로 말하지도 말고 가르치지도 말라"고 명했습니다. 그러나 두 사도는, "하나님 앞에서 너희의 말을 듣는 것이 하나님의 말씀을 듣는 것보다 옳은가 판단하라 우리는 보고 들은 것을 말하지 아니할 수 없다"(19~20절)고 단언했습니다.

　사도들의 이 말에서 우리는 매우 귀중한 교훈 몇 가지를 배웁니다.

　첫째, 우리가 복음을 전하기 위해서는 주님의 영광스러운 진리와 역사를 보아야 하겠습니다. 주님의 복음의 권능을 바르게, 많이 봅시다.

　둘째, 본 것을 말해야 하겠습니다. 본 것을 말하면 큰 역사가 일어납니다. 우리에게 주님의 진리와 권능을 보여 주신 이유는 그것을 땅을 파고 묻어두라고 하신 것이 아닙니다. 사람들 앞에서 '시인'(마 10:32~33)하라고 보여 주신 것입니다. 우리도 매사에 주님 앞에서 생활을 하며 본 것을 그대로 증거하는 증거자가 되어야 하겠습니다.

✚ **기 도**
　하나님, 우리가 복음의 진리와 권능을 바르게 많이 보고, 본 것을 힘있게 증거하여 사도들의 역사를 계승하게 하옵소서. 예수님의 이름으로 기도드립니다. 아멘

✚ **중보기도**
　보아야 할 주님의 진리와 권능을 우리가 보고, 전함으로 멸망하는 이들을 구원할 수 있도록.

✚ **명 상**
　우리가 복음의 권능을 본 것이 얼마나 많은가? 그것을 말함으로 얼마나 큰 열매가 있는가?

큰 복음, 큰 이적들

♣ **성경** 사도행전 5:1~32(외울요절 30~31절)　**찬송** 507(273)장 ♣

사도행전 5:1~23에는 초대교회 사도들이 복음을 힘있게 전할 때에 그 일을 돕기 위해 일어났던 큰 이적들이 몇 가지 기록되었습니다.

첫째는 교회에 바치려던 땅값 얼마를 감추었던 아나니아와 삽비라 부부의 죽음입니다(1~11절). 둘째는 베드로와 사도들의 신유와 귀신을 쫓아낸 기적들입니다(12~16절). 끝으로 옥에 갇혔던 사도들이 주의 사자에 의해 풀려난 기적입니다(17~23절).

이상과 같은 놀라운 기적들은 왜 일어났습니까? 그 이유는 사도들이 전파하는 복음이 그 기적들 이상으로 놀라운 것이어서, 그 복음의 위대성을 뒷받침하기 위해 큰 기적들이 일어난 것입니다. "너희가 나무에 달아 죽인 예수를 우리 조상의 하나님이 살리시고…… 그를 오른손으로 높이사 임금과 구주로 삼으셨느니라"(30~31절).

기적보다 복음을 높일 때 위대한 역사가 일어나며, 성령으로 진리를 전할 때 진리의 능력이 더 힘차게 나타납니다(요 16:13).

우리 가정도 믿음으로 행하며 성령님과 함께하여 진리를 드러내는 성도의 가정을 이루어 나아가야 하겠습니다.

✞ **기 도**

하나님, 우리는 사도행전에 기록된 기적들을 보고 놀라거나 의심하거나 그것의 재연을 바라지만 말고, 사도들이 전한 복음을 바로 전하여 성령의 도우심을 얻게 하옵소서. 예수님의 이름으로 기도드립니다. 아멘

✞ **중보기도**

우리가 순전한 복음을 전하여 진리의 성령의 역사로 많은 영혼을 구원할 수 있도록.

✞ **명 상**

우리 모두 복음을 모르면서 기적의 힘만을 구하는 어리석음에 빠지지 않게 조심합시다.

쉬지 않고 전도한 초대교회

♣ **성경** 사도행전 5:33~42(외울요절 42절)　**찬송** 336(383)장 ♣

　사도행전 5장에는 아나니아와 삽비라 부부의 징계의 죽음, 사도들의 놀라운 기적들, 그리고 주의 사자가 옥문을 열고 사도들을 해방시킨 기적 등을 동반하면서 활기차게 전도하는 사도들의 모습이 기록되었습니다.

　본장의 끝절에, "그들이 날마다 성전에 있든지 집에 있든지 예수는 그리스도라고 가르치기와 전도하기를 그치지 아니하니라"는 인상 깊은 말씀이 있습니다. 초대교회가 쉬지 않고 전도할 수 있었던 비결 두 가지를 본문에서 찾아보겠습니다.

　첫째는, 하나님의 깊으신 섭리로 가말리엘과 같은 중재자(仲裁者)들을 시대마다 두셔서 교회를 핍박에서 보호하시고, 복음이 사회에 들어갈 통로를 세상의 집권자들이 열어 놓게 하신 사실입니다(33~40절).

　둘째는, '채찍'을 맞아도 예수의 이름을 위해 능욕받는 것을 기뻐하면서 계속 복음을 전한 전도자들의 충성입니다. 이 두 가지가 있는 동안 교회의 복음 전파는 쉬지 않고 계속됩니다.

✞ **기 도**
　하나님, 초대교회가 말살될 위험에 직면했을 때, 하나님께서 가말리엘 같은 중재자를 주셔서 위기를 모면케 하심을 감사합니다. 사도들이 채찍을 맞으면서도 쉬지 않고 복음을 전했던 것같이, 우리도 쉬지 않고 복음을 전하게 하옵소서.
　예수님의 이름으로 기도드립니다. 아멘

✞ **중보기도**
　하나님의 손이 우리를 떠받치시고 있음을 믿고, 우리도 채찍을 맞으면서라도 죽어가는 영혼들을 전도할 수 있도록.

✞ **명 상**
　하나님의 전능하신 돌보심을 의지하고, 수난을 무릅쓸 때 우리는 더욱 큰 일을 계속할 수 있을 것입니다.

교회의 부흥

♣ **성경** 사도행전 6:1~15(외울요절 7절)　**찬송** 320(350)장 ♣

본장에서는 놀라운 세력으로 부흥하고 성장하는 초대 예루살렘교회의 모습이 눈에 보듯 기록되었습니다.

"그때에 제자가 더 많아졌는데……"(1절), "하나님의 말씀이 점점 왕성하여 예루살렘에 있는 제자의 수가 더 심히 많아지고 허다한 제사장의 무리도 이 도에 복종하니라"(7절)는 기록은, 당시의 예루살렘교회가 문자 그대로 일취월장(日就月將)하는 모습을 전하고 있습니다. 그리고 본장에는 그와 같은 교회 부흥의 세 가지 요소가 나타나 있습니다.

첫째는 '기도하는 것과 말씀 전하는 일에 전무' 하는 전도자들(사도들)이 있었습니다(4절). 둘째는 '성령과 지혜가 충만하여 칭찬 듣는' 집사들(직분들)이 있었습니다. 셋째는 '은혜와 권능이 충만한'(8절) 스데반 같은 헌신자들이 있었습니다.

이런 일꾼들이 있는 교회가 부흥, 성장함은 당연합니다. 우리 가정도 교회의 일원으로서 교회 부흥을 위해 기도하며 증인의 삶을 사는 그런 일꾼들이 되도록 분발합시다.

✚ **기 도**

하나님, 초대 예루살렘교회가 헌신된 일꾼들이 있었으니, 그렇게 부흥 발전한 것은 당연지사였습니다. 우리들도 그런 일꾼이 되게 하셔서 우리 교회들이 불같이 일어나게 하옵소서. 예수님의 이름으로 기도드립니다. 아멘

✚ **중보기도**

우리 교인 각자가 받은 은사를 발휘하여 초대교회와 같은 영광을 주께 돌리고, 동포들을 속히 구할 수 있도록.

✚ **명 상**

초대교회에서 역사하신 성령은 오늘도 역사하실 수 있습니다. 나부터 믿고 헌신하여 기적을 이루게 합시다.

스데반의 빛나는 얼굴

♣ 성경 사도행전 6:8~15(외울요절 15절)   찬송 595(372)장 ♣

　스데반은 부흥 발전하던 예루살렘교회의 집사로서(8~10절) 용사 같은 전도자였습니다. 그가 거짓 증인들의 고소로 공회에 끌려가서 7장에 기록된 대변증을 하려고 일어섰을 때, "그 얼굴이 천사의 얼굴과 같더라"(15절)고 하였습니다. 그는 그리스도인의 최후 모습이 어떠한가를 보여 준 순교자입니다.
　순교의 고통과 두려움 앞에서 그의 얼굴이 빛난 이유를 찾아봅시다.
　첫째, 그는 거짓 앞에 진리를 들고 섰기 때문에 그의 얼굴은 빛났습니다(11~13절). 양심의 광명은 얼굴을 빛나게 합니다. 둘째, 예수님의 뜻이 이뤄짐을 보고 확신을 가졌기 때문입니다. 14절 말씀은 거짓 증인들이 왜곡하여 해석했으나, 그대로 이루어지는 하나님의 진리였습니다. 주의 예언을 믿는 이의 얼굴은 빛납니다. 끝으로 스데반의 얼굴은 그를 지켜 주시는 하나님과 예수님의 영광을 바라보고 빛났습니다(행 7:55~56).
　우리에게 어떠한 환난이나 신앙적 어려움이 찾아올지라도 우리의 눈은 하늘을 향해 있어야 할 것입니다.

✞ 기 도
　하나님, 거짓 증인들의 돌에 맞아서 죽음의 고통을 당하기 직전 스데반 집사의 얼굴이 천사의 얼굴같이 빛나게 하셨음을 감사드립니다. 우리도 고난과 핍박 중에도 항상 빛나는 얼굴로 주님을 증거하게 하옵소서.
　예수님의 이름으로 기도합니다. 아멘

✞ 중보기도
　우리의 충성과 용기, 빛나는 표정을 통하여 많은 어두운 이웃들이 주님께 돌아오게 되기를.

✞ 명 상
　우리도 성령에 붙들리면 스데반같이 빛난 얼굴로 증거할 수 있는데, 왜 주저하고 있을까?

스데반의 설교

♣ **성경** 사도행전 7:46~60 (외울요절 59~60절)　**찬송** 511(263)장 ♣

　본장에 기록된 스데반의 설교는, 그 내용을 길게 다 기록한 누가의 의도를 보든지, 그 내용 자체를 보든지 매우 중요한 기록입니다.
　우리는 이 설교를 통해서 초대교회의 확고한 복음신앙을 보며, 또 스데반의 위대한 신앙을 배우게 됩니다. 이 스데반 설교의 특징 몇 가지를 든다면 다음과 같습니다.
　첫째로, 이 설교는 하나님의 계시된 말씀과 약속에 기초한 복음을 보여 줍니다. 스데반은 구약을 소상하게 인용하는데, 복음신앙은 하나님의 계시된 언약에 서야 합니다. 둘째로, 율법에서 복음으로 전진하고 완성된 복음을 선명하게 드러내고 있습니다. "솔로몬이 성전을 지었으나, 하나님은 사람의 손으로 지은 곳에 계시지 아니한다."는 그의 단언(47~48절)은 예수님께서 주장하신 복음과 일치합니다(요 2:19~22, 마 24:1~2).
　끝으로, 스데반의 설교는 구령(救靈)의 열정으로 타오르고 있습니다. 특히 그의 마지막 기도가 그것을 잘 보여 줍니다.
　"주여 이 죄를 그들에게 돌리지 마옵소서"(60절).

✟ **기 도**
　하나님, 우리들도 스데반과 같이 복음신앙을 잘 전하게 하옵소서. 설교를 들을 때나 말씀을 전하게 될 때에 하나님의 계시된 언약을 잘 증거하도록 말씀의 영을 충만히 주옵소서. 예수님의 이름으로 기도드립니다. 아멘

✟ **중보기도**
　우리가 모두 스데반 같이 성령충만하여 복음을 전하게 하시므로, 많은 이웃이 구원받을 수 있도록.

✟ **명 상**
　초대교회에 주셨던 복음신앙과 설교의 은사를 이 말세에 더욱 간절히 구합시다.

장애들을 물리치며 전진하는 교회

♣ **성경** 사도행전 8:1~8, 30~40 (외울요절 1, 4절)   **찬송** 341(367)장 ♣

사도행전의 주요한 줄거리는 오순절에 시작된 예수님의 교회가 여러 가지 장애들을 계속 물리치면서 주님의 예언과 같이 "예루살렘과 온 유대와 사마리아와 땅끝까지"(행 1:8) 퍼져나가는 과정을 그린 것입니다. 사도행전 8장에도 그 확장의 전형적인 모습이 약동하고 있습니다.

본장에 나타난 교회에 대한 방해운동 세 가지를 찾아보겠습니다.

첫째는 사울의 핍박입니다(행 9:1~2). 둘째는 사마리아성의 시몬같이 성령의 능력을 돈으로 사려는 그릇된 이단운동입니다. 셋째는 성경을 읽고 어려운 부분을 깨달아 보려 해도 가르쳐 주는 사람이 없습니다(31절). 그러나 하나님께서는 이런 장애들을 그때마다 다 물리쳐 주셨습니다. 사울이 변하여 바울이 되고, 시몬은 잘못을 깨닫고 뉘우쳤으며(24절), 구스 내시에게는 빌립을 보내셨습니다.

본장에서만 보아도 복음은 예루살렘에서 흩어진 수난성도(受難聖徒)들을 (1절) 통하여 사마리아, 가사, 에디오피아, 아소도, 가이사랴로 계속 퍼져나감을 봅니다.

우리가 한평생 살아가다 보면 알 수 없는 장애에 부딪힐 경우가 종종 있을 줄 압니다. 그때마다 우리는 하나님께서 역사하시고자 하는 뜻을 깨닫고 신앙생활을 돌이켜볼 줄 아는 영성을 가져야 하겠습니다.

✢ **기 도**
하나님, 사도행전 8장과 같이, 우리들도 개인과 가정과 교회와 사회에 밀려오는 모든 장애들을 주의 도우심으로 계속 물리치면서 복음을 땅끝까지 전하게 하소서. 예수님의 이름으로 기도드립니다. 아멘

✢ **중보기도**
복음이 막힌 곳에 속히 복음이 전해져서 그들이 구원받을 수 있기를 위해.

✢ **명 상**
초대교회에 역사하신 성령이 지금도 역사함을 제한하지 맙시다.

사울의 변화

♣ 성경 사도행전 9:1~18(외울요절 5~6절) 찬송 595(372)장 ♣

사울이 변화하여 바울이 된 본장의 기사는 여러 가지로 함축적인 교훈들을 담고 있습니다. 그중의 하나는 6절에 기록된 예수님의 말씀과 같이 바울에게 참으로 보람 있는 일거리가 주어졌다는 사실입니다. 그리고 그 보람 있는 일의 내용이 사도행전 15:16에 잘 예언되었습니다.

바울이 그리스도인들을 핍박하고 다닐 때는 하나의 절망에 쫓기는 그림자와 같은 인생이었습니다. 그는 '사망의 몸에서 건져 줄 자 없는' 할 일이 없는 사람이었습니다(롬 7:24). 그런 그에게 '행할 것을 일러 줄' 사람이 나타났습니다. 행할 일이 없어서 선한 사람들을 핍박이나 하던 그에게 참으로 보람 있는 사명이 주어지게 되었습니다.

그 사명은 '예수님의 이름(복음)을 이방인과 임금들과 이스라엘 자손들 앞에 전하는 일'이었습니다(15절). 신자를 핍박하는 일에 비하면 얼마나 고상한 일이겠습니까? 그리고 그 일은 타인을 핍박하는 대신 자신이 해를 받으면서 하는 고귀한 사명이었습니다(16절). 바울에게 일생 동안 행할 일거리를 찾은 크나큰 축복이 임한 것입니다.

✤ 기 도
하나님, 우리의 옛 것들이 성령의 능력으로 변화되어 새로운 것들로 부여받게 하옵소서. 그리하여 우리에게도 바울과 같은 고귀한 평생의 사업을 맡겨 주옵소서. 예수님의 이름으로 기도드립니다. 아멘

✤ 중보기도
우리 모두 일생을 바칠 수 있는 귀중한 사명을 모르는 이들이 추구하는 헛된 것들을 버리고, 행할 일거리를 찾은 바울과 같은 사명을 깨닫게 되기를.

✤ 명 상
생애를 바칠 일이 없는 인생은 얼마나 비참한가, 생애를 바칠 일을 받은 우리는 얼마나 복된가!

전광석화의 변화

♣ **성경** 사도행전 9:19~30(외울요절 20~22절)　**찬송** 282(339)장 ♣

너무나 급격하고도 큰 변화를 전광석화(電光石化)라고 합니다. 다메섹에서 바울이 체험했던 회심(回心)의 변화는 바로 그런 것이었습니다.

첫째로 그는 회심하자마자 그 다메섹에서, 즉시로 각 회당에서 예수가 하나님의 아들이심을 전파하여 듣는 사람들을 다 놀라게 했습니다(20~21절).

둘째로 그는 죽음을 무릅쓰는 담대한 전도자가 되었습니다(27~29절).

끝으로 그의 변화는 온 팔레스타인의 교회들에게 평안과 부흥을 가져왔습니다.

하나님 앞에서 죽은 자와 같고, 예수님을 다시 한번 십자가에 처형시키며 살아왔던 불의하고 불손한 우리들입니다.

그러나 성령님이 한번 관심 갖고 그 놀라운 빛을 비춰 주시면 바울처럼 목숨을 걸고 주의 일을 행하는 능력 있는 전도자가 될 수 있습니다. 우리도 이와 같은 놀라운 삶의 변화를 체험할 수 있어야 합니다.

✞ **기　도**

하나님, 바울을 그처럼 변화시키사 전도자로 사용하신 것처럼, 우리들도 그렇게 변화시키사 하나님의 뜻대로 사용하시옵소서. 예수님의 이름으로 기도드립니다. 아멘

✞ **중보기도**

우리가 바울처럼 변화되어 우리로 인해 많은 이웃들이 주의 복음을 들을 수 있도록.

✞ **명　상**

성령의 변화시키시는 능력을 제한하는 우리의 무감각을 떨쳐 버립시다.

신앙 체험의 풍부성

♣ **성경** 사도행전 9:32~43(외울요절 40절) **찬송** 341(367)장 ♣

본문에는 사도 베드로가 룻다에서 8년 된 중풍병자를 말 한마디로 치유한 사실과, 욥바에서 죽었던 다비다(도르가)를 말 한마디로 부활시킨 사실이 기록되었습니다.

이 두 기적을 행한 베드로의 영적 체험과, 특히 기적의 능력 행사에 대한 체험은 사람의 상상의 한계를 넘는다고 볼 수 있습니다.

그러나 베드로의 신앙 체험은 또 다른 면으로도 풍부해져야 했습니다. 그것은 유대인의 폐쇄주의(閉鎖主義)를 속히 벗고 바울 사도와 같은 세계주의적 복음 정신을 터득함으로써 이루어지는 체험이었습니다.

이 둘째 체험은 베드로가 그보다 늦게 사도로 부르심을 받은 바울보다 훨씬 늦게 깨닫기 시작했습니다. 그는 심지어 안디옥에서 이방인 신자들과 함께 식사하다가 예루살렘에서 온 유대인들을 두려워하여 피신했습니다. 이 일로 후에 바울에게 면책(面責)을 받았습니다(갈 2:11~14).

이런 곡절까지 거친 후에야 비로소 베드로의 신앙적인 체험이 더욱 풍부해졌음을 우리는 알 수 있습니다.

✞ **기 도**
하나님, 우리들의 신앙 체험이 풍부해지기 위하여 복음의 참 정신과 성령의 권능을 깨닫고 믿게 하소서. 예수님의 이름으로 기도드립니다. 아멘

✞ **중보기도**
우리의 신앙 체험이 편협하거나 왜곡됨으로써 이웃들에게 그릇된 증거를 하지 않도록.

✞ **명 상**
하나님께서 우리에게 허락하신 신앙 체험의 범위는 얼마나 넓은가! 우리는 편협하고 왜곡된 신앙세계에 머물지 맙시다.

고넬료 가정의 구원

♣ **성경** 사도행전 10:1~8, 34~48 (외울요절 44~45절) **찬송** 559(305)장 ♣

고넬료의 가정은 사도행전에 기록된 이방인 신자들 중에서도 특별한 하나님의 은혜로 이끌림을 받고, 많은 가족들이 한꺼번에 구원받고(44절), 성령의 은혜까지 받은 점에서 특기할 만한 가정입니다. 이 가정이 그같이 놀라운 은혜를 받은 이유, 또는 과정을 크게 세 단계로 살펴봅시다.

첫째 단계는 그 가정이 구원의 은혜를 받기 위한 준비 단계가 분명히 있었습니다. 그것은 하나님을 경외하고, 율법을 지키며 구제하기를 힘쓰는 이른바 율법적, 도덕적(구약적) 단계입니다(1~4절).

둘째 단계는 베드로를 통하여 예수 그리스도의 십자가와 부활의 복음을 직접 듣는 단계였습니다(36~43절). 이 단계에 관한 기록은 예수님의 구속 역사에 상세히 기록되었습니다.

셋째 단계는 복음을 들을 때에 믿음이 생기고(행 11:17), 이어서 성령이 임하신 단계입니다. 그것은 세례 요한이 예언한 완전한 신약적 구원의 완성 단계였습니다(행 11:15~18). 누구든지 하나님께서 택하신 사람과 그 가족들은 이와 같은 놀라운 구원의 은혜를 받을 수 있습니다.

✚ **기 도**
하나님, 고넬료의 가정을 그처럼 준비시키시고, 복음을 듣게 하시고, 믿고 성령을 받게 하신 것처럼, 우리 가정에도 그런 구원의 은혜를 주옵소서. 예수님의 이름으로 기도드립니다. 아멘

✚ **중보기도**
우리도 고넬료의 가정같이 완전히 구원받고 이웃에게 구원의 길잡이가 되도록.

✚ **명 상**
구원받을 준비 단계부터 복음을 듣고 성령을 받고 완전히 구원되기까지 그것은 얼마나 아름다운 과정인가!

성령은 누구에게 임하시는가

♣ **성경** 사도행전 10:39~48 (외울요절 44절)   **찬송** 278(336)장 ♣

성령은 누구에게 임하셔서 변화와 능력과 기쁨의 열매를 맺게 하십니까?
첫째는 예수님을 믿고 구원받은 사람에게 임하시며, 둘째는 사모하며 구하는 사람에게 임하시며, 셋째는 복음을 증거하고자 헌신한 사람에게 임하십니다. 그리고 이 여러 경우의 공통적인 조건은 44절과 같이 '말씀 듣는 사람에게' 성령이 임하십니다.

그러므로 성령이 강림하셔서 은혜를 주시고 영광을 주님께 돌리게 되려면, 먼저 본문에 나타난 베드로 사도의 설교와 같은 충실한 복음이 전파되어야 합니다. 다음으로 그 복음을 믿음으로 받아들이는 심령이 되어야만 성령충만의 은혜를 받습니다. 베드로는 이 사실을 예루살렘에 돌아가서 이렇게 보고했습니다. "내가 말을 시작할 때에 성령이 그들에게 임하시기를 처음 우리에게 하신 것과 같이 하는지라"(행 11:15). 그렇습니다. 성령은 무엇보다도 복음을 듣는 사람에게 임하십니다. 믿은 후에도 우리가 성경을 상고하면서 기도할 때에 계속적으로 성령충만하게 됩니다.

✝ **기 도**
하나님, 성령은 진리의 영으로 오셔서 우리가 주의 복음을 들을 때에 우리에게 임하심을 감사합니다. 더욱 말씀을 통한 성령충만의 은혜를 주옵소서. 예수님의 이름으로 기도드립니다. 아멘

✝ **중보기도**
우리가 말씀 듣는 일에 충실하고, 성령을 받음으로 이웃에게 복음을 올바로 전하게 되기를.

✝ **명 상**
성령을 받을수록 말씀에 깊어지는 은혜는 얼마나 오묘한가!

지도자의 중재 역할

♣ **성경** 사도행전 11장(외울요절 24~25절)　**찬송** 508(270)장 ♣

　사도행전 11장에서는 베드로 사도가 가이사랴의 고넬료 가정에서 시작된 이방인 교회의 탄생을 예루살렘 모교회에 보고한 사실(1~18절)을 말합니다.
　이어서 바나바는 안디옥교회의 발전상을 시찰하고, 기뻐하면서 바울을 데리고 와서 둘이 1년간 동역한 결과 교회가 더욱 발전한 사실(19~26절)도 말합니다. 끝으로 안디옥교회가 흉년을 맞은 유대지방 교회들에게 구제금을 보냈다는(27~30절) 아름다운 이야기들이 기록되었습니다.
　그중 앞부분의 두 이야기에서 나오는 지도자의 중재 역할의 귀중성을 생각해 봅시다. 먼저 베드로는 가이사랴의 고넬료 가정을 전도하고, 그곳의 이방인 신자들과 식사도 같이 했기 때문에 그 문제로 예루살렘의 유대주의적 신자들의 힐난을(2절) 받았습니다. 그러나 그는 하나님의 역사를 사실대로 설명함으로써 유대주의적 신자들을 납득시켜 그들과 이방인 신자들 사이에서 중재자의 역할을 잘 감당했습니다(15~18절).
　이어서 바나바도 예루살렘교회의 파송을 받았으며 안디옥교회의 신흥상(新興相)을 보며 기뻐하고, 다소에 가서 숨어 살던 바울을 데리고 와 둘이서 동역하여 안디옥교회를 더욱 발전시켰습니다. 베드로와 바울은 그들의 앞선 식견으로 중재자의 사명을 잘 감당하여 참 지도자의 면모를 보여 주었습니다.

✞ **기 도**
　하나님, 우리에게도 베드로와 바울과 바나바 같은 식견을 주셔서 중재자의 사명을 잘 감당하게 하옵소서. 예수님의 이름으로 기도드립니다. 아멘

✞ **중보기도**
　우리가 지도자다운 중재 역할을 잘하여 많은 분쟁들이 사라질 수 있도록.

✞ **명 상**
　중재자의 식견과 덕은 쉽게 갖추어지지 않습니다.

안디옥교회의 실천적 신앙

♣ 성경 사도행전 11:25~30(외울요절 29~30절) 찬송 511(263)장 ♣

안디옥교회의 신자들이 처음으로 '그리스도인'이라 칭함을 받게 된 것은 무엇보다도 그들이 그리스도의 교훈을 믿을 뿐 아니라, 그대로 실천했다는 뜻이 담겨져 있습니다. 27절 이하 말씀은 그들의 사랑 실천 이야기가 나오고, 사도행전 13:1~3에는 그들의 선교 실천 이야기가 나옵니다.

"제자들이 각각 그 힘대로 유대에 사는 형제들에게 부조를 보내기로 작정하고 이를 실행하여 바나바와 사울의 손으로 장로들에게 보내니라"(29~30절)고 기록된 바와 같이, 그들이 먼 곳의 형제들에게 구제를 실천하게 된 동기는 무엇이었습니까?

첫째로 그들에게 성령의 감동을 받아 말하는 선지자들이 있었는데(27~28절), 사랑의 실천은 참된 말씀 위에 있는 신자만이 가능하고, 또 그래야만 참된 복음운동의 일환이 될 수 있습니다.

둘째로 그들의 복음신앙은 민족을 초월하는 참된 이해력이 있었습니다. 예루살렘의 유대주의 신자들은 이방인 신자들을 자주 괴롭혔으나(행 11:2~3), 안디옥의 이방인 신자들은 그것을 초월하는 복음사상을 갖고 있었습니다.

우리 가정도 교파나 교단 위주의 편협성에서 벗어나 참된 말씀 위에 서서 안디옥교회의 성도들처럼 큰 마음을 가지고 주의 일을 행하여야 하겠습니다.

✚ 기 도

하나님, 우리들도 안디옥의 신자들과 같이 참된 복음신앙 안에서 구제의 의무를 실천하게 하옵소서. 예수님의 이름으로 기도드립니다. 아멘

✚ 중보기도

우리의 편협한 신앙 때문에 불신자들이 손해 보지 않고 속히 구원받을 수 있기를 위해.

✚ 명 상

우리가 초대교회의 바른 신앙을 가질 때 얼마든지 큰 일을 할 수 있습니다.

베드로의 옥중 구출

♣ **성경** 사도행전 12:1~19(외울요절 11절) **찬송** 585(384)장 ♣

　본문에서 베드로 사도가 옥중에서 구출받은 사실을 통해 두 가지의 교훈을 얻을 수 있습니다.

　첫째, 사람으로는 절대 불가능한 옥중에 있는 베드로의 구출은 오직 하나님이 그의 천사를 통해 이루신 은혜의 역사였습니다. 헤롯왕은 아기 예수를 죽이려던 대헤롯의 손자인 헤롯 아그립바 1세로, 조부와 부친의 잔인한 성품을 물려받아 교회를 박해하고, 이미 요한의 형제 야고보 사도를 칼로 죽였습니다(1~2절). 유대인들이 이것을 기뻐하는 것을 본 왕은 수제자 베드로까지 죽여서 더욱 유대인의 환심을 사려고 했습니다.

　집권자의 집권욕은 무서우며, 그 앞의 희생자는 인간의 힘으로는 살아남을 수 없습니다. 그때는 유월절이었는데, 예수님도 유월절에 죽였고, 빌라도도 어떤 갈릴리 사람들을 죽여서 그 피를 제물에 섞은 일이 있었는데(눅 13:1), 아마도 유월절에 일어난 일이었을 것입니다.

　베드로의 운명도 매우 위태로웠습니다. 그는 감옥에서 잘 때도 수갑을 채운 채 두 군사의 틈에서 잤습니다(6절). 그의 사형이 확정적인 가운데 구출된 것은 오직 하나님의 역사였습니다.

　둘째, 이런 체험이 베드로의 믿음을 자라게 하여 마침내 그는 순교의 자리에까지 이르렀습니다. 이러한 체험적 신앙은 매우 귀중한 것입니다.

✚ **기 도**
　하나님, 베드로와 같은 은혜의 체험도 갖게 하시고, 주님 위해 내 목숨도 아끼지 않게 하옵소서. 예수님의 이름으로 기도드립니다. 아멘

✚ **중보기도**
　우리가 주의 구출의 능력을 믿고 어려움을 당한 이웃들의 구원을 위해 항상 힘쓰기를.

✚ **명 상**
　우리도 주의 은혜를 제한하지 말고 은혜 받아서 큰 일을 합시다.

하나님의 역사를 환상으로 여기지 말자

♣ **성경** 사도행전 12:1~12(외울요절 9절)　**찬송** 436(493)장 ♣

　베드로는 헤롯 아그립바 1세의 박해 정책 밑에서 이미 죽은 야고보 사도의 뒤를 이어 거의 죽을 뻔 했지만 하나님이 보내신 천사를 통하여 참으로 놀랍게 구출되었습니다.
　하나님이 보내신 천사가 감옥에 들어와서 빛을 발하며, 그의 옆구리를 쳐서 깨우고, 수갑을 풀고, 옥문들을 두 개나 지나서 성으로 통한 쇠문까지 저절로 열리는 것을 보여 주셨습니다. 그런데 베드로는 "천사가 하는 것이 생시인 줄 알지 못하고 환상을 보는가"(9절) 했습니다.
　그는 완전히 자유의 몸이 되고, 천사가 떠난 후에야 정신이 나서 "참으로 주께서 천사를 보내어" 자신을 구출하신 줄 깨달았습니다(11절).
　우리는 이 베드로의 체험에서 두 가지 교훈을 얻을 수 있습니다.
　첫째는, 우리가 하나님의 기이하신 도우심을 너무 늦게 깨닫거나, 아예 깨닫지 못해서 하나님의 은혜를 저버리거나 헛되이 해서는 안 된다는 점입니다. 우리의 믿음이 늘 깨어 있어서 하나님의 기이한 은혜를 곧 깨닫고 감사하기를 바랍니다. 둘째는, 이와 같은 도우심의 체험을 통해 우리 믿음이 자라고 자라서, 베드로처럼 순교까지 하는 신자들이 되어야겠습니다.

✞ **기　도**
　하나님, 우리의 심령이 늘 깨어서 주의 도우심을 환상으로 여기지 않게 하소서. 능치 못할 일 없으신 주님께 우리의 삶을 의지하게 하소서. 언제나 동행하여 주시고, 늘 함께하심을 몸으로 마음으로 느끼며 신앙생활을 하도록 은혜 주옵소서. 예수님의 이름으로 기도드립니다. 아멘

✞ **중보기도**
　우리가 주의 은혜를 환상시 하고 무시함으로 이웃들에게 돌아갈 축복마저 막는 자가 되지 않기 위해서.

✞ **명　상**
　우리의 믿음이 늘 깨어 있으면 많은 주의 기적을 볼 것입니다.

안디옥교회의 선교사 파송

♣ **성경** 사도행전 13:1~5(외울요절 2~3절)　**찬송** 505(268)장 ♣

　본문에는 신약 교회의 역사상 처음으로 선교사 파송식을 갖는 안디옥교회의 모습이 짧은 글 가운데 생생히 그려져 있습니다. 하물며 그 처음 두 선교사 바울과 바나바의 인물이 뛰어났고, 그들의 업적이 컸던 것을 생각할 때 안디옥교회의 이 선교사 파송식은 매우 중요한 교훈을 담고 있습니다.
　오늘은 첫 선교사 파송식을 가진 안디옥교회의 신앙적 장점 네 가지를 찾아보고자 합니다. 첫째는 그 교회에 선지자들과 교사들이 있어서, 하나님과 복음에 대해 잘 가르쳤습니다.
　둘째는 그들은 예배하면서 금식할 정도로 뜨겁고 간절한 신앙이 하나로 일치 화합하는 공동체였습니다. 셋째로 그들은 성령의 분명한 음성과 지시를 받을 정도로 영적으로 장성해 있었습니다(2~4절). 끝으로 그들은 자신들의 소중한 인재들을 남에게 보내는, 즉 선교사업에 힘썼습니다.
　우리 교회도 안디옥교회같이 선교하는 교회가 되도록 주님의 인도하심을 받고, 기도로 준비하고 물질로나 몸으로 헌신해야 하겠습니다.

✞ **기 도**
　하나님, 우리 교회에도 안디옥교회와 같이 귀한 신앙의 지도자들을 주옵소서. 하나님 앞에 금식하며 열심 있는 예배, 성령의 음성을 듣는 영성, 그리고 최고의 것을 남에게 주는 자들이 되게 하소서.
　예수님의 이름으로 기도드립니다. 아멘

✞ **중보기도**
　우리 교회가 안디옥교회같이 되어서 선교의 완성을 앞당길 수 있도록.

✞ **명 상**
　사도행전이라는 보석에서 가장 빛을 발하는 본문을 우리는 잊어버리지 말고 묵상합시다.

선교의 현장

♣ **성경** 사도행전 13:6~12(외울요절 7절)　**찬송** 502(259)장 ♣

　본문은 안디옥교회의 파송을 받은 선교사상 첫 선교사였던 바울과 바나바가 바나바의 고향 구브로(싸이프러스) 섬에서 첫 선교활동을 폈을 때의 한 사건을 생생하게 묘사했습니다. 여기서 우리는 선교 현장에서 일어나는 현실에 관한 몇 가지 교훈을 얻을 수 있습니다.
　첫째는 이방인인 총독 서기오 바울은 지혜도 있고, 복음 들을 준비도 되어 있었는데, 도리어 유대인인 바예수는, '거짓 선지자' 노릇을 하면서 박수(복술가)가 되어 이방인 총독의 신앙을 방해했습니다. 바예수는 심지어 바울에게 '모든 거짓과 악행이 가득한 자요, 마귀의 자식이요, 모든 의의 원수요, 주의 바른 길을 굽게 하는 자' 라는 책망을 받았습니다.
　우리는 여기서 외면상의 유대인, 즉 선교의 도움이 되어야 할 사람들 중에 오히려 선교의 적이 있음을 알 수 있습니다.
　둘째는 바예수와 같은 '마귀 자식들' 의 방해에도 불구하고 성령님은 바울에게 역사하셔서 바예수를 꾸짖고, 구브로 섬의 총독에게 복음이 들어가게 하는 장면을 봅니다. 즉 악령의 세력이 아무리 반항해도 복음의 빛이 늘 승리하는 것이 선교 현장의 특색입니다.

✞ **기 도**
　하나님, 우리도 악령의 방해를 각오하고 그것을 분별하면서, 성령의 능력으로 선교를 추진하게 하옵소서. 우리가 있는 이곳이 선교의 현장이 되게 하옵소서. 예수님의 이름으로 기도드립니다. 아멘

✞ **중보기도**
　거짓 유대인 같은 외면상의 신자들로부터 교회를 지킬 수 있도록.

✞ **명 상**
　지금 벌어지고 있는 빛과 어둠의 싸움이 얼마나 치열한가? 우리는 깨어서 빛이 어둠을 이겨 승리케 해야 합니다.

복음의 통일성

♣ **성경** 사도행전 13:33~41(외울요절 36~37절) **찬송** 505(268)장 ♣

본문은 사도 바울이 비시디아 안디옥(갈라디아 지방의 도시, 길리기아 안디옥과는 다른 곳)의 회당에서 전한 복음 설교의 결론입니다.

우리가 사도 바울의 설교를 읽으면서 발견하고 놀랄만한 한 가지는 사도행전 2장에 기록된 사도 베드로의 설교와 사도행전 7장의 스데반 집사의 설교와 바울의 본문 설교가 중요한 요점들에 있어서 통일성을 보여 준다는 사실입니다.

인본주의 신학자들은 이 점을 비난하여 말하기를, 이 통일성은 누가의 조작 때문이며, 누가가 꾸며낸 신학의 결과라고 폄론합니다. 그러나 우리는 하나님께서 예수님의 속죄의 죽으심과 부활 사실을 통하여 구원 역사를 시작하신 것을, 베드로나 스데반이나 바울이 똑같이 보고 증거한 결과가 이들의 설교와 신학의 통일성의 근거라고 생각합니다.

특별히 다윗의 복음신앙을 세 사람이 똑같이 밝히고 있는 사실은 놀라움을 자아냅니다. 복음은 아브라함에게나(요 8:56) 다윗에게나, 베드로, 스데반, 바울에게나 똑같이 계시되었습니다. 복음의 통일성은 우리 믿음의 반석입니다.

✚ **기 도**
하나님, 선지자들과 사도들과 복음 기자들의 통일된 신앙에 우리의 신앙도 완전히 일치케 하소서. 미혹의 영에 빠져서 사이비 종교에 현혹되어 바른 길을 찾지 못하는 이들을 불쌍히 여기시어 복음 안에 들어오게 도우소서. 예수님의 이름으로 기도드립니다. 아멘

✚ **중보기도**
기독교 교리의 통일성을 못 보는 이단자들이 이것을 보는 눈을 가질 수 있기를.

✚ **명 상**
선지자와 사도들의 복음 이해의 일치성은 우리에게 얼마나 큰 힘이 되는가?

유대인을 버리시고 이방인을 택하심

♣ 성경 사도행전 13:42~52(외울요절 46절)   찬송 349(387)장 ♣

"바울과 바나바가 담대히 말하여 이르되 하나님의 말씀을 마땅히 먼저 너희에게 전할 것이로되 너희가 그것을 버리고 영생을 얻기에 합당하지 않은 자로 자처하기로 우리가 이방인에게로 향하노라"(46절). 두 사도의 이 선언은 구원사에서 하나의 큰 고비가 된 이른바 '유대인의 일시적 유기(遺棄)와 이방인의 구원 기회' 라는 하나님의 섭리를 선언한 말씀입니다.

그리하여 "내가 또 너를 이방의 빛으로 삼아 나의 구원을 베풀어서 땅 끝까지 이르게 하리라"(사 49:6)는 예언도 이로써 이루어지게 되었습니다.

본문에는 일시나마 버림받은(롬 11:11~28) 유대인이, 그 버림받은 이유로 복음전파를 시기하고, 전도자들을 변박하고 핍박한 사실이 기록되었습니다(45~50절). 그러나 이방인들은 복음을 기쁨으로 받아들이고, 전도자들을 추종한 사실이 인상 깊게 기록되었습니다(42~44, 48~49, 52절).

이 같은 하나님의 섭리와 구원받을 사람과 못 받을 사람의 태도는 주님의 재림 때까지 계속될 것입니다.

우리가 이미 받은바 된 구원의 말씀을 온전히 받아들이고, 다른 사람에게도 기쁨으로 전할 수 있는 가정이 되기를 원합니다.

✚ 기 도

하나님, 저희를 영생 얻음에 합당한 자로 불러 주셨으니 감사합니다. 구원받지 못한 사람들의 복음에 대한 시기와 핍박을 금하게 하시고, 그들이 기쁨으로 전도자들을 따르게 하옵소서. 예수님의 이름으로 기도드립니다. 아멘

✚ 중보기도

우리에게 남아 있는 복음에 대한 시기와 핍박이 근절되기를 위해서.

✚ 명 상

오늘의 교회에 유대인 같은 시기와 핍박이 얼마나 심한가? 깨어 회개합시다.

구원받을 만한 믿음

♣ **성경** 사도행전 14:8~18 (외울요절 9~10절)　**찬송** 200(235)장 ♣

　믿음은 사람의 마음속에 있지만 전도자와 영성이 높은 신자들은 그 숨은 믿음을 볼 수가 있습니다. 루스드라의 나면서 앉은뱅이 된 병자가, "바울이 말하는 것을 듣거늘 바울이 주목하여 구원받을 만한 믿음이 그에게 있는 것을 보고"(9절) 말 한마디로 그를 낫게 하여 뛰어 걷게 만들었습니다. 바울은 병자의 마음속에 있는 믿음을 볼 수 있었는데, 그 나타난 표는 병자의 '말씀 듣는 태도'에 있었습니다.

　사도행전 13:46의, "영생 얻기에 합당하지 않은 자로 자처하는" 것에서 역시 유대인들의 복음에 대한 시기와 핍박의 태도를 엿볼 수 있습니다.

　그렇습니다. 우리는 사람 속에 숨어 있는 믿음을 볼 수 있는데, 그것은 특별히 말씀을 듣는 태도로써 식별할 수 있습니다. 오래 믿고 직분이 있는 신자나 새로 믿는 사람이나 자신의 말씀을 듣는 태도가 어떠한지 항상 반성의 기회를 가져야 하겠습니다. 또한 사모하는 심령 속에 부어 주심을 알고, 목마른 사슴이 시냇물을 사모하듯이 주의 말씀을 항상 사모합시다.

✞ **기　도**
　하나님, 믿음은 우리 영혼의 깊은 곳에 숨어 있사오나, 그것이 남의 눈과 내 눈에도 보일 수 있게 나타남을 우리도 압니다. 말씀을 듣는 나의 태도가 구원받을 만하게 하옵소서. 예수님의 이름으로 기도드립니다. 아멘

✞ **중보기도**
　영의 눈이 어두워 자신의 믿음의 실상을 보지 못하는 이들이 말씀 안에서 자신을 돌아보게 되기를 위해.

✞ **명　상**
　오묘한 일도 나타내 보이시는 하나님 능력 앞에서 늘 우리 자신을 살펴보자.

사도 바울의 충성과 용기

♣ **성경** 사도행전 14:19~28 (외울요절 22절)　**찬송** 336(383)장 ♣

　본문에는 사도 바울의 초인간적인 충성심과 용기가 그림처럼 기록되었습니다. 그가 제1차 전도여행(주후 45~48년경)을 할 때 갈라디아 지방의 루스드라에서 전도하다가 나면서 앉은뱅이 된 사람을 고쳐 주기도 했습니다. 또 바울과 바나바를 신이라고 예배하려는 사람들을 가르치면서 큰 전도의 결과가 나타났습니다.

　이 모습을 보고 시기한 유대인들이(비시디아) 안디옥과 더베 등, 먼저 사도들이 전도한 곳으로부터 루스드라에 와서 바울을 돌로 치고, 그가 죽은 줄 알고 성 밖에 끌어 내쳤습니다(19절).

　그런데 그때부터 사도 바울의 초인적 충성심과 용기가 빛을 발했습니다. 성 밖에서 정신이 난 바울은, "일어나 그 성에 들어갔다가 이튿날 바나바와 함께 더베로 가서 복음을 그 성에서 전하여 많은 사람을 제자로 삼고 루스드라와 이고니온과 안디옥으로 돌아가며" 계속 전도하고 가르쳤습니다(20~22절).

　"우리가 하나님의 나라에 들어가려면 많은 환난을 겪어야 할 것이라"(22절)는 자신의 말을, 바울은 누구보다도 먼저 철저히 체험했습니다. 우리 모두 바울 사도의 충성과 용기를 본받읍시다.

✞ **기 도**
　하나님, 사도 바울에게 초인간적 충성과 용기를 주셨듯이, 우리에게도 그러한 능력을 주옵소서. 복음 전선에서 용맹스런 군사들이 되게 하옵소서. 예수님의 이름으로 기도드립니다. 아멘

✞ **중보기도**
　사도의 충성과 용기를 계승하여 무력한 교회를 소생시킬 수 있게 되기를.

✞ **명 상**
　기도하고 성령받으면 능히 행할 수 있는 충성심과 용기가 생깁니다.

예루살렘 공의회의 중요성

♣ 성경 사도행전 15:1~29(외울요절 19~20절)   찬송 201(240)장 ♣

　본장에 기록된 예루살렘 공의회는 이른바 신약시대의 제1차 교회회의로서 그 이후의 모든 대소 교회회의들의 전례입니다.
　본장에는 이 회의의 발단이 된 안디옥에서의 쟁론(1~2절)과, 그 쟁론을 해결하기 위한 예루살렘 교회회의의 모든 전말이 상세히 기록되었습니다. 이 회의가 교회역사상의 중요성, 또는 기독교의 복음사상 확립 과정에 끼친 중요한 의미를 다음과 같이 요약할 수 있습니다.
　첫째, 이 회의가 취급한 쟁의는 마땅히 있어야 할 것이었습니다(고전 11:19). 이 회의에서 구약의 율법시대와 신약의 복음시대가 구분되어야만 했습니다. 사람이 멜 수 없는 율법주의의 멍에(10절)는 버려져야만 했습니다.
　둘째, 이 회의에서 인간의 구원은 오직 예수를 믿는 믿음에 의해서만 가능하다는 복음이 철저히 확립되었습니다(9~11절).
　셋째, 신약교회의 윤리 표준이 세워졌습니다. 신약신자의 윤리의 '요긴한 점'(28절)은 '우상의 제물, 피, 음행' 등 주로 성결한 생활에 관계된 것이었습니다(20, 28~29절). 끝으로 이 회의에서 교회 지도자들의 변증적 책임이 분명해졌습니다. 우리도 기독교적 윤리관을 바로 갖고 말씀을 표준삼아 항상 개혁하는 마음으로 신앙생활을 해야겠습니다.

✚ **기 도**
　하나님, 예루살렘 공의회의 변증적 책임 수행을 우리도 계승하게 하소서. 예수님의 이름으로 기도드립니다. 아멘

✚ **중보기도**
　우리가 할 수만 있으면 모든 사람과 화평하되, 필요한 변증의 책임을 다할 수 있기를.

✚ **명 상**
　명백한 복음사상을 확립한 예루살렘 공의회에서의 성령의 빛을 유지합시다.

서로 위로하는 교회

♣ **성경** 사도행전 15:23~35(외울요절 30~31절)　**찬송** 220(278)장 ♣

　예루살렘 공의회가 기독교의 복음사상 확립에 결정적인 주요한 결의를 했습니다. 그 내용은 이방인 교회의 대표적 교회였던 안디옥교회에 써 보낸 편지 내용(23~29절) 자체와, 그것을 전하는 예루살렘 모교회와 그 편지를 읽고 응답하는 지교회 사이에 아름다운 성도의 위로가 향기를 발하고 있습니다.
　"그들이 작별하고 안디옥에 내려가 무리를 모은 후에 편지를 전하니 읽고 그 위로한 말을 기뻐하더라"(30~31절)고 한 말씀이 두 교회에 넘치던 기쁨과 생기를 잘 보여 줍니다.
　개인의 마음에나 한 가정 안에서나 한 지교회나 크게는 세계의 교회 사이에서도 분쟁이 있을 수 있습니다. 그런 분쟁은 때로 복음의 확립을 위해서 당연히 있어야 할 때도 있습니다. 그러나 교회가 반드시 명심할 일은, 그와 같은 분쟁의 진행과정이나 특별히 그 결과에 있어서는 '서로 위로하는' 사랑 공동체의 특색을 나타내야만 하는 점입니다.
　우리는 예루살렘 공의회의 '많은 변론'(행 15:2,7) 끝에 그들이 서로 주고받은 '위로'의 중요성을 항상 잊지 말아야겠습니다.

✟ **기　도**
　하나님, 우리가 진리를 위해 분쟁도 하지만, 그 과정이나 결말에서 서로 위로하는 일을 잊지 말게 하소서. 예수님의 이름으로 기도드립니다. 아멘

✟ **중보기도**
　우리의 개인들 사이, 교회들 사이에서 서로 위로하는 일을 잊지 않도록.

✟ **명　상**
　우리의 마음이 강퍅하여 서로 위로하는 이 큰 의무와 축복을 놓치지 맙시다.

약점을 극복하는 교회

♣ 성경 사도행전 16:1~5 (외울요절 4~5절)   찬송 210(245)장 ♣

바울 사도가 제2차 전도여행(주후 50~53년경) 도중 더베와 루스드라에 다시 들렸을 때, 그 지방에서 칭찬받는 청년 디모데를 만나서 그를 새로운 동역자로 삼고 그 후의 전도여행을 계속했습니다.

그런데 3절과 4절 사이에 모순이 있음을 볼 수 있습니다. 바울 사도는 "그 지역에 있는 유대인으로 말미암아 그(디모데)를 데려다가 할례를 행했다"고 했는데, 4절에 기록된 "예루살렘에 있는 사도와 장로들이 작정한 규례"는 할례의 불필요성을 규정했었습니다(행 15:1~2).

바울 사도 자신도 예수님이 세우신 큰 사도였으나 연약한 인간성을 보이고 있으며, 그가 면책했던 베드로와 같은 위선을 자신도 범하였음을 볼 수 있습니다(갈 2:11~14). 그와 바나바가 마가의 문제로 '심히 다투고' 갈라진 사건 역시 그들의 약점을 보여 줍니다.

그러나 교회는 하나님의 교회이므로 성삼위께서 인간의 모든 약점을 극복하게 하시고, 계속 진리의 길로 전진하게 하심을 5절에서 보여 줍니다. "이에 여러 교회가 믿음이 더 굳건해지고 수가 날마다 늘어가느라"는 말씀처럼 연약함 뒤에 감춰진 승리와 전진을 믿고 기도로 이루어 나아갑시다.

✜ 기 도
하나님, 우리의 연약함을 인정하고, 겸손하게 주님의 힘에만 의지하게 하소서. 신앙생활을 하는 중에 드러나는 다툼이나 위선조차도 주님 앞에 내어 놓사오니 고쳐 주옵소서. 예수님의 이름으로 기도드립니다. 아멘

✜ 중보기도
우리의 연약함을 주의 은혜로 극복하고, 이웃들에게 복음을 증거할 수 있도록.

✜ 명 상
우리의 약점을 모르거나, 알면서도 주님의 도우심을 구하지 않는 과오를 범치 맙시다.

마게도냐 사람의 구원 요청

♣ 성경 사도행전 16:1~15(외울요절 9절)   찬송 288(204)장 ♣

　사도 바울과 그 일행이 소아시아(터키) 지방을 두 번에 걸쳐 전도한 후, 발길을 동쪽으로 돌려서 그들의 선교 본부가 있는 길리기아의 안디옥으로 오려 했던지, 혹은 그 후부터는 동방으로 계속 전도하여 아시아대륙까지 오려 했을 때, '성령이 아시아에서 말씀을 전하지 못하게 하신'(6절) 하나님의 섭리는 우리에게 무엇을 가르쳐 줍니까?
　첫째는, 아시아가 유럽보다 복음을 받을 준비가 덜 되어 있었고, 따라서 유럽은 먼저 복음을 받는 축복이 있었으며, 아시아는 그 후에 복음을 받아서 유럽 교회가 못다 한 세계선교 완성을 담당하게 하셨습니다.
　둘째는, 마게도냐 사람이 "마게도냐로 건너와 우리를 도우라" 한 사실에서, 인간은 하나님의 도움, 즉 십자가 구원의 도움이 절대 요청됨을 잘 보여 줍니다. 마게도냐는 빌립 대왕과 알렉산더 대왕, 그 후의 구라파를 재패한 강력한 군국주의 나라였으나, 복음의 도움 외에는 살 길이 없음을 이 구속사가 잘 보여 줍니다.
　끝으로 마게도냐, 나아가서는 온 인류의 구원은 연약해 보이는 교회(여자들 14절), 그러나 기도하는 교회를 통해 이뤄짐을 잘 보여 줍니다.

✝ 기 도
　하나님, 마게도냐인의 구원 요청을 통해 인류의 갈 길을 명심하게 하소서. 또한 하나님의 뜻대로 움직여가는 가정이 되게 하소서. 예수님의 이름으로 기도드립니다. 아멘

✝ 중보기도
　하나님의 원대하신 섭리를 따라서 천기(天氣)를 분별하듯 구원사를 분별하는 지혜를 얻기 위해서.

✝ 명 상
　우리도 바울같이 성령의 조명따라 우리의 사명의 길을 밝히 보고 나아갑시다.

찬송 소리에 흔들린 옥터

♣ **성경** 사도행전 16:19~34 (외울요절 25~26절) **찬송** 303(403)장 ♣

바울과 실라가 하나님을 찬송하므로 빌립보 감옥의 옥터가 움직이고 하나님께서 바울과 실라 두 사도를 해방시키고, 간수와 그 가정을 구원했던 일을 통해 우리는 다음과 같은 교훈을 얻을 수 있습니다.

첫째로 그들의 찬송은 하나님을 높이는 찬송이었습니다. 그렇기에 하나님이 지진의 기적으로 응답하셨습니다. 우리의 찬송이 하나님을 높이는 것이 되어야 합니다. 사람을 높이는 성질의 찬송을 경계해야 합니다.

둘째로 그 찬송은 교회의 능력을 증거하는 찬송이었습니다. 옥터가 흔들리고, 두 사도들과 죄수들의 고랑이 풀어지고, 간수와 그 일가가 구원받으므로 하나님의 교회는 그 능력을 충분히 나타냈습니다. 우리의 찬송도 능력을 나타내는 찬송이 되어야 하겠습니다.

끝으로 그들의 찬송은 구원받은 사람들의 기쁨을 노래하는 찬송이었습니다. 간수의 가정이 "그와 온 집안이 하나님을 믿으므로 크게 기뻐하니라"(34절)고 한 바와 같이, 두 사도가 옥중에서 불렀던 찬송의 기쁨을 체험했습니다.

우리도 절망적이고 뚫고 나갈 희망이 없는 곳에 있다 할지라도 오히려 고난을 기뻐하며 찬송하는 굳건한 믿음의 자세가 필요합니다.

✝ **기 도**

하나님, 우리의 찬송이 힘 없는 푸념이 되지 말게 하시고, 두 사도들의 찬송같이 우리를 부자유케 하는 모든 옥터가 흔들리는 찬송이 되게 하소서. 예수님의 이름으로 기도드립니다. 아멘

✝ **중보기도**

옥중의 밤 같은 절망에서 낙심하지 말고 참된 찬송을 드리는 믿음을 소유할 수 있기를 위해.

✝ **명 상**

찬송의 가사마다 들어 있는 뜻을 믿고 불러서, 우리의 찬송으로 큰 능력을 나타냅시다.

성경을 상고한 베뢰아인들

♣ 성경 사도행전 17:1~14(외울요절 11절)　찬송 200(235)장 ♣

"베뢰아에 있는 사람들은 데살로니가에 있는 사람들보다 더 너그러워서 간절한 마음으로 말씀을 받고 이것이 그러한가 하여 날마다 성경을 상고하므로"(11절) 남녀 신자가 많이 생겼습니다.

11절은 그들의 성경중심적 신앙을 간단한 말로 잘 보여 줍니다.

첫째로 그들은 너그러웠습니다. 이 말은 상식과 인내심이 있는 인격을 말합니다. 우리도 건전한 신앙인이 되기 위하여 상식과 인내심을 배양합시다.

둘째로 그들은 '간절한 마음으로' 말씀을 받았습니다. 이것은 겸손하고 주의깊은 연구 자세를 말합니다. 우리도 말씀을 읽거나 들을 때마다 겸손하고 주의깊은 연구 태도를 가집시다.

끝으로 베뢰아의 신자들은 '이것이 그러한가 하여 날마다 성경을 상고' 했습니다. 이 자세는 성경에 대한 탐구심과 체계적 공부가 있어야 함을 보여 줍니다. 우리도 성경의 근본적 의미, 더욱 깊은 뜻을 알려고 쉬임없이 공부하고, 체계를 세워서 공부해야 하겠습니다.

✟ 기 도

하나님, 우리도 베뢰아의 신자들과 같이 너그러운 태도와 간절한 심정, 그리고 날마다 계속되는 조직적 연구를 통하여 성경을 바르게 깨닫게 하소서. 예수님의 이름으로 기도드립니다. 아멘

✟ 중보기도

우리의 성경연구 태도나 지식이 바르지 못하여 우리가 전하는 말씀을 통해 구원을 기다리는 이들을 실족케 하지 않기를.

✟ 명 상

우리의 피상적이고 산만한 성경 지식과 연구 태도를 버리고, 진지한 자세로 성경을 터득해 나아갑시다.

복음의 성화 능력

♣ **성경** 사도행전 19:11~20 (외울요절 19~20절)   **찬송** 449(377)장 ♣

사도 바울의 제3차 전도여행(주후 53~57년경) 도중 에베소에서도 그의 전도 열매가 풍성하였을뿐 아니라, 그들의 생활이 깨끗해지는 성화운동이 힘차게 일어나고 있음을 본문이 보여 줍니다.

"믿은 사람들이 많이 와서 자복하여 행한 일을 알리며 또 마술을 행하던 많은 사람이 그 책을 모아 가지고 와서 모든 사람 앞에서 불사르니 그 책 값을 계산한즉 은 오만이나 되더라"(18~19절).

이와 같은 복음의 성화력(聖化力)은 다음 절에 나오는 대로 "주의 말씀이 힘이 있어 흥왕하여 세력을 얻음으로" 이뤄졌습니다.

우리는 이 기록에서 한 사회나 한 가정, 또는 한 개인의 중심이 도덕적으로 깨끗해지는 유일한 길을 발견하게 됩니다. 20절의 '주의 말씀'은 예수 그리스도의 십자가와 부활의 복음을 뜻합니다.

복음은 특별계시로 인간의 지식 이외에 하나님이 주신 것입니다. 따라서 인간의 성화(聖化)는 다른 어떤 것으로도 불가능하며, 오직 예수님의 복음을 듣고 먼저 사죄의 은혜를 받은 다음에라야 그 생활에 변화와 정화의 역사가 일어남을 알 수 있습니다.

우리는 이것을 확신하고 인류의 시급한 도덕적 요구를 이루기 위해 복음을 더욱 시급히 전합시다.

✞ **기 도**
하나님, 에베소의 부도덕했던 사람들이 다른 힘으로는 하지 못했던 도덕적 정화를 주의 말씀에 의해 경험했듯이, 우리에게도 이 일이 계속 힘차게 진행되게 하소서. 예수님의 이름으로 기도드립니다. 아멘

✞ **중보기도**
복음의 정화력을 우리가 등한시하지 않도록.

✞ **명 상**
한국 교회의 죄악을 회개하고 복음의 성화력에 대해 명상합시다.

바울 사도의 복음 전파의 열성

♣ **성경** 사도행전 20:7~12(외울요절 7절)   **찬송** 505(268)장 ♣

　본문의 그림 같은 장면을 통하여 구원의 복음을 쉬임없이, 조금이라도 더 전하고 가르치려는 사도 바울의 열성을 우리는 감동적으로 지켜보게 됩니다.
　본문에는 다음과 같은 구절들이 연속으로 나오면서 그의 열심을 보여 줍니다. "바울이 이튿날 떠나고자 하여 그들에게 강론할새 말을 밤중까지 계속하매"(7절). 다음날 낮의 여행의 피곤, 또는 여행 준비 등 범인(凡人)의 생각은 그에게 없었습니다. "바울이 강론하기를 더 오래 하매"(9절). 이미 밤은 깊고 조는 사람들도 있는데 사도의 열성은 지칠 줄을 모릅니다.
　"떠들지 말라 생명이 그에게 있다 하고 올라가 떡을 떼어 먹고 오랫동안 곧 날이 새기까지 이야기하고 떠나니라"(10~11절). 마침내 사도는 밤을 새워 강론을 마치고, 이어서 조반을 먹고, 여행을 떠났습니다.
　12절에 보면 "사람들이 살아난 청년을 데리고 가서 적지 않게 위로를 받았더라"고 했습니다. 그들의 위로는 그 기적을 보아서보다는 사도의 설교에서 받은 은혜 때문에 더 컸을 것입니다.
　우리들도 보다 말씀을 좋아하고 즐기는 은혜의 생활을 해야겠습니다.

✞ **기 도**
　하나님, 우리에게도 사도 바울과 같이 복음을 전하고 가르치는 데에 쉬임없이 타오르는 횃불 같은 열성을 주옵소서. 예수님의 이름으로 기도드립니다. 아멘

✞ **중보기도**
　우리들의 냉담한 전도의 자세 때문에 많은 영혼들이 구원의 기회를 놓치지 않도록 우리에게 열심 주시기를.

✞ **명 상**
　우리도 바울과 같이 복음의 긴급성을 깨닫고, 복음 전파에 심혈을 쏟읍시다.

순교를 각오한 바울 사도

♣ **성경** 사도행전 21:4~14 (외울요절 13~14절)　**찬송** 336(383)장 ♣

3차에 걸친 전도여행을 다 마치고 예루살렘으로 돌아오는 사도 바울에게 그의 친구들로부터 위험을 경고하는 예언들이 전해졌습니다. 그러나 사도 바울은 순교를 각오했음을 밝혔고, 그가 예루살렘에서 결박되는 장면이 기록되었습니다.

"여러분이 어찌하여 울어 내 마음을 상하게 하느냐 나는 주 예수의 이름을 위하여 결박당할 뿐 아니라 예루살렘에서 죽을 것도 각오하였노라"(13절).

사도 바울은 왜 순교를 각오했습니까? 그는 '주 예수의 이름을 위하여' 순교를 각오했습니다.

주 예수의 이름을 위하여라 함은 첫째, 한 사람에게라도 더 예수의 이름을 전하여 구원시키고자 함을 말합니다. 둘째, 주 예수님의 이름의 뜻을 변증하려함을 말합니다.

이 두 가지 노력은 다 하나님과 예수님의 이름을 높이고 영광 돌리는 길이었습니다. 그는 예루살렘에서 결박되어 가이사랴의 옥중에서 2년을 지낸 후, 로마에 가서 순교했다고 전해집니다.

✞ **기 도**

하나님, 우리에게도 바울 사도에게 주셨던 그 열성을 주옵소서. 주 예수님의 이름 때문에 자기 목숨을 돌보지 아니하고 순교까지도 할 수 있는 열심을 주옵소서. 예수님의 이름으로 기도드립니다. 아멘

✞ **중보기도**

우리에게 사도의 열심을 주셔서 우리의 그 열심으로 인해 많은 이웃들이 구원 받을 수 있도록.

✞ **명 상**

우리는 사도적 교회의 일원으로서 사도의 충성을 잊지 말고, 그 순교의 각오를 깊이 명상합시다.

바울 사도를 격려하신 예수님

♣ 성경 사도행전 23:1~11(외울요절 11절) 찬송 352(390)장 ♣

예루살렘에서 유대인들의 소동 앞에 로마 군인들에게 결박되어 매를 맞고 심문을 받은 후, 다시금 많은 유대인들 앞에 서서 복음을 변명하는 사도 바울은 두렵고 피곤했을 것입니다. 그는 심지어 소동하는 사두개인과 바리새인들 틈에서 찢겨 죽을 듯한 위기에 몰리기도 했습니다(10절).

그런데 그날 밤에 그가 로마군의 영문 안 옥에 갇혀 있을 때, "주께서 바울 곁에 서서 이르시되 담대하라 네가 예루살렘에서 나의 일을 증언한 것같이 로마에서도 증언하여야 하리라"(11절)고 그를 격려하셨습니다.

예수님의 이 격려는 사도 바울에게 어떤 힘이 되었을까요?

바울 사도는 밤중에 그에게 오셔서 그를 격려하시는 예수님의 음성을 듣고 첫째는 그가 당장 직면한 모든 고난에 대한 두려움을 떨쳐 버리고, 다시금 담대한 믿음을 갖게 되었을 것입니다. 이는 그 이후 그의 행동이 잘 보여 줍니다.

둘째는 바울 사도는 주님의 분부대로 로마까지 가서 주님의 복음을 전할 용기를 갖게 되었을 것입니다. 그는 지금까지의 전도보다 더 어려운 로마에서의 전도까지 주님의 격려로 다 마치고, 마침내 순교까지 할 수 있었습니다.

✞ 기 도

하나님, 우리에게도 바울 사도에게 주셨던 격려를 늘 주시기를 원합니다. 또한 부끄러움 없는 격려를 받을 수 있는 신앙인이 되게 하옵소서. 예수님의 이름으로 기도드립니다. 아멘

✞ 중보기도

우리가 주님의 격려를 받으며 담대히 많은 이웃에게 용기를 줄 수 있도록.

✞ 명 상

예수님의 격려를 받고 살아가는 생의 위대한 힘을 사모합시다.

불의한 세속의 재판관

♣ **성경** 사도행전 24:21~27 (외울요절 25절)　**찬송** 426(215)장 ♣

　사도 바울이 가이사랴의 옥중에서 2년 구류생활을 하는 동안 총독 벨릭스가 바울 사도에게 복음을 들은 적이 있었습니다.
　사도는 총독에게 예수님의 복음을 전하고 부활의 소망을 설명했습니다(행 24:14~21). 그리고 이어서 의와 절제와 장차 오는 심판을 강론했습니다(25절). 그러나 벨릭스 총독은 두려워하기는 하면서도 복음을 깨달을 때까지 듣기를 거부할 뿐 아니라, 바울에게서 돈을 받을까 하여 더 자주 불러 같이 이야기했습니다. 그렇게 2년을 끌었습니다.
　벨릭스 총독의 후임자로 온 베스도 총독도 역시 바울을 재판하면서 바울을 예루살렘으로 데려가는 길에서 죽이려는 유대인의 간계를 알았습니다. 그러면서도 "유대인의 마음을 얻고자 하여 바울더러 묻되 네가 예루살렘에 올라가서 이 사건에 대하여 내 앞에서 심문을 받으려느냐"(행 25:9)고 유인하고 있습니다.
　우리는 여기서 세상 재판관들의 불의함을 잘 볼 수 있습니다. 그들은 신성한 법관이면서도 돈을 부당하게 요구하고, 재판을 굽게 행하려 합니다. 그들도 예수님을 믿고 구원받아야 합니다. 그 후에야 바른 재판을 할 수 있게 될 것입니다(고전 2:8).

✝ **기 도**
　하나님, 세상의 불의한 법관들을 전도하여 그들이 구원받을 수 있는 은혜를 주옵소서. 그들이 주님을 알고 하늘의 지혜를 얻어 바른 재판을 하게 하옵소서. 예수님의 이름으로 기도드립니다. 아멘

✝ **중보기도**
　우리의 전도가 세상의 권력자와 법관에게 속히 미칠 수 있도록.

✝ **명 상**
　법관들이 구원을 받고 바르게 재판하면 그들과 백성이 얼마나 다행한 일인가?

자기의 생각과 하나님의 뜻

♣ **성경** 사도행전 26:9~23 (외울요절 22~23절)   **찬송** 208(246)장 ♣

본문은 사도 바울이 가이사랴의 법정에서 베스도 총독과 아그립바왕에게 변명한 그의 신상(身上)에 관한 진술입니다. 그는 이 진술에서 자신이 예수님의 복음을 아직 모를 때에 한 일을 이렇게 말합니다.

"나도 나사렛 예수의 이름을 대적하여 많은 일을 행하여야 될 줄 스스로 생각하고 많은 성도들을 옥에 가두기도 하고, 또 죽을 때에 찬성투표를 했다."는 것입니다.

그런데 그가 예수님의 복음을 안 후에는 "높고 낮은 사람 앞에서 증언하는 것은 선지자들과 모세가 반드시 되리라고 말한 것밖에 없다."고 하면서, 그것은 곧 그리스도께서 고난을 받으시고, 죽은 자 가운데서 부활하셔서 이스라엘과 이방인들에게 빛이 되셨다는 내용이라고 했습니다.

우리가 사도의 이 진술에서 깨닫는 한 가지가 있습니다. 그것은 바울이 예수를 믿기 전에도 율법을 따라서 생활했으나 그것은 자기 자신의 생각을 따른 것이지(9절), 참으로 하나님의 뜻을 따른 것이 아니었다는 사실입니다.

오늘의 우리도 이와 같은 잘못이 없도록 깨어 행합시다.

✟ **기 도**
하나님, 우리가 성경대로 산다면서 내 뜻대로 행하는 삶이 되지 않도록 지켜 주옵소서. 하나님의 뜻을 분별하는 지혜의 영을 주옵소서. 말씀대로 순종함으로 주님의 의를 이루게 하옵소서. 예수님의 이름으로 기도드립니다. 아멘

✟ **중보기도**
우리들은 바울이 범한 과오를 범하지 않도록.

✟ **명 상**
내가 지금 품고 있는 생각들은 주님의 뜻을 어느 정도 따르는 것인가 돌이켜 봅시다.

나와 같이 되기를 원하나이다

♣ 성경 사도행전 26:22~32 (외울요절 29절)   찬송 502(259)장 ♣

"바울이 이르되 말이 적으나 많으나 당신뿐만 아니라 오늘 내 말을 듣는 모든 사람도 다 이렇게 결박된 것 외에는 나와 같이 되기를 하나님께 원하나이다 하니라"(29절). 바울의 이 말은 그의 전도의 말들 중에서 단연 빛을 발하는 기념비 같은 말입니다.

그가 결박당한 것 외에는 모든 사람이 자기와 같이 되기를 원한다고 했는데, 그의 소원은 무엇을 나타내고 있습니까?

첫째로 바울은 모든 사람들이 자기와 같이 예수를 믿고 구원받은 기쁨으로 감사생활하기를 원한다는 것입니다.

둘째로 모든 사람이 바울 자신처럼 전도자가 되기를 원한다는 것입니다. 비록 남이 미쳤다고 하더라고 말입니다(24절).

끝으로 그는 결박당한 것을 원치 아니함으로 성도들이 애매히 고난받는 일이 없을 것을 소원하고 있습니다(렘 17:16~17).

우리도 바울의 신앙고백처럼, 우리의 행함에 대하여 "모든 사람이 나와 같이 되기 원합니다."라는 고백을 담대하게 표현할 수 있었으면 합니다. 그렇게 되기를 늘 기도합시다.

✢ **기 도**

하나님, 우리들도 바울 사도와 같은 열정과 권위를 가지고, 우리 주위의 모든 높고 낮은 이웃들에게 주님의 복음을 전하게 하옵소서. 예수님의 이름으로 기도합니다. 아멘

✢ **중보기도**

우리가 바울 사도와 같은 전도의 열정과 권위를 가지고 전도의 사명을 잘 감당할 수 있기를 위해.

✢ **명 상**

바울 사도도 우리와 같은 성정(性情)을 가졌으니, 우리도 그러한 정열을 구해 봅시다.

선장이 된 바울 사도

♣ **성경** 사도행전 27:33~44 (외울요절 35~36절) **찬송** 371(419)장 ♣

　본장은 사도행전을 연구하는 사람들에게 인상 깊은 교훈을 줍니다. 그것은 풍랑으로 위기일발의 처지에 놓인 배에서 선원들과 선객들(276명) 가운데 사도 바울이 취한 침착하고도 권위 있는 참 지도자의 모습 때문입니다. 실제에 있어서 그 배의 선장은 바울 사도였습니다.
　그는 배가 그레데의 미항을 떠날 때부터 앞으로의 기후 때문에 선장과 선주에게 주의를 주었습니다. 그리고 그가 예측했던 대로 풍랑이 몰아쳤고, 그때부터 그는 무력해진 선장과 선원들과 선객들과 하주들을 다 제쳐놓고, 배의 안전을 유지하면서 승객들을 하나도 잃지 않고 다 무사히 멜리데섬에 상륙시켜 구원했습니다. 특히 그가 풍랑에 시달린 사람들을 위로하면서 떡을 나누어 주어 먹게 하는 장면은 숭고하기까지 합니다.
　바울의 이 같은 침착성과 지혜와 권위 있는 지도력은 그가 믿은 하나님이 주신 선물이었습니다.
　"나는 내게 말씀하신 그대로 되리라고 하나님을 믿노라"(행 27:25).
　바울은 심지어 풍랑이 이는 배 위에서 하나님께 감사하고 떡을 사람들에게 떼어 주었습니다(35절). 우리도 어떤 위험에 처하게 될지라도 그것에 두려워 말고 무조건 감사하는 생활을 하도록 노력해야겠습니다.

✞ **기 도**
　하나님, 우리도 바울같이 주를 믿으면, 그 침착성, 지혜, 지도력을 주실 줄 믿습니다. 그 받은 은혜로 많은 이들을 구원의 길로 이끌게 하옵소서. 예수님의 이름으로 기도드립니다. 아멘

✞ **중보기도**
　우리가 사도와 같은 지혜와 지도력을 가져서 많은 이웃들을 구원할 수 있기를.

✞ **명 상**
　주님이 주시는 이 놀라운 지도력을 우리가 갖는다면 우리와 이웃들은 얼마나 다행한 일인가?

복음 전도자의 자유

♣ **성경** 사도행전 28:23~31 (외울요절 30~31절)　**찬송** 434(491)장 ♣

사도 바울이 주님의 예언대로 전도하러 가기를 원했던 로마에 마침내 오기는 왔으나, 죄수의 몸으로 왔습니다. 그는 비록 죄수의 몸이었지만 주님이 주시는 자유 안에서 2년간 자유롭게 전도한 사실이 사도행전의 끝에 기록된 것은 매우 인상적이라 아니할 수 없습니다.

"바울이 온 이태를 자기 셋집에 머물면서 자기에게 오는 사람을 다 영접하고 하나님의 나라를 전파하며 주 예수 그리스도에 관한 모든 것을 담대하게 거침없이 가르치더라"(30~31절).

사도 바울이 로마에서 죄수의 몸으로 자유롭게 전도한 사실은 우리 모든 그리스도인의 자유의 모습을 상징적으로 나타냅니다.

예수님은 "진리를 알지니 진리가 너희를 자유롭게 하리라"(요 8:32)는 말씀으로 이 자유를 약속하셨습니다. 사도 바울은 "그리스도께서 우리를 자유롭게 하려고 자유를 주셨으니 그러므로 굳건하게 서서 다시는 종의 멍에를 메지 말라"(갈 5:1)고 말한 대로 자신이 그 자유를 마음껏 누렸습니다.

특별히 성령충만하여 전도하는 신자에게는 이 자유가 더 풍부히 주어질 것입니다(갈 5:22~23).

✞ **기 도**
하나님, 바울 사도에게 주신 자유를 우리에게도 주시어 힘차게 전도하게 하옵소서. 진리 안에서 자유함을 얻게 하옵소서. 예수님의 이름으로 기도합니다. 아멘

✞ **중보기도**
우리가 사도와 같은 놀라운 자유를 누림으로 많은 이웃들을 주님께로 이끌 수 있도록.

✞ **명 상**
사도와 우리에게 이같이 놀라운 자유함을 주신 주님께 영광을 돌립시다.

우리가 교회다

♣ **성경** 고린도전서 1:1~17(외울요절 2~3절)   **찬송** 210(245)장 ♣

우리 가정이 섬기는 교회는 ○○교회입니다. 우리 가정이 섬기는 ○○교회와 우리 가정의 한사람 한사람을 깊이 관련시켜 생각해 봅시다.

첫째, 교회는 '하나님의 교회'라고 생각해야 합니다. 하나님의 교회이지 그 외 그 누구의 교회도 아닙니다. 교회의 주인은 하나님이십니다.

둘째, 교회는 건물(교회당)이 아닙니다. 학교가 학교 건물만이 아니듯이 교회도 예배당 자체만은 아닙니다.

셋째, 교회는 '부르심'을 입은 사람들 즉, 백성을 의미합니다.

넷째로, 교회는 거룩하여진 사람, 구별된 사람, 성결되고 거듭난 사람들을 의미합니다.

그러므로 교회는 우리 가정, 우리 모두, 우리 한사람 각 사람이 교회입니다. 교회는 곧 '나'가 모여진 '우리' 모두가 교회입니다. 그래서 '우리 교회'라고 말할 수 있습니다.

✞ **기 도**

우리 모두의 아버지 하나님, 우리가 교회라는 사실을 잊지 않게 하옵소서. 내가 곧 교회임을 알게 하옵소서. 내가 곧 교회이며 교회가 나 자신임을 확신하며 증거하게 하옵소서. 교회로서의 역할을 잘 감당하게 하옵소서. 예수님의 이름으로 기도드립니다. 아멘

✞ **중보기도**

교회를 위하는(해치는) 것이 곧 나를 위하는(해치는) 것임을 깨닫도록.

✞ **명 상**

교회 건물이 벽돌 한 장, 한 장으로 만들어지듯이 교회는 한 사람, 한 사람으로 이루어진다는 것을 명상합시다.

자랑할 것 없다

♣ 성경 고린도전서 1:26~31 (외울요절 29절)   찬송 303(403)장 ♣

우리 가정은 잘못되고 수치스런 것도 있지만 자랑거리도 많습니다. 우리에게 자랑거리가 있음을 먼저 하나님께 감사합시다.

우리 모두가 기독교 신자가 된 것을 자랑하여야 하지만, "자랑하는 자는 주 안에서 자랑하라 함과 같게 하려 함이라"(31절)고 하십니다. 또 29절에는 "이는 아무 육체도 하나님 앞에서 자랑하지 못하게 하려 하심이라"고도 했습니다.

기독교 신자 중에는 지혜 있는 사람이 많지 않고, 유능한 자가 많지 않고 가문 좋은 사람이 많지 않습니다(26절). 그런데 하나님의 뜻이 있어서 우리가 신자가 되었다는 말은 무슨 뜻입니까?

첫째로, 지혜 있는 자를 부끄럽게 하려 하심입니다. 그래서 우리같이 미련한 자들을 택하셨습니다(27절).

둘째로, 강한 것들을 부끄럽게 하려 하심입니다. 그래서 우리같이 천하고, 멸시받고, 없는 자들을 택하셨습니다(28절).

우리들로서는 자랑할 것이 없습니다. 그저 우리를 택하신 주님께 감사하고, 주 안에서 자랑할 따름입니다.

✝ 기 도

하나님, 교만하거나 자랑치 말게 하옵소서. 자랑하다가 시기 질투를 받을까 염려됩니다. 자랑하다가 넘어지지 않게 하시고, 주 안에서 모든 것을 바로 보고 자랑케 하옵소서. 예수님의 이름으로 기도드립니다. 아멘

✝ 중보기도

항상 나보다 상대방을, 우리보다 주님을 자랑하는 자들이 되기를 위해서.

✝ 명 상

원숭이가 언제, 어떤 때 나무에서 떨어질까?

더 깊은 것을 아는 지혜

♣ **성경** 고린도전서 2:1~3:3 (외울요절 2:10) **찬송** 182(169)장 ♣

우리 중에는 사회과학 계통의 과목이 재미있고 잘하는 사람과, 자연과학 계통의 공부를 잘하는 사람이 있습니다. 즉 사회계, 인문계, 자연계의 머리를 가진 사람이 있습니다. 그러나 하나님나라의 비밀은 우리 머리로는 쉽게 알 수 없습니다. 성령(지혜의 신)은 모든 것을 살필 수 있고 하나님의 깊은 것까지도 알아냅니다.

지혜에는, ① 세상의 지혜 ② 통치자의 지혜(관원의 지혜) ③ 세속적인 사람의 지혜 ④ 영적인 사람의 지혜 등이 있다고 했습니다. ①②는 믿지 않는 사람의 지혜이고, ③④는 믿는 자의 지혜입니다. 믿으면서도 ③의 지혜를 가진 사람은, 시기와 다툼을 그대로 가지고 있는 사람입니다(3:3).

①②는 인간의 지혜이고, ③④는 성령님께서 가르치신 말을 합니다. 제일 깊은 그리고 넓은 지혜는 성령님이 주시는 지혜입니다. 그 지혜가 있어야 하나님도 알고 성경도 이해하고, 하늘의 진리도 파악할 수 있습니다. 바울은 이 지혜로 가르치고, 전도하며, 설교했습니다.

우리 가정도 성령님이 주시는 지혜로 충만해야겠습니다.

✞ **기 도**

하나님, 지혜의 신이신 성령을 주옵소서. 하나님의 더 깊은 것까지도 통달할 수 있는 하늘의 지혜로 충만케 하옵소서. 그래서 성경의 모든 진리를 깨닫게 하시고 믿게 하여 주옵소서. 예수님의 이름으로 기도드립니다. 아멘

✞ **중보기도**

주님께서 교회학교 선생님들과 목사님에게 성령의 지혜를 넉넉히 주시사 하늘의 비밀을 알고 잘 가르칠 수 있도록.

✞ **명 상**

지식은 다른 사람에게 전할 수 있어도 지혜는 전할 수 없습니다. 지혜는 말해주거나 가르쳐 줄 수가 없습니다 (헤르만 헤세).

사람은 아무것도 아니다

♣ 성경 고린도전서 3:1~9 (외울요절 7절) 찬송 488(539)장 ♣

우리 부모님이 더 중요할까요? 우리 학교 선생님이 더 중요할까요? 부모님은 우리를 낳으시고 선생님은 우리를 가르쳐 주시고, 부모님은 잘 자라게 보살피시고 선생님은 잘 커가게 하십니다. 그런데 잘못 자라는 형제도 있고 그릇되게 커가는 친구도 많습니다.

우리 집 화초를 아버지께서 심었고, 어머니는 물을 주어 잘 자라게 하셨는데 어떤 것은 자라고, 어떤 것은 죽어 버리고 말았습니다.

사실 자라게 하는 것은 하나님이 하십니다. 하나님은 생명을 좌우하는 분이십니다. 그러므로 하나님이 제일 중요한 일을 하십니다. 사람이 하는 일에는 한계가 있습니다.

교회도 ○○목사님이 시작하여 세우시고, 그 후에 ○○목사님이 설교하시고 가르쳐 주셨습니다. 다른 교회도 마찬가지입니다. 그러나 우리 교회는 이만큼 자라고, 저 교회는 역사가 더 오래되었는데도 자라지 못하고 있습니다. 결국 모든 것을 자라나게 하시는 분은 하나님이십니다.

우리 각자도 우리 가정도 교회도 국가도 하나님이 키워 주셔야 자랍니다.

✢ 기 도

하나님! 인간으로서 해야 할 모든 책임에 최선을 다하겠사오니 그 다음은 하나님께서 자라게 하여 주옵소서. 사람은 아무것도 아님을 아오니 오직 하나님께서 주관하여 주옵소서. 예수님의 이름으로 기도드립니다. 아멘

✢ 중보기도

우리 자녀들의 키와 성적이 잘 자라게 되기를 위해서.

✢ 명 상

하늘은 스스로 돕는 자를 돕는다.
작은 부자는 근면에 있고 큰 부자는 하늘에 있다.

지혜 있고 훌륭한 건축가

♣ 성경 고린도전서 3:10~17(외울요절 10절)   찬송 204(379)장 ♣

   집이나 건축물의 견고성은 수재나 화재 같은 재난을 당할 때 알 수 있습니다. 우리는 모두 인생의 건축자들입니다.
   지혜로운 건축자는 기초를 든든한 반석 위에 둡니다. 건축물이 높을수록 기초는 더 깊이 파고 시작합니다. 암석, 반석 위에 세운 건축물은 기초가 흔들리지 않습니다.
   다윗은 "나의 반석이신 여호와 하나님" 즉 자기 인생의 기초가 하나님이시라고 고백했습니다. 하나님을 기초로 그 위에 학문, 기술을 쌓고 그 위에 인생, 가정을 설계하여 세워 봅시다.
   본문에, "이 터는 곧 예수 그리스도라"(11절)고 했습니다. 그리스도 위에 세운 가정과 그리스도 위에 건축한 인생관, 가치관은 든든합니다.
   훌륭한 건축자는 좋은 재료를 씁니다. 금·은·보석·나무·풀·짚 등(12절) 자료는 다양합니다. 집이나 건축물은 화려하기보다 견고해야 하고, 외형적이기보다 내실이 있어야 합니다.
   인생건축자가 지은 인생 집의 최후 점검은 최후의 심판이며, 그 심판은 불로 나타납니다. 우리들은 그 불에 견딜 수 있는 견고한 집을 짓는 지혜 있고 훌륭한 건축자들이 되어야겠습니다.

✟ 기 도
   반석이신 하나님! 우리 인생의 집을 짓다보니 기초가 약한 것을 깨닫습니다. 주님께 더 밀착된 견고한 기초가 되기를 원합니다. 지혜 있는 건축자가 되게 하옵소서. 예수님의 이름으로 기도드립니다. 아멘

✟ 중보기도
   하나님의 도우심 가운데 자녀들이 잘못된 인생설계를 바로잡을 수 있도록.

✟ 명 상
   하늘에서 비, 땅에서 홍수, 옆에서 바람이 불 때(마 7:24~27), 내 인격의 집은 얼마나 견딜 수 있을까?

정말 지혜로운 사람

♣ **성경** 고린도전서 3:16~23 (외울요절 18절) **찬송** 201(240)장 ♣

지혜로운 어리석은 사람이 있고, 어리석은 지혜로운 사람이 있습니다. 전자는 지혜로운 사람이면서 어리석게 생각하는 사람이고, 후자는 어리석으면서도 지혜롭게 생각하는 사람입니다.

전자는 겸손하여 자기를 낮추는 사람이고, 후자는 교만하여 자기를 스스로 높이는 사람입니다. "겸손한 자에게 은혜를 베푸시는 하나님"께서는 그를 더욱더 지혜롭게 하여 정말 지혜로운 사람이 되게 하십니다. 반면에 "교만한 자를 물리치시는 하나님"이신지라 그를 더욱 어리석게 만듭니다.

"하나님을 경외하는 것이 지혜의 근본입니다." 이 경외하는 마음이 사람을 하나님 앞에서 겸손하게 합니다. 그러나 지식은 사람을 교만하게 합니다(고전 8:1).

사실 스스로 지혜롭다고 생각하는 사람치고 지혜로운 사람이 없고, 반대로 어리석다고 생각하는 사람은 지혜롭습니다. 자기를 어리석다고 생각하는 것이 지혜입니다. 자신은 모르는 사람이라고 여기는 무지의 자각이 지혜이며, 지식의 출발이므로 정말 무엇이 지혜인가를 분별하여 지혜로운 사람이 되어야 하겠습니다.

✞ **기 도**
하나님! 우리의 어리석음을 아는 지혜를 주시고, 지금 내가 가진 모든 지식과 지혜에 관하여 겸손하게 하옵소서. 공연히 남을 어리석은 자라고 변박하는 나쁜 습성을 갖지 않도록 깨우쳐 주옵소서. 예수님의 이름으로 기도드립니다. 아멘

✞ **중보기도**
이 세상 지혜보다 하나님을 아는 지혜의 소중함을 우리 위정자들과 국민들이 알게 되기를 위해서.

✞ **명 상**
게으른 자여 개미에게 가서 그가 하는 것을 보고 지혜를 얻으라(잠 6:6).

주님만이 최후 최고의 판단자

♣ **성경** 고린도전서 4:1~5 (외울요절 5절)　**찬송** 330(370)장 ♣

　사람들 앞에서 일하는 교회, 목사, 사회의 지도자, 정치가들은 판단을 받게 마련입니다. 사람들은 다른 사람의 생김새부터 시작하여 입성, 먹는 것, 살아가는 양식 등은 물론이고, 품성과 인격까지도 판단하기를 좋아합니다. 나를 판단하는 자들은, ① 다른 사람 ② 가까이 있는 사람 ③ 자기 자신 등이 있습니다.

　그러나 이웃이나 다른 사람의 판단은, 대수롭지 않게 생각하라는 것입니다. 그리고 자기 스스로 자기를 판단하지도 말라고 합니다. 그 이유는 자기 생각에 양심의 가책을 받을 일이 없다고 할지라도 죄가 없는 것은 아니기 때문입니다.

　오직 판단하실 이는 주님밖에 없으십니다. 최후의 심판은 대법원의 판결 같은 것이어서 최후 최고 최대의 판단입니다.

　그러므로 우리 가정의 식구들은 어리석은 판단으로 스스로 멸망의 길에 들어가지 않기를 바라며, 주님 말씀에 비추인 생활을 하고, 모든 대소사의 판단을 주님께 맡기며 삽시다.

✞ **기 도**
　하나님! 이 사람 저 사람, 이 일 저 일을 판단하며 살아온 우리를 용서하옵소서. 남의 칭찬에 교만해지고 남의 판단에 낙심도 하지 않게 하옵소서. 최후 심판 날에 우리를 판단해 주실 예수님의 이름으로 기도드립니다. 아멘

✞ **중보기도**
　최후에 주님이 판단하실 것을 알고 주님 중심으로만 사는 기독교 가정이 되기를, 또한 모든 판단을 주께 맡기고 서로 판단하지 않기 위해서.

✞ **명 상**
　비판을 받지 아니하려거든 비판하지 말라(마 7:1).

아버지는 최고의 스승

♣ 성경 고린도전서 4:14~21 (외울요절 15절)   찬송 199(234)장 ♣

학생들 중에는 존경하는 선생(교사)을 보고 "우리 아버지 같아요." 하며 그 품에 안기는 경우가 있습니다. 아버지와 같다는 것에는 두 가지 의미가 담겨 있습니다.

하나는 자기 아버지가 잘 가르쳐 주는 분이기 때문입니다. 또 하나는 선생이 아버지처럼 자기를 위해 주고 사랑해 주기 때문입니다.

그러므로 아버지는 학교 선생보다 더 잘 가르쳐야 하며, 또 학교 선생도 자기 자식처럼 학생들을 사랑해야 합니다. 아버지 같은 선생, 선생 같은 아버지는 학생들과 자녀의 존경을 받을 것입니다.

무엇보다도 바울 사도가 디모데를 '복음'의 말씀으로 자기 아들처럼 사랑하며 가르친 사실은 좋은 모델입니다. 그러므로 믿음의 가정의 아버지들은 자녀들을 사랑할 뿐만 아니라, 하나님 말씀(복음)으로 가르치고 양육할 책임이 있습니다.

하나님이 기업으로 주신 우리 가정에 부모와 자녀의 관계가 바울과 디모데의 관계처럼 믿음의 아들, 믿음의 스승이 되도록 노력하며 기도합시다.

✜ 기 도

하나님 아버지! 각 가정의 가장들이 하나님의 말씀으로 자녀를 가르칠 수 있게 하여 주시고, 학교 선생님들도 우리 아버지처럼 사랑으로 교육하게 하여 주옵소서. 예수님의 이름으로 기도드립니다. 아멘

✜ 중보기도

학교 교실에 사랑이 있고, 우리 가정에 말씀 교육이 있어서 말씀과 사랑, 이 두 가지 모두 메마르지 않기를 위해.

✜ 명 상

우상의 제물에 대하여는 우리가 다 지식이 있는 줄을 아나 지식은 교만하게 하며 사랑은 덕을 세우나니(고전 8:1).

육신의 아픔이 영혼을 건강케 한다

♣ 성경 고린도전서 5:1~8(외울요절 5절)　찬송 438(495)장 ♣

　우리는 비바람을 이기고 굳건히 자라는 초목을 보며 "그래 그렇게 시달려야 뿌리가 튼튼히 뻗어간다."는 지혜를 얻게 됩니다. 부모님께, 학교 선생님께 엄한 교육을 받으며 자라다보니 오늘의 '내'가 된 것이 아닐까요?
　예수께서는 제자를 사랑하기에, "사단아 내 뒤로 물러가라"고 베드로에게 혹독한 말씀을 하셨지만, 사실 베드로를 꾸짖으신 게 아니라 사단을 꾸짖으신 것입니다. 베드로를 위하여…….
　우리 육체는 괴로운 훈련 속에 튼튼해지고, 우리 정신력은 파멸되는 고통 가운데 강해지며, 우리 영혼도 그런 괴로움 속에서 구원받는 영혼이 되는 줄 믿습니다. 이는, '우리 주 예수의 능력으로' 이런 일이 가능하므로, 때로는 우리가 뼈아픈 고통을 당하더라도 우리 영혼은 맑아지고 순화된다는 것을 깨달아야 하겠습니다.
　우리는 세상의 핍박으로 인해 육체에 압력이 가중된다 하여도, 우리의 영혼은 주님 오시는 날까지 구원을 사모하며 기다리는 자세가 되어야 합니다.

✝ 기 도
　하나님, 체벌을 받고 괴로워하는 가운데 우리의 영혼이 맑아지고 순화되는 깊은 뜻을 깨닫게 하옵소서. 육신의 쓴 잔은 영혼에 달고도 단 은혜의 잔임을 알게 하옵소서. 예수님의 이름으로 기도드립니다. 아멘

✝ 중보기도
　학교에서 처벌받고 괴로워하는 학우들의 영혼을 지켜 주시기를, 잠깐의 실수로 형을 받아 교도소에 수감된 죄수들의 영혼을 불쌍히 여겨 주시기를, 부모의 엄한 교육을 통해 자녀들이 더 굳건해지도록.

✝ 명 상
　매질을 아끼면 자식을 버립니다. 귀한 자식은 매로 키워야 함은 성경에도 명시되어 있습니다.

형제 우애

♣ 성경 고린도전서 6:1~11 (외울요절 7~8절)   찬송 220(278)장 ♣

한 가정에서 형제가 싸우고 부모에게 서로 자기가 잘했다고 하든지, 누가 잘하고 잘못했는지 판단해 달라고 한다면 부모는 어떻게 해야 할까요? 또 어느 편을 들어줄 것인가요?

형제는 다투지 말아야 합니다. 형제 우애가 모든 이웃사랑의 기본입니다. 사랑은 형제 우애부터 시작하여 이웃에게로 번져갑니다. 형제는 다투더라도 부모님에게 알려서는 안 됩니다. 부모님은 누구보다 마음 아파하십니다.

형제간에 다툼이 있을 경우 될 수 있는 한 조속히 화해해야 합니다. 빠르면 빠를수록 더 좋습니다. 형제간에는 내가 먼저 속든지 손해 볼 마음가짐을 가져야 합니다. 자기가 이기고 이익 보고 잘 되려고 하면 형제 우애가 이뤄지지 않습니다. 무엇보다도 먼저 형제 우애가 급선무임을 깨달읍시다.

교회 내의 생활도 마찬가지입니다. 우리는 다같이 한 하나님의 아들딸들임을 명심해야 합니다.

✝ 기 도

하나님 아버지! 우리는 아버지의 자녀들이며 형제자매들입니다. 서로 사랑하게 하시고, 다투지 않게 하옵소서. 형제에게 피해를 주지 않으며 작은 이익 때문에 속이는 자가 되지 않게 하옵소서. 늘 화목하고 화평한 가정, 교회가 되게 하옵소서. 예수님의 이름으로 기도드립니다. 아멘

✝ 중보기도

형제자매간에 다투지 않고 서로 화목하여 평화를 만드는 자가 되기를 위해서.

✝ 명 상

어떠한 친구도 형제만 못합니다.

우리 몸은 성전

♣ **성경** 고린도전서 6:12~20(외울요절 18~19절)　**찬송** 420(212)장 ♣

　우리 몸을 건강하게 보존해야 합니다. 몸은 우리 부모님을 통해서 하나님이 나에게 주신 것입니다. 부모님은 자녀의 몸이 건강하기를 바랍니다. 건강한 자녀의 몸은 부모의 자랑이요 기쁨입니다. 몸이 건강해야 정신도 건강합니다. 몸이 건강해야 가정도 건강하고 사업도 건강하며, 사회도 국가도 교회도 건강하게 됩니다.

　몸은 깨끗하게 보존해야 합니다. 깨끗한 몸에 깨끗한 옷이 걸쳐지면 깨끗한 정신과 마음이 깃듭니다.

　몸은 정결하게 보존해야 합니다. 손과, 입과, 눈으로 짓는 죄는 우리 몸에 허물을 만들어 줍니다. 부정한 몸은 우리의 영혼에 더러움이 생기게 하고 우리의 영을 멍들게 합니다.

　'몸으로 산 제사를 드리라' 했으니, 몸이 거룩해야 거룩한 제물로 거룩한 분에게 바쳐질 수 있습니다.

　이미 우리의 몸은 하나님께 받은 것으로 나 자신의 것이 아님을 잊지 말고 깨끗이 하고, 우리 안에 계시는 성령의 전을 잘 보존해야 하겠습니다.

✟ **기 도**

　하나님! 우리의 정결한 몸이 더럽혀지지 않게 도우시며, 건전한 생활을 하여 정결한 제물이 될 수 있도록 우리 몸을 깨끗이 보존하여 주옵소서. 예수님의 이름으로 기도드립니다. 아멘

✟ **중보기도**

　주님께서 성전 삼으신 몸을 소중히 여기고 정결하게 보존하도록 힘쓰는 성도들이 되도록.

✟ **명 상**

　몸은 쾌락의 도구가 아닙니다.

부부의 애정생활

♣ **성경** 고린도전서 7:1~7 (외울요절 5절)   **찬송** 604(288)장 ♣

본서의 7장부터는 고린도교회가 사도 바울에게 질문한 내용에 대한 대답입니다. 그중에 결혼문제가 첫째로 다루어지고 있습니다. 본장의 내용을 요약해 보겠습니다.

1~7절까지는 일반적인 교훈입니다. 고린도교회는 결혼에 대한 긍정과 부정의 두 가지 입장이 대립하고 있었습니다.

음행 같은 부도덕한 성관계를 없애기 위해서 여자는 자기 남편을 또 남자는 자기 아내를 맞아 부부생활을 하는 것이 하나님의 인간창조의 뜻임을 말합니다.

부부는 각자의 의무를 이행해야 합니다.

부부는 각자 자기 몸을 주장하거나 지배하지 못하고 피차 지배하고 피차 지배를 받도록 해야 합니다.

부부는 잠자리를 달리하면 안 됩니다.

부부가 혹시 잠자리를 달리하거나, 사랑의 교제를 거절할 때는, 기도하기 위하여 합의하고 얼마 동안만 하되 기도기간이 끝나면 다시 합하고 절제할 수 있어야 합니다. 절제하지 못하여 사단이 틈을 타서 시험에 들지 않도록 해야 합니다.

✚ **기 도**

하나님, 우리 둘이 부부가 되어 행복하게 살도록 하시고, 우리 사이에 사랑의 열매로 아들 딸을 선물로 주셔서 감사합니다. 사랑스런 가족, 사랑하는 가정이 되게 하옵소서. 예수님의 이름으로 기도드립니다. 아멘

✚ **중보기도**

우리 자녀들도 하나님의 뜻과 애정 속에 행복한 결혼(생활)을 할 수 있도록.

✚ **명 상**

결혼하여도 후회하고 안 해도 후회할 것이다. (키에르 케고르)

너의 처지가 나의 처지

♣ 성경 고린도전서 7:25~40(외울요절 29~30절)   찬송 503(373)장 ♣

"남에게 대접을 받고자 하는 대로 남을 대접하라"는 황금율을 그리스도께서 가르쳤습니다. 남의 처지에서 생각하는 너그러움은 폭넓은 삶입니다. 내가 가진 것이 있을 때 없는 사람의 처지에서 생각하고, 반대로 없을 때 있는 사람의 처지에서 생각한다면, 있을 때도 겸손해지고 없을 때도 시기, 질투가 없어집니다.

생각하는 것뿐만 아니라 생활도 그렇게 한다는 것은 실제 어려운 일입니다. 그렇게 하려면 극기와 절제, 자기제어 훈련과 삶이 뒷받침 되어야 합니다.

할 수 있는 대로 우리는 '있는 사람'의 입장과 위치보다는 '없는 사람'의 처지와 입장에 서 보는 삶의 훈련이 필요합니다.

'~이 있는' 복과 은혜를 잘못 생각하거나 그릇 살아감으로 인해 비난과 시기와 비판의 대상이 되지 않도록 해야 합니다.

이제 그리스도께서 다시 오실 날이 머지않았습니다. '가졌다' 하는 교만함이나 '없다' 하는 비굴함을 버리고 세상 유행을 따라 사는 가정이 되지 않기를 바랍니다. 우리의 있는 소유로 만족하며 이웃과 공동체 건설을 위해 기도하며 함께 살아가기를 힘씁시다.

✞ **기 도**
하나님, 우리의 모든 소유, 여건, 복을 인하여 감사드립니다. 우리가 교만하지 않게 하시고, 또 시기도 질투도 증오도 없게 하옵소서. 예수님의 이름으로 기도드립니다. 아멘

✞ **중보기도**
항상 낮은 자, 없는 자, 약한 자의 편에서 생각하며 살기 위해서.

✞ **명 상**
가난한(아픈, 낙제한, 실패한) 자여, 내가 그대를 사랑하므로 가난하게 되었노라.

오직 한 분이신 아버지 하나님

♣ 성경 고린도전서 8:1~6(외울요절 5~6절)   찬송 73(73)장 ♣

　우주 공간에는 거짓 신도 있고 참 신도 있으며, 사람이 만든 신도 있고 사람과 천지를 만드신 창조의 신도 있습니다. 전자는 거짓 신이고 우상입니다. 후자는, '창조주'이시고 '스스로 계시고' 자기를 '계시'하시며 우리에게 찾아온 신입니다.
　천지를 창조하신 전능한 하나님, 우리 인간을 창조하신 창조자 하나님, 모든 신들의 신이요, 오직 한 분이신 유일하신 하나님이 곧, 성경에 계시된 하나님, 우리 가정 우리의 하나님, 나의 하나님이십니다.
　그리고 그 하나님은 아버지이십니다. 주님이 가르쳐 주신 주기도에도 '하늘에 계신 우리 아버지여'라고 부릅니다. 아버지는 자녀와 상대되는 개념이며 아버지가 계시니 자녀가 있습니다. 아버지는 인격입니다. 우리 하나님은 지·정·의를 지니신 인격신이십니다.
　하나님은 한 분이십니다. 유일신을 믿는 것이 우리 신앙입니다. 하늘과 땅, 그리고 그 사이에 오직 한 분이신 창조주 우리 아버지 하나님이 우리가 믿는 신입니다.

✞ **기 도**
　하나님! 한 분이신 하나님을 믿습니다. 아버지! 우리의 아버지이신 하나님을 믿습니다. 내 생명의 주 되시는 하나님 아버지여, 우리를 지켜 주시옵소서. 예수님의 이름으로 기도드립니다. 아멘

✞ **중보기도**
　피조물을 창조주 하나님보다도 더 믿고 사랑하며 사는 불신앙과 하나님 없이 불의하게 살아가는 불경건의 죄를 용서받기 위해서.

✞ **명 상**
　무엇을 사랑하느냐? 무엇을 믿느냐?

사람에게 하는 것, 주께 하는 것

♣ **성경** 고린도전서 8:7~13(외울요절 12절)　**찬송** 218(369)장 ♣

　바울이 사울이라 불려지던 때, "사울아 사울아 네가 어찌하여 나를 박해하느냐"(행 9:4)라는 음성을 들었습니다.

　그때 바울이 "당신은 누구십니까?"라고 되묻자, "나는 네가 박해하는 예수다"라고 예수 그리스도께서 대답하셨습니다.

　예수님의 제자들을 위협하고 죽일 기세로 다메섹으로 가던 사울, 믿는 사람이면 남녀를 가리지 않고 보는 대로 잡아 예루살렘으로 끌고 오기 위해 가는 사울, 사실 그는 믿는 사람에게 잘못한 것이 아니라 그리스도께 죄를 짓는 것입니다.

　우리가 무심코 하는 많은 일들이 우리 양심에는 가책이 없더라도 타인의 양심을 상하게 하고 더군다나 '약한 양심'을 상하게 하는 뜻하지 않는 일이 생깁니다. 그의 양심을 상하게 하는 일로 끝나지 않고 그리스도께 죄를 짓게 됩니다.

　믿는 사람에게 술, 담배, 환각제 복용, 화투놀이, 춤추는 일, 사치, 낭비 등등이 죄·구원과 관계없는 일들이라 할지라도 '연약한 양심'을 지닌 사람들은 마음이 상합니다. 그렇게 되면 간접적으로 그리스도께 죄를 짓는 결과가 되므로 우리는 삼가야 합니다.

✞ **기 도**

　하나님! 우리가 얼마나 주님의 마음을 아프게 하며 형제들에게 죄를 짓고 연약한 마음들을 상하게 하며 살아가는지 모릅니다. 용서하옵소서. 우리로 인해 믿음이 약한 형제들의 마음이 상하지 않기를 원하오니, 이 시간 상처난 심령을 어루만져 주옵소서. 예수님의 이름으로 기도드립니다. 아멘

✞ **중보기도**

　사람을 보고 믿지 않게 하시고, 주님만 바라보며 믿는 믿음을 갖기 위해서.

✞ **명 상**

　나의 자유가 믿음이 연약한 형제에게 어떤 영향을 주는가?

교역자를 위하자

♣ **성경** 고린도전서 9:1~18(외울요절 11절)   **찬송** 449(377)장 ♣

교역자들은 우리에게 성경을 가르치고 설교하고, 심방하며 기도해 주시는 영적 일을 하는 고마운 분들입니다. 먹을 것 쓸 것 갖고 군대 생활하는 군인이 없고, 포도를 심고 그것을 먹지 않는 사람이나, 염소를 키우고 그것을 먹지 않는 사람이 없을 것입니다(6~7절).

교역자들은 생활에 걱정하지 않고 우리에게 영적인 일들을 해주시고 또 우리는 교역자들의 육신생활에 필요한 모든 것을 넉넉하게 해드리면 얼마나 좋을까요?

교역자가 지금 성경 보고 설교 준비하며 우리를 위해 기도해 주실 것을 생각하고, 우리는 늘 그분들께 감사하는 마음가짐을 가졌으면 합니다.

우리 가정은 영적인 씨앗을 뿌리며 수고하는 주의 일꾼들을 위해 기도하고 물질로 헌신하는 일에 인색한 마음으로 하지 맙시다. 하나님의 은혜를 힘입은 사랑의 관계로 아름다운 사귐을 이루어 나갑시다.

✞ **기 도**

하나님! 우리들을 위해 수고하는 교역자들을 주셔서 감사합니다. 목사님, 전도사님 모두 건강 지켜 주시고 그 가정을 평화롭게 하사 우리들을 믿음으로 인도하기에 힘 있게 하시고, 능력 있게 하소서. 우리는 교역자들을 사랑하고, 교역자들은 우리를 진정 위로해 주는 사랑의 관계가 이루어지게 하옵소서.

예수님의 이름으로 기도드립니다. 아멘

✞ **중보기도**

성도들이 교역자의 마음을 아프게 하는 일들이 없기를, 온 교회가 교역자에게 순종하고, 교역자는 주님께 최선의 순종을 할 수 있도록.

✞ **명 상**

지금 목사님은 우리 가정을 어떻게 생각하며 기도하고 계실까?

스스로 종이 된 삶

♣ 성경 고린도전서 9:19~27 (외울요절 19절)   찬송 216(356)장 ♣

　예수님은 "크고자 하는 자는 섬기는 자가 되고 으뜸이 되고자 하는 자는 사람의 종이 되어야 한다"고 말씀하셨습니다.
　지금은 '제일' '으뜸' '최대' '최고' '첫째'를 노리는 시대입니다. 그래서 대개 사람 마음에는 위에서 다스리고 지배하고 명령하고 누르고 마음대로 할 수 있는 위치에 있기를 바라는 욕망이 있습니다.
　지금 이 시대에 '종'이 되거나 종과 같이 다른 사람을 '섬기는' 아름다운 정경이 그립습니다. 순종하고 겸손히 자기를 낮추는 낮은 자의 미덕을 보고 싶습니다.
　바울은 자기를 다른 사람의 입장과 위치에 놓고 생활했습니다. 남을 이해하려면 그의 입장과 처지에 있어 보지 않고는 불가능합니다. 나와 너 우리와 그들은 엄연히 '다른 점'이 있습니다. 그래서 '나'가 스스로 '너'가 되는 노력이 필요합니다. 그래야 너를 이해할 수 있습니다.
　바울에게는 목적의식이 뚜렷했습니다. '사람을 얻기 위하여' 몇몇 사람을 '구원하기 위하여' 목적 의식이 뚜렷했던 것입니다.
　우리도 예수님이나 바울처럼 사람을 구원으로 이끌기 위하여 스스로 종이 된 삶을 본받아야 하겠습니다.

✝ 기 도
　하나님! 다른 사람을 이해하기 위하여 그 사람 입장에 서 보는 적극적인 사람이 되게 하옵소서. 섬김을 받기보다는 섬기는 성도가 되게 하옵소서. 예수님의 이름으로 기도드립니다. 아멘

✝ 중보기도
　그가 나를 이해해 주기를 바라기보다 내가 그를 이해하는 마음 갖기를 위해.

✝ 명 상
　내가 남을 위하여 스스로 한 일은 종이 아니라 자유에서 한 것입니다. (루터)

역사에서 배우고 미래를 설계

♣ **성경** 고린도전서 10:1~13(외울요절 13절)   **찬송** 384(434)장 ♣

'온고지신'이라는 말이 있습니다. "옛 것을 익히고 그것을 미루어서 새 것을 안다."는 뜻입니다. 새 것을 얻기 위하여 옛 것을 먼저 알아야 하고 지금과 다음을 알기 위하여 지나간 것에서 배우라는 것입니다.

새로 나온 책도 좋지만 고전을 많이 읽고, 현실문제도 중요하지만 역사를 많이 읽고 배우는 일이 현실과 미래의 삶에 도움이 됩니다.

옛 이스라엘인들의 역사와 경험이 현재를 사는 그리스도인에게 '거울'이 된다고 했습니다(6절). 언제나 거울에 비치는 것은 나 자신이고 나의 주변 환경입니다.

선 줄로 생각할 때(교만) '과거'에 넘어진 사람들을 보고 스스로 겸손하여져 넘어질까 조심하게 됩니다. 타인의 경험은 나의 미래에 대한 설계에 교훈이 됨을 늘 깨달아야 할 것입니다.

실패하고 범죄한 사람들의 '역사'를 읽고 미리 조심하고, 나도 그렇게 될 가능성이 있는 사람이라 생각하며 주의하여야 합니다. 이스라엘 사람들도 우리와 같은 인간이었고, 그들도 나와 같은 죄인이었습니다. 과거 역사는 오늘도 되풀이됨으로 바로 깨닫고 바로 서서 시험당하지 않도록 매사에 주의해야 하겠습니다.

✚ **기 도**
하나님 아버지, 시험을 당할 때 피할 길이 있음을 역사를 통해 배우게 하시고 또 피할 길을 주시는 하나님이 계신 것을 믿는 믿음을 주옵소서. 예수님의 이름으로 기도드립니다. 아멘

✚ **중보기도**
한국의 과거 역사가, 한국 교회의 과거 역사가 우리에게 주는 교훈을 배워 불행한 일이 반복되지 않도록.

✚ **명 상**
역사를 기록하는 것은 과거에서 벗어나는 하나의 방법입니다. (괴테)

유익하고 덕스런 자유

♣ 성경 고린도전서 10:23~33 (외울요절 23~24절)   찬송 218(369)장 ♣

아브라함 링컨의 연설 중에 이런 이야기가 있습니다.
"목자가 양의 목을 물고 있는 이리를 쫓아 버렸습니다. 양은 목자를 자기의 해방자라고 감사합니다. 그러나 이리는 목자를 자기 자유의 파괴자라고 비난합니다. 이는 명백히 양과 이리가 자유라는 정의에 의견 일치를 보지 못한 것입니다."

자유란 무엇이든지 할 수 있다고 생각하면 잘못입니다. 물고기는 물속에 있을 수도, 물을 떠날 수도 있습니다. 물을 떠난 물고기가 참 자유를 얻었을까요?

우리의 자유는 두 가지 덕을 가져야 '참 자유' 입니다.

하나는 자기와 타인에게 유익해야 합니다. 남에게 무익한 행동은 자유 범주에서 벗어납니다. '홍익인간' 은 한국인의 좋은 덕입니다.

또 하나는 덕이 되어야 참 자유입니다. '덕' 이란 상식적으로 말해서, '밝고, 옳고, 크고, 착하고, 빛나고, 아름답고, 따스하고, 부드러운 마음씨나 행위' 입니다.

✞ 기 도

하나님, 나의 자유가 남을 유익하게 하고 덕스런 결과를 낳는 참자유가 되게 하시고, 진리 안에서 얻는 그 자유와 기쁨을 온 세상에 전할 수 있는 힘도 주옵소서. 예수님의 이름으로 기도드립니다. 아멘

✞ 중보기도

상대방의 자유를 구속하지 않고 서로 존중해 주기를 위해서.

✞ 명 상

자유는 남에게 주면 줄수록 더 많이 얻게 됩니다.

우리 가정의 머리는 하나님

♣ **성경** 고린도전서 11:1~16(외울요절 3절)　**찬송** 559(305)장 ♣

　세계는 세 가지 질서가 있습니다.
　첫째로, 남자의 머리는 그리스도입니다. 예수 그리스도는 우리 구원의 주만 되시는 것이 아니라 모든 일, 모든 것, 모든 존재의 주가 되십니다. 우리는 예수 그리스도를 주로 시인하고, 주로 믿습니다. 남자가 예수 그리스도를 주로 믿는 신앙관계에 있으므로 이러한 관계가 성립됩니다.
　둘째로, 여자의 머리는 남자입니다. 남자가 예수를 주로 믿는다면 여자는 교회가 예수 그리스도에게 복종하듯이 복종해야 하며, 남자는 예수 그리스도가 교회를 사랑하시고 자신을 희생한 것같이(엡 5:22~25) 해야 합니다.
　셋째로 그리스도의 머리는 하나님이십니다. 예수는 아들 성자이고, 하나님은 아버지 성부이십니다. 하나님은 세상을 사랑하사 독생자 예수를 세상에 보내시고 예수님은 하나님께 죽기까지 복종하셨습니다.
　세 가지 질서에서 첫째 질서는 신앙의 대상을 뜻하고, 둘째 질서는 부부생활의 질서를 그리고, 셋째는 성삼위의 신비한 신성의 질서입니다.
　세계와 우주는 이 질서들에 의해 움직이고 있으며 또 그래야 합니다.

✞ **기　도**
　하나님께서 모든 만물의 대질서를 섭리하시니 감사드립니다. 하나님, 우리도 이 질서 안에서 자유를 누리고 복되게 살기를 원하오니 우리 가정의 주인이 되시옵소서. 예수님의 이름으로 기도드립니다. 아멘

✞ **중보기도**
　모든 부부들이 질서 안에서 행복과 자유를 누릴 수 있기를 위해서.

✞ **명　상**
　질서는 지킬수록 좋고 무질서는 버릴수록 좋습니다.

가난한 사람들을 부끄럽게 말자

♣ **성경** 고린도전서 11:17~34(외울요절 22절) **찬송** 597(378)장 ♣

우리의 자유는 누구도 제한하거나 구속할 수 없습니다. 우리 것을 갖고 우리 마음대로 할 자유와 권리가 얼마든지 있습니다. 그러나 가난한 사람들을 부끄럽게 하는 일은 삼가야 하겠습니다.

옛 교회에서는 성찬예식 이전에 함께 먹고 마시는 만찬을 먼저 했는데, 본문에 두 가지를 지적하며 시정을 촉구합니다.

첫째는 교회를 함부로 먹고 마시는 장소로 사용하는 일을 삼가라는 것입니다. 둘째는 내 것으로 먹고 마시면서 가난한 사람들을 부끄럽게 하는 일은 없어야 한다는 것입니다. 가난한 사람은 물질적으로 없어서 부끄럽고, 게다가 있는 사람들이 뽐내며 자랑하며 먹을 때 다시 심리적으로 부끄럼을 느끼게 됩니다.

우리는 늘 조심해야 합니다. 뜻하지 않게 다른 사람이 부끄럽게 된다면 우리의 잘못입니다. "기쁜 자들은 기쁘지 않은 자같이, 세상 물건을 쓰는 자들은 다 쓰지 못하는 자같이 하라"(고전 7:30~31)고 바울은 말했습니다.

우리가 우리의 것으로 먹고 마시는 것은 우리의 자유입니다. 그러나 어디서, 어떠한 방법인지 늘 조심해야 할 문제입니다. 먹고 마시는 것은 생리적인 문제이지만 어디서 어떻게 먹고 마시느냐는 윤리적인 문제입니다.

✞ **기 도**

하나님! 먹고 마시는 작은 일에도 교회가 가난한 이웃을 생각하여 조심하게 하시고 삼갈 수 있게 하옵소서. 예수님의 이름으로 기도드립니다. 아멘

✞ **중보기도**

먹을 수 있다고 다 먹거나 마실 수 있다고 다 마실 수 있는 것이 아니니 늘 조심하기 위해서.

✞ **명 상**

고린도전서 8:9의 말씀처럼, 자유함이 약한 이들에게 거치는 것이 되지 않도록 합시다.

은사를 받은대로

♣ **성경** 고린도전서 12:1~11(외울요절 11절)　**찬송** 212(347)장 ♣

하나님은 사람들을 통해 이 세상에서 자기의 일을 하게 하십니다. 하나님 일을 하기 위해서는 어떻게 해야 할까요?

첫째로 은사를 받아야 합니다. 본문에 일곱 가지 '은사'가 나옵니다만 은사는 다양합니다. 2천년 전에는 일곱 가지 은사로 흡족했지만, 현대 교회는 다양한 은사가 필요합니다. 당시에 없었던 꽃꽂이, 성가대, 피아노, 올겐반주, 컴퓨터로 일할 수 있는 은사 등을 새롭게 필요로 합니다.

둘째로 하나님의 일은 은사를 받은 대로 반드시 교회를 중심으로 해야 합니다. 그래서 은사받은 자는 교회에서 반드시 '직임'을 갖게 됩니다. 그 여러 가지의 직임을 고린도전서 8:28~30에 열거하고 있습니다.

셋째로 '일'(역사)은 해야 합니다. 은사를 받고 달란트를 숨겨 두어서는 안 되고, 직임을 맡고 게을리하여 이름만 가져도 안 됩니다. 직임은 일하라고 주신 것입니다.

여기에 삼위일체 하나님이 모두 관계하고 계십니다. 즉 은사는 여러 가지이지만 그것을 주신 '성령'은 같고, 교회 안에 여러 직임이 있으나 '주'는 같고, '일'은 여러 가지이지만 모두 하나님의 일입니다.

✞ **기 도**

하나님 아버지, 성령이 주신 은사를 감사하며 맡기신 직임을 성실히 주를 위해 이행함으로 하나님의 뜻을 이루게 하옵소서.

예수님의 이름으로 기도드립니다. 아멘

✞ **중보기도**

우리 교회의 각양각색 은사와 직임과 일을 주 안에서 통일시켜 나아가기를 위해서.

✞ **명 상**

이제 지체는 많으나 몸은 하나라(고전 12:20).

다양함에 통일을

♣ **성경** 고린도전서 12:12~27 (외울요절 12절)　**찬송** 550(248)장 ♣

  우리 가정은 하나이지만 식구는 많습니다. 할머니, 아버지, 손자, 아들, 딸이라고 불려집니다. 은행나무는 하나이지만 은행나무에 뿌리, 줄기, 여러 개의 가지, 잎 등이 있는 것과 같습니다. 여러 가지 모양의 것이 있지만 하나의 나무가 통일을 이루고, 여러 가지가 각개의 개성을 소유하면서 통일성을 이루고 있습니다.

  우리 손에는 다섯 개의 손가락이 있는데 각각 모양과 크기가 다릅니다. 그러나 하나의 손으로 통일을 이루고 있습니다. 다섯 손가락 모두가 필요한 것같이 우리 한 사람 한 사람이 모두 필요합니다.

  음에도 도 레 미 파 솔 라 시 7개의 여러 가지 음으로 각각 특징이 있지만, 화음을 위해서는 모든 음이 필요합니다. 도미솔 레파라가 화음이 되는 것같이 화음을 이루며 화목하게 살아가는 가정이 됩시다.

  화목한 가정을 이루려면 가족 모두가 각각 자기의 일을 성실히 감당하되 다른 사람의 일을 이해하고 서로 합동해야만 가능합니다.

✞ **기 도**

  하나님, 우리에게 할아버지 할머니가 먼저 있게 하시므로 우리 아버지 어머니가 있고 또 우리 아들딸들이 있음을 감사합니다. 모두가 있어야 하고 필요한 사람이오니 서로 돕고 서로 사랑하며 화목하게 하옵소서. 하나님, ○○가 마음 상해 있습니다. 위로하옵소서. ○○가 아파합니다. 치유하여 주옵소서. ○○가 집을 싫어합니다. 더 사랑하게 하옵소서. 예수님의 이름으로 기도드립니다. 아멘

✞ **중보기도**

  국가, 사회, 교회, 가정 모두의 다양함이 주 안에서 하나로 통일되어질 수 있기를 위해서.

✞ **명 상**

  우리 가정은 하나의 집, 국가는 나라라는 집, 우주는 집 우 집 주입니다.

사랑이 없으면

♣ 성경 고린도전서 13:1~3(외울요절 3절)　찬송 220(278)장 ♣

　우리 가정에 부모, 형제, 자매가 모두 있다고 하더라도 사랑이 없으면 어떻게 될까요? 집도 있고 먹을 것, 입을 것도 있는데 사람이 없으면 무슨 소용이 있을까요? 지식이 있고 지위를 갖추고 이름이 있다 해도 우리 가정에 사랑이 없으면 무슨 유익이 있을까요?
　첫째로, 은사로 받은 방언을 하고 하늘 천사의 말을 할지라도 사랑이 없으면 그저 소리나는 악기에 지나지 않습니다. 사랑은 말보다, 사랑은 소리보다 실천입니다.
　둘째로, 예언도 하고 비밀에 관한 지식이 있고 큰 믿음이 있을지라도 사랑이 없으면 아무것도 아닙니다. 사랑은 예언, 지식, 믿음보다 더 값진 능력입니다.
　셋째로, 구제하고 심지어 자기 몸을 희생한다 해도 사랑이 없으면 아무 유익이 없습니다. 사랑이 깃든 희생만이 참 희생이며 사랑이 담겨진 구제가 진실성이 있습니다.
　우리 가족은 사랑의 사람, 사랑을 증거하는 믿음의 사람이 됩시다.

✞ 기 도
　하나님, 우리 서로 사랑하게 하옵소서. 믿음, 지식, 능력, 구제, 희생과 사랑이 모든 행위와 생활 전반의 기초가 되게 하옵소서. 사랑을 만들어 내는 성도가 되게 하옵소서. 예수님의 이름으로 기도드립니다. 아멘

✞ 중보기도
　우리 모두 믿음 안에서 살고, 사랑으로 역사하는(표현되는) 믿음을 갖기 위해서(갈 5:6).

✞ 명 상
　사랑을 받는 습관보다 사랑을 베풀고 주는 적극적인 삶, 그것이 생활화된 습관이 귀합니다. 그리하여 산 믿음, 움직이는 믿음, 생산적인 믿음이 될 수 있도록 합시다.

모든 것을 사랑으로

♣ 성경 고린도전서 13:1~7(외울요절 7절)   찬송 218(369)장 ♣

사랑은 모든 것입니다. 사랑은 전부이며 전체의 포괄이며, 모든 것을 통일하는 능력입니다.

첫째로, 모든 것을 참는 것이 사랑입니다. 즉 좋은 일과 궂은 일, 잘 되는 일과 못되는 일, 선한 것과 악한 것, 아픈 것과 괴로운 것, 이것저것과 이런 일 저런 일, 이런 결과와 저런 결과에 대해 참는 것입니다. 사랑은 모든 것을 참고 인내하게 합니다.

둘째로, 모든 것을 믿는 것이 사랑입니다. 진실로 믿고 거짓도 믿어 주고 이 사람도 저 사람도, 이 말도 저 말도, 지금 것이나 과거의 것이나 미래의 것을 믿어 줍니다. 사랑은 모든 것을 믿고 신뢰합니다. 사랑은 의심하지 않으며 믿어 주는 것입니다.

셋째로, 모든 것을 바라는 것이 사랑입니다. 사랑은 기대하며 소망을 가지며 희망적으로 사는 것입니다. 실패도 성공으로, 부정도 긍정으로, 잘못된 일도 잘될 것으로, 낙제도 합격될 것으로, 불행도 행복한 것으로, 없는 것도 있는 것같이 바라며 소망하는 것입니다.

넷째로, 모든 것을 견디는 것이 사랑입니다. 미래를 위해 현재를 견디며, 얻기 위하여 없는 상황에서 견디고, 넘어짐에도 견디며, 시련, 고통에도 견디고, 모든 상황 모든 조건에서 견디는 것입니다.

✞ 기 도

하나님, 모든 것에, 모든 사람에게, 모든 사건에 사랑으로 도전하고 응하게 하옵소서. 예수님의 이름으로 기도드립니다. 아멘

✞ 중보기도

상대방의 허물을 주의 사랑으로 감싸주는 성도들이 되기를 위해서.

✞ 명 상

사랑은 무조건적입니다. 사랑은 상대적이지 않습니다.

성장하며 성숙한 인격

♣ **성경** 고린도전서 13:8~13 (외울요절 12절)　**찬송** 219(279)장 ♣

　사랑이 없을 때는 부분적이지만 사랑의 은사를 받을 때는 온전한 것이 된다고 성경은 밝히고 있습니다.

　부분적으로 알고 부분적으로 예언하던 우리가 사랑을 지닐 때 온전히 알고 온전한 예언을 하게 됩니다. 사랑은 모든 것을 온전하게 합니다.

　말하는 것이 어린아이 같고, 깨닫는 것이 어린아이 같다가도 사랑을 갖게 되면 어린아이의 일을 버리고 장성한 사람이 됩니다. 사랑은 어른스러워지게 합니다. 또 무엇이든 거울로 보는 것같이 희미하지만, 사랑의 은사를 받으면 얼굴과 얼굴을 대하여 보는 것같이 확실해집니다. 사랑은 확실하게 보게 하는 힘이 있습니다.

　사랑은 주께서 나를 아신 것같이 온전히 주님을 알게 합니다. 그러면 주께서 나를 아신 내용이 무엇일까요? 주님은 나를 '죄인'으로 아시고, '사랑해야 할 대상'으로 아십니다. 사랑을 지니면 나도 다른 사람을 그렇게 알고 사랑하는 능력을 갖게 됩니다.

　이 능력을 힘입어 우리의 신앙도 성장하며 사랑을 베풀어 주는 성숙한 인격이 되도록 합시다.

✝ **기 도**
　하나님, 사랑의 은사를 주옵소서. 어린아이 같은 내가 더 어른스러워지게 하시고, 어린아이의 일을 버리고 성숙한 사람이 되어 이웃을 사랑하게 하옵소서. 예수님의 이름으로 기도드립니다. 아멘

✝ **중보기도**
　나는 너를 사랑하고, 너는 나를 사랑하는 사랑의 공동체를 이루어 나아갈 수 있기를 위해서.

✝ **명 상**
　사랑에는 연령이 없습니다. (파스칼)

알아듣게 말하는 것이 좋다

♣ **성경** 고린도전서 14:1~19 (외울요절 5절)   **찬송** 540(219)장 ♣

성령의 은사 중에 방언을 말하는 은사가 있는데 알아야 할 점이 있습니다.
첫째로, 사람에게 말하는 것이 아닙니다(2절).
둘째로, 자기 개인의 덕을 세우는 것입니다(4절).
셋째로, 방언을 통역해야 합니다(13절).
 방언도 하나의 언어이며, 언어는 다른 사람에게 자기 의사를 전달하는 도구입니다. 그런데 방언을 듣는 사람이 무슨 뜻인지 모른다면 그 방언이 무엇이 되겠습니까? 그것은 교회의 덕이 되지 못하고, 아무 유익이 없습니다.
 군대의 나팔은 의미가 파악되어야 나팔의 의미가 있습니다. 기상 나팔은 기상을, 취침 나팔은 취침을, 식사 나팔은 식사를 하도록 알리는 신호입니다. 인간의 언어도 뜻을 전달하는 도구이므로 남이 알아듣게 구사하는 것이 마땅하며 알아듣기 쉬우면 쉬울수록 더 좋은 것입니다.
 어떤 교회는 방언을 너무 강조하는데 그 방언에 통역이 없으면, 방언은 유익이 못되고 덕이 안 됩니다. 그러므로 우리는 하나님께서 어떠한 은사를 주시든지 감사히 받되 많은 사람에게 덕을 세우며, 이해할 수 있는 행동을 해야겠습니다.

✞ **기 도**
 하나님! 모든 피조물 중에 우리 인간에게만 말할 수 있는 언어를 주신 것을 감사합니다. 이 특별한 은혜를 아끼고 조심하게 하옵소서. 모든 사람들이 알아들을 수 있는 언어생활을 하게 하옵소서. 예수님의 이름으로 기도드립니다. 아멘

✞ **중보기도**
 하나님께서 주신 언어를 잘 사용하는 성도들이 되기를 위해.

✞ **명 상**
 말의 노예가 되지 말라. (카알라일)

화평의 하나님

♣ **성경** 고린도전서 14:20~33(외울요절 33절) **찬송** 486(474)장 ♣

우주와 세계는 우연히 생긴 것이 아니고 하나님이 창조하셨습니다. 창조주 하나님은 천지를 지혜로 조화 있게 능력으로 질서 있게 창조하셨습니다. 우주 세계는 법칙에 따라 생성 변화하는 질서의 총체입니다. 하나님 아버지는 질서의 하나님이십니다.

하나님은 또 조화의 하나님이십니다. 우주란 헬라어로 코스모스이며, 코스모스란 '조화' 란 뜻입니다. 조화는 다양한 것들을 통일시키는 예술의 원리입니다. 그래서 하나님을 화평의 하나님이라고 합니다.

산수의 조화, 천지의 조화, 춘하추동의 조화, 남녀의 조화, 주야의 조화가 있습니다. 또 하나님은 전후의 화평, 좌우의 화평, 명암의 화평, 표리의 화평, 상하의 화평을 이루십니다.

하나님은 공허한 것을 채워 주시고, 혼돈에 질서를 부여하는 창조의 성업을 지금도 계속하고 계십니다.

방언을 하든, 예언을 하든 무질서는 하나님께서 원하시는 것이 아니며, 화평케 하시는 하나님의 뜻은 더욱 아닙니다. 우리도 성도들이 모이는 교회에서 더욱 화평한 사귐을 갖고 질서 있는 신앙생활을 해야 합니다.

✠ **기 도**

천지를 질서 있게 화평하게 하시는 창조주 하나님, 우리의 삶에 질서와 평화를 주시옵소서. 가정의 질서와 나라의 평화를 원하시는 주님께서 우리의 다양한 삶 속에 통일과 질서를 주실 줄 믿습니다.

예수님의 이름으로 기도드립니다. 아멘

✠ **중보기도**

너와 나, 우리와 그들의 관계가 질서 있고 화평함을 누릴 수 있기를 위해서.

✠ **명 상**

활동의 제일 조건이 질서입니다. (톨스토이)

여신도와 교회

♣ **성경** 고린도전서 14:34~40(외울요절 40절)   **찬송** 89(89)장 ♣

　모든 교회, 모든 교인들은 그리스도인답게 질서 있고 평화롭게 모든 일을 하도록 힘써야 합니다. 교회에서 생기는 문제와 일들의 대부분은 대다수를 차지하는 여자들에게서 생기는 경우가 많습니다.
　여자는 교회에서 어떻게 해야 하는지 말씀 속에서 생각해 보겠습니다.
　첫째는 "모든 성도가 교회에서 함과 같이" 여자들도 '잠잠해야' 합니다. 조용해야 합니다. 정숙은 여자의 미덕입니다.
　둘째는 '복종하라' 입니다. 여자의 미덕은 복종입니다. 질서를 지키기 위해서는 어디서나 어떤 경우에도 어느 한편을 순종하고 복종해야 합니다.
　셋째로 여자의 교육은 '가정에서' 이루어져야 합니다. 남편은 아내를 교육할 책임이 있습니다. 그래서 남편은 항상 아내보다 더 많이 더 깊게 알아야 합니다.
　넷째로 여자는 '자랑하지 말아야' 합니다. 자기만 은혜받고 자기만 잘하는 줄 생각하고 교만하지 말아야 합니다.
　교회 내에서는 두 가지 즉, 모든 것을 적당하게 적절하게 절제하고 또 모든 일을 질서 있게 해야 합니다. 그때 교회는 화평하게 될 것입니다.

✞ **기 도**
　교회의 머리 되시는 주님! 우리 교회가 여신도들의 믿음과 헌신으로 이만큼 성장하였음을 감사합니다. 더 많은 일로 봉사하되 믿음 안에서 행하게 하옵소서. 예수님의 이름으로 기도드립니다. 아멘

✞ **중보기도**
　우리 교회의 여신도들이 조용하고 화평하며, 예수님 앞에 담담하던 마리아같이 정숙하고 마음을 바쳐 소리 없이 봉사할 수 있도록.

✞ **명 상**
　칭찬받는 여자보다 칭찬하는 여자가 더욱 아름답습니다. (어거스틴)

자기소개의 겸손
♣ 성경 고린도전서 15:1~11(외울요절 8~9절) 찬송 212(347)장 ♣

자기 자신을 '어떻게 알고 있는가'를 보면, 그 사람됨을 알 수 있습니다. 사람은 누구나 사진 속에서 제일 먼저 자기 얼굴을 찾기 마련입니다. 많은 사람의 명단 가운데서도 으레 자기 이름을 먼저 찾습니다. 그리고 자기소개에서 가장 좋은 점과 장점을 들어 소개합니다. 바울의 자기소개를 성경 속에서 참고해 봅시다.

첫째로, '부족하기 짝이 없는 나' '조산아와 같은 나 또 만삭되지 못하여 난 자와 같은 나'라고 자기를 소개합니다. 이 말은 '팔삭둥이' 즉 '여덟달 만에 낳은 아이'라는 뜻입니다.

둘째로 '가장 보잘것없는 사람' 또는 '지극히 작은 자'라고 자기소개를 합니다.

즉 자기소개할 때는, 신체적으로 제달(10개월)을 채우지 못하고 태어난 자기, '덜 된 자기'라고 표현하는 겸손, 또한 직업이나 직장 직위를 말할 때에 '지극히 작은' '보잘것없는'이라고 소개하는 겸손은 우리가 배워야 할 점입니다.

모든 사람보다 못나고, 보잘것없다는 자기 평가가 곧 겸손이 아닐까 생각합니다.

✚ 기 도
하나님, 주님과 같은 겸손한 마음과 품성을 갖게 하옵소서. 우리 자신의 부족함을 철저히 알게 해주시고 특별히 다른 사람 앞에서 자신을 소개할 때 더욱 겸손하게 하옵소서. 예수님의 이름으로 기도드립니다. 아멘

✚ 중보기도
우리 서로 자기를 낮추는 미덕을 가질 수 있기를 위하여.

✚ 명 상
하나님이 교만한 자를 물리치시고, 겸손한 자에게 은혜를 주십니다(약 4:6, 벧전 5:5).

부활이 없다면

♣ **성경** 고린도전서 15:12~19 (외울요절 17절) **찬송** 165(155)장 ♣

　부활이 있느냐 없느냐? 하는 질문은 어느 시대나 다 있게 마련입니다. 그런데 부활이 없다면 어떻게 될까요?
　첫째로 부활이 없다면 그리스도의 부활도 물론 없습니다. 자연과 우주에 '부활'의 현상이 있습니다. 이 우주 안에 있는 부활의 일대법칙에 의해 그리스도의 부활도 있었습니다.
　둘째로 그리스도의 부활이 없었다면 성경이 거짓말이고, 성경대로 설교하고 전파하는 모든 사람이 거짓 증인이 되고 맙니다.
　셋째로 부활이 없다면 우리가 마지막 날에 신령한 몸으로 부활한다는 믿음도 헛것이고 '영생'을 믿는 것도 헛것이 됩니다. 우리는 몸이 다시 사는 것과 영원히 사는 것을(영생) 믿는다고 신앙고백을 합니다.
　넷째로 부활이 없다면 우리의 바라는 것은 이 세상뿐입니다. 그렇게 되면 이 세상이나 세상에 있는 것들을 사랑하게 됩니다. 그러면 현세주의자가 되어 현실에서만 만족과 행복을 추구하며 살아가는 불쌍한 사람이 되고 말 것입니다. 우리는 꿈에서라도 '부활이 없다.'는 불신앙적인 생각을 하지 맙시다.

✞ **기 도**
　하나님! 부활을 믿고 영생을 믿게 하옵소서. 그리스도의 부활을 확신하게 하옵소서. 몸이 다시 사는 것과 영원히 사는 것을 확실히 믿게 하옵소서. 예수님의 이름으로 기도드립니다. 아멘

✞ **중보기도**
　교회에는 나오면서 예수님의 부활을 믿지 못하는 이들이, 부활을 의심하던 도마에게 "믿음 없는 자가 되지 말고 믿는 자가 되라"고 하신 주님의 음성을 들을 수 있도록.

✞ **명 상**
　부활을 믿지 않고 영생을 믿는다는 것은 근거 없는 믿음입니다.

몸이 다시 사는 것

♣ **성경** 고린도전서 15:35~49(외울요절 49절)　**찬송** 175(162)장 ♣

바싹 마른 씨앗을 땅에 심으면 거기서 싹이 납니다. 그 굳고 단단한 돌같이 생긴 씨앗이 풀로 꽃으로 자랍니다. 또 계란을 암탉의 품에 두면 병아리가 되어갑니다(부화). 참으로 신기합니다. 여기에 부활의 신비가 깃들어 있습니다.

"죽은 자들이 어떻게 다시 살아납니까?"(35절) 이 질문에 "죽지 아니하면 살아나지 못한다"(36절)고 답합니다. 완전히 썩고 죽어버려야 다시 살아납니다. 그러므로 먼저 죽음이 있고 그 후에 다시 삶이 있어지는 것을 자연 현상을 통해서 알 수 있습니다.

또 "어떠한 모양(몸)으로 부활하느냐?"(35절)고 묻습니다. 부활한 몸은 어떤 형체인가 하는 것은 씨앗과 나중에 씨앗에서 터져 나오는 모양이 다른 것같이, 계란과 병아리가 그 형체가 다른 것같이, 죽은 몸과 부활한 몸(형체)은 다릅니다. 그래서 성경에도, "뿌리는(씨앗) 것은 장래의 형체를 뿌리는 것이 아니요 다만…… 알맹이 뿐이로되…… 하나님이 그 뜻대로 그에게 형체를 주시되 각 종자에게 그 형체를 주시느니라"(37~38절)고 했습니다.

사람의 부활도 이와 같습니다. 사람의 몸을 지니고 죽으나, 신령한 몸, 부활하신 그리스도의 몸 같은 형체로 부활할 것입니다.

✚ 기 도
하나님! 만물의 부활을 믿으며 동시에 우리의 부활도 믿는 믿음을 주옵소서. 신령한 몸으로 부활케 하옵소서. 지금으로부터 영원으로 이어지는 부활의 기쁨을 간직하게 하옵소서. 예수님의 이름으로 기도드립니다. 아멘

✚ 중보기도
부활을 의심했던 도마가 주님에 대해 확신하고 주님을 위해 순교까지도 할 수 있었던 것과 같이 우리도 그와 같은 확신과 주를 위해 충성하는 자 되기를 위해.

✚ 명 상
씨앗은 봉지(주머니) 속에서는 부활하지 못합니다.

드리는 자가 복이 있다

♣ 성경 고린도전서 16:1~9 (외울요절 2절)   찬송 218(369)장 ♣

연보는 헌금과 구별해서 생각해야 합니다. 헌금은 십일조를 비롯해서 하나님과 하나님의 교회에 드리는 것입니다.

연보는 '모금'(Collection)으로, 교회와 그 외의 일을 위해 이웃들이나 나라에 도움이 되게 돕는 것입니다. 장학금, 구제금, 구호금, 위로금 등등은 연보입니다. 헌금이나 연보나 드릴 때 미리 알아야 할 지식이 필요합니다.

첫째, '매주 첫날'에 드립니다. 즉 주일날에 예배에 참석하면서 드리는 것입니다. 둘째, '각 사람'이 드립니다. 각자가 자기 원하는 대로 자의로 드립니다. 셋째, '수입에 따라' 드립니다. 각자의 주머니 사정이나 기분 대로 드릴 것이 아니라 수입에 준하여 드리라는 것입니다. 헌금의 표준은 십일조입니다.

넷째, '모아 두어서' 드립니다. 특별 연보는 미리 작정하고 그 용도를 분명히 밝혀서 그 목적에만 쓰여지도록 드려야 합니다.

다섯째, '내가 갈 때에 연보하지 않게 하라' 하였으니 교회나 개인이 그 어떤 모금자처럼 또는 구걸하는 자같이 되지 않도록 해야 합니다.

여섯째, 고린도교회가 어머니 교회인 예루살렘교회에 구제금을 보낸 것같이 서로 은혜를 입고, 신세를 진대로 도와야 합니다. 우리 가정도 헌금과 연보를 작정한 대로 즐거이 드려 복 있는 신앙인이 되어야 하겠습니다.

✠ 기 도
하나님! 우리의 사랑과 자비심이 헌금으로 표현되는 현실성과 적극성을 보여줄 수 있게 하옵소서. 주 예수님의 이름으로 기도드립니다. 아멘

✠ 중보기도
주는 자가 복이 있음을 알고 먼저 주는 자가 되기를 위해서.

✠ 명 상
주는 자가 항상 받는 자보다 복이 있습니다.

위로의 하나님 아버지

♣ **성경** 고린도후서 1:1~5(외울요절 3~4절) **찬송** 486(474)장 ♣

  우리 하나님은 찬송을 받으실 분이며 찬송을 통해 우리가 드리는 영광을 받으실 분입니다. 그 근거는 이러합니다.
  첫째로, 그는 우리 주 예수 그리스도의 하나님이시기 때문입니다. 하나님은 우리가 믿는 '주'의 하나님이요, 우리가 믿는 '그리스도'의 하나님이십니다.
  둘째로, 그는 자비의 아버지이시기 때문입니다. 하나님은 우리와 인격적 관계에 있어서 '아버지'요, 또 아버지의 성품 중에 '자비'의 아버지이십니다.
  셋째로, 그는 '위로'의 하나님이십니다. '자비'의 아버지께서 하시는 일 중에 고마운 것은 우리를 '위로'해 주시는 일입니다.
  그는 환난 가운데 있는 우리를 위로하시는 분입니다.
  넷째로, 그는 우리가 그에게 받은 위로로 환난 중에 있는 자들을 '능히 위로하게 하시는' 분입니다. 우리들에게 있어서 하나님은 자비의 하나님, 위로의 하나님이 되십니다. 이러한 은총을 베푸시는 하나님께 우리의 모든 것을 의뢰하며 살아가야겠습니다.

✝ **기 도**
  위로의 하나님, 우리들의 아버지 되심을 감사합니다. 오늘도 하나님을 찬송하며, 그분께 영광을 돌리며 사는 하루가 되게 하옵소서. 사람이 사는 제일 목적은 하나님을 영화롭게 하는 것임을 믿습니다. 이 목적을 이루게 하옵소서. 예수님의 이름으로 기도드립니다. 아멘

✝ **중보기도**
  우리가 하나님의 위로를 받기만 하는 이기주의자가 되지 말고, 하나님의 그 위로로 고난 중에 있는 자를 위로할 수 있도록.

✝ **명 상**
  삶 전체가 위로의 도구와 수단이 됨으로 삶의 의미를 찾게 됩니다.

우리 서로 자랑이 되자

♣ **성경** 고린도후서 1:12~14 (외울요절 14절)   **찬송** 455(507)장 ♣

학업 성적은 학기말에 가봐야 알고, 열매는 가을 추수 때나 가서야 알게 되고, 모든 경기는 마지막 골인 지점에서 우승이 가려지고, 승패는 마지막 결승의 휘슬이 울릴 때 알게 됨같이, 인간관계의 최후 평가는 마지막 날, 주의 날에 알게 됩니다. '예수의 날'은 '주의 날' 즉 'The Day of the Lord'입니다. '주일 날'은 The Lord's day입니다. 예수의 날은 세상의 끝 날이요, 마지막 날이며 심판의 날입니다. 그때 우리는 서로 인간관계의 최종 평가를 받습니다.

그날에, '너는 나의 자랑'이 되고 '나는 너의 자랑'이 된다면, 서로가 자랑스런 생애가 될 것입니다. 탁구복식경기에 우승한 A양은 B양을 자랑하고 B양은 A양을 자랑하던 것같이……

그날에 아버지(어머니)는 어머니(아버지)의 자랑이 되고, 자녀(부모)는 부모(자녀)의 자랑이 된다면 그 가정은 행복한 가정일 것입니다.

현재도 서로가 서로에게 자랑이 되어 살고, 그런 삶의 연장이 최후의 날에 심판자 예수님 앞에서 서로가 서로에 대해 자랑거리를 늘어놓을 수 있는 '자랑스런' 가정이 되어 봅시다.

✝ **기 도**

하나님, 우리들이 서로의 허물만 들어 노여움에 사로잡히지 않게 하시고, 주의 날을 기다리며 서로 사랑하는 마음으로 칭찬을 아끼지 않는 아름다운 가정이 되게 하옵소서. 그래서 우리 가정이 주 안에서 서로서로 자랑할 수 있는 자랑거리 많은 가정이 되게 하옵소서. 예수님의 이름으로 기도드립니다. 아멘

✝ **중보기도**

공평무사하신 주님께서 모든 가정에 자랑거리가 많아질 수 있도록 도와주시기를 위해서.

✝ **명 상**

자랑하는 자는 주 안에서 자랑하라 함과 같게 하려 함이라(고전 1:31).

근심을 주는 사랑

♣ **성경** 고린도후서 2:1~7(외울요절 4절)　**찬송** 382(432)장 ♣

　다른 사람을 생각하고 참으로 사랑할 때, 우리는 그를 위해 눈물을 흘리며 말해 주고, 꾸지람하고, 징계하기도 합니다. 눈물 흘리며 말하지도 못하고 만나 보지도 못할 때에는 그 눈물로 편지를 쓸 때가 있습니다.

　바울은 "눈물로 너희에게 썼다"(4절)고 말했습니다. 그런데 눈물을 흘리며 쓴 그 편지가 그들의 마음에 근심을 준 결과가 되었습니다.

　사랑의 관심, 사랑의 글, 사랑의 말이 오히려 '미워하는 것' 같은 내용으로 오해될 수 있습니다. 편지의 내용에는 말하는 사람의 얼굴이나 표정, 억양, 감정이 잘 드러나지 않기 때문입니다. 말과 글의 차이점입니다.

　때로 우리 부모가 써 준 메모나 편지가 자녀의 마음에 근심을 줄 때가 있습니다. 본의 아니게 말입니다.

　바울은 '넘치는 사랑이 있음'을 보여 주었는데도 근심을 준 결과가 되어 몹시 안타까워합니다. 그래서 "용서하고 위로하라 너무 많은 근심에 잠길까 두려워한다"(7절)고 말했습니다.

　가족간이든 친구간이든 문자에 얽매이거나 말꼬리에 사로잡히지 말고, 그 속에 담긴 진실을 이해해야 합니다.

✟ **기 도**
　하나님, 우리의 일상생활에서 말에도 편지에도 조심하게 하옵소서. 내 진실한 마음이 말과 글에 잘 나타날 수 있도록 표현력을 주옵소서. 본의 아니게 잘못 전달된 것이 있었으면 용서하옵소서. 사랑의 표현이 미숙하여 오히려 상대에게 근심을 주지 않도록 도우소서. 예수님의 이름으로 기도드립니다. 아멘

✟ **중보기도**
　오해하기보다 이해하기 위하여, 말이나 글로써만 판단하지 않기를 위해서.

✟ **명 상**
　속단은 독단입니다.

그리스도의 향기

♣ 성경 고린도후서 2:14~17 (외울요절 15절)   찬송 89(89)장 ♣

전쟁에 승리한 군대를 인솔하고 돌아오는 개선장군의 행렬을 머리에 그리며 이 말씀이 기록되었습니다. 개선장군이 장병들과 함께 쥬피터신전을 향해 입성할 때, 신에게 바치는 향을 피우는 향로를 운반하면 그 향기가 온 성에 번져가고, 그 뒤에는 패잔병들과 전리품의 행렬이 뒤따릅니다.

향 앞에는 승리자들이, 향 뒤에는 패배자들이 따릅니다. 향기는 앞뒤 모두에게 냄새를 뿌립니다. 앞에는 구원얻은 자들이고 뒤에는 망하는 자들입니다. 향기는 승자와 패자, 구원얻은 자와 멸망당한 자 모두에게 소리 없이 보이지 않게 움직임도 없이 냄새(향기)만 풍겨 냅니다.

향기는 첫째, 살아 있습니다. 즉 생명이 있다는 증거입니다.

둘째로, 꽃이 피었다는 증거입니다.

셋째, 열매 맺을 때가 되었다는 증거입니다.

넷째, 내가 존재하고 있다는 증거입니다.

향기의 반대는 악취입니다. 모든 생물은 생명이 떠나면 썩어 악취가 납니다. 인간관계도 사랑할 땐 향기로우나 미워할 땐 악취가 납니다.

보이지 않는 향기가 번지듯이 그리스도인은 그리스도의 향기가 번져야 합니다.

✟ 기 도

우리의 삶이 향기로운 인격과 생활로 향기나게 하옵소서. 말만 하는 그리스도인이 아니라 말없는 향기같이 되게 하옵소서. 원하옵기는 썩은 냄새만을 풍기지 않도록 도우시고 향기가 넘치는 살아 있는 그리스도인이 되게 하옵소서. 예수님의 이름으로 기도드립니다. 아멘

✟ 중보기도

오늘도 우리 가족이 있는 곳마다, 공부하는 곳마다, 일하는 곳마다 향기가 풍겨 나게 되기를 위해서.

✟ 명 상

나의 삶 속에서 나는 냄새는 향기로운가, 썩은 냄새인가?

그리스도의 편지

♣ 성경 고린도후서 3:1~5 (외울요절 3절)   찬송 304(404)장 ♣

　우리의 생각은 말이나 글로 표현됩니다. 의사를 전달하고 일을 의논할 때에 직접 만나거나 전화를 통해 말로 하지만, 시간이나 장소의 제한을 받을 때에는 메모나 편지를 씁니다.
　하나님은 대자연을 통하여 우리에게 편지를 주십니다. 그의 옷은 햇빛, 그 집은 궁창, 큰 우레소리로 노하심을, 폭풍의 날개로 달려가시며, 저 아름답고 놀라운 일이 가득한 땅, 다 주의 조화입니다.
　하나님은 구약의 말씀을 통하여 그리고 신약의 예수님 말씀과 여러 성경을 통하여 우리에게 편지하십니다. 그 편지를 잘 읽고 그 내용 대로 행하고 살기를 바라시는 것이 편지를 쓰신 주님의 뜻이요, 원하는 바입니다. 이 일은 살아 계신 하나님의 영을 받아 마음에 새겨야 잘 감당할 수 있습니다.
　오늘도 우리의 일거수일투족이 다 그리스도의 편지 내용이 되어 세상에 전달됩니다. 예수 그리스도의 교훈과 삶을 본받아 살아가는 것이 '그리스도의 편지'로 사는 것입니다. 우리의 삶이 곧 그리스도의 편지 내용이어야 합니다.

✞ 기 도

　하나님, 주님의 편지를 잘 읽고 그 내용 대로 살아 그리스도의 편지 역할을 잘 하게 하옵소서. 주님이 이 땅에서 살아가시던 모습과 언행을 따라 살아갈 수 있도록 성령으로 도우소서. 예수님의 이름으로 기도드립니다. 아멘

✞ 중보기도

　우리 마음에 복사된 그리스도의 편지가 선명하게 이웃에게 읽혀질 수 있도록.

✞ 명 상

　우리는 하늘나라 말로 쓰여진 그리스도의 편지입니다.

무엇을 전파하는가

♣ 성경 고린도후서 4:1~6(외울요절 5절) 찬송 220(278)장 ♣

우리는 그저께 "그리스도의 향기", 어제는 "그리스도의 편지"라는 말씀을 배우고 기도하며 그대로 살기를 힘썼습니다. 향기나 편지는 똑같이 예수 그리스도를 전파하고 증거합니다. 그런데 그 전파, 증거의 내용은 구체적으로 무엇일까요?

첫째는 예수 그리스도가 우리의 주가 되심을 전파하고 증거해야 합니다. "Jesus is our Lord." 예수는 곧 나와 우리의 주가 되십니다. 예수는 우리 생명의 주요, 생사화복의 주이십니다. 예수는 우리 가정, 직장, 나라, 세계의 주이십니다. 예수는 나의 생각, 철학, 가치관, 인생관, 역사관, 세계관의 주이십니다. 예수는 무엇보다도 우리 구원의 주이십니다. 그러므로 예수만이 구원의 길이요 구원의 생명이며 참 진리이십니다.

둘째로 우리는 이웃의 종된 것을 전파해야 합니다. 우리는 자유자입니다. 그러나 그리스도 예수 앞에서 '종노릇' 하는 자유자입니다(갈 5:13).

전파하는 두 가지 내용 중에 첫째 것은 말씀으로 설교로 성경으로 신앙 고백으로 전파하지만, 둘째 것은 일상생활을 통해서만 전파됩니다. 우리는 자신을 내세우는 생활이 아니라 오직 예수님만 전할 수 있는 생활을 해나가야 합니다.

✢ **기 도**
하나님, 우리는 주님의 종입니다. 우리가 주님의 이름으로 이웃의 종이 되게 하옵소서. 오직 우리의 주가 되시는 예수님만 전파하게 도우소서. 예수님의 이름으로 기도드립니다. 아멘

✢ **중보기도**
우리 서로 예수님처럼 발을 씻기는 종의 도를 지켜 나가기 위해서.

✢ **명 상**
오직 사랑으로 서로 종노릇 합시다(갈 5:13).

우리는 보배를 담은 질그릇

♣ 성경 고린도후서 4:7~15 (외울요절 7절)　찬송 67(31)장 ♣

인간은 흙으로 지어진 피조물입니다. 그래서 그릇으로 말하면 '질그릇'입니다. 흙이 그 그릇의 재료입니다.

그릇은 그 속에 무엇이 담겼느냐에 따라 그릇 이름이 변합니다. 국을 담으면 국그릇, 밥을 담으면 밥그릇, 물을 담으면 물그릇, 금을 담으면 금단지가 됩니다. 그릇이 문제가 아니라 담겨져 있는 내용물이 문제입니다. 7절 말씀에, '보배'를 담았다고 하였으니, 우리는 '보물단지'입니다. 그 보배가 무엇일까요? 사도 직분, 복음, 성령입니다.

카이로의 박물관에는 수천 년 전에 죽은 사람의 시체(미이라)를 찬란한 진열대에 안치했습니다. 피라밋 스핑크스는 모두 돌과 흙으로 되었으나 그 속에는 옛 왕(인물)들의 일상용 귀중품들이 있습니다. 귀한 것을 담은 무덤입니다.

우리는 육체적으로 보면 흙으로 된 질그릇임에 틀림없습니다. 그러나 우리 속에 무엇을 소유하고 있는가가 우리를 말해 줍니다. 박사라는 질그릇엔 학문이, 가수라는 질그릇엔 노래가 담겨 있습니다. 그런데 우리에게 담겨진 것은 성령이므로 '성령의 전'(고전 6:19)이라고 합니다. 이 능력은 하나님께로부터 오는 것임을 깨닫는 하루가 됩시다.

✚ 기 도
하나님, 주의 영을 담은 이 질그릇이 오늘도 깨지지 않게 도와주옵소서. 담겨진 보배를 잘 간직하고 찬란하고 영광스런 빛으로 드러나게 하소서. 예수님의 이름으로 기도드립니다. 아멘

✚ 중보기도
그릇을 보지 말고 그 속에 담긴 내용물로 사람을 평가할 수 있도록.

✚ 명 상
질그릇 같은 나에게 무엇이 담겨 있는가?

보이는 것과 보이지 않는 것

♣ 성경 고린도후서 4:16~18(외울요절 18절)   찬송 545(344)장 ♣

우주는 보이는 것과 보이지 않는 것들로 가득 차 있습니다. 우리 눈엔 제한된 것만 보여서, 너무 가까운 것도 너무너무 먼 것도 못 봅니다. 귀도 이와 마찬가지입니다. 작은 소리도 못 듣고 지구가 회전하는 큰 소리도 못 듣습니다.

세상은 보이고 들려지는 것만 있는 것이 결코 아닙니다. 보이지 않고 들려지지 않는 세계가 있습니다. 마음이 보입니까? 양심의 소리가 들립니까? 원자핵 중심부의 회전하는 소리가 들립니까? 꽃이 말하는 꽃말이 들립니까?

우리 조상은 모두 세상을 떠났습니다. 그분들의 육체는 흙으로 돌아가 보이지 않으나 그분들의 사랑, 하신 말씀, 교훈은 지금도 우리에게 남아 있습니다.

고요히 머리 숙여 곰곰이 생각해 보면 보이는 것, 들리는 것은 잠시이고 오히려 보이지 않는 것들이 더 오래, 또 영원히 남습니다. 또 보이는 것보다 보이지 않는 것들이 더 중요합니다. 심리상태, 정신상태, 가치관, 인생관, 양심, 믿음, 인격 그리고 담겨진 말씀과 성령 등등.

눈에 보이는 자연에 자연법칙이 있듯이 눈에 보이지 않는 세계에도 윤리도 덕법이 있고, 양심에는 양심의 법이 있습니다. 어느 법이 더 중요할까요? 이 시간에 생각해 봅시다.

✞ 기 도

하나님! 보이는 것만 중시하는 형식주의자가 되지 않게 하시고, 보이지 않는 것만 강조하는 이상주의자가 되지 않게 하옵소서. 이 땅에서 두 가지의 조화를 온전히 이루는 삶이 되게 하소서. 예수님의 이름으로 기도드립니다. 아멘

✞ 중보기도

사람을 외모로만 보지 않도록.

✞ 명 상

우리 가정의 보이지 않는 가훈은 무엇인가? 없다고 생각하면 작성해 봅시다.

죽음 그 다음은

♣ **성경** 고린도후서 5:1~10(외울요절 9절) **찬송** 235(222)장 ♣

우리는 오늘을 살면서 내일을 내다봅니다. 금주를 살면서 내주를, 금년을 살면서 내년을 생각해 봅니다. 초등학교에 다니면서도 대학시절을 상상해 보기도 합니다. 그리고 결혼생활, 직장생활, 그 다음은, 그리고 그 다음은 무엇일까 연상해 봅니다. 그 연상의 끝은 죽음이라는 말을 떠오르게 합니다. "너는 흙이니 흙으로 돌아갈 것이니라" (창 3:19). 창조주 하나님은 이런 제한을 정하셨습니다. 그러면 그 다음 세계는 없을까요? 아닙니다. 이 몸이 아닌 신령한 몸이 있고, 이 세계가 아닌 하늘 세계가 있으며, 대한민국이 아닌 하나님나라가 있습니다.

육체를 지니고(이목구비 오장육부 사지백체를 지니고) 사는 모두를 '우리의 장막집' 이라 하고, 그 다음에는 '하늘에 있는 영원한 집' 이 있습니다. 이 두 가지 집을 알고 믿고 있는 우리는 탄식하며 삽니다(2절). 그 집을 사모합니다(2절). 하늘나라의 집을 덧입고자 합니다(4절).

애벌레가 나비가 되듯, 꽃이 열매가 되듯, 매미가 옷을 벗어놓고 어디론가 날아가 버리듯이, 계란이 병아리로 부화되듯이 우리 인간도 변화됩니다. 이것을 예수님의 부활에서 보았으며 또 우리도 부활합니다. 이 집(몸)에 살든지 하나님의 영원한 집으로 떠나든지 주를 기쁘시게만 하며 삽시다.

✢ **기 도**
하나님! 주님도 인간적 삶의 고뇌와 고통을 경험하셨사오니 우리를 불쌍히 여기소서. 우리 육신이 어떠한 처지에 있든지 삶 속에서 주님을 기쁘게 하며 변화된 생활을 할 수 있도록 도우소서. 예수님의 이름으로 기도드립니다. 아멘

✢ **중보기도**
우리 가족 모두 믿음 충만하여 먼 훗날 다함께 하늘의 영원한 집에서 살게 되기를.

✢ **명 상**
'영원, 영생' 을 생각하는 것은, 그것이 있기 때문입니다.

화목하게 하는 자

♣ 성경 고린도후서 5:17~21 (외울요절 20절)   찬송 327(361)장 ♣

하나님의 자녀가 되는 자격은 무엇일까요? 예수님은 "화평하게 하는 자는 복이 있나니 그들이 하나님의 아들이라 일컬음을 받을 것임이요"(마 5:9)라고 하셨습니다.

하나님께서 우리와 하신 일, 그 맺으신 관계가 무엇일까요? "그리스도로 말미암아 우리를 자기와 화목하게 하시고"(18절)라고 하셨으니, 화목한 관계입니다.

하나님께서 우리에게 주신 직책이 무엇일까요? "우리에게 화목하게 하는 직분을 주셨으니"(18절)라고 하셨으니, 우리의 직분 중 가장 기본적이고 기초적인 직분은 화목하게 하는 것입니다. 이 직분이 먼저 이행되어야 그 다음 다른 직분도 이행할 수 있습니다.

하나님께서 우리에게 부탁하신 말씀이 무엇일까요? "화목하게 하는 말씀을 우리에게 부탁하셨느니라"(19절)고 하셨으니 우리의 하는 모든 말과 전하는 말은 하나님께 부탁받은 '화목케 하는' 말입니다.

우리가 해야 할 일이 무엇일까요? '하나님과 화목하라'(20절)고 말씀하셨으니 집으로 돌아와 아버지와 화목한 탕자처럼 우리 가정의 아버지와 잘 지내고 하나님과 화목하는 것이 우선 행하여야 할 일입니다.

✞ 기 도
하나님, 하나님과 화목한 관계가 되기를 원하오니 이루어 주옵소서. 그리고 모든 일을 시작하기 전에 먼저 화목한 분위기를 조성하는 일을 하게 하옵소서. 예수님의 이름으로 기도드립니다. 아멘

✞ 중보기도
기도와 예배 이전에 먼저 내 식구, 이웃과 화목할 수 있기를 위해서.

✞ 명 상
원수를 사랑합시다. 핍박자를 위해 기도합시다.

화해의 사도

♣ 성경 고린도후서 6:1~10 (외울요절 1절)   찬송 582(261)장 ♣

본문 1절의 "하나님의 은혜를 헛되이 받지 말라"는 말씀에서 '하나님의 은혜'는 예수 그리스도를 통해 우리가 하나님과 화목하게 된 은혜입니다.

사도 바울은 화목의 은혜를 받고 그 직분을 어떻게 수행했습니까?

그는 화해(화목)을 위해 수난을 당했습니다.

소극적인 면에서 : 사도 바울은 견디고 인내했습니다. 환난을 당했습니다. 궁핍했습니다. 고난당했습니다. 매를 맞았습니다. 옥에 갇혔습니다. 요란한 일을 당했습니다. 수고로운 일을 했습니다. 자지 못했습니다. 먹지 못할 때도 있었습니다(4~5절).

적극적인 면에서 : 깨끗하게 살았습니다. 신앙적으로 바른 지식을 지녔습니다. 오래 참았습니다. 자비하고 관대했습니다. 심령의 감화와 그 능력을 받아 살았습니다. 진실한 사랑으로 행했습니다. 참 진리만 전했습니다. 자기의 지적 인간적 능력이 아니라 하나님의 능력으로 일했습니다.

바울이 말한 화목의 직분을 다하는 방법은 무엇입니까? 속이는 자 같으나 참되고, 무명한 자 같으나 유명하며, 죽은 자 같으나 살았고, 징계받은 자 같으나 죽임당하지 않고, 근심하는 자 같으나 기뻐하고, 가난한 자 같으나 많은 사람을 부요하게 하고, 없는 자 같으나 모든 것을 가진 자입니다. 우리도 바울 같은 삶을 삽시다.

✞ 기 도

하나님, 우리도 화목을 위해 바울처럼 사는 신앙인이 되게 하옵소서. 예수님의 이름으로 기도드립니다. 아멘

✞ 중보기도

화목을 위해 더 힘쓰는 자 되도록.

✞ 명 상

화목을 위한 자가 되려면 바울같이 살아야 합니다.

함께 사는 것과 사귀는 것

♣ 성경 고린도후서 6:14~18(외울요절 17절)　찬송 342(395)장 ♣

신자가 불신자가 어울려 사는 세상에서 믿음을 지키기 힘듭니다. 거룩한 백성이 속된 세상에서 거룩함을 지니고 살기 힘듭니다.

"까마귀 우는 곳에 백로야 가지 말라."는 시구가 생각납니다. 흰 것이 검은 것을 가까이 하면 흰색이 퇴색되어 검어지기 쉽습니다. 조심해야 합니다.

첫째로 지혜로운 자(믿는 자)와 동행하면 지혜를 얻고, 미련한 자와 사귀면(불신자와 교제하면) 해를 받습니다(잠 13:20). 둘째로 입술을 벌리고 두루 다니며 한담하며 남의 비밀을 누설하는 자와 사귀지 말아야 합니다(잠 20:19). 셋째로 노를 품는 자와 사귀지 마십시오(잠 22:24). 넷째로 탐식자와 사귀는 자는 아비를 욕되게 합니다(잠 28:7). 다섯째로 형제라고 일컫는 자들 중에서 음행하는 자와, 탐하는 자들과, 속여 빼앗는 자들과, 우상숭배자들과 사귀지도 말고 함께 먹지도 말아야 합니다(고전 5:9~11).

우리가 기억하여야 할 것은, "악한 것은 모든 모양이라도 버리라"는 말씀입니다. 악한 것은 흉내도 내지 말라는 뜻입니다. 또 신자-불신자, 의-불의, 빛-어둠, 성전-우상이 양극적으로 대립하고 있다는 사실입니다(14절).

✚ 기 도

하나님, 선과 악을 분별할 수 있고 가려서 사귀고 조심하며 살게 하옵소서. 부정한 자리, 부패한 자리에는 앉지도 서지도 않게 하옵소서. 그리스도 안에서 공동체의 온전한 삶이 성도들 간에 있어지게 하옵소서. 예수님의 이름으로 기도드립니다. 아멘

✚ 중보기도

지금 사귀고 있는 친구와 동업자들이 좋은 교제를 하며 살아갈 수 있도록.

✚ 명 상

너희는 그들 중에서 나오라.

양심선언

♣ **성경** 고린도후서 7:1~4(외울요절 3절) **찬송** 321(351)장 ♣

양심선언이란 거짓 없는 양심에서 나오는 말이며 선언입니다. 예수님께서, "너희 중에 죄 없는 자가 먼저 돌로 치라"(요 8:9)고 하셨을 때, 한 사람도 그리하지 못했습니다. 양심의 가책을 받았기 때문입니다.

양심선언은 주님 앞에서 사실을 있는 그대로, 마음에 있는 그대로 선언하는 것입니다. 3절에 보면, 양심선언은 마음과 마음의 대화입니다. 또한 함께 죽을 각오가 돼 있을 때 행해지며, 함께 살기 위해서 하는 선언입니다.

여기에 세 가지 양심선언이 있습니다. 바울의 양심선언은 무엇을 말하고 있습니까? 첫째로, 아무에게도 불의를 하지 아니하였다고 말했습니다. 부정과 불의가 없었습니다. 정의는 무엇이든지 받은 자에게 그대로 주고 무엇이든지 받아야 할 자에게 받게 하는 것입니다. 받는 것과 주는 것이 평등하고 공평해야 불의가 없습니다. 둘째로, 아무에게도 해롭게 하지 아니했다고 했습니다. 해롭게 한다는 말은 본래 부패하게 한다는 뜻입니다. 오도하고 악한 일에 공모하고 범행에 공범이 되는 것입니다.

셋째로, 아무에게도 속여 빼앗은 일이 없다는 것입니다. 토색하지 않았습니다. 강탈하지 않았습니다. 권력, 금력으로 강점하지 않았다는 것입니다.

우리 가정도 그리스도 법 안에서 양심선언하고 선언한 그대로 실천하는 삶이 되기를 바랍니다.

✚ **기 도**

하나님, 내 양심이 마비되지 않게 하사 양심의 소리를 낼 수 있게 하옵소서. 부정, 부패, 불의를 저지르며 자기 배만 부르면 좋다 하는 이들을 불쌍히 여기셔서 그들의 양심이 회복되게 하옵소서. 예수님의 이름으로 기도합니다. 아멘

✚ **중보기도**

주의 나라와 주의 의를 구하기 위해서.

✚ **명 상**

양심은 양심(두 가지 마음)이 아닙니다.

이해는 오해를 푼다
♣ **성경** 고린도후서 7:2~8 (외울요절 8절) **찬송** 322(357)장 ♣

우리는 "결혼은 해도 후회하고 안 해도 후회한다."는 말을 잘 알고 있습니다. 무슨 일이든 그렇습니다. 인간은 후회 속에 사는 후회적 존재입니다. 우리가 후회하는 첫째 이유는 우리가 완전하지 못하기 때문입니다. 불완전한 인간이 무슨 일을 한들 완전하겠습니까? 불완전한 인간이 하는 모든 일들은 모두 미완성품이고 불완전하고 미숙하고 모두 상대적입니다.

둘째는, 완전한 것이 있기 때문입니다. 우리 머리에는 완전한 것이 있습니다. 그러나 실제로는 항상 불완전한 것만 낳습니다. 머릿속에 있는 완전한 것이 실제로 불완전하게 이루어지기 때문에 후회합니다.

셋째는, 최선을 다하지 않았기 때문입니다. 항상 일이 끝나고 보면 "좀 더 최선을 다했더라면" 하는 후회가 따릅니다.

본문에서는 바울이 고린도교회 사람을 근심하게 한 것을 후회한다고 했습니다. 사실을 알고 보니 후회하게 되었습니다.

그 사실이란, 그들에게 사모하고 그리워하는 마음이 있었고, 애통하며 뉘우치는 마음이 있고, 열심이 있다는 세 가지입니다.

사실 그들의 마음을 전해 준 사람은 제삼자인 디도였습니다. 우리도 오해하고 아파하는 사람들 사이에 좋은 중재자 역할을 할 수 있는 인격으로 다듬어지도록 노력합시다.

✚ **기 도**
하나님! 오해하지 않게 하옵소서. 디도처럼 오해를 풀어 주는 중간 역할을 잘 할 수 있도록 지혜를 주옵소서. 예수님의 이름으로 기도드립니다. 아멘

✚ **중보기도**
서로를 오해하지 않고 이해하면서 살게 되기를.

✚ **명 상**
오해를 일으키는 사람, 화해시키는 사람 중에 나는 누구인가?

연보 이전에 마음을 드리자

♣ **성경** 고린도후서 8:1~7 (외울요절 5절)   **찬송** 218(369)장 ♣

헌금이나 연보는 있는 사람, 가진 자만이 드리는 것은 아닙니다. 잘 살아야만 효자 노릇하는 것도 아닙니다. 없는 사람, 가난한 사람이 연보를 더 드리고, 그들이 효자 효녀 구실도 더 잘하고 있는 것을 흔히 볼 수 있습니다.

여러 부자는 연보궤에 많은 돈을 넣는데, 한 가난한 과부는 두 렙돈을 넣었습니다. 예수님은 이 가난한 과부가 모든 사람보다 많이 넣었다고 판단하셨습니다. 그는 가난한 중에서도 자기 모든 소유 즉 생활비 전부를 넣었다고 했습니다(막 12:41~44).

연보의 많고 적음이 액수에 있지 않고 드리는 그 마음 여하에 있습니다. 마게도냐 교회들은 환난의 많은 시련 가운데서 넘치는 기쁨과, 극심한 가난이 그들의 연보를 넘치도록 하게 했습니다. 즉 그들의 힘에 넘치도록 했고, 기대 이상의 연보를 했습니다.

그 원인은 무엇일까요? 첫째로, 빈곤과 가난의 경험이 있었기 때문에 그 경험이 더 많은 연보를 하게 했습니다(2절). 둘째로, 먼저 자신을 하나님께 드렸기 때문입니다(5절). 자신을 드린다는 것은 여타 무엇이든지 드릴 수 있습니다. 셋째로, 하나님의 뜻을 따라 드렸습니다(5절).

연보보다 앞서 먼저 드릴 것이 있습니다. 그것은 바로 우리 자신입니다.

✞ **기 도**

하나님! 주신 모든 은혜를 인하여 감사드립니다. 주님께 물질을 드릴 때에 내게 주신 은혜를 헤아리고 감사하는 마음으로 드리게 하옵소서. 예수님의 이름으로 기도드립니다. 아멘

✞ **중보기도**

우리의 손길을 기다리는 사람들에게 우리가 인색하지 않도록.

✞ **명 상**

마음을 주면(받으면) 모든 것을 준 것(받은 것)입니다.

의롭게 살자

♣ 성경 고린도후서 9:8~15 (외울요절 9절)   찬송 516(265)장 ♣

인간은 의롭게 살아야 하고, 바르게 살아야 하고, 선하게 살아야 하고, 참되게 살아야 합니다. 그래야 마음도 삶도 평안하고 행복합니다. 그렇지 않으면 항상 마음이 편치 못하고 삶이 불행해집니다. 먼저 의롭게 살아야겠습니다. 의롭게 사는 길을 말한다면 "믿음으로 의로워진다." "의인은 믿음으로 산다."는 말씀이 진리입니다. 우리가 하나님께 의롭다 인정받는 비결은 우리가 하나님을 믿는 믿음입니다. 하나님께서 주시는 의입니다.

사람이 의롭게 사는 길을 오늘 말씀에서 생각해 보면, "가난한 자에게 주는 것"이 의입니다. 이것이 의롭게, 옳게 사는 길입니다. 정의라는 말의 뜻도 마찬가지입니다. 사회 정의를 실현하려면 이런 생활 즉 "흩어 가난한 자들에게 주는 생활"을 해야 합니다.

하나님이 우리를 풍성하게 살도록 하시는 이유는 "의의 열매를 더하게" 하시려는 것입니다(10절). 받은 것은 모두 하나님께로부터 거저 받은 것입니다. 빈손으로 태어나 빈손으로 죽을 때까지 모든 것을 받으며 살아가고 있습니다. 성경은 "거저 받았으니 거저 주라"고 가르칩니다. 거저 받은 것을 거저 주는 것이 옳게 사는 방법이고, 의롭게 사는 길입니다.

우리 가정도 오늘부터라도 하나님 은혜로 허락받은 모든 것을 잘 관리하고, 우리를 필요로 하는 이웃을 향해 주는 자가 될 수 있도록 마음 쓰며 삽시다.

✞ 기 도

하나님, 감사합니다. 모든 것이 주께로부터 주어진 것이오니 받은 것을 남에게 주며 의롭게 살게 하옵소서. 예수님의 이름으로 기도드립니다. 아멘

✞ 중보기도

모든 것을 거저 받은 우리 성도들이 감사하는 생활을 할 수 있도록.

✞ 명 상

'사랑의 빚'을 생각해 보면 나는 사랑의 채무자입니다.

하나님이 사랑하는 자

♣ **성경** 고린도후서 9:6~12(외울요절 7절)　**찬송** 211(346)장 ♣

무슨 일이든지 자발적으로 하면 자유를 느끼게 됩니다. 그렇지만 누군가 나에게 일을 시켜서 할 때는 마음도, 하는 일도 무겁습니다. 자발적으로 하면 자유인이고 시켜서 하면 머슴이고 종살이가 되는 것입니다.

해야 할 공부도 자발적으로 하면 가볍고 즐겁게 할 수 있습니다. 그러나 시켜서 하면 마음도 괴롭고, 공부도 잘 안 됩니다. 무엇이든지 시키지 않아도 하고, 시키기 전에 하기 시작하면 내가 곧 그 일의 주인이 됩니다.

가난한 자, 약한 자, 뒤떨어진 자, 병든 자를 돕는 일, 금전으로 돕는 연보도 그렇습니다. 즐겨 내는 사람, 내는 것을 즐겨하는 사람을 하나님은 사랑하십니다.

그런데 두 가지 유념해야 할 것이 있습니다.

첫째는, '인색' 하지 말아야 합니다. 마음먹은 것보다 적게 내거나 기대한 것보다 적게 내는 것이 인색입니다.

둘째는, '억지'로 하지 말아야 합니다. 마음에 없는 것을 억지로 하거나, 가진 것이 없는 데도 억지로 한다든가, 강요와 강제에 의해 억지로 하는 것은 좋지 않습니다. '즐겨 내는 자'를 하나님은 사랑하시므로 우리는 자신이 마음에 정한 대로 하며, 스스로 행해 나갑시다.

✚ **기 도**
하나님! 주신 모든 것을 감사합니다. 인색하거나 억지가 없이 하나님께 헌금하고 필요한 이웃을 위해 연보하게 하옵소서. 주님을 위한 헌신과 봉사도 자원하는 마음으로 하게 하옵소서. 예수님의 이름으로 기도드립니다. 아멘

✚ **중보기도**
적극적이며 자발적으로 스스로 하는 마음을 갖기 위해서(자녀의 공부, 부모의 일 등).

✚ **명 상**
하나님의 사랑을 받는 비결을 명상합시다. (7절)

지혜 없는 자의 하는 일

♣ 성경 고린도후서 10:7~12(외울요절 12절) 찬송 214(349)장 ♣

하나님은 우리가 지혜롭게 살기는 원하십니다. "하나님을 경외하는 것이 지혜의 근본입니다." "미련한 자가 사치하는 것이 적당하지 못하거든 하물며 종이 방백을 다스림이랴"(잠 19:10)라고 성경은 말씀하고 있습니다.

하나님은 선악을 알게 하는 나무의 실과(선악과)를 먹지 못하게 하셨습니다. 선악을 판단하는 일은 하나님의 특별하신 절대적 특권입니다. 그래서 하나님의 특권을 침범하는 자는 지혜가 없는 자입니다.

오늘 말씀에 지혜 없는 자를 가리켜, 자기 표준에 따라 자기를 평가하고, 비교하는 자들이라고 했습니다(12절). 판단하는 일 자체가 지혜 없는 자의 소행입니다. "아무것도 판단하지 말라"는 것이 성경의 교훈입니다. "너희가 비판하는 그 비판으로 너희가 비판을 받을 것이요 너희가 헤아리는 그 헤아림으로 너희가 헤아림을 받을 것이니라"(마 7:2)는 말씀을 잊지 말아야 합니다.

판단에는 객관적 표준이 있어야 합니다. 주관적으로 판단하는 것은 지혜 없는 자의 잘못입니다. 또 자기를 판단하는 것은 지혜 없는 자가 하는 일입니다. 인간은 자기 표준에서 자기를 판단하면 자기를 과대평가도 하고 과소평가도 합니다. 과대평가는 교만을 낳고 과소평가는 자기 경멸을 낳습니다. 그리고 지혜 없는 자는 항상 '비교'만 합니다. 비교는 교육상 금물입니다. 그러므로 지혜 없는 자가 하는 일을 우리는 반복하지 말아야겠습니다.

✠ 기 도
　하나님, 우리 가정과 다른 가정을 비교하여 지혜 없는 자와 같은 어리석은 일을 하지 않게 하옵소서. 우리 가정의 좋은 점은 더욱 개발하고, 부족한 점은 서로 채우면서 작은 천국을 이루게 하옵소서. 예수님의 이름으로 기도드립니다. 아멘

✠ 중보기도
　우리 자녀와 이웃집 자녀들을 비교하지 않도록.

✠ 명 상
　우리 스스로가 하는 판단의 자와 저울은 절대 고장난 자와 저울입니다.

주 안에서 자랑하자

♣ 성경 고린도후서 10:13~18(외울요절 17절)   찬송 368(486)장 ♣

시편 131편에, "여호와여, 나는 교만하거나 거만하지 않으며 나에게 과분한 일이나 내가 감당할 수 없는 일을 생각하지 않습니다. 오히려 내 마음이 고요하고 평온하니 젖 뗀 아기가 자기 어머니 품에 고요히 누워 있는 것 같습니다."(현대인의 성경)라는 아름다운 시가 있습니다.

과분한 일을 생각하는 것은 교만의 시초이고, 감당할 수 없는 일을 생각하는 것은 거만해지는 조짐입니다. 우리의 마음이 고요하지 못한 이유가 여기에 있습니다. 우리 가정이 평온치 못한 이유도 여기에 있습니다.

어머니 품에 고요히 누워 있는 아이를 보십시오. 예수님도 "돌이켜 어린아이와 같지 아니하면"이라고 말씀하십니다.

어린아이는 자기 부모를 자랑합니다. 자기 자랑을 부모 덕분으로 돌립니다. 부모 안에서만 자랑하는 모습은 종종 볼 수 있는 아름다운 정경입니다.

주를 믿는 우리도, '주 안에서 자랑' 해야 합니다. 바울 사도는 "나의 나 된 것은 주의 은혜라"(고전 15:10)고 고백합니다. 주님은 나의 모든 것입니다. 내 생명, 건강, 지식, 재산, 부모, 자녀, 학교, 직장, 집, 일터 모두가 주의 은혜입니다. 그러므로 주님만 자랑합시다.

✞ 기 도

하나님, 자기를 칭찬하는 미련한 자가 되지 않게 하옵소서. 주 안에서 주님만 자랑하며 살게 하옵소서. 예수님의 이름으로 기도드립니다. 아멘

✞ 중보기도

주님의 칭찬만이 진실한 칭찬임을 알 수 있도록.

✞ 명 상

사람은 나를 칭찬하는 자라 할지라도 나의 적이 될 수 있음을 압시다. "사랑은 자랑하지 아니하며……"

열심 있는 중매자

♣ 성경 고린도후서 11:1~3 (외울요절 2절) 찬송 175(162)장 ♣

목사나 전도사는 중매쟁이입니다. 이 중매는 결혼중매입니다. 예수님을 신랑으로 인류를 신부로 중매하여 예수님과 인류가 부부관계를 맺게 하는 것입니다.

예수님은, 마지막 날에 주님이 오시는 날을 결혼식으로 비유하고, 신랑은 오시는 예수 그리스도로, 믿는 자를 처녀로 비유하며, 처녀인 우리에게 등과 기름을 준비하라고 하셨습니다(마 25:1~13).

교회(신자의 모임)는 신랑 신부 관계에서 신부로 인정하고 "교회가 그리스도에게 하듯"(엡 5:24) 아내들도 범사에 그 남편에게 복종하라고 했습니다.

최후의 날에는, "혼인 기약이 이르렀고 그의 아내가 자신을 준비하였음으로"(계 19:7)라고 말씀되었습니다.

신자는 신랑 되시는 그리스도의 신부가 되었습니다. 신자가 되고 그리스도 예수의 신부가 되도록 '중매' 하는 일이 전도자의 하는 일입니다. 이 전도자의 열심은 열심 있는 전도자의 마음가짐입니다.

신부는 정결한 처녀여야 합니다. 그러므로 우리 신자는 거룩해야 합니다. 우리 신자는 주님만 바라보아야 합니다. 그래야 중매하는 자가 열심으로 중매하게 됩니다. 우리도 하나님께 대한 열심으로 주님의 신부가 됩시다.

✞ 기 도
하나님, 우리가 주의 신부로 모든 것에 부끄럼이 없게 하옵소서. 예수님의 이름으로 기도드립니다. 아멘

✞ 중보기도
음란한 처녀 같은 불신자들을 용서하셔서 그들이 돌아오도록.

✞ 명 상
"그런즉 깨어 있으라 너희는 그 날과 그 시를 알지 못하느니라"(마 25:13).

다른 것은 다르게 안 보인다

♣ 성경 고린도후서 11:4~9, 13~15(외울요절 4절)   찬송 340(366)장 ♣

거짓은 절대 거짓으로 보이지 않습니다. 거짓은 절대 참인 것처럼 위장합니다. 철저한 거짓은 철저한 은폐 조작을 합니다. 그래서 참인지 거짓인지 분별하기 힘듭니다. 생화와 조화가 분별하기 어렵고, 가짜와 진짜는 차이가 없는 것처럼 보입니다. 기름 중에 진짜는 참기름입니다. 그런데 광고나 선전에는 "진짜 참기름이 여기 있다."고 외칩니다. 참-진짜-참기름이라 해야만 사람을 속일 수 있습니다.

"사단은 광명한 천사"처럼 가장하고(14절), 사단의 일꾼들도 "의의 일꾼으로 가장합니다"(15절). 열왕기상 22:22에 악한 영이 하나님께, "내가 나가서 거짓말하는 영이 되어 그의 모든 선지자들의 입에 있겠나이다"라고 했습니다.

오늘 말씀에는 '다른 것' 이 있습니다.

첫째로, 다른 예수가 있습니다. 예수는 한 분뿐입니다. 다른 예수를 말하는 자는 예수가 하나님(신성)이 아니고 또한 사람(인성)이 아니라고 말합니다. 하지만 예수는 한 인격에 두 가지 속성이 있을 뿐입니다. 둘째로, 다른 영이 있습니다. 성령이 아닌 다른 영은 귀신의 영, 더러운 영, 악령입니다. 셋째로, 다른 복음이 있습니다. '믿음으로만 의롭게 된다.' 는 복음만이 참입니다. 다른 예수, 다른 영, 다른 복음을 믿는 것은 이단입니다.

✞ 기 도
하나님, 다른 것들에 미혹되지 않게 하시고 시험에 들지 말게 하옵소서. 다른 예수를 전하는 사람들도 성령받아 하나님과 구세주 예수를 바로 알게 하옵소서. 예수님의 이름으로 기도드립니다. 아멘

✞ 중보기도
이단에 미혹된 모든 사람이 길이요 진리요 생명 되신 주님만 믿고 따르게 되도록.

✞ 명 상
위증자는 법의 심판을 받습니다.

마음의 무거움

♣ **성경** 고린도후서 11:22~29 (외울요절 28절) **찬송** 323(355)장 ♣

　전도, 세계 선교를 위해 사도 바울이 당한 고통은 헤아릴 수 없고, 말로 표현할 수도 없으며, 글로도 쓸 수 없을 정도입니다.

　개척교회를 세운 목사들과 2천년 전의 개척교회를 세운 바울을 비교해 봅시다. 선교비를 생각하면, 바울은 자비량하며 선교했습니다. 선교비를 보내는 것도 오늘날과 같이 편리한 시대가 아니었습니다. 교통을 고려해 보면, 당시는 자가용 기차 비행기는 물론 자전거조차 없었던 시대입니다.

　선교지를 보면, 자기 나라가 아닌 다른 나라, 다른 언어를 사용하는 이국인 그리고 로마제국의 식민지 국가들이었습니다. 따라서 이방신의 신전과 신앙인이 수다한 이교도의 땅이었습니다. 뿐만 아니라 2천년 전 종교적으로 문화적으로 미신을 믿고 원시적 문화권에서 생활하던 시대로, 의식주 모두가 현재와는 족히 비교할 수가 없습니다.

　바울은 위대한 사도였습니다. 그 자신의 육체적 고통과 핍박자들의 박해, 혹독함 그리고 자연환경에서 오는 위험과 고통과 괴로운 일들을 제쳐놓고 "날마다 여러 교회에 대한 염려 때문에 내 마음은 무거웠습니다"(28절)라는 정신적 고통을 결론으로 말하였습니다. 우리에게도 몸된 교회를 위해 늘 이러한 마음가짐이 필요합니다.

✟ **기 도**
　하나님! 주를 위한 모든 고난과 고통을 잘 감내할 수 있는 힘을 주옵소서. 교회에서 맡은 우리 가정의 책임이 막중합니다. 생명 다해 충성하게 하옵소서. 예수님의 이름으로 기도드립니다. 아멘

✟ **중보기도**
　지금도 농어촌 등에서 작은 교회들을 위해 수고하는 전도자들에게 위로와 믿음과 힘 주시기를.

✟ **명 상**
　나는 주님을 위하여 어떤 고통을 당했던가?

육체의 가시 같은 은혜

♣ 성경 고린도후서 12:7~9 (외울요절 7절)   찬송 597(378)장 ♣

하나님께서는 사랑하고 아끼는 그리스도인들에게 뜻하지 않고 원하지 않는 고통을 줄 때가 있습니다. 실패, 손해, 질병, 우환, 환난 등등입니다.

바울에게도 고통이 있었습니다. '육체의 가시'가 있었습니다. 바울은 이 가시를 몸에 지니고 그 가시를 어떻게 해결했는지 배웁시다.

첫째로, 그는 먼저 기도했습니다. 가시의 문제는 큰 괴로움이었습니다. 괴로울 때 그는 기도하는 것을 배울 수 있었습니다. 바울은 세 번 집중적으로 간절하게 기도했습니다.

둘째로, 기도의 결과 얻은 해답은 이 가시가 하나님이 주신 것임을 믿게 되었습니다. 괴로움과 고통을 감내할 수 있는 첫째 비결은 "하나님이 나를 사랑하므로 주신 것이다." 라고 믿는 것입니다.

셋째로, 하나님이 가시를 주신 이유는 '너무 자만하지 않게 하시려고' 주신 것입니다. 바울의 교만을 없애기 위함이었습니다.

이것을 안 바울에게 주님은, "내 은혜가 네게 족하다."고 하셨습니다. 그러므로 이 가시도 은혜의 일종입니다.

가시가 없는 장미는 없습니다. 장미같이 향기롭고 아름다운 은혜도 있지만 가시같이 아픈 은혜도 있음을 알아야 하겠습니다.

✞ 기 도

하나님! 하나님이 우리에게 주시는 모든 것과 모든 일은 은혜로 주심을 믿게 하옵소서. 은혜를 감수할 수 있는 믿음과 인내력을 주옵소서. 예수님의 이름으로 기도드립니다. 아멘

✞ 중보기도

하나님께서 고통당하고 있는 ○○에게 기도하는 시간을 더 많이 갖게 해 주셔서 그가 주의 뜻을 깨달을 수 있도록.

✞ 명 상

가시 없는 장미는 없습니다.

나는 약하나 주는 강하다

♣ 성경 고린도후서 12:9~10(외울요절 10절)   찬송 585(384)장 ♣

유치원에 다니는 어린이는 어머니나 할머니가 손잡고 함께 다닙니다. 넘어질 우려가 있을 때는 더 힘껏 붙들어 줍니다.

초등학교 1학년 글씨를 배울 때에 선생님은 연필 잡은 내 손을 붙잡고 글자를 써 주셨습니다. 내가 쓴 것이 아니라 선생님이 쓰신 것입니다. 그런데도 선생님은 "너 참 잘 썼다."고 칭찬해 주셨습니다. 내가 잘못 쓸 때 선생님의 필치로 도리어 잘 쓰게 되었습니다.

그렇습니다. 내가 약할 때 강합니다. "내가 약한 그 때에 강함이라"(10절) 또 "나의 여러 약한 것들에 대하여 자랑한다"(9절)고 말한 근거가 여기에 있습니다.

종이 한 장은 얇고 약합니다. 그러나 그 얇은 백지를 테이블이나 철판 위에 깔아 놓고 주먹으로 때리고 쳐도 찢어지지 않습니다. 종이가 강한 것이 아니라 그 밑에 있는 책상과 철판이 강한 것입니다.

우리 사람은 약합니다. 그러나 그리스도인은 강합니다. 그 이유는 그리스도가 강하므로 그리스도인이 강한 것입니다. 작은 미물 파리도 비행기에 붙으면 미국에도 갈 수 있습니다.

✝ 기 도

하나님! 나의 약함을 압니다. 그리고 주의 강함을 압니다. 주여! 내가 약할 때 더 강해짐을 압니다. 그리스도가 강하므로 그리스도인들이 강해짐을 아오니 연약해질 때마다 세움받게 하옵소서. 예수님의 이름으로 기도드립니다. 아멘

✝ 중보기도

주의 백성들을 긍휼히 여겨 주시기를.

✝ 명 상

주는 강한 성이요 방패가 되십니다.

믿음이 있는가

♣ 성경 고린도후서 13:5~7(외울요절 5절)   찬송 374(423)장 ♣

우리 스스로에게 질문을 던질 때가 가끔 있습니다. 즉 "나에게 믿음이 있는가?" 하는 것입니다. 우리가 믿음을 가진 '믿는 자'인데 그 믿음을 갖고 있는가 하는 물음을 던질 때는 어떠한 때입니까?

첫째로, 이미 믿음에서 떠나 있는 나 자신을 인정하는 때입니다. 내가 믿음으로 살고 있지 않음은 자기의 진단 결과입니다.

둘째로, 이 질문은 믿음 갖기를 원하는 몸부림에서 나올 수 있습니다. 제자들이 예수님께 "우리에게 믿음을 더하소서"(눅 17:5) 할 때의 제자들의 심정과 같은 심정에서 나올 수 있는 질문이라 하겠습니다.

셋째로, "나의 믿음 없는 것을 도와주소서"(막 9:24) 하던 저 벙어리 귀신 들린 아이 아버지의 간절한 호소 같은 경우에 할 수 있는 질문입니다.

믿는 자의 표는 믿음입니다. 믿음이 없으면 불신자이지 신자가 될 수 없습니다. 그래서 "믿음 없는 것을 도와주소서" 하고 기도하든지, "믿음을 더하옵소서" 하고 기도하든지 해야 합니다.

좋은 믿음도 성령 은사 중에 하나입니다(고전 12:9). 한 가지 기억해야 할 것은 예수님께서 도마에게, "믿음 없는 자가 되지 말고 믿는 자가 되라"(요 20:27) 하신 말씀을 우리도 깊이 명심해야 하겠습니다.

✟ 기 도

하나님! 믿음을 더하여 주옵소서. 믿음만이 주를 아는 비결이오니 믿음을 더하여 주옵소서. 예수님의 이름으로 기도합니다. 아멘

✟ 중보기도

믿음 좋은 부모님이 유산으로 주신 금보다 귀한 믿음을 잘 간직할 수 있기를 위해서.

✟ 명 상

겨자씨만한 믿음이란?

남을 유익하게 하는 자

♣ 성경 고린도후서 13:6~10 (외울요절 7절) 찬송 455(507)장 ♣

"사랑은 유익을 구하지 아니하며 성내지 아니하며 악한 것을 생각하지 아니하며"(고전 13:5)라는 말씀은 쉬우면서 지키기 힘든 교훈입니다. 그러나 우리 가정의 아버지 어머니를 생각해 보면 쉽게 그 뜻을 알 수 있습니다. "유대인에게나 헬라인에게나 하나님의 교회에나 거치는 자가 되지 말고"(고전 10:32).

오늘 말씀에서 남을 유익하게 하려면 어찌해야 한다고 했습니까?

첫째로, 자기는 버림을 당하고 다른 사람은 선을 행하게 하고자 했습니다. 다른 사람(자녀)들이 선을 행할 수 있는 길이라면 자기(부모)는 버림을 받아도 좋다는 말입니다. 즉 선을 위하여 자기를 희생할 수도 있다는 것입니다. 둘째로, 다른 사람(자녀)들이 강하게 되려면 자기(부모)는 약하여지는 법입니다. 지금까지 이토록 우리 자녀들이 강하게 된 데에는 우리 부모님이 약해지는 희생의 삶 덕분입니다. 셋째로, 다른 사람(자녀)들이 온전하게 되기 위하여 자기(부모)는 기도해야 합니다. "또 이것을 위하여 구하니 곧 너희가 온전하게 되는 것이라"(9절).

부모님의 간절한 기도가 우리를 온전한 사람이 되어가게 합니다. 어머니 모니카의 눈물 기도가 망나니 아들 어거스틴을 성자로 만들었습니다. 믿음의 부모를 주신 하나님께 감사합시다.

✝ 기 도

하나님, 온전하신 주님과 같이 우리도 온전해지게 하옵소서. 선을 행하는 자로서 온전한 인격과 신앙의 소유자가 되게 하옵소서. 예수님의 이름으로 기도드립니다. 아멘

✝ 중보기도

남을 유익하게 하는 성도들이 되게 해주시기를.

✝ 명 상

하늘은 스스로 돕는 자를 돕습니다.

은혜, 사랑, 교통하심

♣ 성경 고린도후서 13:13(외울요절 13절) 찬송 8(9)장 ♣

미국 사람들은 믿는 자나 믿지 않는 자나 막론하고 곧잘 "God Bless you!"라고 인사합니다. 전화나 편지 말미에 "하나님이 당신에게 복 주시기를 바랍니다." "하나님이 너에게 복을 주리라."는 좋은 말로 끝맺을 때가 있습니다.

어떤 사람은 사람이 어떻게 사람에게 축복하느냐고 질문합니다. 그러나 그 축복이 '자기의 이름'으로 하는 것이 아니고 '주의 이름'으로 하는 것입니다.

축복 기도를 축도라고 합니다. 목사의 축도의 원류는 고린도후서 13:13에 있습니다. "주 예수 그리스도의 은혜와 하나님의 사랑과 성령의 교통하심이 너희 무리와 함께 있을지어다." 너희들과 함께 있기를 빈다고 기도한다는 내용입니다. 이 내용을 보면, 축도하는 사람의 것 즉 목사의 것이 아니라, 주 예수 그리스도와 하나님 그리고 성령 삼위의 것입니다. 성부 하나님의 사랑, 성자 하나님의 은혜, 성령 하나님의 교통하심입니다.

우리 인간에게도 서로 축복 기도를 하라고 하십니다. "너희를 박해하는 자를 축복하라 축복하고 저주하지 말라"(롬 12:14). 예수님도, "너희를 저주하는 자를 위하여 축복하며 너희를 모욕하는 자를 위하여 기도하라"(눅 6:28)고 말씀하셨습니다.

✝ 기 도
하나님! 욕하고 비난하고 저주하는 말보다 축복하는 말을 더 많이 하게 하시고, 우리를 곤란하게 하는 이들을 위해 기도하게 하옵소서. 성령의 교통하심이 주님 오실 날까지 함께하옵소서. 예수님의 이름으로 기도드립니다. 아멘

✝ 중보기도
나를 저주하는 자를 축복해 주시기를.

✝ 명 상
'축복'이란 말과 '저주'란 말의 결국이 어떠한가 명상해 봅시다.

믿게 하옵소서

♣ 성경 요한복음 1:1~23 (외울요절 7절)   찬송 522(269)장 ♣

　세례 요한은 예수님보다 6개월 먼저 출생했습니다. 요한은 선지자 중에 마지막 선지자이며, 예수를 직접 눈으로 보고 예수를 증거한 행복한 선지자입니다.
　세례 요한은 하나님께로부터 보내심을 받은 자였습니다(6절). 그는, "회개하라 천국이 가까이 왔다." 하는 내용으로 광야에서 예언했습니다. 그는 예수를 숨기지 않고 드러내어 말하기를, "나는 그리스도가 아니라"(20절)고 했습니다. 그는 엘리야도 아니고 선지자도 아니라고 했습니다(21절). 다만 그는 "주의 길을 곧게 하라고 광야에서 외치는 자의 소리로라"(23절)고 했습니다. 그는 들의 소리, 야성이었습니다.
　그의 실제 생활과 삶을 통해 "자기로 말미암아 믿게 하려"(7절)고 한 사람이었습니다. 겸손한 그의 증거와 전도 방법을 배워야 합니다.
　말씀으로 믿게 하는 일도 중요합니다. 설교를 통해, 전도를 통해 믿게 하는 일도 중요합니다. 그러나 실제 생활을 통해 증거하는 일은 더 중요하고 어렵습니다. 요한은 이 실제 생활을 통해 자기로 인해 많은 사람이 믿게 하려 했습니다.
　우리 가정의 모든 식구들이 불신자들에게 "나로 말미암아 믿게 하는" 삶을 살아야 하겠습니다. 이것이 언행일치의 삶입니다.

✞ **기 도**
　하나님! 다른 사람을 믿게 할 수 있도록 나의 말과 삶이 일치하게 하옵소서. 믿음의 삶을 통해 생활 속에서 살아계신 주님을 드러내게 하옵소서. 예수님의 이름으로 기도드립니다. 아멘

✞ **중보기도**
　언행이 일치한 삶이 되기를 위해서.

✞ **명 상**
　나로 인해 몇 사람을 믿게 했는지를 자문해 봅시다.

개인전도를 배우자

♣ **성경** 요한복음 1:40~51 (외울요절 47~48절)　**찬송** 511(263)장 ♣

　세례 요한의 말을 듣고 예수 믿는 사람들이 생겼습니다. 그러니 자연 전도의 열기가 일어나게 되었습니다. 첫째, 세례 요한의 전도가 있었습니다. 그는 먼저 자기 제자들을 개인전도하여 안드레를 예수 믿게 했습니다. 둘째, 안드레는 먼저 자기 형제 시몬 베드로를 찾아가서 전도했습니다. 이것을 '안드레식 개인전도'라고 이름 지어 전도방법으로 사용합니다. 셋째로, 베드로와 안드레가 한 동네에 사는 빌립에게 개인전도를 했습니다. 넷째로, 전도받은 빌립은 자기 친구 나다나엘에게 개인전도를 했습니다.

　이렇게 자기의 제자에게, 자기의 형제에게, 자기의 한동네 사람에게, 그 한동네 사람이 자기 친구에게 개인전도를 했습니다. 개인전도는 개인대 개인이 상대입니다. 그러나 사실 개인이 아니고 거기에 예수님이 함께하셨다는 증거가 본문에 있습니다. "빌립이 너를 부르기 전에 네가 무화과나무 아래에 있을 때에 보았노라"(48절)고 예수님이 나다나엘에게 말씀하셨습니다.

　개인전도의 결과는 예수님이 결론을 짓습니다. 사실 나다나엘은 나사렛과 선한 것을 비난했습니다. 그러나 예수님은 기어이 나다나엘을 칭찬과 더불어 믿게 하셨습니다. 예수님도 개인전도를 하신 것입니다.

　이러한 개인전도 방법을 배워 우리의 심령을 윤택하게 하고, 많은 사람들을 주님 앞으로 이끄는 데 수고를 아끼지 맙시다.

✝ **기　도**

　하나님! 지금까지 개인전도에 힘쓰지 않았음을 고백합니다. 우리의 이웃과 친족들에게 주님을 증거할 수 있는 은혜를 주옵소서. 신앙위인들의 전도 전략을 말씀 속에서 잘 배워 실천하게 하옵소서. 예수님의 이름으로 기도드립니다. 아멘

✝ **중보기도**

　내 형제(친구, 동향인)부터 개인전도할 수 있는 능력을 얻기 위해서.

✝ **명　상**

　가까운 사람을 전도하기가 왜 어려울까?

마음으로 믿는 자

♣ 성경 요한복음 2:23~25 (외울요절 24~25절)   찬송 545(344)장 ♣

'예수의 이름을 믿는 믿음'과 '예수를 믿는 믿음'은 다릅니다. 예수의 이름을 믿는 신앙(23절)은 단지 예수 이름을 믿는 것이고, 예수를 믿는 신앙은 (요 3:16~18) 예수의 인격을 믿는 것입니다. 전자는 단지 '인정'한다는 뜻이고, 후자는 예수의 인격과 내 '인격의 결합'을 뜻합니다.

본문의 예수 이름을 믿는 신앙은 그들의 내적생활에 그리스도 예수에 대한 무슨 결정됨이 없이 믿는 신앙입니다. 그들은 '표적만 보고' 믿었습니다. 내적 결단이 없이 밖에(눈에) 나타난 그의 표적만 믿은 것이니 그 마음으로 믿는 참 믿음이 없습니다.

예수님은 그 마음을 보십니다. 즉 마음으로 믿지 않음을 아십니다. 그래서 예수님은 자기 몸을 의탁하지 아니하셨습니다. 즉 자기 몸을 맡기지 않으셨습니다.

또한 예수님은 친히 모든 사람을 아십니다. 무슨 신앙 명세서를 보시고 아는 것이 아니라 친히 아십니다. 예수님은 친히 사람 속에 있는 것을 아십니다. 마음의 뜻을 아십니다.

우리가 진정 예수 그리스도가 우리의 모든 것이 되시는 구세주 되심을 믿고 있는지 조용히 자문해 봅시다.

✚ **기 도**
우리의 마음을 아시는 하나님! 날마다 우리의 마음을 새롭게 하여 주옵소서. 예수님의 이름으로 기도드립니다. 아멘

✚ **중보기도**
외모로 사람을 판단치 않도록, 중심을 보시는 주님이시기에 더욱 조심하는 신앙생활이 되도록.

✚ **명 상**
신과 악마가 싸우는 전쟁터, 그것이 인간의 마음입니다. (도스토예프스키)

믿는 자는 구원을 받는다

♣ **성경** 요한복음 3:16~21 (외울요절 18절)   **찬송** 294(416)장 ♣

　본문 16절은 신구약 성경의 요절 즉 열쇠 되는 절입니다. 성경 전체를 한 절로 요약한 말씀으로서 여기에 성경의 중심이 있습니다.
　하나님은 세상을 사랑하셨습니다.
　하나님은 독생자를 보내셨습니다.
　하나님은 독생자 예수를 믿는 자는 멸망하지 않는다고 하셨습니다.
　하나님은 독생자 예수를 믿는 자는 영생을 얻게 하신다고 언약하셨습니다.
　하나님이 아들을 세상에 보내신 것은 세상을 심판하려는 것이 아니라고 하셨습니다.
　하나님이 아들을 세상에 보내신 것은 세상이 구원을 받게 하려 하심이라고 하셨습니다.
　하나님은 예수를 믿는 자는 심판을 받지 아니한다고 하셨습니다.
　하나님은 예수를 믿지 아니하는 자는 벌써 심판을 받은 것이라고 하셨습니다.
　우리 가정은 믿음으로 심판을 받지 않고 믿음으로 구원받은 확신이 있습니다. 이것은 하나님의 은혜입니다. 그러나 믿지 아니하는 자는 '벌써' 심판을 받았다고 했습니다. 두려운 마음을 가지고 더욱 주님을 증거하는 삶을 살도록 합시다.

✝ 기 도
　하나님 감사합니다. 우리 가정이 믿음으로 구원받았음을 확신하며 감사합니다. 하나님의 독생자 예수님의 이름을 받지 아니한 이들에게 구원의 소식이 속히 임하게 하옵소서. 예수님의 이름으로 기도드립니다. 아멘

✝ 중보기도
　하나님께서 불신자들을 용서하셔서 믿게 해주시고, 구원을 얻게 해주시기를 위해서.

✝ 명 상
　믿음을 누가 주셨나?

참과 영으로 하는 예배
♣ 성경 요한복음 4:20~26 (외울요절 24절)   찬송 9(53)장 ♣

사마리아인들은 그리심 산에서 예배하고 유대인들은 예루살렘성전에서 예배했습니다. 그런데 예수님은 "이 산에서도 말고 예루살렘에서도 말고"(21절) 하시면서 예배하는 자는 영과 진리로 예배할 때가 이르리라고 말씀하셨습니다. 그리심 산이나 예루살렘의 모든 장소를 초월하여 예배하라고 하십니다.

우리가 믿는 하나님은 사마리아인만의 하나님도, 유대인만의 하나님도 아니십니다. 그리심 산만의 하나님도, 예루살렘만의 하나님도 아니십니다. 모든 민족 모든 장소를 초월하여 계신 하나님이며 아버지는 만민의 아버지이십니다.

하나님 아버지는 영이십니다. 하나님의 본성이 영이시므로 '영'으로 예배해야 합니다. 영으로 예배한다 함은 '성령으로 영적인 예배를 드린다.'는 뜻입니다. 언제 어디서나 어떤 형식이든 간에 영이신 아버지 하나님께 항상 영적 예배를 드려야 참예배입니다.

그리고 예배는 '진리'로 드려야 합니다. 진리란 '진실'을 뜻합니다. 예배에 형식적인 외형만 갖출 것이 아니라 진심과 진리로 예배해야 합니다. 예배에 거짓이 용납되지 않습니다.

진리의 신이신 하나님은 진리 안에서 드리는 예배만 받으신다는 것을 깨닫고 바른 예배 자세를 갖춥시다.

✝ **기 도**
영이신 하나님! 이 가정예배가 영적인 신령한 예배가 되게 하옵소서. 만민의 아버지 되시는 하나님을 온전히 전하는 가정이 되게 하옵소서. 민족과 모든 장소를 초월하신 예수님의 이름으로 기도드립니다. 아멘

✝ **중보기도**
언제 어디서든지 진실한 맘으로 영적인 예배를 드릴 수 있도록.

✝ **명 상**
영이신 하나님께 영적 예배를, 진리이신 하나님께 진정한 예배를.

예수를 증언하는 것들

♣ **성경** 요한복음 5:30~40(외울요절 39절)　**찬송** 199(234)장 ♣

예수 그리스도에 관하여 증언하는 증언자가 많이 있습니다. 예수님께서 친히 말씀하시기를, '나에 대한 증언이 여럿이 있다'고 다음과 같이 말씀하셨습니다.

첫째로, 세례 요한이 증언합니다(33절). 그는 예수를 증언한 선지자들 중에 제일 마지막 증언자였습니다. 다른 선지자보다 확증자가 된 것은 그는 예수를 직접 눈으로 보면서 증언했기 때문입니다. 예수님은 "그러나 나는 사람에게서 증언을 취하지 아니하노라"(34절)고 하셨습니다.

둘째로, 예수님께서 하신 일 자체가 예수를 증거합니다(36절). 이는 요한의 증거보다 더 큰 증거라고 하셨습니다(36절). 하나님께서 주시고 이루게 하신 역사 즉 예수님이 하시는 일이 증거가 됩니다.

셋째로, 하나님 아버지께서 증언하십니다(37절). 하나님이 친히 예수를 증거하셨습니다. 그러나 그의 음성을 들어본 일이 없습니다. 그 형상도 보지 못했습니다. 그는 말씀으로 증거하셨는데, 사람들은 그 말씀을 마음에 받아들이지 아니했습니다.

넷째로, 성경이 예수님을 증언하십니다. "이 성경이 곧 내게 대하여 증언하는 것이니라"(39절). 신구약성경은 예수님이 하나님께서 보내신 자이며 우리의 구주가 되심을 증언합니다.

✞ **기 도**

하나님! 우리에게 성경을 주셔서 성경을 읽고 예수를 구주로 믿게 하심을 감사합니다. 예수님을 증언하는 우리의 삶이 되도록 도우소서. 예수님의 이름으로 기도드립니다. 아멘

✞ **중보기도**

말씀을 믿는 신앙을 갖기 위해서.

✞ **명 상**

성경은 교회보다 더 오랜 것입니다. (스웨덴 격언)

하나님의 일

♣ 성경 요한복음 6:26~29(외울요절 29절)　찬송 546(399)장 ♣

우리는 일하기 위해 손을 갖고 있습니다. 먹기 위해서 입을 갖고 있습니다. 하나님께서 일만 하도록 사람을 창조했다면 입은 만들지 않았을 것입니다. 또 먹기 위해서만 사람을 창조했다면 손은 만들지 않았을 것입니다.

손은 입을 위해서 일하고, 입은 손을 위해서 일한다고 할 수 있습니다. 입이 먹는 일을 해야 손이 힘을 얻어 일할 수 있고, 반대로 손이 일해야 입에 먹을 것이 생깁니다. 그때 입이 일하게 됩니다. 이 두 가지 일이 반복됩니다.

그런데 손으로 하는 일이 어찌 입을 위해서만 하겠습니까? 그래서 먹기 위해 일한다는 말이 나온 것입니다. 오늘 말씀에 또 하나의 일이 있는데 '하나님의 일' 입니다.

무리들은 "하나님의 일이 무엇이며, 어떻게 해야 하나님의 일을 할 수 있을까"(28절)를 질문했습니다. 그때 예수님은 "하나님께서 보내신 이를 믿는 것이 하나님의 일"(29절)이라고 대답하셨습니다.

교회에서 하는 일, 우리 개인이 하는 일 중에 제일 큰 일은 '믿음'을 갖는 것입니다. 누구를 믿는다 했습니까?

하나님께서 보내신 이라고 했습니다. 하나님께서 보내신 이는 예수 그리스도이십니다.

✝ **기 도**

하나님! 무슨 큰 일보다 믿는 일을 제일로 알고 제일 먼저 하게 하옵소서. 그래서 하나님의 일을 무엇보다 우선순위로 삼게 하옵소서. 예수님의 이름으로 기도드립니다. 아멘

✝ **중보기도**

우리 교회에서 일하는 봉사자들이 모두 믿음을 갖고 일할 수 있기 위해서.

✝ **명 상**

교회 일하는 중에 서로가 믿지 못하게 될 때 하나님의 일은 중단됩니다.

하나님의 뜻대로

♣ **성경** 요한복음 6:38~40(외울요절 40절)　**찬송** 549(431)장 ♣

예수님은 하나님의 뜻을 생의 중심에 두셨습니다. 그는 하나님의 뜻을 따라 그 뜻을 이루기 위해서 세상에 오셨고, 하나님의 뜻대로 살았으며 하나님의 뜻을 따라 십자가에 죽으셨습니다.

우리는 하나님의 뜻을 너무 자주 말합니다. 가령 일이 잘 풀리지 않으면 하나님 뜻이 아니기 때문이라고 변명(?)할 때도 많습니다. 하나님은 자기의 뜻대로 세계를 경륜하십니다. 대관절 하나님의 뜻은 무엇일까요?

전인류를 위한 하나님의 뜻은 첫째로, "예수 그리스도를 믿고 영생을 얻게 하는 것"입니다(40절). 즉 예수 그리스도를 믿고 구원을 얻게 하려 하십니다. 이것이 곧 신구약 성경의 요절, 즉 요한복음 3:16입니다. 성경은 이러한 하나님의 뜻을 말합니다. 둘째로, "하나님의 뜻은 이것이니 너희의 거룩함이라"(살전 4:3)고 하였으니. 거룩하게 사는 것이 믿는 자를 위한 뜻입니다. 셋째로, "항상 선을 따르라 항상 기뻐하라 쉬지 말고 기도하라 범사에 감사하라 이것이 그리스도 예수 안에서 너희를 향하신 하나님의 뜻이니라"(살전 5:15~18)고 하였습니다.

우리는 하나님께서 예수님 안에서 원하시는 뜻이 무엇인가를 말씀을 통해 깨달은 대로 신앙생활을 해야 하겠습니다.

✞ **기 도**

하나님, 예수님께서 하나님의 뜻대로 사신 것같이 우리도 그렇게 살게 하옵소서. 마지막 날에 다시 사는 은총을 베풀어 주시고 항상 선을 향한 삶이 되게 도우소서. 예수님의 이름으로 기도드립니다. 아멘

✞ **중보기도**

거룩하게 구별된 성도들이 되기 위해서.

✞ **명 상**

나의 원대로 마시옵고 아버지의 원대로 하옵소서(막 14:36).

영생의 말씀

♣ 성경 요한복음 6:66~71 (외울요절 68~69절)   찬송 205(236)장 ♣

어느 날 예수님은 열두 제자들에게 비통한 말씀을 하셨습니다. "너희도 가려느냐"(67절). 그때는 예수를 따르던 사람들은 물론 그의 교훈을 듣고 배우고 '제자'라는 말을 듣던 많은 사람들이 예수를 버리고 물러가며 다시 예수와 함께 있지 않고 다니지 않던 때였습니다.

사람들이 내 주변에서 떠나고 물러가는 것은 여간 서운한 일이 아닙니다. 예수님도 서운하셨을 것입니다. 열두 제자마저 떠날 것인가? 그렇지 않으면 남을 것인가? 남는다 하더라도 남을 수 있는 근거가 무엇일까? 베드로가 대표하여 대답했습니다.

"영생의 말씀이 주께 있사오니 우리가 누구에게로 가오리이까?"

첫째는 말씀이 진리이므로 떠날 수 없다는 것입니다. 말씀이 좋아서 뿐만 아니라 그 말씀이 진리가 담겨 있는 참 말씀이기에 떠날 수 없었습니다.

둘째는 예수님 자신이 영생의 말씀입니다. '말씀이 육신이 된 분'이 예수님이십니다. 예수님께서 말씀 그 자체이십니다.

세상에는 저승 하늘나라, 저세상 하늘 천을 말하는 종교가 많습니다. 그러나 이 모두는 창조주 하나님의 말씀이 동반되지 않는 종교들입니다. 말씀과 영생, "영생의 말씀이 주께 있사오니 우리가 누구에게로 가오리이까!"라는 신앙고백을 확실히 합시다.

✚ **기 도**

하나님! 말씀을 믿습니다. 말씀과 진리의 주여, 우리를 인도하옵소서. 거룩하신 하나님의 말씀 안에 거하는 삶이 되도록 도우소서. 예수님의 이름으로 기도드립니다. 아멘

✚ **중보기도**

온 가족이 말씀 중심의 신앙을 갖기 위해서.

✚ **명 상**

"어찌 내 말을 믿겠느냐"(요 5:47).

말씀의 위엄

♣ 성경 요한복음 7:45~53(외울요절 46절) 찬송 285(209)장 ♣

예수님의 권세는 그가 하나님의 아들이라는 데 있습니다. 또 그의 신성에 있다고 할 것입니다. 예수님께는 불신자들을 압도하는 위엄이 있었습니다.

히피족과 같이 검고 긴 머리 그리고 맨발의 사나이, 시원하게 벗겨진 이마, 우뚝 솟은 코, 넓은 가슴, 이 모든 외형적인 모습은 예수님의 사진을 남겨 놓은 것이 없으니 그저 상상해보는 가상의 예수님 모습입니다.

그런데 예수님께 위엄 있게 압도하는 힘이 있었는데, 그것이 바로 그의 입에서 나오는 말씀이었습니다. 그의 말씀은 항상 새롭고, 항상 권세가 있었기에 많은 사람을 경악시켰습니다.

대제사장과 바리새인들이 예수를 잡아오지(체포) 못한 하속들에게, "어찌하여 잡아오지 아니하였느냐"(45절)고 하자, 그들은 "그 사람이 말하는 것처럼 말한 사람은 이때까지 없었나이다"(46절)라고 대답했습니다.

예수님 말씀에는 칼의 힘보다 더 강한 힘이 있었습니다. 그의 말은 당시 종교지도자들보다 위세가 있었습니다. 그의 말은 주먹과 팔의 힘을 빼버렸습니다. 말씀이 힘입니다. 말씀이 능력입니다. 그리스도께서 말씀 자체이시기 때문입니다.

✝ **기 도**
하나님! 주의 말씀은 빛입니다. 주의 말씀은 생명입니다. 그리고 진리임을 믿습니다. 예수님의 이름으로 기도드립니다. 아멘

✝ **중보기도**
주님을 믿지 않는 이웃들도 주님 말씀에 거꾸러지고 녹아지게 되기를 위해서.

✝ **명 상**
펜은 칼보다 강합니다. 말은 펜보다 강합니다.

양심의 가책

♣ **성경** 요한복음 8:1~11 (외울요절 9절)　**찬송** 255(187)장 ♣

이른 아침, 예루살렘 성전에 예수와 많은 백성들이 모였습니다. 예수님은 감람산에서 기도하고 오시고 백성들과 서기관, 바리새인들은 자기 집에서 자고 성전에 올라왔습니다.

한 여자가 간음하다 현장에서 잡혔습니다. 서기관과 바리새인들이 이 여자를 예수님께 고소했습니다. 예수님의 재판을 기다린 것입니다.

첫째로 모세의 율법에 저촉된다고 고소했습니다. 그들은 성경 신명기 22:22~24의 말씀을 인용해서 "돌로 쳐죽이라"고 말합니다.

둘째로, 예수의 사랑 계명에는 어떻게 하는 것이 마땅한지를 여쭈어 보았습니다. "선생은 어떻게 말하겠나이까?" 라고 했습니다.

그러나 예수님은 양심의 법에 고소했습니다. 즉 여자를 대신하여 맞고소한 것입니다.

양심의 법에는 모두가 저촉이 된 것입니다. 그들은 양심의 법에 가책받아 다 나가버렸습니다. 예수와 여자만 남았습니다. 양심이 고소할 때는 피소자도 고소자도 모두 양심의 심판을 받게 됩니다.

양심은 스스로 고소자요 고발자입니다.
양심은 스스로 변호자요 변호인입니다.
양심은 스스로 재판자요 판사입니다.
양심은 모든 사람을 피소자로 만듭니다.

✞ **기도**
하나님! 양심을 속이지 않게 하옵소서. 양심의 법에 저촉되지 않는 삶을 살게 하옵소서. 예수님의 이름으로 기도합니다. 아멘

✞ **중보기도**
모든 이들이 양심의 심판을 받지 않게 되기를.

✞ **명 상**
양심은 나 자신에게 돌리고, 명예는 이웃에게 돌려라. (어거스틴)

누구의 죄인가

♣ 성경 요한복음 9:1~12(외울요절 3절)　찬송 549(431)장 ♣

　우리가 불행한 일이 생겼을 때 그것이 죄의 결과라고 생각하는 것은 옳은 일입니다. 모든 불행과 아픔, 눈물과 어두운 일들은 아담과 하와가 죄를 지은 이후에 생겨졌기 때문입니다. 그러므로 죄를 범하지 말아야 합니다. 죄를 범하지 않았더라도 이미 누구에게나 죄(원죄)가 있으므로, 그 죄의 결과로 이 세상은 괴로운 바다요 인간은 한 잎의 나뭇잎만한 배 같습니다.
　그러나 모든 불행이나 병이 반드시 죄의 결과가 아닌 경우도 있음을 본문이 가르쳐 줍니다. 소경이 된 것이 '본인이 지은 죄'의 결과도 아니고, 그의 '부모가 지은 죄'의 결과도 아니라는 것입니다. 그러면 그 병의 원인은 무엇이겠습니까?
　예수님은 "그에게서 하나님이 하시는 일을 나타내고자 하심이라"(3절)고 말씀하십니다. 하나님이 하시는 일을 나타내기 위해 특수한 어려움, 고통, 불행, 불운이 더해질 수 있습니다.
　그러므로 그런 경우는 하나님이 책임지시고 고쳐 주시고 낫게 해 주십니다. 그렇기 때문에 하나님은 우리를 통해 하나님의 일을 하십니다.

✞ **기 도**
　하나님! 무슨 일을 당하든지 그 일 뒤에 숨은 하나님의 뜻을 밝히 알게 하옵소서. 하나님께서 하고자 하시는 일을 바로 알게 하옵소서. 예수님의 이름으로 기도드립니다. 아멘

✞ **중보기도**
　성도들이 성급하게 네 죄다 내 죄다 하는 속단을 그치고 하나님이 하시는 일을 기대하는 마음을 가질 수 있도록.

✞ **명 상**
　나의 불행이 모두 죄의 결과는 아닙니다.

장성한 사람

♣ 성경 요한복음 9:13~23 (외울요절 20~21절)   찬송 604(288)장 ♣

사람이 장성하였다는 것은 무엇으로 증명할 수 있습니까?

첫째로는 연령을 보아서 알 수 있습니다. 시간이 흐르고 세월이 지나다보면 연령은 1년에 한 살씩 늘게 됩니다. 18세가 되면 장성한 사람을 '성인'이라고 합니다.

둘째로는 신체적 성장입니다. 나이가 더하면 이목구비 사지백체가 장성합니다. 사람은 신체적으로는 24~25세까지 성장합니다.

셋째로는 연령이나 자연적, 신체적 성장뿐만 아니라 정신적으로, 인격적으로 장성해야 합니다.

그런 내적인 성장은 어떻게 알 수 있습니까? 그 하나는 자기 의견을 말할 수 있는 것입니다. 자기 나름대로의 생각을 정리하여 표현할 수 있을 때입니다. 그때는 인격 성장의 결과 자기 나름의 생각하는 것, 느끼는 것, 뜻하는 것을 갖게 됩니다.

또 하나는 자기의 일을 스스로 할 수 있을 때입니다. 자기 하는 일에 자신이 주인이 되어, 시키지 않아도 할 줄 아는 자유인이 장성한 사람입니다. 우리는 자율적인 가정생활, 사회생활, 교회생활을 할 줄 알아야 합니다.

✟ 기 도

하나님! 나이와 키뿐 아니라 지혜도 자라게 하옵소서. 인격이 장성한 자율적인 신앙인이 되게 하옵소서. 예수님의 이름으로 기도드립니다. 아멘

✟ 중보기도

이웃의 주장을 존중할 수 있기를 위해서.

✟ 명 상

나는 정신적으로 인격적으로 장성한 인격을 소유한 자인가?

참 목자

♣ **성경** 요한복음 10:1~6 (외울요절 3절)   **찬송** 277(335)장 ♣

　목자와 강도(절도)의 차이는 참 지도자와 거짓 지도자의 차이입니다. 선한 지도자와 악한 지도자가 항상 있게 마련입니다. 그 차이는 무엇이며 하는 일과 기능의 다른 점을 알면 그 두 가지를 쉽게 분별할 수 있습니다.
　첫째로, 참 목자는 정당한 문으로 출입하고 거짓 목자는 다른 곳으로(담으로) 넘어다닙니다. 문으로 들어가는 이가 양의 목자입니다. 참 목자는 정당하고 떳떳합니다. 그러나 거짓 목자는 항상 도둑질하려는 본심이 있어 담을 넘고 어두운 틈을 탑니다.
　둘째로, 참 목자에게는 그를 돕는 협조자가 있습니다. 즉 문지기가 있어 문을 열고 닫고 합니다. 문지기는 목자를 위해 있고 동시에 양을 위해 함께 일합니다. 셋째로, 참 목자는 양들보다 앞서갑니다. 지도자는 사람들 앞에서 본을 보입니다. 좋은 스승은 앞서가며 학생들에게 본을 보이고 모든 일에 솔선수범합니다. 넷째로, 참 목자는 양을 이해하고 양은 목자를 압니다. 양자의 관계는 서로 친밀해지고 양해하고 이해합니다. 지도자와 피지도자 그리고 스승과 학생 간에는 인격적인 관계여야 합니다.
　끝으로 참 목자는 자기 양의 이름을 각각 부릅니다. 무리 중에 하나하나의 인격을 존중하고 이름을 기억합니다. 선하고 참된 목자는 예수님이십니다.

✚ **기 도**
　하나님! 주님은 언제 어디서나 무슨 일에서든지 나의 목자이시며 우리들의 인도자이십니다. 양떼인 저희들을 늘 보살펴 주옵소서. 예수님의 이름으로 기도드립니다. 아멘

✚ **중보기도**
　성도들이 목자의 음성을 싫어하지 않도록.

✚ **명 상**
　목자에게는 항상 막대기(공의)와 지팡이(자비)가 있습니다.

사랑을 받는 비결

♣ 성경 요한복음 10:11~18(외울요절 17절)　찬송 570(453)장 ♣

우리가 하나님의 사랑을 받을 수 있는 비결은 무엇일까요? 예수님은 하나님의 사랑을 받고 있다는 확신이 있으셨습니다.

첫째로 우리는 항상 내가 그의 (그분의) 사랑을 받고 있다고 생각하면 행복합니다. 그의 마음 안에 있고 돌봄 안에 있고 관심 안에 있고 지켜 주심 안에 있다고 믿을 때 행복합니다.

둘째로 사랑받고 있다는 확신이 없을 때 적어도 두 가지 오해가 생깁니다. 그분의 사랑에 대한 배신이든지, 다른 하나는 오해로 인하여 나를 미워하고 있다(사랑의 반대로)는 생각으로 그를 미워하게도 됩니다.

셋째로 그분이 나를 사랑한다고 믿으면 나는 그를 사랑하게 됩니다. 사랑의 확신은 사랑을 증식합니다. 반대로 미워한다고 느낄 때는 증오를 낳습니다.

넷째로 우리가 미움을 받기보다 사랑을 받는 비결은 우리가 먼저 사랑하는 것입니다.

예수님이 하나님 아버지의 사랑을 받는 근거는 '내가 목숨을 버렸기' 때문이라고 말씀하십니다. 그렇습니다.

우리가 생명을 바쳐 그를(누구든지) 사랑한다면, 목숨을 버리는 나를 미워할 사람은 아무도 없습니다. 역시 사랑은 주는 것임을 다시 한번 깨닫습니다.

✞ 기 도

하나님! 사랑받기 원합니다. 그러나 받기 전에 먼저 사랑하는 법을 알게 하옵소서. 목숨을 얻기 위해 목숨을 버릴 줄 아는 하늘의 지혜를 터득하게 해주옵소서. 예수님의 이름으로 기도드립니다. 아멘

✞ 중보기도

미움이 있는 곳에 사랑을 심는 평화의 사도가 되기 위해서.

✞ 명 상

가장 큰 배은망덕은 그가 나를 사랑하지 않는다는 오해입니다.

사랑이 기적을 낳는다

♣ **성경** 요한복음 11:1~11, 33~44 (외울요절 4절)   **찬송** 471(528)장 ♣

  죽을병에 걸려 신음하는 사람이 있었습니다. 그는 누구였을까요?
  예수님께서 사랑하는 자였습니다. 예수님께 향유를 붓고 머리털로 주의 발을 씻긴 마리아의 오빠였습니다. 그는 베다니 사람이었고, 이름은 나사로였습니다.
  그가 병들었다는 말을 들은 예수님께서는, "죽을병이 아니다. 하나님의 영광을 위한 병이다. 아들 예수로 영광을 받게 할 병이다."라고 대답하셨습니다. 그리고 예수님은, 제자들에게 "다시 유대로 가자"고 권유하셨습니다. 제자들은 "선생님 방금도 유대인들이 돌로 치려했는데 또 그리로 가시려 합니까?"라고 만류했습니다. 예수님은 "낮이 열두 시간이 아니냐. 낮에 다니는 사람은 실족치 않는다." 하시며 "우리 친구 나사로가 잠들었도다. 내가 깨우러 가노라." 하시고 함께 떠나셨습니다.
  가보니 나사로가 이미 죽었습니다. 예수님은 무덤까지 가셔서 눈물을 흘리시며(35절) 하나님께 기도하시고(41~42절), "나사로야 나오라"(43절) 하시니 그가 살아났습니다. 사랑하는 자를 살리셨습니다. 사랑하는 사람들을 위한 사랑의 기적입니다. 우리들도 이러한 사랑을 가져야 하겠습니다.

✞ **기 도**
  하나님! 주님의 사랑을 먼저 받기 원합니다. 주님의 크신 사랑을 허락하여 주옵소서. 주님께 받은 그 사랑을 나누는 삶을 살게 하여 주옵소서. 예수님의 이름으로 기도드립니다. 아멘

✞ **중보기도**
  하나님의 사랑이 기적을 낳듯, 우리의 사랑도 그러하기를.

✞ **명 상**
  어머니 사랑은 최선의 사랑, 하나님 사랑은 최고의 사랑.(독일 격언)

한 알의 밀

♣ **성경** 요한복음 12:20~33(외울요절 24절)　**찬송** 311(185)장 ♣

　예수님의 교훈을 요약하면 어떻게 표현할 수 있을까요? 예수님 생애(삶 전체)를 한마디로 집약하면 무슨 말로 표명할 수 있을까요?
　명절에 헬라인 몇 사람이 예루살렘에 예배하러 왔다가 예수님을 만나보고 싶어서 빌립에게, "예수를 뵈옵고자 합니다." 라고 면회 신청을 했습니다. 그래서 빌립은 안드레와 함께 예수께 가서 말했습니다.
　예수님은 면회 신청에 대한 가능 여부를 말하지는 않고, "인자가 영광을 얻을 때가 왔도다"고 전제하고 다음과 같이 말씀하셨습니다.
　"내가 진실로 진실로 너희에게 이르노니 한 알의 밀이 땅에 떨어져 죽지 아니하면 한 알 그대로 있고 죽으면 많은 열매를 맺느니라 자기의 생명을 사랑하는 자는 잃어버릴 것이요 이 세상에서 자기의 생명을 미워하는 자는 영생하도록 보전하리라" (24~25절).
　이 대답이 예수님께서 가르쳐 오신 생활철학이고 삶의 좌우명이며 교훈의 핵심이고, 인생철학이며, 삶의 원리였습니다. 이 대답이 예수님 생의 전부를 말해 줍니다. 이 말씀이 삶 중심에 자리잡고 있었습니다.
　예수님은 이 말씀대로 살았고, 이 말씀대로 가르치고, 이 말씀대로 죽으시고, 지금도 그렇게 살도록 가르치고 계십니다.

✝ **기 도**
　하나님 아버지, 한 알의 밀이 되어 땅에 떨어져 죽으신 예수의 삶을 본받게 하옵소서. 썩어지는 아픔을 참아낼 수 있는 인내심도 갖게 하옵소서. 예수님의 이름으로 기도드립니다. 아멘

✝ **중보기도**
　그냥 한 알의 밀이 아니라 땅에 떨어져 죽는 밀알 되기 위해서.

✝ **명 상**
　죽음 없는 삶이 있는가? 죽고 썩어지는 씨앗 없이 열매가 생기는가?

내 제자인 줄 알리라

♣ 성경 요한복음 13:34~38 (외울요절 35절)   찬송 314(511)장 ♣

　우리가 예수님의 교훈과 삶을 본받아 살아갈 때 예수의 제자입니다. 예수 그리스도의 교훈을 배우고 그대로 지켜 살아가면 우리는 '작은 예수'가 되어 사는 것입니다.
　예수님의 교훈은 수없이 많지만 우리 삶에 주시는 교훈은 그의 계명입니다. 예수님은 '새 계명'을 주셨습니다. 십계명을 요약하면 첫째 하나님을 사랑하라는 것이며, 둘째 이웃을 내 몸같이 사랑하라는 것입니다.
　예수님은 제자들에게 '새 계명'을 주시며, "서로 사랑하라 내가 너희를 사랑한 것같이 너희도 서로 사랑하라"고 하셨습니다. 예수님의 삶을 본받는다는 것은 "예수님이 우리를 사랑하신 것같이, 우리도 서로 사랑하는 것"입니다. 서로 사랑해야 하는 우리에게는 예수님의 사랑의 방법과 내용과 목적이 사랑의 정형이요, 패턴이며, 모범입니다.
　이렇게 사랑하면 '모든 사람'이 우리가 '예수의 제자인 줄 알리라'고 했습니다. 예수님의 제자됨을 선전하고 광고할 것이 아니라 '삶을 통해' 보여 주는 것임을 알아야 합니다.
　우리가 서로 사랑하면 세상 모든 사람들이 우리가 예수의 제자인 줄 알게 됩니다. 그러므로 서로 사랑합시다.

✡ 기 도
　사랑의 하나님! 우리가 사랑을 너무 남용하고 있음을 용서하옵소서. 예수님의 제자 된 삶의 길을 걷게 하옵소서. 예수님의 이름으로 기도드립니다. 아멘

✡ 중보기도
　세상에는 사랑이 너무 메말라 있다고 한탄하지만 말고, 서로 뜨겁게 사랑하기를 위해서.

✡ 명 상
　그리스도를 닮는 삶은 사랑하며 사는 삶입니다.

하나님나라에 가는 길

♣ **성경** 요한복음 14:1~6(외울요절 6절)   **찬송** 528(318)장 ♣

예수님은 자신의 앞일에 관하여 비장하게 말씀하셨습니다.

첫째, "내가 너희를 위하여 거처를 예비하러 간다." 예수님께서는 우리 신자들이 가야 할 하나님나라에 먼저 가셔서 있을 곳을 예비하신다고 하셨습니다. 둘째, "다시 와서 너희를 영접하겠다."고 하셨습니다.

셋째, "나 있는 곳(하나님나라)에 너희도 있게 하리라." 다시 말하면 우리들이 주님과 함께 있게 될 것이라고 하셨습니다. 넷째, "내 아버지 집에(하나님나라) 있을 곳이 많다." 믿는 자는 얼마든지 하나님나라에 용납된 자리가 많다고 하셨습니다. 다섯째, "하나님을 믿으니 또 나를 믿으라"고 하셨습니다. 우리에게 믿음이 있어야 하나님나라에 들어갑니다.

이 말을 들은 제자 중에 도마가, "주여 주께서 어디로 가시는지 우리가 알지 못하거늘 그 길을 어찌 알겠사옵나이까"(5절)라고 물었습니다.

예수님의 대답은 이러했습니다. "내가 하나님나라에 가는 길이다." 여기에서 '길' 은 '도' 입니다. 예수님은 길이어서 누구든지 하나님나라에 가려면, '예수 그리스도를 거쳐서' 만 가게 됩니다. 그를 거치지 않고는 못 갑니다.

"나는 진리다." 예수만이 진리이며 진리는 영원합니다. 진리만이 영생을 얻게 합니다. 그러므로 예수 그리스도는 우리에게 있어서 "참된 생명의 길"이 되십니다.

✢ **기 도**

하나님, 예수님은 우리를 하나님나라로 인도하는 참된 길이십니다. 영원한 생명을 얻게 하심을 감사드립니다. 예수님의 이름으로 기도드립니다. 아멘

✢ **중보기도**

그릇된 길, 잘못된 길을 걷는 이들을 돌이켜 주시기를.

✢ **명 상**

우리는 삶에서 멀리가면 갈수록 진리에 접근합니다. (소크라테스)

주를 떠나서는 아무것도

♣ 성경 요한복음 15:1~8(외울요절 5절) 찬송 90(98)장 ♣

주를 떠나서는 아무것도 할 수 없습니다.
주는 우리의 생사를 주관하십니다.
주는 우리의 화복을 주관하십니다.
주는 우리의 행불행을 주관하십니다.
주는 우리의 성패를 주관하십니다.
주는 우리의 전부이십니다.
그 이유는 주는 포도나무이시고, 우리는 그의 가지이기 때문입니다.

가지가 나무에서 떨어져 나가면 가지로서 해야 할 일, 즉 과실을 맺지 못합니다. 우리 삶의 영양과 진액은 나무인 주님께 공급받습니다. 그러므로 나무에 완전히 붙은 가지가 되어야 합니다. 가지의 역할을 하지 못할 때에 주인이 그 가지를 제거해 버립니다(2절). 그 주인은 하나님이십니다. 잘려진 가지는 그 기능을 못합니다. 그 버려진 가지는 "밖에 버려져 마르나니 사람들이 그것을 모아다가 불에 던져 사르느니라"(6절)고 했습니다.

잘려 버려진 가지도 잠시 동안 푸르고 생명이 있어 보입니다. 그러나 생명의 공급이 없어 죽어가고, 말라가고 있으며, 열매는 기대할 수조차 없습니다. 주(나무)를 떠나서는 아무것도 할 수 없습니다.

✞ **기 도**

하나님! 나무되시는 주님께 가지인 내가 완전히 붙어 있는지 시험하고 확증케 하옵소서. 저희들은 주님을 떠나서는 아무것도 할 수 없사오니 우리 삶의 영양과 진액을 온전히 공급받게 하옵소서. 예수님의 이름으로 기도드립니다. 아멘

✞ **중보기도**

주님으로부터 떨어진 가지, 버려진 가지를 하나님께서 다시 접붙혀 주시기를.

✞ **명 상**

인간은 본래 굽은 나무입니다.(니체)

예수는 나의 친구

♣ 성경 요한복음 15:15~17(외울요절 15절) 찬송 394(449)장 ♣

예수님은 우리를 '친구'라고 하십니다(15절). 예수님은 우리를 친구로 택하여 친구로 불러 주며, 친구로 사귀고 계십니다.

친구란 '오래오래 정답게 사귀어 오는 벗'이라는 뜻입니다. "친구는 많으나 참 친구는 하나"라는 격언이 있습니다. 그 참 친구가 예수님이십니다. 세상 친구들은 나를 혼자 있게 내버려 둘 때가 있습니다. 그때도 참 친구 예수님은 함께하십니다. 세상 친구는 나를 멀리 떠나 혼자 될 때가 있습니다. 그러나 예수님은 그곳에도 함께하십니다. 참 친구이시기 때문입니다. 세상의 친구들은 무슨 사건이 생겼을 때 모른 척할 때가 있지만 참 친구이신 예수는 그때도 함께하십니다.

예수님이 우리를 친구로 택한 이유가 무엇일까요?

첫째로, 열매를 많이 맺게 하고, 열매가 항상 있게 하기 위해서입니다(16절). 예수는 포도나무요, 우리는 포도나무 가지이므로 항상 열매를 맺을 수 있습니다. 예를 들어 성령의 아홉 가지 열매 같은 탐스런 열매를 맺게 하십니다. 둘째로, 무엇을 구하든지 다 받게 하기 위해서입니다(16절). 친구인 예수는 우리의 요구를 다 받아 주시고 성취시켜 주십니다. 예수님은 참 좋은 친구이십니다.

✞ 기 도
하나님! 주님이 나의 친구임을 망각하지 않게 하옵소서. 친구로 택하여 주신 은총을 감사드리며 예수님의 이름으로 기도드립니다. 아멘

✞ 중보기도
우리의 참 친구이신 예수님을 본받아 우리 모두가 참 친구가 될 수 있도록.

✞ 명 상
많은 친구를 가진 자는 참 친구를 한 사람도 얻지 못합니다.(아리스토텔레스)

성령께서 하시는 일

♣ **성경** 요한복음 16:7~8 (외울요절 8절)   **찬송** 189(181)장 ♣

주님이 떠나가시면 보혜사 성령을 보내시겠다고 약속하십니다. 그러므로 주님이 세상에서 가시더라도(십자가에 죽으심) 서운하지 아니하겠고 '유익하리라' (7절)고 하셨습니다. '보혜사'는 생활지도 선생과 같이 자상하고 친절하게 가르쳐 주시는 인격이십니다. 예수님을 대신하여 성령께서 지도하십니다. 그의 가르침과 지도하시는 내용은 이러합니다.

첫째로 죄에 대하여 말씀하십니다. 성령께서 우리 마음에 일일이 "이것은 죄다, 저것은 죄다."라고 가르쳐 주십니다. 이 가르침은 양심을 통해 하십니다. 성령께서 죄라고 양심에 가르쳐 주실 때 양심에 가책을 갖게 됩니다.

둘째로 의에 대하여 말씀하십니다. 성령님은 예수 그리스도를 믿으면 의로워짐을 가르쳐 주시고 우리를 예수께 인도하여 예수 그리스도를 주로 믿게 하십니다. 이 성령님의 감동을 훼방하면 안 됩니다.

셋째로 심판에 대하여 가르치십니다. 성령님은 최후의 심판이 있다는 확신을 넣어 줍니다. 우리의 행한 대로 심판받을 것을 미리 알게 하시고, 바르게 살게 하고, 의롭게, 선하게 살아가게 합니다.

성령께서 하시는 일은 이상한 현상이 아닙니다. 성령님은 이런 모든 것을 우리 마음에 타일러 주십니다.

✞ **기 도**

하나님, 우리에게 성령을 주옵소서. 우리가 가정교사로 모시고 가르침을 받게 해주옵소서. 세상을 심판하실 때 의로운 가정으로 분리될 수 있도록 성령과 함께 동행하는 가정이 되게 하옵소서. 예수님의 이름으로 기도드립니다. 아멘

✞ **중보기도**

성령님이 우리 양심을 자극할 때 순종할 마음이 되도록.

✞ **명 상**

신은 진실을 보이지만, 그렇다고 빨리는 보이지 않습니다. (톨스토이)

임마누엘

♣ 성경 요한복음 16:31~33(외울요절 32절) 찬송 446(500)장 ♣

사람은 혼자 있는 것이 싫을 때가 있습니다. 버림받을 때는 더군다나 외롭고 싫은 일입니다. 배반당하고 따돌려질 때도 고독하고 눈물겹습니다.

인생에게는 만남이 있고 또 동시에 이별이 있습니다. 헤어짐은 서운한 것이고 싫은 일입니다. 만나기만 하고 헤어짐이 없으면 얼마나 좋을까요? 그러나 다시 생각해 봅시다. 만남이 좋지만, "만남은 헤어짐의 시작입니다." 일단 만나면 헤어진다는 것이 전제되고, 만나자마자 헤어짐은 시작이 된 것입니다. 그렇다면 반대로 헤어짐은 다시 만난다는 것을 전제합니다. 헤어짐이 있으면 반드시 만남이 있습니다. 아니 헤어짐이 없으면 만남은 기대 못합니다.

사람이 서로 만난다는 것은 '사랑'이라 할 수 있습니다. 사랑이 있기에 만납니다. 반대로 헤어짐은 '정'입니다. 헤어지는 '정', 만나는 '사랑' 그래서 사랑과 정이 이어지면서 만나고 헤어지고 이별했다가 다시 상봉하게 됩니다.

예수님은 헤어질 때 제자들을 위로하며, "내가 혼자 있는 것이 아니다. 하나님이 함께한다."고 말씀하셨습니다. 하나님이 함께한다는 뜻 즉 "임마누엘"입니다. 우리 가정에 늘 임마누엘의 하나님이 동행해 주시기를 간구합시다.

✚ 기 도

하나님! 어디에 있든지 하나님이 나와 함께하신다는 믿음을 갖게 하옵소서. 인생길에 있어지는 모든 사랑과 아픔 위에 하나님이 함께하심을 믿고 소망 가운데 살아가도록 도우소서. 예수님의 이름으로 기도드립니다. 아멘

✚ 중보기도

지금 혼자 있는 ○○는 혼자가 아니라 하나님이 함께함을 믿을 수 있도록.

✚ 명 상

영감을 받을 수 있는 때는 혼자 있을 때입니다. (괴테)

예수님의 기도

♣ **성경** 요한복음 17:1~21(외울요절 21절)   **찬송** 290(412)장 ♣

예수님께서는 지금도 우리를 위하여 기도하십니다. 그 기도 내용이 무엇일까요? 17장에 기도 내용이 기록되어 있습니다.

첫째로, "내가 그들을 위하여 비옵나니…… 그들은 아버지의 것이로소이다"(9절)라고 하셨습니다. 우리가 아버지의 자녀들이기에 "우리를 보전하여 주시기를"(11절) 기도하십니다. 둘째로 15절에, "내가 비옵는 것은…… 다만 악에 빠지지 않게 보전하시기를" 바라시면서, "세상에 속하지 아니하고…… 진리로 거룩하게"(16~17절) 해 달라고 기도하십니다. 셋째로 "내가 비옵는 것은…… 아버지께서 내 안에 내가 아버지 안에 있는 것같이 그들도 다 하나가 되어"(20~21절) 라고 기도하십니다.

예수님은 지금도 하나님의 보좌 우편에 계시면서 기도하십니다.

세상에서 우리가 하나님의 보존하시는 안에 있기를 원하시며, 세상에 살면서 우리가 악에 빠지지 않기를 원하시며, 우리가 하나 되기를 원하시며 기도하고 계십니다.

그러므로 우리는 아버지의 보호 안에서, 악에 빠지지 말고 거룩하게 되고, 모두 하나가 되어 화평을 누립시다.

✟ **기 도**

주님! 지금도 우리를 위하여 기도하심을 감사합니다. 악에 빠지지 않게 보존하여 주셔서 거룩하게 하옵소서. 믿는 이들이 하나 되기를 원하셔서 피와 땀을 흘리시며 기도하셨던 모범을 저희도 따르게 하옵소서. 예수님의 이름으로 기도드립니다. 아멘

✟ **중보기도**

주님이 원하시는 대로 우리가 하나 되기 위해서.

✟ **명 상**

하나보다 둘, 둘보다 셋이 더 좋지만 하나가 되어야 좋은 것입니다.

세 번 부인한 베드로

♣ 성경 요한복음 18:1~18(외울요절 17절)   찬송 323(355)장 ♣

　베드로가 세 번 예수를 부인한 일은 우리 신자들에게 큰 경각심을 줍니다. 베드로가 부인하기까지의 과정을 생각해 봅시다.
　첫째, 예수님이 겟세마네 동산에서 기도할 때 기도하지 아니하고 '자고' 있었습니다(마 26:40). 기도하지 않은 것이 그 첫째 과정입니다. 둘째, 예수님이 잡혔을 때 그는 '검을 갖고' 대제사장의 종을 쳐서 오른편 귀를 베어 버렸습니다(10절). 기도하지 않고 인간의 힘으로 해봅니다. 셋째, 예수를 멀리 따라갑니다(마 26:58). 이제는 조금씩 예수를 '멀리 좇아가게' 됩니다. 넷째, 예수님께서 심문받으러 대제사장의 집에 들어갔는데도 문 밖에 서 있었습니다(16절). 다섯째, 대제사장의 하속들과 함께 '불을 쬐고' 있으면서 여종 앞에서 처음 부인을 합니다. 여섯째, "너도 그 제자 중 하나다" 할 때, 두 번째 부인을 하며 "나는 아니다"고 말합니다. 일곱째, "네가 예수와 함께 동산에 있던 것을 내가 보았다."고 할 때 세 번째 부인을 했습니다.
　마태복음에는, '저주하고 맹세하며' 부인했다고 했습니다. 그리고 예수님의 예언대로 닭이 울었습니다. 그 후 베드로는 새벽닭이 울 때마다 함께 울었다는 전설이 있습니다.

✞ 기 도
　하나님! 우리는 어떠한 상황 속에서도 주님을 부인하지 않게 하옵소서. 시험을 이기게 하옵소서. 시험당할 즈음에 피할 길을 주옵소서.
　예수님의 이름으로 기도드립니다. 아멘

✞ 중보기도
　유혹에 빠지지 않도록, 또한 베드로 같은 이가 용서받기 위해서.

✞ 명 상
　"베드로가 세 번 나를 부인하리라 하심이 생각나서 밖에 나가서 심히 통곡하니라"(마 26:75).

예수의 나라

♣ **성경** 요한복음 18:33~38(외울요절 36절)　**찬송** 208(246)장 ♣

물질 세계가 있고 정신 세계가 있으며, 나라에도 정신적 나라가 있고 지리적 나라가 있습니다. 지리적 나라는 '이 세상에 속한 나라'이고, 정신적인 나라는 '영에 속한 나라'로 세상에 속한 나라가 아닙니다.

제자들도 이 예수님의 나라에 관해 오해한 일이 있습니다. 그래서 "주께서 이스라엘 나라를 회복하심이 이 때니이까"(행 1:6) 하고 묻기도 했습니다. 예수님은 '이 때'에 대한 물음에 어떻게 대답하셨습니까?

첫째, 예수님 나라는 영의 나라입니다. 예수님은 위의 질문에 때와 시기는 "너희가 알 바 아니요"(행 1:7)라고 하셨습니다. 그리고 "오직 성령이 너희에게 임하시면" 하고 예수님 나라가 영의 세계임을 보여 주십니다. 성령이 지배하는 나라입니다.

둘째, 예수님 나라는 하나님나라입니다(눅 17:20). 하나님나라의 왕이 예수이십니다. 그런데 하나님나라는 지리적인 나라가 아니므로 볼 수 있게 임하는 것이 아니며 여기 있다 저기 있다고도 못합니다.

예수님의 나라는 하나님나라로서 하나님이 지배하시는 나라입니다. 하나님나라는 가시적 왕국이 아닙니다. 우리에게 지금부터 영원으로 이어지는 현존한 나라입니다. 이 나라의 시민이 되기에 합당한 생활을 합시다.

✝ **기 도**

하나님! 우리가 주의 나라의 시민임을 감사합니다. 천국백성의 긍지와 자부심을 갖게 하여 주옵소서. 예수님의 나라를 세워가는 우리 가정이 되게 도우소서. 예수님의 이름으로 기도드립니다. 아멘

✝ **중보기도**

주의 나라는 먹는 것과 마시는 것이 아님을 이 민족이 믿을 수 있도록.

✝ **명 상**

하나님의 나라는 너희 안에 있느니라(눅 17:21).

민주주의의 오류
♣ 성경 요한복음 19:1~16(외울요절 15절)   찬송 147(136)장 ♣

　사도신경으로 신앙고백할 때에, "동정녀 마리아에게 나시고, 본디오 빌라도에게 고난을 받으사 십자가에 못 박혀 죽으시고"라고 합니다. 빌라도가 예수님을 십자가에 못 박은 것입니다.
　빌라도 총독은, 예수를 놓을 권세도 있고 십자가에 못 박을 권세도 있었습니다(10절). 그는 후자를 택했습니다. 그래서 1년 52회 주일예배 때마다 세계 그리스도인들의 입에서 그의 이름이 오르게 됩니다. '본디오 빌라도에게 고난을 받으사'라고 하는 살인자의 이름으로 불려집니다.
　그러나 예수님은, "나를 네게 넘겨 준 자의 죄는 더 크다"(11절)라고 말씀하셨습니다. 그러므로 유대인들 죄가 더 큽니다. 사실 빌라도가 예수를 놓으려고 힘썼으나(12절), 유대인들이 소리지르며 정치적 발언으로 빌라도를 올무에 잡아넣었습니다.
　백성들이 "없이 하소서 없이 하소서 그를 십자가에 못 박게 하소서"(15절)하는 백성의 소리가 이겼습니다. 우매한 군중입니다. 민주주의는 다수의 소리를 존중합니다. 그러나 예수의 처형이 민주주의적으로 되었다면 민주주의도 잘못된 면이 있습니다. 민주주의란, '정치'의 도구(방편)이지 신앙의 표준이나 선악의 판단 기준은 아님을 깨달아야 합니다.

✞ 기 도
　하나님! 용서하옵소서. 다수가결로 예수를 십자가에 처형시킨 저 우매한 군중을 용서하옵소서. 우리 또한 그러한 우매함을 저지르지 않도록 도우소서. 예수님의 이름으로 기도드립니다. 아멘

✞ 중보기도
　예수님을 넘겨주는 우매하고 어리석은 일을 행치 않도록.

✞ 명 상
　죄는 의를 죄로 오판합니다.

세계의 왕 예수

♣ **성경** 요한복음 19:17~22(외울요절 19~20절)　**찬송** 80(101)장 ♣

　십자가는 죄수를 처형하는 사형틀입니다. 십자가는 극형의 최고봉입니다. 예수님은 이 극형에 처해졌습니다.
　십자가에는 극형을 받은 죄수가 달리고 그 위에는 '죄명'이 기록됩니다. '유대인의 왕 나사렛 예수'(19절)라는 죄패가 예수님이 지신 십자가에 기록되었습니다.
　갈보리산은 예루살렘성에서 가까운 곳이기에 많은 유대인들이 거기 가서 그 죄패를 읽었습니다.
　예수는, '자기 백성을 그들의 죄에서 구원할 자'라는 뜻입니다(마 1:21). 이 말씀은 나사렛에서 난 구속자라는 뜻입니다. 유대인들이 그 죄패를 읽을 때 세계적인 구세주, 전 인류의 구세주, 모든 민족의 구세주이심을 깨닫게 되었습니다. 그 이유는 죄패가 세 가지 언어로 기록되었기 때문입니다. 먼저 히브리어로 기록되었습니다. 히브리어는 세계 역사상 종교를 대표하는 민족의 문자입니다. 그리고 로마어로 기록되었습니다. 세계 역사상 로마어는 정치를 대표하는 민족의 문자입니다. 또 헬라어로 기록되었습니다. 헬라어는 세계 역사상 철학을 대표하는 민족의 문자입니다.
　이렇게 예수는 세계만민의 구세주가 되십니다. 세계의 왕이신 예수를 가정에 모신 우리는 세계에서 으뜸 가정이 될 수 있습니다.

✞ **기 도**
　하나님! 주님은 전 인류의 죄를 구속하신 오직 하나의 주되심을 믿습니다. 우리를 구원하시고 다스려 주옵소서. 예수님의 이름으로 기도드립니다. 아멘

✞ **중보기도**
　천하 인간의 다른 이름으로 구원을 얻을 수 없음을 세계 인류가 알도록.

✞ **명 상**
　작은 나사렛촌, 전 인류의 구속자가 나시다.

평강 · 성령 · 용서

♣ 성경 요한복음 20:19~23 (외울요절 22~23절)   찬송 190(177)장 ♣

예수님은 부활하신 그날 밤 제자들이 유대인들을 두려워하여 모인 곳에 나타나셨습니다.

문이 닫혔는데도 예수님은 들어가 가운데 서 계셨습니다. 부활하신 예수님의 몸은 '공간의 제한'을 받지 않으셨습니다. 닫혀 있었어도 들어가실 수 있고, 멀어도 마음대로 가실 수 있는 자유한 몸이 되셨습니다.

우리도 부활하면 예수님의 부활하신 몸과 같이 자유한 몸이 되는데, 그때에는, "하늘의 천사와 같이 된다"(마 22:30)고 하셨습니다.

부활하신 예수님이 제자들에게 하신 말씀은, "너희에게 평강이 있을지어다"(19절)였습니다. 보통, 유대인의 인사말 그대로 하셨습니다. 다시 21절에도, "너희에게 평강이 있을지어다"라고 하셨습니다. 만일 그 빌은 평안이 그 집에 합당치 아니하면 우리에게 그 평안이 되돌아온다고 하셨으니 우리는 남의 집의 평안을 빌고 기도합시다.

부활하신 예수님이 그들에게 주신 것은 '성령'이었습니다. 제자로 부름받을 때보다 더 충만했습니다. 그 후 오순절에 더욱 성령의 충만함을 받았습니다. 우리 가정에도 평강의 성령이 임하시어 죄 용서함의 은총이 충만하기를 기도합시다.

✟ **기 도**

하나님! 우리 가정에 평안을 주옵소서. 성령의 충만함을 주시고 죄를 용서받은 저희로 하여금 부활능력을 힘입어 참제자의 길을 걷게 하옵소서. 예수님의 이름으로 기도드립니다. 아멘

✟ **중보기도**

우리 모두에게 성령을 주시사 지혜와 능력을 얻도록.

✟ **명 상**

행복한 생활은 마음이 평안해야 합니다. (시세로)

믿는 자가 되라

♣ 성경 요한복음 20:26~29(외울요절 27절) 찬송 277(335)장 ♣

교회에 나가지만 예수를 믿지 않는 교인들이 있습니다. 크리스천은 '교인'이라기보다 '신자'가 되어야 합니다. 교인은 신자가 아닐 수도 있습니다.

예수님 제자로 3년간 함께 먹고, 자면서 교육을 받은 사람 도마도, '믿음 없는 자'였습니다. 그는 예수님이 십자가에 죽으셨다가 부활하신 후에도 여전히 믿지 아니하였습니다.

이때 예수님의 심정이 어떠했을까요? 주님은 도마에게 못자국 난 손바닥을 보라 하셨고, 또한 창에 찔린 옆구리에 그의 손을 넣어보라고 하셨습니다. 그리고 "믿음 없는 자가 되지 말고 믿는 자가 되라"고 하셨습니다. 과학적 증거를 보여 주며 도마에게 믿게 하셨습니다.

사실 예수님께서 제자들에게 나타나셨을 때 도마는 그 자리에 없었습니다(24절). 8일 후에 도마 때문에 다시 나타나셨습니다. 끝까지 도마를 믿게 하시려는 예수님의 사랑과 의지를 볼 수 있습니다.

요한복음 17:12에 보면, 예수님은 기도하시기를, "멸망의 자식 외에는 하나도 멸망치 않기를" 원하셨습니다. 예수님은 아흔아홉 마리의 양보다 잃은 양 한 마리를 위해 목자가 잃은 그 양을 찾으러 산 넘고 물을 건너 사막을 지나듯이 찾고 또 찾고 계십니다. 우리 가정도 예수님의 이러한 사랑하심을 알고 확실히 믿고 따르는 신앙생활을 해야 하겠습니다.

✞ 기 도

하나님, 우리 가정의 누구도 잃은 양같이 되어 목자 되신 주님을 수고롭게 하지 않게 하옵소서. 믿고 따르는 양이 되게 하옵소서. 예수님의 이름으로 기도드립니다. 아멘

✞ 중보기도

저 잃은 양 같은 ○○가 참목자 되신 주님을 찾을 수 있도록.

✞ 명 상

나는 잃은 양이 아닌지?

성경이 목적하는 것

♣ 성경 요한복음 20:30~31(외울요절 31절)　찬송 199(234)장 ♣

요한이 기록한 요한복음이 예수님의 교훈과 생애 전부는 아닙니다. "이 책에 기록되지 아니한 표적도 많이 행하셨으나"(30절)고 하는 그 나름대로의 요한복음서를 기록한 목적이 있었습니다. 이 목적은 모든 성경을 기록한 목적도 됩니다. 그 목적은 두 가지입니다.

첫째는, 예수께서 하나님의 아들 그리스도임을 믿게 하려는 것입니다. 여기서 몇 가지 진리를 배워야 합니다.

예수는 사람의 아들이십니다. / 인성

예수는 하나님의 아들이십니다. / 신성

예수는 그리스도이십니다. / 메시아

메시아 또는 그리스도는 '기름부음을 받았다.'는 뜻이고, 거기에는 제사장, 선지자, 왕의 직책을 포함합니다.

둘째는 믿음으로 영생을 얻게 하려는 것입니다. 믿음의 결과는 영원한 생명 곧 영생입니다.

우리는 성경을 읽음으로 '믿음'이 생기고 또 자라야 합니다. 예수님은, "너희가 성경에서 영생을 얻을 줄 생각하고"(요 5:39)라고 말씀하셨습니다. "성경은 능히 너로 하여금 그리스도 예수 안에 있는 믿음으로 말미암아 구원에 이르는 지혜가 있게 하느니라"(딤후 3:15)는 말씀을 같이 묵상해 봅시다.

✞ 기 도

하나님! 성경을 읽음으로 우리에게 믿음이 생기고 믿음이 성장하게 하심을 감사합니다. 믿음을 더하여 주옵소서. 큰 믿음, 반석 같은 믿음을 주옵소서. 예수님의 이름으로 기도드립니다. 아멘

✞ 중보기도

우리 가정에 성경이 제일가는 가보임을 알고 감사드리는 생활이 되도록.

✞ 명 상

성경은 영원한 베스트셀러입니다.

보다 더 사랑하느냐

♣ 성경 요한복음 21:15~17 (외울요절 15절)   찬송 314(511)장 ♣

해변가에서 아침식사를 나누신 예수님은 시몬 베드로와 대화를 나누셨습니다. 부활하신 후에 가진 진지한 대화에서 예수님이 물은 이 질문은 너무나 대답하기 어려운 것이었습니다. "요한의 아들 시몬아, 네가 이 모든 사람들(것들)보다 나를 더 사랑하느냐?"라는 질문이었습니다.

예수님은 우리에게 사랑 고백을 듣기 원하십니다. 사랑은 고백에서 시작되는 것이며 그 고백은 진실해야 합니다. 베드로는 "주님께서 아시나이다." 하며, 주님의 세 번 물음에 세 번 대답합니다.

사랑은 사랑하는 사람보다는 사랑받는 사람이 더 잘 압니다. 사랑은 주는 사람보다 받는 사람의 마음에 감동이 되어야 합니다.

"주님께서 아시나이다." 그래도 다시 묻습니다. "주님께서 아시나이다."라고 다시 대답했는데, 주님은 또다시 묻습니다.

예수님이 요구하신 것은 사랑 고백이라기보다 '사랑의 다짐'이었습니다.

베드로가 세 번 주님을 부인하였기에 세 번 다짐하게 한 것일까요? 우리가 부인하는 숫자만큼 예수님은 우리에게 그에 대한 사랑을 다짐하게 하실까요?

그때 우리는 차라리 "내가 주를 사랑하지 않는 것을 주님이 아시나이다."라고 대답함이 더 진실한 것 같습니다.

✚ 기 도

하나님! 주님을 사랑하는 마음이 식지 않게 하시고, 주님께 향한 몸짓이 사랑의 고백이 되어 이웃에게 몸으로 나타내게 하옵소서. 예수님의 이름으로 기도드립니다. 아멘

✚ 중보기도

성도들의 주님을 향한 사랑 고백에 거짓이 없도록.

✚ 명 상

사람이 두 주인을 섬길 수 없습니다(마 6:24).

인도하신 여호와

♣ 성경 신명기 1장(외울요절 33절)　찬송 384(434)장 ♣

　오랜 세월 동안 애굽에서 종살이를 하던 이스라엘 백성들은 하나님의 크신 은혜로 해방되었습니다. 그들은 모세의 인도로 소망 가운데 하나님께서 약속하신 가나안을 향하여 나아갔습니다.
　첫째, 하나님은 그의 백성들에게 약속을 주십니다(8절).
　모세는 하나님께서 그의 선하신 뜻대로 그들의 선조 아브라함(창 12:1~7), 이삭(창 26:3~4), 야곱(창 28:3~4)에게 땅을 주시겠다고 약속하셨던 사실을 상기시켜 주었습니다.
　둘째, 하나님은 약속대로 인도하십니다(33절).
　그들은 광야생활의 어려움 속에서 두려워 떨며 낙심할 수밖에 없었습니다(27~28절). 그러할 때마다 신실하신 하나님께서는 그들에게 약속하신 대로, 추운 광야에서 낮에는 구름으로 밤에는 불로 앞길을 인도하여 주셨습니다. 불과 구름은 하나님의 임재를 상징합니다.
　우리를 그의 백성 삼아 주신 하나님께서는 우리를 구원하여 주시고 세상 끝날까지 보호하시고 인도하여 주십니다.

✝ 기 도
　말씀 한마디로 이 세상을 창조하시고 아무런 공로도 없는 우리를 구원하시려고 언약을 주신 여호와 하나님께 영광과 찬송을 돌립니다. 이스라엘 백성들을 광야 생활의 어려움 속에서 보호하시고 인도하여 주신 것처럼, 주의 백성된 저희들을 보호하시며 선한 길로 인도해 주옵소서. 예수님의 이름으로 기도합니다. 아멘

✝ 중보기도
　농어촌과 산촌에서 수고하는 주의 종들을 보호하시며 인도하시기를.

✝ 명 상
　약속을 이루시기 위해 인도해 주시는 하나님을 항상 생각하며 감사와 기쁨의 생활을 합시다.

방황하는 이스라엘

♣ 성경 신명기 2장(외울요절 14절)   찬송 292(415)장 ♣

　출애굽한 이스라엘 백성들은 40일이면 충분히 갈 수 있는 가나안 땅을 들어가는데 무려 40년이 걸렸습니다. 그 이유는 무엇일까요?

　첫째, 이스라엘이 여호와를 거역했기 때문입니다. 가데스 바네아에 도착한 이스라엘 백성들은 가나안을 정탐한(민 13:25) 후, 그 땅 거민들을 인하여 두려움이 생겨 다시 애굽으로 돌아가려고 하였습니다. 그로 말미암아 하나님의 약속을 의심하고 거역하였던 그들은 하나님의 진노를 받고 말았습니다.

　둘째, 이스라엘은 방황을 하게 되었습니다. 여호와의 약속을 의심하였던 10명의 정탐꾼과 동조하였던 20세 이상 된 이스라엘 백성들도 하나님의 진노를 받아 약속의 땅 가나안에 들어가지 못하고 광야에서 죽고 말았습니다(민 14:30).

　그리고 동조한 백성들은 정탐꾼들이 가나안을 정탐한 날수 40일 중, 하루를 1년으로 계산하여 40년 동안 광야에서 유리하고 방황하게 하셨습니다.

　이스라엘 백성들의 불순종과 거역은 하나님을 진노케 하였고 그에 보응하는 형벌을 받게 합니다.

✞ 기 도

　주의 백성들에게 귀한 약속들을 주신 신실하신 하나님께 감사와 찬송을 드립니다. 저희들에게 강한 믿음을 주셔서 하나님의 귀하신 약속을 의심치 않게 하옵소서. 예수님의 이름으로 기도드립니다. 아멘

✞ 중보기도

　국가의 위정자들이 하나님의 살아계심과 두려움을 깨닫게 되기를.

✞ 명 상

　하나님의 능력과 그분의 말씀을 의심하지 말고 하루를 살아갑시다.

대장 되시는 여호와

♣ 성경 신명기 3장(외울요절 22절)   찬송 585(384)장 ♣

이스라엘 백성들이 가나안에 들어가기까지는 여러 차례의 전쟁을 치러야만 했습니다. 전쟁은 여호와의 손에 달려 있었으며 하나님께서 친히 이스라엘의 대장이 되어 주셨습니다.

본문에서는 그것이 어떻게 나타납니까?

바산 왕이 이스라엘을 대적했습니다. 이스라엘 백성들이 바산으로 올라갈 때에 바산 왕 옥이 그 모든 군대를 거느리고 나와서 이스라엘을 대적 하였습니다. 유대인의 전승에 의하면 바산 사람들은 거인족으로서 이스라엘이 상대하기에는 거북한 군대였습니다.

그들 앞에 선 이스라엘은 두려울 수밖에 없었습니다. 그 때 여호와께서, "두려워하지 말라 내가 아모리 족속을 쳐서 멸함같이 그들을 쳐서 한 사람도 남기지 아니하리라"(2~3, 22절)고 말씀하시면서 친히 이스라엘을 격려하여 주셨습니다. 그리고 친히 이스라엘을 위하여 싸워 주심으로 승리하게 되었습니다.

하나님께서는 그의 백성들을 보호하시며, 믿는 자의 대장이 되어 주셔서 모든 환난과 시험에서 승리하게 하십니다.

✞ 기 도

우리의 대장 되시는 여호와 하나님이시여! 주께서 친히 우리를 백성 삼으시고, 우리와 영원토록 함께하시며, 모든 환난과 핍박과 시험이 있는 삶의 현장에서 도와주심을 감사드립니다. 대장 되시는 여호와를 인하여 항상 승리하게 하옵소서. 예수님의 이름으로 기도드립니다. 아멘

✞ 중보기도

전후방에서 국토방위에 수고하는 젊은이들을 위해서.

✞ 명 상

대장 되시는 여호와를 모시고 세상에서의 싸움에서 승리해야겠습니다.

참 하나님 되시는 여호와
♣ **성경** 신명기 4장 (외울요절 39절)   **찬송** 10(34)장 ♣

모세는 이스라엘의 지난 역사를 회고하면서 이스라엘의 역사에 친히 개입하셔서 도우셨던 하나님에 대하여 설명을 한 뒤에, 이스라엘의 여호와가 참 하나님이신 것으로 결론을 내리고 있습니다.

모세가 말하는 참 하나님 되시는 여호와는 어떤 분이실까요?

첫째, 우주 만물을 만드신 전능하신 창조주 되시는 하나님이십니다(32절).

둘째, 이적과 기사를 베푸시는 살아계신 하나님이십니다(33~34절).

셋째, 애굽의 압제에서 구원하여 주신 구원의 하나님이십니다(34~35절).

넷째, 택한 백성을 교훈하시고 양육하시며 인도하시는 하나님이십니다(37~38절).

마지막으로 복의 근원이 되시는 유일하신 상천하지(上天下地)의 하나님이십니다(39~40절).

여호와께서 참 하나님이심을 인정하고 명하신 법도와 규례를 준행하면 하나님의 축복을 누릴 것입니다(39~40절).

✞ **기 도**
상천하지의 유일하신 참 하나님이시여! 이 세상의 모든 역사가 여호와의 전능하신 장중에 있음을 믿습니다. 저희들을 교훈하시며 선한 길로 인도하여 주셔서 하나님이 예비하신 복을 누리게 하옵소서. 구원하신 그 능력을 늘 찬양하는 생활로 이끌어 주옵소서. 예수님의 이름으로 기도드립니다. 아멘

✞ **중보기도**
이 나라가 우상숭배의 죄에서 하루속히 벗어날 수 있도록 간구하여 참 하나님을 섬기도록.

✞ **명 상**
우리는 참 하나님 되시는 여호와 대신 돈이나 명예를 섬기지 않았나 늘 반성해야 합니다.

호렙산에서의 언약

♣ **성경** 신명기 5장 (외울요절 10절)   **찬송** 220(278)장 ♣

이스라엘을 애굽에서 구원하여 내신 여호와께서는 호렙산에서 모세를 부르시고 이스라엘 백성들에게 언약을 주셨습니다. 그 언약의 내용은 무엇일까요?

첫째, 하나님은 이스라엘을 구원하시고, 이스라엘은 하나님의 백성이 된다는 것입니다. 언약의 주도권을 가지시고 언약을 맺으시는 여호와는 이스라엘을 애굽에서 구원하여 내신 여호와, 즉 구원의 하나님이십니다.

이스라엘은 어떤 공로가 아니라 하나님의 온전하신 은혜로 여호와의 백성이 되었고, 백성 된 이스라엘에게는 규례와 법도에 대한 순종이 요구되었습니다.

둘째, 십계명을 지키라는 것입니다. 십계명은 크게 둘로 되어 있습니다. 하나님에 관한 것(1~4계명)과 이웃에 관한 것(5~10계명)입니다. 예수님께서는 이 계명의 결국은 하나님을 사랑하고, 이웃을 사랑하라는 것으로 설명하여 주셨습니다(마 22:37~40).

하나님께서 우리에게 주신 율법은 순종함으로 하나님의 백성으로서의 삶을 살아가도록 하기 위함입니다.

✞ **기 도**
연약하고 허물이 많은 저희들을 택하여 주의 백성 삼아 주신 여호와께 감사와 찬송을 돌립니다. 구원의 언약과 하나님나라 백성의 삶의 원리를 주심도 감사합니다. 잘 순종함으로 하나님의 영광이 드러나게 하옵소서. 예수님의 이름으로 기도드립니다. 아멘

✞ **중보기도**
나라와 조직과 단체의 법들이 만인 앞에 평등하게 지켜지도록.

✞ **명 상**
우리는 하나님 앞에 서 있는 이웃과 함께하는 존재로서 어떻게 살아가고 있습니까?

이스라엘아 들으라
♣ **성경** 신명기 6장 (외울요절 5절)   **찬송** 94(102)장 ♣

　하나님의 은혜로 구속함을 받은 백성들이 구원자 하나님을 사랑함은 필수적인 사항입니다. 우리는 어떻게 해야 할까요?
　첫째, 하나님을 사랑해야 합니다. 사랑이란 마음으로 하지 않으면 가치가 없습니다. 또한 성품을 다하여 사랑해야 합니다. 영혼과 전 인격을 드려 사랑하라는 의미입니다. 이에 한 가지 더한다면 힘을 다하여 사랑해야 합니다. 최선을 다하여 사랑하라는 의미입니다.
　둘째, 계명을 순종해야 합니다. 이 율례와 법도는 하나님의 백성들이 마땅히 지켜야 할 천국 백성의 삶의 원리입니다.
　셋째, 그것을 후손에게 가르쳐야 합니다. 하나님의 법은 영원토록 계승 되어야 합니다.
　여호와께서는 그의 후손들에게 출애굽의 역사적 사실을 알리며 계명과 하나님께서 주신 규례와 명령을 순종할 때, 개인은 장수하는 축복을, 이스라엘은 그 땅에서 오래 존속할 것을 가르치라고 말씀하십니다.

✞ **기 도**
　우리들을 죄악 가운데서 구속하여 주신 하나님! 우리의 마음과 성품과 힘을 다하여 주를 사랑하기를 원합니다. 저희들에게 말씀에 순종할 수 있는 믿음을 더하시어 자녀들에게 이 하늘나라의 법을 가르치게 하옵소서. 예수님의 이름으로 기도드립니다. 아멘

✞ **중보기도**
　이 땅의 학교 교육과정에서 하나님을 가르칠 수 있도록.

✞ **명 상**
　우리는 가정에서 얼마나 하나님을 가르치고 있습니까?

신실하신 하나님

♣ 성경 신명기 7장 (외울요절 9절)   찬송 393(447)장 ♣

하나님의 이름 가운데 "신실하신 하나님"(9절)이라는 명칭이 있습니다. '신실하다' 함은 '결코 변함이 없고 믿을 수 있다'는 의미입니다.

그러면 하나님께서는 무엇에 대하여 신실하십니까?

첫째, 언약을 이행하심에 있어서 신실하십니다(9절). 하나님의 신실하심은 특히 그의 백성 이스라엘과 맺은 언약에서 강조되고 있습니다. 결단코 언약을 취소하시거나 파기하지 않으십니다.

둘째, 인애를 베푸심에 있어 신실하십니다(9절). 인애라고 하는 것은 언약을 기초한 견고한 사랑이라고 말할 수 있습니다. 하나님께서는 자비를 구하는 자에게 인애를 베풀어 주십니다(마 7:11).

셋째, 보응하심에 있어서 신실하십니다. 하나님은 그를 미워하는 자를 결코 그냥 두지 아니하시고 보응하십니다(10절). 이러한 하나님의 진노는 그의 백성에 대한 강한 역설적 사랑의 증거입니다.

우리에게 언약을 주시고 자비를 베푸시겠다고 약속하신 그 약속은 오늘날에도 변함이 없습니다.

✞ 기 도

우리를 구속하시고 언약을 주시며 자비를 베푸시며 축복하시겠다고 약속하여 주신 신실하신 하나님! 그 사랑과 은혜가 오늘 우리에게도 임함을 믿고 감사를 드립니다. 하나님의 신실하심처럼 우리들도 신실한 삶을 살게 하옵소서. 예수님의 이름으로 기도드립니다. 아멘

✞ 중보기도

서로가 서로를 믿고, 서로 돕고 사는 사회가 이루어지기를 위해서.

✞ 명 상

하나님의 신실하심은 우리가 살아갈 수 있는 힘입니다.

기억하라 그리고 바라보라

♣ **성경** 신명기 8장(외울요절 2절)　**찬송** 370(455)장 ♣

　이스라엘 백성들은 광야생활을 통하여 하나님의 언약이 얼마나 귀한 것이며, 언약을 주신 하나님의 능력이 얼마나 큰 것인지를 깨닫게 되었습니다. 그것에 대해 하나님은 이렇게 말씀하십니다.

　첫째, 기억하라고 하십니다. 이스라엘 백성들은 40년 동안 험난한 광야생활을 하였습니다. 그런데 하나님께서 이러한 생활을 허락하심은 먼저는 이스라엘을 겸손하게 하기 위해서요, 그리고 하나님에 대한 이스라엘의 충성심을 알아보기 위해서라고 모세는 말하고 있습니다(2절).

　둘째, 바라보라고 하십니다. 하나님께서 이스라엘로 하여금 과거를 회상하도록 하심은 과거에 베풀어 주신 하나님의 은혜를 생각하면서, 장차 하나님이 주실 아름다운 땅을 소망하며 하나님의 백성으로서 순종하며 살도록 하심이었습니다(7~9절).

　하나님께서는 그의 사랑하는 백성들이 유익이 되지 않는 환난당하는 것을 원치 않으십니다. 그러므로 신자들은 환난에 대하여 아들을 징계하시는 부모의 마음으로 이해하고 그 나라를 소망하면서 더욱 주께 순종하는 삶을 살아야 할 것입니다.

✞ **기 도**
　우리를 죄와 사망의 구덩이에서 건져 주신 사랑의 하나님께 감사를 드립니다. 택한 백성에게 주시려고 예비하신 그 나라를 바라보면서 오늘의 삶에 최선을 다하게 하옵소서. 예수님의 이름으로 기도드립니다. 아멘

✞ **중보기도**
　환난 중에 있는 자들이 소망을 주시는 하나님을 바라볼 수 있도록.

✞ **명 상**
　하나님의 축복을 받았을 때 어려웠던 과거를 늘 기억해야 합니다.

과거를 회상하라

♣ 성경 신명기 9장(외울요절 7절)   찬송 300(406)장 ♣

　모세는 이스라엘 백성이 가나안 땅의 주인이 되는 것은 자신들의 공로에 의해서가 아니라, 하나님의 특별하신 은혜로 말미암은 것임을 말하고 있습니다. 과거를 회상하라 함은 무슨 뜻일까요?
　첫째, 교만하지 말라는 뜻입니다. 하나님께서는 강대한 본토민을 공격하라고 하셨습니다. 이스라엘이 가나안 땅을 소유하게 됨은 그들에게 의가 있어서가 아니라 토착민들의 죄악이 관영하기 때문이며 하나님의 이스라엘을 향한 언약에 따른 선하신 뜻입니다. 그러므로 결코 교만해서는 안 될 것을 말합니다.
　둘째, 실패를 되풀이하지 말라는 뜻입니다. 모세는 자신이 호렙산에서 십계명을 받고 있던 때에 백성들이 금송아지 우상을 만들어 하나님을 격노케 하였던 사실을 기억시킵니다. 이는 이스라엘이 가나안을 소유함이 그들의 공로에 있음이 아님을 깨닫게 하기 위함이었습니다. 그리고 다시는 그러한 범죄를 저지르지 않도록 하기 위함이었습니다.
　그러므로 때로는 과거의 쓰라린 기억을 회상함이 도움이 될 때가 있습니다. 이는 겸손하게 하고 새로운 출발을 다짐하게 하기 때문입니다.

✚ 기 도
　사랑과 긍휼이 풍성하신 하나님! 주의 넓으신 사랑과 그 풍성하신 긍휼 앞에 겸손하게 머리를 숙이게 하옵소서. 개가 토한 것을 도로 먹으며, 돼지가 더러운 자리로 되돌아가는 것과 같은 누를 범하지 않게 하옵소서. 예수님의 이름으로 기도드립니다. 아멘

✚ 중보기도
　신자들이 나보다 남을 더 낫게 여기는 겸손한 삶을 살도록.

✚ 명 상
　과거를 돌아다봄은 때로 하나님의 은혜를 깨닫는 소중한 기회가 됩니다.

우리에게 요구하시는 것

♣ **성경** 신명기 10장(외울요절 12~13절)　**찬송** 310(410)장 ♣

　이스라엘을 그의 백성 삼으신 하나님께서는 이스라엘을 향하여 순종의 삶을 요구하셨습니다. 그 요구는 무엇일까요?

　첫째, 하나님에 대하여는 네 하나님 여호와를 경외하라, 또 하나님을 사랑하라, 네 하나님 여호와를 섬기라고 하십니다(12절). 또한 여호와의 규례를 지키라고 하십니다(13절). 여호와를 경외하고 섬기는 것은 곧 여호와의 뜻을 세상에서 실행하는 것이기 때문입니다.

　둘째, 이웃에 대하여는 사람을 외모로 취하지 말라고 하십니다(17절). 하나님은 외모를 취하지 않으시고 중심을 보시는 인격적인 분이시기 때문입니다. 또한 뇌물을 받지 말라고 하십니다(17절). 하나님은 상황에 따라 변하시지 않는 공평하신 분이시기 때문입니다.

　셋째, 고아와 과부를 도우라고 하십니다(18절). 하나님은 그들의 가슴에 맺힌 원한을 풀어 주며 사랑하시기 때문입니다.

　마지막으로 나그네를 사랑하라고 하십니다(19절). 이스라엘도 과거에 애굽 땅에서 나그네 되었던 때가 있었기 때문입니다.

　하나님께서 오늘 우리 가정에 무엇을 요구하시는지 그 뜻을 분별할 수 있어야 하겠습니다.

✠ **기 도**

　사랑과 긍휼이 풍성하신 하나님! 죄인 된 우리에게 구원을 주시고 때를 따라 우리의 삶에 필요한 일용할 것들을 주심을 감사드립니다. 날마다 주의 사랑을 망각하지 아니하고 주께서 우리에게 요구하시는 것이 무엇인가를 깨달아 하나님과 이웃을 섬기며 드리는 삶을 살게 하옵소서. 예수님의 이름으로 기도합니다. 아멘

✠ **중보기도**

　신자들이 주변의 어려운 사람들과 함께 나누는 삶을 살 수 있도록.

✠ **명 상**

　하나님을 올바로 섬긴다는 것은 곧 이웃을 사랑하며 더불어 살아가는 것입니다.

여호와께서 행하신 큰 일

♣ 성경 신명기 11장(외울요절 7절)   찬송 545(344)장 ♣

하나님께서는 이스라엘 백성의 순수한 사랑을 요구하십니다. 하나님이 주신 율법 자체를 사랑하기 이전에 하나님을 사랑해야 할 것을 말씀하십니다. 왜냐하면 하나님은 이스라엘의 구원자이시기 때문입니다. 이스라엘이 목도한 하나님께서 행하신 큰 일은 무엇일까요?

첫째, 하나님은 이스라엘을 출애굽시키셨습니다(2~7절). 하나님은 권능과 이적과 기사로 바로를 물리치셨습니다. 또한 이스라엘을 추격하는 애굽 군대를 홍해에서 물리치셨습니다. 그리고 광야생활 속에서 반역자 다단과 아비람에게 벌을 주셨습니다.

둘째, 하나님은 순종하는 자에게 복을 주셨습니다(21, 23~25절). 모세는 여호와 하나님께서 이스라엘의 참 구원자이심을 깨닫고, 여호와의 계명을 잘 지키고 자녀에게 잘 가르칠 것을 말하고, 순종하는 자가 받을 복에 대해서도 강론했습니다.

또한 가나안에서 이스라엘의 삶이 장구(長久)하리라는 것과 이스라엘은 강대하게 될 것이며 넓은 땅을 차지하게 될 것이고 이스라엘을 당할 자가 없을 것이라고 말했습니다.

우리 가정도 하나님께서 행하신 큰 일을 믿고 순종합시다.

✞ 기 도

크고 놀라우신 하나님께 영광과 존귀를 돌립니다. 우리를 구원하시기 위하여 대적들을 물리치시며 보호하시며 인도하여 주시니 감사를 드립니다. 말씀을 통하여 깨닫게 하여 주셨사오니 잘 순종하여 하나님이 예비하신 복을 누리게 하옵소서. 예수님의 이름으로 기도드립니다. 아멘

✞ 중보기도

하나님을 기쁘시게 하는 믿음으로 복을 받는 후손들이 되기를.

✞ 명 상

하나님께서는 우리를 죄에서 해방시키고, 그 뜻에 순종할 것을 항상 원합니다.

참된 제사를 드리라
♣ **성경** 신명기 12장 (외울요절 3절)   **찬송** 336(383)장 ♣

하나님께서는 이스라엘에게 가나안을 주시겠다고 약속하시고 그 땅에서 지켜야 할 규례와 법도에 대하여 가르쳐 주셨습니다.

첫째, 우상의 제단을 헐어야 한다고 하십니다(3절). 참된 제사를 드리기 위해서는 그 땅 거민들이 숭배하던 음란한 우상들의 제단을 완전히 파괴하라고 말합니다. 가나안 거민들이 섬기는 우상은 바알입니다. 그들은 바알을, 그들의 땅을 비옥하게 하는 비를 주는 풍요의 신으로 믿고 음란한 종교 행위를 통하여 섬기고 있었기 때문입니다.

둘째, 이름을 두시려고 택하신 곳을 찾으라고 하십니다(5절). 택하신 곳은 이스라엘 백성들이 하나님께 경배하도록 하나님께서 구별하여 택하신 장소를 말합니다. 이는 광야생활이 끝나고 정착생활이 시작됨을 보여 줌이며, 가나안 거민들이 사용하였던 우상제단의 사용을 금함이며, 하나님을 향한 제사의식을 세우기 위함입니다.

하나님이 가장 싫어하시는 것은 우상숭배입니다. 그러므로 우리도 마음에 감춘 우상이나 외형을 갖춘 우상 등을 멀리하고, 하나님이 원하시는 방법으로 하나님 앞으로 나아가야 할 것입니다.

✞ **기 도**

이스라엘에게 가나안을 주신 것처럼 오늘 우리에게 영생을 주신 하나님께 감사와 찬송을 드립니다. 이제 구원받은 그리스도인으로서 하나님이 싫어하시는 것이 무엇인지를 깨닫고 우리의 삶 속에서 하나님이 기뻐하시는 것들이 넘쳐나게 하옵소서. 예수님의 이름으로 기도드립니다. 아멘

✞ **중보기도**

국가 공무원들이 행하는 의식 속에서 우상숭배가 사라질 수 있도록.

✞ **명 상**

우리는 보이지 않게 우리를 지배하고 있는 돈과 돈의 논리를 말씀으로 이겨내야 합니다.

거짓 선지자를 물리치라

♣ 성경 신명기 13장(외울요절 3절) 찬송 351(389)장 ♣

본문은 하나님의 백성들을 유혹하는 거짓 선지자들에 대하여 말하고 있습니다. 어떤 유혹들이 있을까요?

첫째, 꿈꾼 자들의 유혹이 있습니다(2~5절). 하나님께서는 자신의 뜻을 그의 백성들에게 알리기 위한 수단으로 때로는 꿈을 사용하기도 하셨습니다. 그것을 이용한 거짓 선지자들의 말을 듣지 말 것을 엄히 경고하고 있습니다.

둘째, 가족과 친구들의 유혹이 있습니다(6~12절). 사단의 세력은 하나님의 백성들을 넘어지게 하려고 가까운 친척이나 남편이나 아내, 혹은 자녀와 부모를 통하여 유혹을 하기도 합니다. 먼 데 있는 것이 아니라 가까운 데 있는 것을 말하여 주는 것입니다.

셋째, 군중들의 유혹도 있습니다(13~16절). 군중들의 세력은 강합니다. 군중들의 힘은 역사를 바꾸기도 하고 개인에게 위협을 주기도 합니다. 그러므로 약한 개인은 이러한 군중의 움직임에 어떤 목적이나 방향의식을 살피지도 아니한 채 휩쓸리기 쉽습니다.

✞ 기 도

참 목자이신 여호와 하나님! 저희들을 주의 나라에 참예할 수 있는 천국 백성 삼아 주심을 감사드립니다. 하나님나라의 완성이 가까워옴으로 말미암아 사단의 세력이 활발하여지고 있습니다. 우리 주변의 여러 가지 유혹에서 결코 미혹되지 아니하도록 강한 믿음을 주옵소서. 예수님의 이름으로 기도드립니다. 아멘

✞ 중보기도

이 땅의 주의 백성들이 이단종파의 유혹에서 승리할 있게 되기를.

✞ 명 상

오늘날 우리를 가장 유혹하는 것은 돈입니다. 기도와 말씀으로 이를 이겨야 합니다.

여호와의 자녀

♣ 성경 신명기 14장(외울요절 2절) 찬송 516(265)장 ♣

하나님께서 이스라엘 백성들을 향하여 여호와 하나님의 자녀라는 최고의 영예로운 이름을 주셨습니다(1절, 요 1:12).

그렇다면 하나님의 자녀 된 우리는 어떻게 살아야 할까요?

첫째, 이방 풍속을 좇지 말아야 합니다(1~2절). 죽은 자를 위하여 몸을 상하게 하거나 털을 미는 것은 고대 근동지방에서 있었던 미신 행위입니다. 몸은 하나님께서 지으신 거룩한 것입니다(고전 6:19~20). 그러므로 하나님의 자녀들은 하나님의 소유인 몸을 상하게 해서는 안 됩니다.

둘째, 선별하여 취해야 합니다(3~21절). 하나님께서는 특정 동물이나 음식물들을 먹지 말라고 하십니다. 이는 선택받은 하나님의 자녀들로 하여금 우상숭배하며 사는 그 땅의 거민들과 구별된 삶을 살도록 하기 위함이었습니다.

셋째, 십일조를 드려야 합니다(22~29절). 십일조(레 27:30, 민 18:21)에는 생활에 대한 십일조와 매 3년마다 드리는 가난한 자와 고아와 과부를 구제하기 위한 십일조가 있습니다.

하나님의 말씀에 순종하여 십일조를 드리면 "네 손으로 하는 범사에 네게 복을 주시리라"(29절)고 하십니다.

✝ 기 도

우리를 그리스도로 말미암아 구속하사 하나님의 자녀 삼아 주신 하나님의 크신 은총에 감사를 드립니다. 구원받은 우리가 마땅히 하나님의 자녀답게 살아가게 하옵소서. 예수님의 이름으로 기도드립니다. 아멘

✝ 중보기도

믿음의 직장인들이 주어진 현장에서 예수의 향기를 풍길 수 있도록.

✝ 명 상

오늘날 우리를 혼동시키는 이방풍속은 무엇인지 깊이 생각해야 할 것입니다.

안식년에 대한 규례
♣ 성경 신명기 15장 (외울요절 6절)   찬송 43(57)장 ♣

'매 칠년'은 하나님께서 제정하여 주신 안식년을 말합니다. 안식년의 규례는 어떤 것들이 있습니까?

첫째, 면제(免除)의 규례가 있습니다(1~6절). 그 멍에로부터 해방될 수 있었습니다. 채무자들은 채권자들로부터 빚을 탕감받았으며, 그래서 면제년이라 하였습니다. 이를 잘 지키면 나라를 축복하시겠다고 약속하셨습니다.

둘째, 도와야 할 규례가 있습니다(7~11절). 하나님의 백성된 이스라엘 백성이 이제는 가나안 동족들에게 긍휼을 베풀어 넉넉히 꾸어 주며, 그들로 궁핍하지 않도록 해야 할 의무가 있습니다. 그리고 이것을 준행하는 자는 하나님께서 갚아 주실 것을 말하고 있습니다.

셋째, 노예 해방의 규례가 있습니다(12~18절). 안식년에는 과거 이스라엘이 종 된 것을 생각하여 노예들까지도 해방시켜 줄 것을 말하고 있습니다.

만일 너와 네 집을 사랑하므로 너와 동거하기를 좋게 여겨 해방을 거부하는 노예는 귀를 뚫음으로써 종속됨을 나타내었습니다.

안식년의 규례는 안식과 더불어 새 출발의 의미가 있습니다. 또한 그리스도로 말미암아 새로운 시대로 들어갈 것을 예표하고 있습니다.

✞ 기 도
주의 백성들에게 안식일을 주셔서 긍휼을 체험하게 하신 하나님의 섭리에 감사를 드립니다. 주의 사랑을 기억하면서 형제를 사랑하며 영원한 안식을 바라보게 하옵소서. 예수님의 이름으로 기도드립니다. 아멘

✞ 중보기도
극빈자들이 영육간의 풍요함과 미래의 소망을 가질 수 있도록.

✞ 명 상
우리는 안식년의 정신을 가지고 우리의 이웃들을 도와야 합니다.

세 절기를 지키라
♣ 성경 신명기 16장(외울요절 1절) 찬송 321(351)장 ♣

하나님께서는 이스라엘 백성들이 성소에 올라가서 지켜야 할 세 가지 절기를 잘 지키라고 말씀하시고 있습니다.

첫째, 유월절을 지켜야 합니다(1~8절). 유월절은 이스라엘 민족이 애굽의 속박에서 구원받은 것을 기념하기 위해 지키는 절기입니다. 이는 그리스도로 말미암아 죄악의 노예상태에서 구원받은 것을 예표합니다.

둘째, 칠칠절을 지켜야 합니다(9~12절). 칠칠절은 맥추절(출 23:16), 오순절(행 2:1), 초실절(출 34:22)이라고도 불립니다. 이 절기는 유월절로부터 7주간이 지난 후인 일곱 번째 안식일 다음 날, 즉 유월절 이후 50일 만에 드리는 첫 결실에 대한 감사의 절기입니다.

셋째, 초막절을 지켜야 합니다(13~15절). 초막절은 이스라엘의 광야생활을 기념하는 절기로서 버드나무와 종려나무로 초막을 지어 실제 장막생활을 하면서 자신들이 하나님과의 언약의 공동체임을 확인하며 즐기는 절기입니다.

우리들도 크리스천의 공동체를 건설하여 하나님의 신실하신 은혜에 감사하는 생활을 해야겠습니다.

✞ 기 도

이스라엘을 구원하시고 언약하신 약속들을 지키신 하나님!

오늘 우리의 죄를 사하시며 주의 백성 삼으시고 사랑하여 주심을 감사드립니다. 이스라엘 백성들이 하나님의 은혜를 기억하며 감사를 드린 것같이 구원받은 우리들도 주의 사랑을 잊지 않게 하시며 영원한 하나님의 나라를 소망하게 하옵소서. 예수님의 이름으로 기도드립니다. 아멘

✞ 중보기도

교회에서 행하여지는 의식들이 성결과 감사로 가득차게 되도록.

✞ 명 상

교회에서 드리는 예배가 끝나면 당신 삶속에서 드리는 예배가 시작됩니다.

여호와의 목전에

♣ **성경** 신명기 17장(외울요절 1절)　**찬송** 420(212)장 ♣

하나님께서는 잘못된 제사에 대해 엄히 책망하셨습니다. 그렇다면 참된 제사는 어떤 것입니까?

첫째, 흠 있는 것을 드리지 말아야 합니다(1절). 하나님께서 이스라엘에게 제사와 제물을 요구하심은 하나님께서 무엇이 부족하거나 필요해서가 아닙니다. 이는 하나님께서 만물의 창조자이시며, 소유자이심을 의미합니다. 그러므로 구원받은 성도가 가장 좋은 것을 드려야 함은 당연한 것입니다.

둘째, 악을 제거한 후에 드리는 제사여야 합니다(7절). 하나님께서 가장 싫어하는 악은 무엇일까요? 그것은 우상숭배입니다. 하나님의 백성이 우상을 섬기는 것은 하나님과의 언약을 깨뜨림이요, 하나님을 배반함입니다. 그러므로 하나님께서는 무엇보다도 우상숭배하는 자를 싫어하시고 진노를 보이셨습니다. 사람이 재물과 하나님을 겸하여 섬길 수 없습니다.

죄인이 하나님 앞에 나아가는 유일한 길은 흠 없는 어린양 같은 예수 그리스도밖에 없습니다. 그로 말미암아 구원받은 성도의 삶은 최선의 것이어야 합니다. 그것은 곧 삶 자체가 예배여야 함을 의미합니다.

✝ **기 도**

하나님, 구원이 주께 있으며 만물이 주의 것이오니 주님만을 바라보게 하옵소서. 하나님이 가장 싫어하시는 우상숭배의 죄에 빠지지 않게 하시며, 하나님이 기뻐하시는 삶을 살게 하옵소서. 우리가 우상을 제대로 파악하여 이길 수 있는 힘과 지혜를 주옵소서. 예수님의 이름으로 기도드립니다. 아멘

✝ **중보기도**

믿음의 자녀들이 세상의 유혹과 환난에서 승리하기를.

✝ **명 상**

하나님께서 기뻐하시는 참된 예배는 우리의 삶을 전적으로 하나님 앞에 드리는 것 즉 생활의 예배입니다.

기업이 되시는 여호와
♣ **성경** 신명기 18장(외울요절 2절)　**찬송** 435(492)장 ♣

　분깃이나 기업은 이스라엘 백성들에게 주어진 가나안 땅을 말합니다. 그런데 여호와께서 기업이 되신다 함은 무슨 의미일까요? 그것은 하나님께서 그 백성을 버려두지 않는다는 뜻입니다.
　첫째, 레위인의 기업이 되십니다(1~8절). 가나안에 들어간 이스라엘 지파 중에서 레위 지파에게는 가나안 땅이 주어지지 않을 것임을 말하고 있습니다. 이는 레위 지파는 종사하는 생업이 없고 성전 봉사를 통하여 여호와를 섬기는 일을 하였으므로 그들의 생계는 하나님께서 책임을 지셨고 바쳐진 십일조가 그들에게 주어졌습니다. 이것은 여호와 자신이 레위인의 기업이심을 말합니다.
　둘째, 선지자를 주리라고 하셨습니다(15~19절). 선지자를 주시겠다 하심은 이스라엘 백성들에게 하나님의 말씀을 가르쳐 우상을 섬기지 않도록 하기 위함입니다. 모세와 같은 선지자라 함은 모세는 하나님과 이스라엘과의 관계에서 중재자 역할을 하였으므로 결국은 죄인과 하나님과의 중보자로서의 예수 그리스도를 보내 주시겠다고 하는 예언입니다. 하나님은 이스라엘 역사에서 끊임없이 선지자를 통해 말씀하셨고, 끝내 그 아들 예수 그리스도를 보내셨던 것입니다. 예수 그리스도는 하나님과 죄인 사이를 화목하게 하시려고 어린양으로 오신, 믿는 자의 진정한 기업이 되십니다.

✝ **기 도**
　길이요 진리요 생명이신 하나님! 세상 것들이 우리의 소망이 아니라 주께서 우리의 참 소망이심을 깨닫게 하옵소서. 예수님의 이름으로 기도드립니다. 아멘

✝ **중보기도**
　용기와 희망을 잃은 사람들이 예수님으로 인해 참 소망의 기업을 이룰 수 있도록.

✝ **명 상**
　세상의 재물이 우리의 기업이 아님을 명심하고, 진정한 기업을 이을 상속자가 되어야 할 것입니다.

도피성을 지으라

♣ **성경** 신명기 19장(외울요절 3절)　**찬송** 272(330)장 ♣

　하나님께서 도피성을 지을 것을 말씀하신 이유는 무엇일까요?
　첫째, 하나님은 무고한 생명이 희생되는 것을 원치 않기 때문입니다(5절). 도피성에 들어갈 수 있는 자는 고의적인 범죄자가 아닌 우발적으로 사람을 죽인 자입니다. 이는 가해자에 대한 피해자의 복수를 막기 위함입니다. 이처럼 도피성을 마련토록 하신 이유는, 인간의 생명을 귀히 여기심이며 무죄한 자가 죽는 것을 기뻐하지 않으시기 때문입니다.
　둘째, 하나님은 외적 결과만 보시지 않으시고 중심을 보시는 분이시기 때문입니다(6절). 한 사람이 나무를 찍을 때에 도끼가 자루에서 빠져 옆사람을 죽게 한 사건을 예로 들어 봅시다. 이러한 경우에 하나님께서는 사람의 외모나 결과를 보지 않으시고 중심을 보십니다. 그러나 사람들은 외모나 결과로 사실을 판단하고 행동하여 무죄한 자의 피를 흘리기도 합니다. 이것은 하나님의 뜻이나 방법이 아닙니다. 생명은 주께서 주신 존귀한 것입니다. 그러므로 결코 생명을 멸시해서는 안 됩니다. 그리고 결과보다는 원인을, 외모보다는 중심을 살피는 지혜를 배워야 할 것입니다. 이런 지혜는 사람으로부터 오는 것이 아닙니다. 오직 하나님으로부터 나옵니다.

✞ **기 도**
　불꽃 같은 눈으로 사람의 중심을 보시는 하나님! 우리의 마음속에 하나님이 존귀히 여기시는 형제를 미워하거나 멸시하는 죄를 범하지 않게 하옵소서. 형제의 눈 속에 있는 티를 발견하기 전에 내 눈 속에 있는 들보를 발견하게 하옵소서.
　예수님의 이름으로 기도드립니다. 아멘

✞ **중보기도**
　이 사회에 넘실거리는 불신과 미움의 감정들이 사라질 수 있도록.

✞ **명 상**
　생명은 무엇보다도 귀중한 것입니다. 자신의 편견이나 고집 때문에 다른 형제들이나 이웃들에게 상처를 주거나 해롭게 해서는 안 될 것입니다.

거룩한 전쟁

♣ 성경 신명기 20장(외울요절 1절)   찬송 585(384)장 ♣

거룩한 전쟁이란 하나님과 하나님을 대적하는 세력들과의 전쟁을 말합니다. 거룩한 전쟁에 임하는 이스라엘은 어떻게 해야 할까요?

첫째, 군사들을 격려하여 용기를 갖게 해야 합니다(2~3절). 제사장들은, 전쟁을 주도하시는 이는 하나님이시니 군사들이 두려워하지 않도록 해야 합니다. 왜냐하면 하나님이 함께하시기 때문입니다. 이것을 깨우쳐 주어서 용기를 가지고 힘껏 싸우게 해야 합니다.

둘째, 병역 면제자는 돌려보내야 합니다(5~8절). 병역 면제자는 새 집을 건축하고 낙성식을 하지 못한 자(5절), 포도원을 만들고 그 과실을 먹지 못한 자(6절), 여자와 약혼하고 그를 취하지 못한 자(7절), 전쟁에 대하여 두려운 마음을 가지고 있는 자(8절) 등 네 종류의 사람입니다. 이는 개인이 누릴 권리를 침해하지 않기 위함이며, 전쟁에 참여하는 자가 다른 데 마음을 빼앗기지 않도록 하기 위함입니다. 셋째, 군대의 장관들을 세워야 합니다(9절). 참된 지도자가 없는 군대는 오합지졸에 불과합니다. 그러므로 용감한 지도자를 앞장 세워 본을 보이도록 해야 합니다.

사단과의 거룩한 전쟁을 수행하고 있는 우리 모두는 복음의 전신갑주를 입고, 우리의 대장이신 예수님을 따라 용감히 싸워서 승리해야 하겠습니다.

✝ **기 도**
인간의 역사를 주관하시는 여호와 하나님! 이스라엘을 승리하게 하신 주께서 오늘날도 영적 전쟁에 임하는 우리와 함께하사 우리에게 주어진 삶의 현장에서 승리하게 하옵소서. 예수님의 이름으로 기도드립니다. 아멘

✝ **중보기도**
모든 성도들이 주어진 삶의 현장에서 악한 세력을 이길 수 있도록.

✝ **명 상**
예수 그리스도는 우리들의 대장이십니다. 우리는 우리의 대장과 함께 끝까지 이 세상의 악한 세력에 대항해서 싸워야 할 것입니다.

네 부모에게 순종하라
♣ 성경 신명기 21장(외울요절 18~21절)　찬송 559(305)장 ♣

　하나님께서는 이스라엘에게 계명을 주셨는데 크게는 하나님께 대한 것과 사람에 관한 것입니다. 본문은 5계명을 어긴 불효자에 대하여 말하고 있습니다.
　첫째, 하나님께서 제 5계명을 주셨습니다. 하나님께서 주신 두 계명 중에, 사람에 대한 계명이 있는데 그 첫째 되는 계명은 네 부모를 공경하라는 것입니다. 하나님께서는 인간사회에 있어서 가장 중요한 관계는 부모 자식 관계이며, 자녀가 부모에게 순종하는 것은 인륜 중에 최고의 윤리임을 말하고 있습니다.
　둘째, 부모에게 거역하는 행위는 하나님께서 가장 싫어하는 것 중의 하나입니다. 부모를 거역하는 행위를 저지른 자는 완악하고 패역한 자이며, 징책하여도 듣지 아니하는 자이며, 방탕하여 술에 잠긴 자라고 말씀하십니다.
　셋째, 하나님은 불효한 자의 처벌에 대해 엄하게 말씀하십니다(21절). 당시에 부모는 불효하는 아들을 그 성읍 장로들에게 고소할 수 있었습니다. 그 결과로 인한 처벌은 그 성읍의 모든 남자들이 그를 돌로 쳐 죽여서 그 젊은이의 악행이 다른 사람에게 나쁜 영향을 끼치지 못하게 했습니다. 곧 사형에 처하는 엄한 처벌을 하여 부모의 권위에 대하여 존경심을 갖도록 한 것입니다.

✙ 기 도
　인간들을 창조하시고 생명을 주신 거룩하신 하나님! 우리에게 부모님을 주셔서 생명을 이어가게 하심을 감사드립니다. 저희들에게 허락하신 부모님을 마음으로 존중하며 순종함으로 주의 축복을 누리게 하옵소서. 예수님의 이름으로 기도드립니다. 아멘

✙ 중보기도
　그리스도인 젊은이들이 부모에게 더욱 효도하는 자녀가 될 수 있도록.

✙ 명 상
　하나님은 우리의 아버지이십니다. 하나님을 거역하는 어리석은 일을 하지 말아야 할 것입니다.

신앙의 순결을 지켜라

♣ **성경** 신명기 22장(외울요절 9~12절)　**찬송** 357(397)장 ♣

　하나님께서는 이스라엘을 선택하사 그의 백성으로 삼으셨습니다. 그리고 하나님만을 섬기며 경배할 것을 요구하셨습니다. 하나님은 때묻지 않은 순결한 신앙을 원하고 계십니다. 신앙을 지키려면 어떻게 해야 하겠습니까?
　첫째, 포도원에 두 종자를 섞어 뿌리지 말아야 합니다. 그리하면 뿌린 씨의 열매와 포도원의 소산이 다 빼앗김이 되기 쉽기 때문입니다. 즉 하나님과 다른 것을 겸하여 섬겨서는 안 됩니다.
　둘째, 소와 나귀를 함께 겨리하여 갈지 말아야 합니다. 겨리한다 함은 한쌍을 이루어 일을 하게 한다는 말입니다. 소와 나귀는 그 몸의 크기와 힘이 서로 다릅니다. 두 동물은 보폭과 끄는 힘이 다르므로 조화를 이룰 수 없는 것입니다.
　셋째, 양털과 베실로 섞어 짠 것을 입지 말아야 합니다. 이는 사치풍조를 방지하기 위함과 당시 우상숭배자들이 우상을 장식할 때 섞어 짠 천을 사용했기 때문에 구별하기 위함이었습니다.
　이는 모두가 하나님의 백성들이 영육간에 순수성을 유지하라는 교훈입니다. 성도와 불신자가 결코 연합할 수 없는 것입니다(고후 6:14).

✝ **기 도**
　내가 거룩하니 너희도 거룩하라고 말씀하신 하나님! 저희들을 죄 가운데서 구별하여 구원하여 주시고 주의 백성 삼아 주심을 감사드립니다. 우리의 삶이 세상적인 것들과 구별되게 하옵소서. 예수님의 이름으로 기도드립니다. 아멘

✝ **중보기도**
　기독교 문화의 꽃을 피워 세속문화를 물리칠 수 있도록.

✝ **명 상**
　외형상 불신자와 함께하지 않는 것만이 순결을 지키는 것이 아닙니다. 삶 자체가, 즉 생활이 깨끗해야 하는 것입니다.

선민된 삶의 원리
♣ 성경 신명기 23장(외울요절 15~16절)   찬송 463(518)장 ♣

하나님께서 이스라엘을 구원하심은 멸망에서의 구원하심이요, 선민의 구별된 삶을 통하여 하나님이 영광을 받으시려는 것입니다. 선택받은 이스라엘 백성들의 삶의 원리는 무엇일까요?

첫째, 도망 온 종을 보호하라는 것입니다(15~16절). 도망 온 종을 보호하라 하심은 주인에게 돌려보내면 도망 온 이유를 인하여 더 고통을 받을 것이므로 압박당하는 자를 불쌍히 여기는 하나님의 긍휼하심을 나타내라는 것입니다. 둘째, 창기를 용납하지 말라고 하셨습니다(17~18절). 당시에는 남녀 창기들이 있어 이들은 음란한 종교에 속한 자로서, 하나님은 이들을 가증히 여기고 하나님의 백성들은 순수함을 유지할 것을 말하고 있습니다. 이는 우상숭배를 거부하는 것일 뿐 아니라, 우상숭배의 윤리까지도 거부해야 하는 것을 말합니다. 셋째, 서원을 지키라고 하십니다(21~23절). 서원은 반드시 지켜야 합니다. 지키지 아니하면 하나님을 속이는 것이기 때문입니다. 그러므로 함부로 서원해서는 안 됩니다. 하나님은 스스로 신실하시기 때문입니다.

그리스도인은 모두가 하나님 앞에 서원한 자입니다. 그리스도를 믿는 신앙을 고백한 서원을 잘 이행해야 할 것입니다. 그것은 생명을 귀히 여기고, 순수하게 신앙을 고수하며 신실한 삶을 살아야 하는 것입니다.

✠ 기 도
생명을 귀히 여기시고 약속을 잊지 아니하시는 하나님! 주의 사랑하심과 같이 저희들도 형제들을 사랑하게 하시며 주를 믿는 신앙이 결코 변질되지 않게 하옵소서. 예수님의 이름으로 기도드립니다. 아멘

✠ 중보기도
그리스도인들의 믿음이 어떤 환경에서도 변질되지 않게 되기를 위해서.

✠ 명 상
생명의 존귀성을 생각하며, 순수성과 신실성을 지켜나가는 것이 선민의 삶임을 명심합시다.

자비를 베풀라

♣ **성경** 신명기 24장 (외울요절 13절)　**찬송** 395(450)장 ♣

　하나님께서는 자비와 긍휼이 풍성하심으로 그의 백성들에게 가난하고 연약한 이웃을 향하여 주의 사랑을 나타내라고 교훈하고 계십니다.

　첫째, 맷돌을 전당 잡지 말라고 하십니다(6절). 전당이라 함은 담보물로 물건을 취하는 것을 말합니다. 당시에는 맷돌에 양식을 갈아 먹었는데, 가난한 사람들의 맷돌을 가져오면 온 식구가 굶어야 하기 때문입니다.

　둘째, 사람을 유인하지 말라고 하십니다(7절). 유인한다 함은 사람을 납치하거나 유괴하는 것을 말합니다. 당시에는 사람을 납치하여 자기의 종으로 부리거나 이방에 팔아버리는 행위가 있었습니다. 그러나 하나님은 인간을 존귀히 여기시기 때문에 이러한 자들은 인권을 유린한 자로 보아 사형에 처하도록 하였습니다.

　셋째, 전당물을 취하지 말라고 하십니다(10~15절). 여기에서 전당물은 가난한 자의 외투를 말합니다. 외투를 취침용 담요로 사용하기도 하였으므로 담보물로 취한 자는 해가 지기 전에 돌려주어야만 하였던 것입니다.

　가난한 이웃에게 자비를 베풀고, 남의 인권을 존중하는 것은 하나님이 요구하시는 뜻입니다.

✞ **기 도**
　자비로우신 하나님! 베풀어 주신 그 크신 은혜와 사랑을 감사드립니다. 주의 자비로우심을 본받아 우리들도 선한 사마리아 사람 같은 삶을 살게 하옵소서. 예수님의 이름으로 기도드립니다. 아멘

✞ **중보기도**
　우리 주위의 병들고 가난한 사람들이 영육간에 부요해지게 되기를 위해서.

✞ **명 상**
　하나님을 사랑하는 것은 곧 이웃을 사랑하라는 말로 구체화 됩니다. 그것은 곧 가난한 이웃들을 사랑하며 자비를 베푸는 것입니다.

젖과 꿀이 흐르는 땅

♣ 성경 신명기 26장(외울요절 9절) 찬송 488(539)장 ♣

하나님께서는 이스라엘 백성들에게 젖과 꿀이 흐르는 땅을 주시겠다고 약속하셨습니다. 이스라엘 백성들은 하나님의 약속을 따라 이 비옥한 가나안 땅을 소망하면서 살아갔습니다. 이 가나안은 어떤 곳일까요?

첫째, 조상들에게 약속하신 땅입니다. 하나님께서 이미 오래 전에 그들의 조상 아브라함과 이삭과 야곱에게 주시겠다고 약속하신 땅입니다. 또한 그 땅에서 그의 후손들이 복 되게 살리라고까지 하셨습니다.

둘째, 약속을 이루신 땅입니다. 하나님은 그의 백성들에게 한 번 약속하신 것은 결코 변개하시지 않습니다. 때로는 인간들이 하나님을 배반하고 우상을 숭배함으로 하나님을 노엽게 할 때도 있었지만 하나님께서는 이러한 이스라엘을 버리지 않으셨습니다. 하나님은 신실하신 분이십니다.

셋째, 영원한 본향입니다. 이스라엘을 구원하시고 가나안을 주시겠다고 약속하시고 그 약속대로 가나안을 주심은 궁극적으로는 하나님을 믿는 백성들에게 영원한 본향, 곧 하나님의 나라를 소망하게 하는 것이었습니다.

하나님은 우리를 위한 약속의 땅도 예비하시고 계십니다. 그 나라를 기업으로 받을 소망 가운데 살아가야 합니다.

✞ 기 도

아브라함과 이삭과 야곱의 하나님! 그들에게 약속을 주시고 그 약속대로 이루어 주심을 감사합니다. 오늘 우리에게 그리스도로 말미암은 영원한 하나님나라를 약속대로 이루어 주셨으니 감사합니다. 예수님의 이름으로 기도합니다. 아멘

✞ 중보기도

이 사회가 서로 믿고 신뢰하며 사랑하는 사회가 될 수 있도록.

✞ 명 상

우리에게 약속하신 젖과 꿀이 흐르는 땅을 기억하며, 주의 백성답게 살아가야 할 것입니다.

돌단을 쌓으라
♣ 성경 신명기 27장 (외울요절 5절)   찬송 549(431)장 ♣

하나님께서는 이스라엘 백성들이 가나안 땅에 들어가면 에발산에 율법을 기록한 돌을 세우고 제사를 드릴 것을 말씀하고 있습니다.

그 이유는 무엇일까요?

첫째, 과거를 회상하라는 것입니다. 이스라엘이 제사를 드림으로 그들이 섬기는 하나님이 어떠한 분이신가를 깨닫도록 하기 위함입니다. 이스라엘을 구원하시고 보호하시며 인도하여 내신 하나님이심을 보여 주려는 것입니다. 출애굽의 하나님인 것입니다.

둘째, 미래를 소망하라는 것입니다. 그들을 구출하여 내신 전능하신 하나님께서 그들에게 약속하신 대로 약속된 땅과 복을 주실 것을 믿고 주어질 미래를 소망하라는 것입니다. 미래에 대한 소망은 현재의 어려움을 이길 힘입니다.

셋째, 말씀에 순종하라는 것입니다. 이스라엘을 속박에서 구출하여 내신 하나님께서 그들을 하나님의 백성으로 삼아 주시고 그들로 하여금 하나님의 신실하신 약속에 따라 미래를 바라보게 하신 것입니다.

그러므로 우리는 하나님의 백성 됨을 인하여 소망을 가지고 하나님의 말씀에 복종하며, 그 명령과 규례를 순종하는 삶을 살아야 할 것입니다.

✞ 기 도

이스라엘을 구원하시고 약속하신 땅으로 인도하여 내신 여호와 하나님, 그리스도로 말미암아 우리를 구원하시고 미래의 소망을 허락하여 주셨사오니 주의 말씀에 순종하는 삶을 살아가게 하옵소서. 예수님의 이름으로 기도합니다. 아멘

✞ 중보기도

공산권 국가에도 주님의 승리의 복음이 들어가게 되기를.

✞ 명 상

과거를 돌아보고 은혜를 다시 깨달으며, 미래에 대한 소망을 가지고 현재 말씀을 순종하며 힘있게 살아야 할 것입니다.

축복과 저주

♣ 성경 신명기 28장(외울요절 1절)　찬송 28(28)장 ♣

　하나님께서는 이스라엘 백성이 하나님의 모든 명령을 지키면 축복하지만, 불순종하면 저주를 받을 것이라고 말씀하십니다. 그런데 이 원리는 모든 인류에게 적용됩니다. 하나님은 온 인류의 역사와 우주를 다스리시는 분이기 때문입니다.
　첫째, 순종하는 자의 축복에 대하여 1~14절에 말씀하십니다.
　① 세계 모든 민족 위에 뛰어나게 하시리라는 민족적 축복(1~2절)
　② 모든 생활 가운데 복을 주시리라는 개인적 축복(3~6절)
　③ 대적들을 물리쳐 주시리라는 전쟁에 대한 축복(7~10절)
　④ 만국의 머리가 되게 하시리라는 물질적 축복(11~14절)
　둘째, 불순종하는 자의 저주에 대하여 15~68절에서 말씀하십니다.
　① 생활이 빈궁하게 되리라는 물질적 저주(15~19절)
　② 질병 등으로 고통을 받으리라는 육체적 저주(20~26절)
　③ 적으로부터 침략을 당하리라는 국가적 저주(27~37절)
　④ 백성들이 학대를 받고 흩어지리라는 민족적 저주(61~68절)
　이스라엘에게 임한 축복과 저주는 오늘날 영적 이스라엘인 우리에게도 적용이 됩니다. 우리는 과연 어떤 것을 선택해야 하겠습니까?

✞ 기 도
　인간들의 생사화복을 주관하시며 복의 근원이 되시는 하나님! 저희들에게 굳은 믿음을 주셔서 주의 말씀에 순종할 수 있는 힘을 주시며, 잘 순종함으로 하나님의 예비하신 복을 누리게 하옵소서. 예수님의 이름으로 기도드립니다. 아멘

✞ 중보기도
　나라를 이끌어가는 위정자들이 하나님의 살아계심을 깨닫게 되도록.

✞ 명 상
　인간은 항상 선택하면서 살아가야 합니다. 우리는 예수 편(하나님 편)과 사단의 편, 의의 편과 불의의 편 어느 곳에 서 있는지 명상해 봅시다.

모든 일이 형통하리라

♣ **성경** 신명기 29장 (외울요절 9절)   **찬송** 384(434)장 ♣

모압 땅에 도착한 이스라엘에게 하나님께서는 다시 언약의 말씀을 주셨습니다. 그리고 그 언약을 지키는 자에게는 모든 일이 형통하게 하리라고 약속하셨습니다. 하나님과의 언약을 지키기 위해 어떻게 해야 할까요?

첫째, 구원의 역사를 다시 기억해야 합니다. 하나님께서 이스라엘에게 말씀을 주실 때는 그 전문에는 항상 과거 이스라엘 백성에게 하나님께서 어떻게 행하셨는가를 먼저 말씀하시는 것을 볼 수 있습니다. 이는 역사를 통하여 나타난 하나님의 모습을 그들에게 기억시키려는 것입니다.

둘째, 감사해야 합니다. 이스라엘로 하여금 과거를 회상하라 하심은 역사 가운데서 보여 주신 하나님의 이스라엘을 향한 사랑과 긍휼을 깨닫고 감사를 드리라는 것입니다. 감사는 구원받은 자의 당연한 의무이기 때문입니다. 감사하는 것은 구원이 하나님께로부터 이루어졌다는 것을 인정하는 것입니다.

셋째, 약속을 지켜야 합니다. 이스라엘 백성들이 출애굽하여 모압에 이르기까지 하나님께서는 그들을 환난과 전쟁에서 보호하시며 승리케 하셨습니다. 그것은 선조들에게 약속하신 것을 친히 지키셨음을 의미합니다.

그러므로 과거를 회상하게 하심은 구원의 하나님을 향하여 감사를 드리며 약속을 지키도록 하신 것입니다.

✚ **기 도**
전능하사 죄악의 구덩이에서 죄인들을 구원하여 주신 여호와를 찬양합니다. 우리 삶의 현장에서 주의 베푸신 은혜를 생각하며 감사와 순종이 넘치게 하옵소서. 예수님의 이름으로 기도드립니다. 아멘

✚ **중보기도**
선교 단체들이 많은 기도와 물질의 후원을 얻을 수 있도록.

✚ **명 상**
때로 구원의 과거와 그 은혜를 잊고 사는 우리는 얼마나 불행한가?

여호와께 돌아오라

♣ 성경 신명기 30장(외울요절 8절)　찬송 538(327)장 ♣

　하나님 앞에 불순종한 이스라엘이 회개하고 여호와께로 돌아올 것을 예언하고 있습니다. 과거의 잘못을 회개하고 돌아오는 자에게 하나님께서는 축복하십니다. 본문에서는 그 축복에 대해서 일곱 가지로 이야기합니다.
　첫째, 하나님께서 긍휼히 여기십니다(3절). 하나님께서는 죄인이 회개하고 돌아오기를 기다리고 계십니다. 둘째, 범죄로 인하여 세계열방에 흩어졌던 자들을 돌아오게 하십니다(4~5절). 셋째, 그들의 조상보다 더 번성하게 해주시겠다고 하십니다(5절). 넷째, 할례를 통하여 하나님의 백성 됨을 깨닫도록 은혜를 주십니다(6절). 다섯째, 그들의 원수들을 패망시키십니다. 회개하는 심령을 불쌍히 여기심으로 그들의 대적을 패망케 해주십니다(7절). 여섯째, 물질적인 은혜에 앞서 하나님께 순종하는 은혜를 주십니다(8절). 일곱째, 하나님께 순종함으로 물질의 축복도 함께 누리게 하십니다(10절).
　하나님께서는 회개하는 심령을 기뻐하십니다. 회개하고 여호와께로 돌아오는 자에게 크신 복을 허락하여 주십니다.

✞ 기 도
　잃어버린 한 마리 양을 소중히 여기시는 하나님! 믿음이 연약하여서 하나님 앞에 범죄하고 회개치 않았던 저희들입니다. 이러한 저희들을 향하여 돌아오라고 말씀하시는 주의 음성을 듣게 하시며, 회개하는 심령으로 주께 나아가게 하옵소서. 주께서 원하시는 제사는 상한 심령이라고 하셨사오니 받으시고 축복해 주옵소서. 예수님의 이름으로 기도드립니다. 아멘

✞ 중보기도
　범죄한 자들이 회개하고 새로운 삶을 살아갈 수 있도록.

✞ 명 상
　비록 아버지를 배반하여 버리고 떠났지만 다시 돌아와서 사랑을 회복했을 때의 탕자의 기쁨은 어떠했겠는가?

자녀로 듣고 배우게 하라
♣ 성경 신명기 31장(외울요절 13절) 찬송 199(234)장 ♣

모세는 여호수아에게 자녀들로 하여금 듣고 배우게 하라고 말씀합니다. 무엇을 어떻게 가르쳐야 합니까?

첫째, 노래로 가르치라고 합니다(19절). 여기 나오는 노래는 신명기 32장에 있는 것입니다. 그 노래는 하나님은 이스라엘의 하나님이 되고, 이스라엘은 하나님의 백성이 된다는 내용으로 이루어져 있습니다. 이것을 항상 노래하게 하여 그들을 구원하신 하나님을 잊지 않도록 해야 한다는 것입니다.

둘째, 범죄는 하나님과의 사이를 낸다는 것을 가르쳐야 합니다(17절). 인간이 범죄하면 하나님과의 화목한 관계가 멀어지게 됩니다. 인간의 죄가 하나님과 인간 사이에 벽을 쌓습니다. 예레미야는 우리 죄가 하나님과의 거리를 만들었다고 합니다.

셋째, 환난은 유익을 가져온다는 것을 가르쳐야 합니다(17절). 하나님께서는 범죄한 자들을 결코 용납하지 않으시고 징계하십니다. 때로는 환난으로 벌하십니다. 그러나 하나님의 징계는 성도에게 유익을 주기 위한 징계입니다. 사랑하는 자식에게 매를 한 대 더 주듯이 말입니다.

넷째, 배부르면 타락한다는 것을 가르쳐야 합니다(20절). 사람은 배부르고 평안하면 딴생각을 하고 타락하기 쉽다는 것입니다. 그러므로 때로는 환난이 감사의 제목이 되기도 하며, 가난이 영혼을 위하여 유익이 되기도 합니다.

✝ 기 도

환난을 통하여 연단하시는 하나님! 우리에게 환난이 있음을 인하여 감사하게 하옵소서. 삶의 풍랑 속에서도 굳건한 믿음으로 승리하게 하옵소서. 예수님의 이름으로 기도드립니다. 아멘

✝ 중보기도

환난 가운데 있는 성도들이 인내함으로 믿음을 지킬 수 있도록.

✝ 명 상

자녀를 하나님 앞에서 올바로 키운 사람은 복이 있을 것입니다.

모세가 만난 하나님
♣ **성경** 신명기 32장(외울요절 1절)   **찬송** 279(337)장 ♣

　모세는 가나안을 바라보면서 그의 사역이 마무리되고 있음을 깨닫고 기쁨에 찬 가운데 하나님을 찬양하고 있습니다. 모세가 그의 생을 마무리하면서 느낀 하나님은 어떤 분일까요?

　첫째, 진실하신 하나님이었습니다(4절). 하나님은 이스라엘에게 약속을 주시고 그 약속을 반드시 지키셨던 하나님이십니다. 하나님에게는 거짓이 없습니다.

　둘째, 보호하시는 하나님이었습니다(9~11절). 하나님은 반석이십니다. 이스라엘의 피할 바위이십니다. 여호와께서는 이스라엘을 황무지에서, 짐승이 부르짖는 광야에서 만나시고 호위하시며 눈동자 같이 지키시며, 마치 독수리가 그 새끼를 위하여 훈련시키며 보호하는 것처럼 하십니다.

　셋째, 인도하시는 하나님이었습니다(12절). 광야생활 가운데 어려움이 있을 때마다 하나님을 거역하였던 이스라엘에게 때로는 환난을 통하여 연단하시며 보호하여 주셨던 하나님께서는, 인내하시면서 이스라엘을 약속의 땅으로 인도하여 주셨습니다.

✞ **기 도**
　우리의 반석이시며 피난처 되시는 여호와 하나님! 그 크신 이름을 높여드립니다. 범죄한 저희들을 끝까지 참으시고 보호하시며 하나님의 신실하심을 나타내 보여 주심을 감사드립니다. 주의 크신 이름을 인하여 승리하게 하옵소서. 예수님의 이름으로 기도드립니다. 아멘

✞ **중보기도**
　이 나라의 청소년들이 참된 소망을 갖고 인내하기를 위해.

✞ **명 상**
　진실하시고, 보호하시고, 인도하시는 하나님을 믿는 우리는 얼마나 행복한 자인가?

함께하시는 하나님
♣ 성경 여호수아 1장(외울요절 5절)   찬송 347(382)장 ♣

　이스라엘의 지도자였던 모세가 죽고 여호수아가 그 뒤를 이어 지도자가 되었습니다. 하나님께서는 새 지도자인 여호수아에게 이렇게 말씀하십니다.
　첫째로, 강하고 담대하라고 하셨습니다(6절). 모세의 뒤를 이어받은 여호수아는 그가 섬겼던 모세와 자신을 비교하여 보았을 때에 너무도 유약한 자신을 발견합니다. 모세가 감당하였던 그 사명을 감당할 수 있을까 하는 두려움도 있었습니다. 하나님께서는 이러한 여호수아에게 강하고 담대하라고 말씀하십니다.
　둘째로, 땅을 차지하게 하리라고 하셨습니다(6절). 하나님께서는 그의 종 모세에게 약속하셨던 가나안 땅을 여호수아에게도 주시겠다고 약속하셨습니다. 하나님은 신실하신 분이십니다. 그의 조상들에게 하신 약속을 변치 않으시고 실행하시겠다고 말씀하십니다.
　셋째로, 율법을 지켜 행하라고 하셨습니다(7절). 하나님께서는 여호수아에게 하나님의 신실하신 약속 위에 굳게 서서 이스라엘 백성을 데리고 담대하게 가나안으로 들어가라고 말씀하시며 모세를 통하여 주신 여호와의 말씀을 지키되 좌로나 우로나 치우치지 말고 잘 지켜 행하라고 말씀하셨습니다.
　우리 가정도, 모세와 함께하셨던 하나님께서 여호수아와 함께하신 것처럼 늘 동행해 주실 것을 믿고 의지하는 생활을 합시다.

✞ **기 도**
　연약하고 부족한 저희들을 보살피시는 하나님! 저희들에게 약속을 주시고 말씀을 주심을 감사합니다. 그 말씀 위에 바로 서서 좌로나 우로나 치우치지 않도록 굳은 믿음을 주옵소서. 예수님의 이름으로 기도드립니다. 아멘

✞ **중보기도**
　이 땅의 백성들이 하나님 말씀의 터 위에 삶을 건설할 수 있도록.

✞ **명 상**
　믿음에 관한 노출이 심하면, 노출이 심한 여인처럼 천박해지고 맙니다.

상천하지의 하나님

♣ 성경 여호수아 2장(외울요절 11절)　찬송 390(444)장 ♣

　여호수아의 인도로 요단강을 건넌 이스라엘은 내륙으로 통하는 중요한 도시인 여리고를 정복하기 위하여 성 안에 정탐꾼을 파송합니다. 그 정탐꾼들이 어려움에 처하였을 때 기생 라합으로 말미암아 구원을 받게 됩니다. 이방인이었던 라합이 고백한 상천하지(上天下地)의 하나님이란 무엇을 말할까요?
　첫째, 두려운 하나님 되심을 고백하는 것입니다(9절). 라합은 정탐꾼들에게 이스라엘의 하나님에 대하여 두려운 하나님이라고 고백합니다. 이는 이스라엘이 애굽에서 나올 때 이스라엘을 대적하는 자들을 하나님께서 어떻게 하셨는가를 소문을 들어 알고 있었기 때문입니다.
　둘째, 능력의 하나님 되심을 고백하는 것입니다(10절). 라합은 이스라엘이 섬기는 하나님이 참 하나님이시요 능력의 하나님이심을 확신하고 있습니다. 홍해를 마르게 하신 하나님, 대적하는 강한 군대보다도 더 강하신 이스라엘의 하나님이 모든 신보다 뛰어나신 상천하지의 하나님이심을 고백하고 있습니다.
　셋째, 구원의 하나님 되심을 고백하는 것입니다(13절). 라합은 만유보다 크시고 이스라엘을 대적하는 자들을 무찌르시는 하나님이 곧 생명을 주장하시는 하나님이심을 믿은 것입니다. 그래서 라합은 정탐꾼 편에 서게 되었고 이스라엘이 섬기는 하나님께 구원을 의지한 것입니다.
　라합의 고백이 우리의 고백이 되기를 바라며 기도합시다.

✠ 기 도
　우주보다 크시고 만물을 있게 하신 전능하신 하나님! 크신 주의 손으로 우리의 삶을 이끄시옵소서. 세계를 창조하신 하나님께서 역사를 주관하시옵소서. 예수님의 이름으로 기도드립니다. 아멘

✠ 중보기도
　주의 복음이 세상 끝까지 전파되어 주의 나라가 임하도록.

✠ 명 상
　그리스도와 나 사이는 영원의 도상에 있는 피어나는 꽃망울입니다.

요단강을 건너라

♣ 성경 여호수아 3장(외울요절 5절)   찬송 400(463)장 ♣

　이스라엘은 그의 조상들에게 약속하셨던 가나안 땅에 드디어 들어가게 되었습니다. 가나안의 입구라고 말할 수 있는 요단강을 건넘에 있어서 기억해야 할 것을 말하고 있습니다.

　첫째, 자신을 성결하게 하라고 했습니다(5절). 하나님의 약속이 이루어지는 역사적인 순간이므로 여호수아는 모든 이스라엘 백성들에게 자신을 성결하게 하고 가나안 입성을 준비하라고 말하고 있습니다.

　둘째, 언약궤를 따르라고 했습니다(6절). 언약궤는 하나님의 임재의 상징입니다. 그러므로 언약궤를 따르라 함은, 처음 들어가는 알 수 없는 길이므로 하나님의 인도함을 받으라는 것입니다. 신자는 무슨 일을 행하든지 하나님의 말씀과 뜻을 따라 순종하며 나아갈 때에 형통하게 됩니다.

　셋째, 새롭게 시작하라고 했습니다(7절). 이스라엘 백성의 가나안 입성은 모든 것의 새로운 시작입니다. 이스라엘에게 약속하신 약속이 성취된 것이요, 새로운 땅, 새로운 지도자, 새로운 시대 등 모든 것이 새롭게 시작되는 새 역사의 시작입니다. 이는 곧 우리에게 약속된 하나님의 나라에 관한 예표이기도 합니다.

　우리 가정도 지난 열 달 동안 바르게 살지 못한 것을 회개하고, 오늘부터라도 새로운 마음으로 모든 생활을 활기 있게 움직여 나아가기를 바랍니다.

✞ **기 도**
　새로운 역사를 창조하시는 여호와여! 저희를 주의 백성 삼으시고 새로운 역사를 시작케 하셨사오니, 주의 나라에 속한 백성다운 삶을 살게 하옵소서. 예수님의 이름으로 기도드립니다. 아멘

✞ **중보기도**
　하나님의 교회들이 서로 섬기고 나누는 공동체가 되기를 위해서.

✞ **명 상**
　그리스도와 나 사이는 사랑의 편지이고 무한히 흐르는 교향곡입니다.

이 돌들은 무슨 뜻이뇨

♣ 성경 여호수아 4장 (외울요절 7절)   찬송 438(495)장 ♣

  요단강을 건넌 이스라엘에게 하나님께서는 요단에서 열두 돌을 취하여 기념비를 세우라고 말씀하십니다. 이 돌들은 무슨 뜻일까요?
  첫째, 언약 백성임을 상징합니다(5절). 하나님께서는 이스라엘 12지파의 수대로 각기 돌을 취하도록 하였습니다. 이는 이스라엘의 모든 지파가 하나님의 택함받은 언약 백성임을 인식하도록 하기 위함입니다.
  둘째, 요단 물이 마른 표징입니다(6절). 언약궤를 앞세우고 요단을 건널 때에 요단 물이 말랐으므로, 이 돌들을 세워 후일에 후손들에게 영원한 기념이 되도록 하라는 것이었습니다. 그리하여 후손들로 하여금 이스라엘을 향한 하나님의 구원행위가 영원토록 기억되도록 하라는 것입니다.
  셋째, 하나님의 능력을 나타내고 있습니다(7절). 이 돌들은 하나님의 능력으로 건넌 요단강에서 취한 돌들입니다. 이는 곧 하나님께서 이스라엘을 인도하시며, 환난 중에서 건지시며, 그들의 대적들을 물리치신 하나님의 능력을 상징합니다.
  영적 이스라엘인 우리들은 하나님의 말씀 속에 나타난 능력과 구원을 항상 감사하고 찬양을 드리는 삶을 살아야 할 것입니다.

✟ **기 도**
  주의 손이 임할 때 바다가 갈라지며, 병든 자가 일어나며, 죽은 자가 살아나는 권능을 베푸시는 하나님의 크신 이름 앞에 찬양을 드립니다. 주의 크신 이름을 영원토록 찬양하게 하옵소서. 예수님의 이름으로 기도드립니다. 아멘

✟ **중보기도**
  전통문화 계승을 빙자한 우상숭배가 이 땅에서 사라질 수 있도록.

✟ **명 상**
  어떤 체험보다도 확실한 것은 성경의 약속을 믿는 것입니다.

가나안에서의 새출발
♣ 성경 여호수아 5장(외울요절 7절)   찬송 488(539)장 ♣

　이스라엘 백성들은 40년의 광야생활이 끝난 후에 여호수아의 인도로 요단을 건너 가나안으로 들어가게 되었습니다. 그들의 가나안에서의 새출발은 어떠했을까요?
　첫째, 할례를 행했습니다(1~9절). 할례는 하나님의 백성된 남자들이 행하는 구약적 의식입니다. 애굽에서 나온 모든 성인 남자들은 광야에서 죽었고 광야에서 태어난 남자들은 할례를 받지 못했습니다. 그러므로 새로운 세계에서 새로운 생활을 시작함에 있어서 할례를 시행함으로 하나님의 언약 백성임을 나타내고자 했습니다.
　둘째, 유월절을 지켰습니다(10~11절). 유월절은 출애굽을 기념하는 이스라엘 민족의 해방기념일입니다. 이제 출애굽의 목적이 성취되었으니 하나님의 약속을 회고하고 미래에 전개될 메시아 왕국을 전망하는 것입니다. 때문에 그들은 유월절을 지킨 것입니다.
　셋째, 땅의 소산을 먹게 되었습니다(12절). 광야의 방랑생활을 마치게 됨으로 이들은 그 땅의 소산을 먹게 되었습니다. 그 땅의 소산을 먹은 다음 날부터 광야생활의 주식이었던 만나가 그치게 되었습니다. 완전한 것을 주심으로 임시적인 것을 거두어 가신 것입니다.

✚ **기 도**
　결코 변치 않으시고 약속을 지키시는 하나님! 이스라엘에게 약속을 성취하신 것처럼 오늘날 우리에게도 주의 약속을 이루시어 주의 나라가 임하게 하심을 감사드립니다. 그리스도로 말미암아 새로운 삶을 살아가는 우리의 삶을 주께서 인도하옵소서. 예수님의 이름으로 기도드립니다. 아멘

✚ **중보기도**
　주의 백성들이 어디에서든지 주의 영광을 드러낼 수 있도록.

✚ **명 상**
　하나님의 약속은 박물관의 골동품이 아닙니다. 구하면 받을 것입니다.

여리고성을 정복하라

♣ 성경 여호수아 6장 (외울요절 20절) 찬송 585(384)장 ♣

여리고성은 가나안으로 향하는 주요 관문입니다. 거대한 성 여리고를 정복한다는 것은 어려운 일이었지만, 하나님은 불가능을 가능케 하셨습니다. 이 견고한 성이 어떻게 함락되었을까요?

첫째, 하나님의 명령을 받았습니다(1~7절). 이스라엘에 대한 소문이 들려오자 여리고는 성문을 굳게 닫았습니다. 철벽 같은 방어성벽을 공략한다는 것은 참으로 어려운 상황이었습니다. 그러나 여리고성의 함락은 이스라엘을 가나안으로 들어가게 하시려는 하나님의 뜻이었으므로, 하나님은 이스라엘에게 공략하도록 명령하셨습니다.

둘째, 이스라엘이 순종하였습니다(8~14절). 여리고성은 결코 인간적인 힘으로는 무너뜨릴 수 없는 철벽성이었습니다. 여리고성은 전혀 엉뚱한 방법, 즉 하나님의 정하신 방법에 이스라엘이 순종함으로 무너지고 말았습니다.

하나님의 명령에 이스라엘이 순종함으로 여리고성을 함락시켰습니다(15~21절). 하나님의 능력은 불가능한 것이 없습니다. 인간적으로 침공불가한 철벽 여리고성이었지만 하나님의 능력 앞에서는 무너질 수밖에 없습니다. 이는 홍해가 갈라짐과 같은 크신 하나님의 능력을 체험케 하는 것이었습니다.

✞ **기 도**

능력으로 여리고성을 무너뜨리신 능력의 하나님을 찬양합니다. 오늘날 우리의 믿음을 가로막고 있는 여리고성과 같은 여러 가지 문제들이 하나님의 말씀에 순종함으로 무너지게 하옵소서. 예수님의 이름으로 기도드립니다. 아멘

✞ **중보기도**

영육간에 환난당하고 있는 형제들이 담대한 믿음을 가질 수 있도록.

✞ **명 상**

하나님은 인간 역사의 핸들을 조종하고 계시는 운전자이십니다. 그분을 굳게 믿어야 할 것입니다.

새벽의 하나님
♣ **성경** 여호수아 6:15 (외울요절 15절)　**찬송** 488(539)장 ♣

　하나님과 새벽은 깊은 관계가 있습니다. 성경에 보면 하나님의 권능과 역사가 새벽에 나타났던 것을 여러 번 발견할 수 있습니다. 새벽에 역사하시는 하나님을 통해 어떤 의미를 찾을 수 있을까요?
　첫째, 능력의 하나님이심을 나타냅니다. 하나님께서는 여호수아로 하여금 아침에 일찍이 일어나 성을 돌게 하였습니다. 제7일 새벽에는 하나님의 능력으로 여리고성이 무너졌습니다. 홍해가 갈라짐도 새벽이었고 만나 내림도 새벽이었습니다. 하나님께서는 새벽에 그의 능력을 보여 주시기를 즐겨하십니다.
　둘째, 구원의 하나님이심을 보여 줍니다. 새벽에 여리고성은 무너졌고 성중에 있는 사람과 짐승들까지 모두 죽임을 당하였습니다. 그러나 정탐꾼을 도왔던 기생 라합과 그 가족만은 생명을 구하게 되었습니다. 인간의 생사화복은 하나님의 장중에 달려 있습니다.
　셋째, 창조의 하나님이심을 의미합니다. 여리고성이 멸망당하던 새벽은 옛 역사가 마쳐지고 새로운 역사의 장이 열리는 새벽이었습니다. 하나님은 역사를 열고 닫는 키(key)를 가지셨습니다.
　하나님은 역사의 알파와 오메가 되십니다.

✝ **기　도**
　인간 역사의 문을 열기도 하시고 닫기도 하시는 하나님! 여리고성에 새로운 역사를 시작케 하신 것처럼 그리스도로 말미암아 우리의 심령에 새로운 역사를 창조해 가시오니 감사를 드립니다. 이 땅에 주의 나라가 확장되게 하옵소서.
　예수님의 이름으로 기도드립니다. 아멘

✝ **중보기도**
　주의 복음이 이 땅 구석구석까지 전파되기를.

✝ **명　상**
　죄악을 변명하고 고집할 때처럼 졸렬하고 비겁할 때는 없습니다.

패배한 이스라엘

♣ 성경 여호수아 7장(외울요절 13절)   찬송 538(327)장 ♣

여리고성을 정복한 이스라엘은 여리고성보다 훨씬 작은 아이성을 공격하였습니다. 그러나 아이성 공격은 실패했습니다. 왜 실패하게 되었을까요?

첫째, 아간의 범죄 때문입니다(1절). 하나님께서는 여리고성을 점령한 후에 물건들을 개인이 취하지 말 것을 경고하셨습니다(수 6:18~19). 그런데 아간이 하나님의 명령을 어기고 아름다운 외투 한 벌과 은 이백 세겔과 금덩이 하나를 훔쳐 자기 장막 가운데 감추었습니다. 이것이 하나님의 진노를 사게 했습니다.

둘째, 아간의 범죄로 하나님이 진노하셨기 때문입니다(12절). 큰 성 여리고를 정복하였던 이스라엘은 작은 아이성을 정복하려다 실패함으로 낙담에 빠졌습니다. 여호수아와 장로들이 여호와의 궤 앞에 옷을 찢고 통곡할 때 여호와께서는 아이성의 공략 실패는 이스라엘의 불순종으로 인한 하나님의 진노이었음을 알려 주셨습니다.

그러나 하나님은 실망한 이스라엘에게 내일을 기다리라고 말하시며 희망을 주십니다(13절). 이스라엘의 패배 이유를 알려 주신 하나님께서는 그들에게 악을 제하고 스스로 성결케 하여 내일을 기다리라고 말씀하십니다.

이는 언약 백성이 범죄하여 성결을 상실하였으므로 성결케 한 후 내일을 기약하여 주신 것입니다.

✞ **기 도**

불꽃같은 눈으로 인간들을 보시는 하나님! 우둔한 저희들의 죄악이 하나님을 진노케 하는 것임을 깨닫게 하옵소서. 그리고 자신을 살펴 성결하게 하며 주의 백성답게 살아가게 하옵소서. 예수님의 이름으로 기도드립니다. 아멘

✞ **중보기도**

젊은 기독학생들이 하나님의 백성으로서의 긍지를 가지고 살도록.

✞ **명 상**

자신의 죄악을 터뜨리고 고백할 때처럼 떳떳하고 강직할 때도 없습니다.

드러난 범죄

♣ **성경** 여호수아 7:13~18(외울요절 18절)　**찬송** 279(337)장 ♣

이스라엘이 아이성 정복에 실패한 후에 여호수아가 하나님께 실패의 원인에 대하여 구할 때 하나님께서는 범죄를 인함이라고 말씀하여 주셨습니다. 범인을 찾기 위하여 제비를 뽑았을 때 결국 아간이 범인임이 드러났습니다. 제비뽑기라는 방법을 사용하시는 하나님은 우리에게 무엇을 보여 줍니까?

첫째로, 인간은 때로 제비를 뽑습니다. 제비는 고대 로마, 애굽, 헬라 등의 나라에서도 사용되었습니다. 제비뽑기는 길흉, 승패, 당락, 순서 등을 결정하는 데 사용하였습니다. 성경은 "제비는 사람이 뽑으나 모든 일을 작정하기는 여호와께 있느니라"(잠 16:33)고 말씀합니다.

둘째로, 아간이 제비에 뽑혔습니다. 아이성 정복 실패의 원인인 주범을 찾기 위하여 여호수아는 지파, 족속, 집안으로 축소되더니 결국에는 범인인 아간이 제비를 뽑게 되었습니다.

셋째로, 이를 볼 때 작정하시는 하나님이심을 알 수 있습니다. 하나님께서 때로는 제비를 사용하셨습니다. 가나안 땅을 분배할 때(수 15:1), 사도를 보선할 때(행 1:26)도 그러했습니다. 물론 작정하시는 이는 하나님이십니다.

숨겨진 죄악이라도 언젠가는 묘하신 하나님의 방법에 의해 백일하에 드러남을 명심합시다.

✝ **기 도**

사람이 제비를 뽑으나 뜻을 임의로 나타내시는 하나님! 주 앞에서 숨길 것이 없고 드러나지 아니할 것이 없음을 깨닫게 하시며, 불꽃같은 눈으로 지켜보시는 하나님을 늘 기억하며 살게 하옵소서. 예수님의 이름으로 기도드립니다. 아멘

✝ **중보기도**

도시교회와 시골교회가 서로 돕고 섬기는 관계가 되기를.

✝ **명 상**

과연 오늘날의 우리에게는 하나님께서 당신의 뜻을 어떻게 드러내실까?

불타는 아이성
♣ 성경 여호수아 8장(외울요절 1절)   찬송 292(415)장 ♣

아간의 범죄로 말미암아 패전하였던 이스라엘은 하나님의 약속을 따라 다시 아이성을 공격합니다. 아이성은 어떻게 해서 점령되었을까요?

첫째, 하나님께서 격려하셨습니다(1절). 여리고성을 하나님의 능력으로 정복한 이스라엘은 작은 아이성을 무시하고 교만하다가 패전하여 낙심하였습니다. 하나님께서는 이러한 이스라엘을 향하여 아이성을 주겠다고 하시며 '두려워하지 말라 놀라지 말라'고 격려하여 주십니다.

둘째, 하나님은 작전을 지시하셨습니다(2~23절). 여리고를 점령할 때는 하나님의 권능으로 하였지만, 이번에는 복병을 매복시키고 적군을 유인하여 협공하는 작전 지시를 여호수아에게 내리셨습니다. 여호수아는 하나님의 작전 지시대로 수행하여 드디어 아이성을 정복하였습니다.

그 결과 아이성은 함락되었습니다(24~29절). 아이성은 철저하게 함락되고 파괴되어 두 개의 돌무더기, 즉 아이성 자체의 폐허더미와 아이 왕의 시체 위에 쌓은 돌무더기만 남아 오늘까지 황폐화되었습니다. 이로 말미암아 하나님의 심판과 구원의 역사를 영원토록 기억하게 하셨습니다.

✞ 기 도

교만한 자를 치시고 겸손한 자를 높이 드시는 하나님! 주의 백성이라고 자처하면서도 때로는 교만의 냄새를 풍기는 저희들을 봅니다. 스스로 섰다고 하는 자는 넘어질까 조심하라고 하시는 주의 음성을 되새기면서 주님처럼 섬기는 종으로서의 삶을 살아가게 하옵소서. 예수님의 이름으로 기도드립니다. 아멘

✞ 중보기도

섬기러 오신 종 되신 예수님의 삶이 우리 속에 뿌리내릴 수 있기를.

✞ 명 상

실패하였을 때도 하나님의 도우심을 믿고 희망 가운데 살아가야 할 것입니다.

신실하신 하나님

♣ 성경 여호수아 9장 (외울요절 20절)   찬송 393(447)장 ♣

요단강을 건넌 이스라엘이 여리고성과 아이성을 점령하고 가나안 진군을 시작하였습니다. 가나안 거민들은 이 소식을 전해 듣고 두려워 떨었습니다. 이들의 행동과 이스라엘의 반응을 살펴봅시다.

첫째, 가나안 거민들은 동맹을 맺었습니다(1~2절). 이스라엘의 진군을 대수롭지 않게 생각하였던 가나안 거민들은 주변의 여러 성들이 점령당하는 것을 보고 다섯 왕이 동맹을 맺어 대항하려 했습니다.

둘째, 하나님을 두려워했던 기브온은 속임수를 썼습니다(3~15절). 기브온을 중심한 가나안 거민들은 이스라엘과 함께하시는 하나님의 능력을 알고 이스라엘을 속여 동맹을 맺음으로 생존하고자 하였습니다. 그러나 하나님은 결코 그들과 화친하지 말라고 하셨던 것입니다(출 23:32). 그런데 여호수아는 중대한 일을 하나님께 묻지도 아니하고 화친을 맺고 말았습니다. 이로 말미암아 이스라엘은 하나님이 주신 땅에서 가나안 거민들을 영원히 몰아내지 못하였고 그 땅을 완전히 소유하지 못하였습니다.

셋째, 여호수아는 그들을 살려 주었습니다(16~27절). 속임수를 알아챈 여호수아는 기브온을 진멸하려 했으나 그들이 이스라엘의 종이 되어 생명을 부지하기를 원했습니다. 이스라엘은 화친을 맺을 때에 하나님께 서원을 하였으므로, 그 서원을 중요시하며 그들을 살리고 종으로 삼아 관계를 유지했습니다.

✚ 기 도

우리에게 약속을 주시고 그 약속을 지키시는 신실하신 하나님! 우리의 구원과 소망과 삶의 축복이 주의 신실하심에 의지하여 든든하오니 신실하신 주로 말미암아 늘 승리하게 하옵소서. 예수님의 이름으로 기도드립니다. 아멘

✚ 중보기도

기독교 사회사업 단체들이 더욱 주의 사랑을 드러낼 수 있도록.

✚ 명 상

하나님은 약속을 꼭 지키십니다. 우리가 하나님께 지켜야 할 약속은 무엇입니까?

너를 당할 자 없으리라

♣ **성경** 여호수아 10장(외울요절 8절)　**찬송** 352(390)장 ♣

비록 속아서 화친조약을 맺기는 하였지만, 기브온과 이스라엘은 서로 돕는 관계가 되었습니다. 이스라엘은 위기에 빠진 기브온에게 어떤 도움을 주게 되었을까요?

첫째, 다섯 왕이 동맹을 맺었습니다(1~5절). 예루살렘의 왕 아도니세덱은 이스라엘이 주변 성들을 점령하고 기브온과 화친조약을 맺었다는 소식을 듣고 두려워하여 주변의 다섯 왕들과 동맹을 맺어 많은 군대를 거느리고 기브온을 향하여 쳐들어왔습니다.

둘째, 기브온은 이스라엘에게 구원 요청을 하였습니다(6~8절). 다섯 동맹군이 많은 군대를 이끌고 쳐들어온다는 소식을 들은 기브온은 동맹관계에 있는 이스라엘에게 도움을 요청하여 왔습니다. 이에 이스라엘은 기브온을 돕기 위하여 군대를 거느리고 출정을 했습니다.

셋째, 기브온을 도우려는 이스라엘에게 하나님은 친히 도움을 주셨습니다(9~14절). 하나님께서는 전쟁에 나가는 이스라엘을 향하여, "두려워하지 말라 그들을 네 손에 넘겨주었다"고 말씀하시고 친히 이스라엘을 위하여 싸워 주셨습니다. 하늘에서 우박을 내려 퇴로를 막으시고 태양과 달을 멈추게 하여 그들을 진멸하셨습니다. 하나님이 함께하시고 친히 싸워 주시는 이스라엘을 대적할 자는 없습니다.

✞ **기　도**

약속을 주시고 그 약속을 따라 백성들을 도우시는 하나님, 삶의 현장에서 지키시며 함께하심으로 날마다 믿음으로 승리하며 살아가게 하옵소서. 예수님의 이름으로 기도드립니다. 아멘

✞ **중보기도**

기독교 단체에서 운영하는 고아원, 양로원이 부족함을 겪지 않도록.

✞ **명　상**

어떤 환경에서도 약속을 따라 친히 도우시는 하나님을 굳게 믿어야겠습니다.

태양아 머무르라

♣ **성경** 여호수아 10:9~14 (외울요절 12절) **찬송** 348(388)장 ♣

회전하고 있는 태양과 달이 멈췄다고 하는 사실은 자연법칙에 위배되는 일입니다. 그런데 이러한 일이 역사 가운데 한 번 있었습니다. 언제 그렇게 되었을까요?

첫째, 아모리 족속과의 전쟁 때 그랬습니다(12절). 가나안 거민인 기브온 사람들이 이스라엘과 화친조약을 맺었다는 소식을 들은 다섯 왕들은 동맹을 맺고 전쟁을 일으켰습니다. 기브온과 화친관계에 있었던 이스라엘은 기브온을 도와 전쟁에 참여하게 되었습니다.

둘째, 하나님의 도우심으로 태양이 중천에 머물게 되었습니다(13절). 가나안 동맹군들은 하나님이 함께하시는 이스라엘을 이길 수가 없었습니다. 여호수아는 패전하여 도망가는 가나안 동맹군들을 전멸시키기 위하여 여호와께 고하여 태양과 달을 종일토록 멈추게 하여 동맹군을 무찔렀습니다.

셋째, 이것은 전무후무한 사건이었습니다(14절). 태양과 달이 중천에 머물러 근 하루 동안 내려가지 아니한 이 사건은 전에도 후에도 없을 것이라고 말하고 있습니다.

이러한 일은 인간의 과학이나 이성의 차원이 아니라 초자연적인 하나님의 권능으로 이해해야 합니다. 태양을 만드시고 달을 만드신 이가 어찌 잠시 동안 멈추도록 하지 못하겠습니까?

✚ **기 도**

우주만물을 창조하시고 뜻대로 운행하시는 하나님! 성경에 나타나는 많은 이적들을 인간의 한정된 이성과 지식으로 이해하지 않도록 하시며 사실 그대로를 믿는 신실한 믿음을 허락하옵소서. 예수님의 이름으로 기도드립니다. 아멘

✚ **중보기도**

교회들마다 신앙으로 교육하는 분위기가 조성될 수 있도록.

✚ **명 상**

우주를 만드시고 주관하시는 하나님을 믿는 우리는 얼마나 든든합니까?

전쟁을 주관하시는 하나님
♣ 성경 여호수아 11장(외울요절 23절)　찬송 351(389)장 ♣

이스라엘의 가나안 진군은 하나님의 뜻이었고 각 족속과의 전쟁도 하나님께서 관여하셨던 것임을 볼 수 있습니다. 이스라엘의 승리는 전적으로 하나님의 도우심이었습니다.

첫째, 가나안 북부 지역을 점령하였습니다(1~15절). 가나안에 들어간 이스라엘은 먼저는 중앙부를, 다음에는 남부를, 그리고 이제 마지막으로 북부를 점령함으로 전 가나안을 차지하게 됩니다.

둘째, 대부분의 가나안 거민들이 점령당했습니다(16~20절). 여호수아는 모세가 명한 대로 가나안 거민들을 완전히 물리친 것은 아니지만 하나님이 약속하신 땅을 다스리게 되었습니다. 그런데 가나안 거민들이 이스라엘을 대적하여 진멸당한 것은 가나안 땅에 이스라엘을 세우시려는 하나님의 뜻이 있었기 때문입니다.

셋째, 이제 전쟁이 끝나게 되었습니다(21~23절). 드디어 가나안에서의 마지막 전쟁을 치르게 되었습니다. 가나안 거민들 중에 가장 키가 크고 힘이 센 아낙 자손으로서 이스라엘에게 가장 두려움을 주는 상대였습니다. 그러나 전쟁을 주관하시는 여호와께서 이스라엘과 함께하심으로 이스라엘이 가나안에 들어온 지 5년 만에(수 14:10) 전쟁은 막을 내리게 되었습니다(23절).

✞ 기 도

살아계셔서 인간의 생사화복을 주관하시는 하나님! 우리의 앉고 일어섬과 생각과 행동을 아시며, 나라와 나라의 국경을 주관하시고, 전쟁까지도 주관하시는 여호와께 찬양을 드립니다. 모든 것이 주의 손에 있사오니 주를 믿고 의지하는 삶을 살아가게 하옵소서. 예수님의 이름으로 기도드립니다. 아멘

✞ 중보기도

나라와 나라들의 분쟁과 소요가 하루속히 그치게 되기를.

✞ 명 상

우리나라의 통일도 하나님의 주관 하에 있음을 알고 기도해야겠습니다.

점령당한 왕들

♣ **성경** 여호수아 12장(외울요절 1절) **찬송** 333(381)장 ♣

　이스라엘에 의하여 정복당한 가나안 땅은 둘로 구분이 되는데 하나는 모세에 의하여 점령된 땅, 또 하나는 여호수아에 의하여 점령된 땅으로 구별됩니다. 가나안 땅의 점령으로 우리는 무엇을 알 수 있습니까?
　첫째, 모세에 의하여 점령된 땅입니다(1~6절). 모세에 의하여 점령된 땅은 요단 동편을 말합니다. 이 요단 동편 땅은 토지가 비옥하고 넓은 초원이 있어서 농사를 짓기에 좋으므로 르우벤 지파, 갓 지파, 므낫세 반(半) 지파에게 기업으로 주어졌습니다.
　둘째, 여호수아에 의하여 점령된 땅입니다(7~24절). 여호수아에 의하여 점령된 땅은 요단 서편을 말합니다. 이 지역의 지세는 복잡하지만 비교적 비옥하고 기후도 알맞은 지역입니다. 이 지역은 아홉 지파 반에게 분할하여 각각 기업을 삼게 하셨습니다.
　셋째, 이것은 약속을 이루시는 하나님을 보여 줍니다. 본문에서 정복당한 가나안 왕들을 열거하는 것은 하나님께서 모세에게 약속하셨던 사실(신 3:21~22)이 그대로 이루어졌음과 가나안 땅을 기업으로 주신다는 것을 보여 주고 있는 것입니다.

✝ **기 도**
　어제나 오늘이나 영원토록 변함이 없으신 하나님 아버지! 이스라엘에게 약속하셨던 축복의 땅을 주신 것을 기억하면서, 오늘 우리에게 주신 언약과 약속을 굳게 믿고 주를 의지하게 하옵소서. 예수님의 이름으로 기도드립니다. 아멘

✝ **중보기도**
　그리스도인이 신실하신 하나님을 본받아 삶에서 신실할 수 있도록.

✝ **명 상**
　신실하신 하나님을 기억하면서 우리도 타인에게 신실하여야 할 것입니다.

얻은 땅과 얻을 땅

♣ **성경** 여호수아 13:1~21(외울요절 1절)　**찬송** 347(382)장 ♣

　모세의 뒤를 이어 이스라엘의 지도자가 된 여호수아는 가나안을 정복할 이스라엘에게 정복한 땅과 남은 땅에 대하여 말하고 있습니다.

　첫째, 얻은 땅은 모세와 여호수아에 의해 점령된 것인데, 이는 이미 오래전에 그의 조상들에게 약속하신 그 약속을 이루심이며, 하나님께서는 이 땅을 중심으로 하여 이스라엘의 기업을 이어갔습니다.

　둘째, 본문에서는 주로 얻을 땅 즉 점령되지 않은 땅에 대해 말하고 있는데 이는 중요한 의미가 있습니다. 이스라엘은 약속한 땅을 얻었음에도 불구하고 최종적이고 영원한 안식을 누리지 못하였습니다(히 4:8).

　그 이유는 이스라엘이 하나님의 언약을 절대적으로 믿지 않았고 순종하지 않았기 때문입니다. 따라서 정복하지 못한 많은 땅이 남아 있음은 최종적이고 영원한 안식이 미래에 남아 있다는 사실을 암시해 주고 있는 것입니다.

　그러므로 이스라엘은 여호와께서 주신 기업을 즐거워하고, 미래에 완전히 기업을 주실 여호와를 절대적으로 믿고 순종해야 합니다.

✞ **기 도**
　주의 백성들에게 영원한 하나님나라의 기업 주시기를 기뻐하시는 하나님! 오늘 우리에게 주신 구원을 기뻐하면서 완성된 영원한 하나님의 나라를 소망하며 주의 백성으로서 아름다운 삶을 살아가게 하옵소서. 예수님의 이름으로 기도드립니다. 아멘

✞ **중보기도**
　주의 오신 목적과 같이 각 개인들이 전도의 열정을 가지도록.

✞ **명 상**
　우리에게 주어질 영원한 안식의 땅에 들어가기 위해 우리는 어떻게 해야 될까요?

칼에 죽은 발람

♣ 성경 여호수아 13:22 (외울요절 22절)   찬송 282(339)장 ♣

　이스라엘의 각 지파에게 약속된 땅을 분배하는 중에 술사(術士) 발람을 죽인 사건을 살펴보고자 합니다.
　타락한 선지자 발람은 메소포타미아의 배돌 성 아몬 강변에 사는 브올의 아들로 메소포타미아의 점술가입니다(22절). 그는 물욕에 이끌려 어그러진 길로 들어간 자입니다(민 22장).
　발람의 범죄는 무엇일까요? 출애굽 한 이스라엘이 모압 국경에 이르렀을 때에 모압 왕인 발락이 크게 두려워하여 이스라엘을 저주하기 위하여 점술사인 발람을 청했을 때, 나귀로 말하게 하여 경고하시는 하나님의 경고에도 불구하고(민 22:21~30), 물욕에 눈이 어두워 결국은 발락을 위하여 이스라엘과 친분을 맺게 했습니다. 그리고 이스라엘 백성들을 미혹하여 범죄하도록 하고 말았습니다.
　죄에 대한 하나님의 심판은 무엇일까요? 모세는 미디안 다섯 왕을 죽일 때에 발람도 함께 죽이도록 하였습니다. 이는 개인에 대한 심판과 함께 모압과 미디안에 대한 심판을 예언하는 것이었습니다. 발람이 걸어간 길은 어그러진 길이어서(유 1:11) 결국은 멸망을 받은 것입니다.
　긍휼을 베푸시는 하나님의 은혜와 축복을 저버리는 성도가 되지 말아야 하겠습니다. 하나님께서 경고하시고 깨닫게 해주시는 말씀대로 살아갑시다.

✚ 기 도
　죄악과 불의를 미워하시는 하나님! 저희들에게 성결함을 허락하사 죄에 미혹되지 않도록 하옵소서. 하나님의 심판을 기억하면서 주의 백성답게 살아가게 하옵소서. 예수님의 이름으로 기도드립니다. 아멘

✚ 중보기도
　청소년들에게 꿈을 주시며 죄의 유혹에 빠지지 않도록.

✚ 명 상
　어느 누구도 자신의 미래의 삶과 죽음에 대해 알지 못합니다.

가나안 땅의 분배

♣ **성경** 여호수아 14:1~5(외울요절 5절)   **찬송** 435(492)장 ♣

　가나안 땅을 정복하고 전쟁도 종식되었습니다. 여호수아는 하나님의 약속을 따라 각 지파들에게 땅을 배분하여 주었습니다. 어떻게 배분하였을까요?
　애굽의 압제 가운데 있던 이스라엘을 구출하시고 그들에게 가나안을 주시겠다고 하신 분은 하나님이십니다. 여호수아는 여호와께서 모세에게 명하신 대로 즉 하나님의 뜻을 따라 기업으로 받을 땅을 배분하여 주었습니다(5절).
　여호와께서 모세에게 명하신 대로 제비를 뽑아 각 지파에 기업을 나누어 주었습니다(2절). 제비를 뽑아서 땅을 분배한 것은 모세의 율법대로 한 것입니다(민 26:52~56). 이러한 방법에는 사람의 뜻보다 하나님의 뜻대로 한다는 의도가 들어 있는 것입니다(잠 16:33).
　모세가 점령하였던 요단 동편은 두 지파 반, 요단 서편은 아홉 지파 반에 분배를 하였습니다(3~4절). 그런데 레위 지파는 기업을 주지 않았습니다. 이는 여호와가 그들의 기업이 되어 주셨기 때문입니다(수 13:33). 또한 요셉 자손은 두 지파가 되어 기업을 받게 되었습니다.
　우리는 이미 그리스도 안에서 받은 기업을 잘 지켜 후손들에게 자랑스럽게 물려줄 수 있어야 하겠습니다.

✚ **기 도**
　만복의 근원이 되신 여호와 하나님! 택한 백성들을 사랑하시고 기업을 주심을 감사드립니다. 우리에게 그리스도로 말미암은 최고의 복과 천국의 기업 주심을 감사드립니다. 주께서 복의 근원 되심을 깨닫고 신뢰함으로 승리하게 하옵소서. 예수님의 이름으로 기도드립니다. 아멘

✚ **중보기도**
　한국 교회가 복음에 빚진 자로서의 사명을 잘 감당하게 되기를.

✚ **명 상**
　예수님을 우리의 기업으로 주신 하나님의 은혜에 감사하며, 그 기업을 온전히 소유하기 위해 어떻게 살아야 할 것인지 깊이 생각해야겠습니다.

축복받은 갈렙

♣ 성경 여호수아 14:6~15 (외울요절 9절) 찬송 347(382)장 ♣

갈렙은 유다 지파에 속한 그니스 사람 여분네의 아들입니다. 그는 나이 85세이지만 건강하며 헤브론을 기업으로 주면 그 땅 거민인 아낙 족속을 물리치겠다고 말합니다. 갈렙은 어떤 사람이었습니까?

첫째, 하나님의 능력을 믿고 담대히 행한 사람이었습니다. 가데스 바네아에서 가나안 땅을 정탐하는 정탐꾼으로 선발되어 그 땅을 정탐한 후 10명의 정탐꾼들은 그 땅에 사는 거민들을 인하여 두려워하였지만 여호수아와 갈렙은 하나님의 약속을 굳게 믿고 가나안을 향하여 진군할 것을 말하였습니다. 당시 상황으로는 이스라엘 백성들에게 돌에 맞아 죽을 것을 각오한 결단이었습니다. 그에게는 출애굽시킨 하나님에 대한 확고한 신앙이 있었던 것입니다.

둘째, 이런 믿음으로 가나안 땅에 들어가는 축복을 받은 사람이었습니다. 하나님의 약속을 의심하였던 모든 이스라엘 백성들은 광야에서 죽고 가나안에 들어가지 못했지만, 갈렙은 가나안에 들어가는 축복을 받았으며(10절), 또한 가나안에서 "네 발로 밟는 땅은 영영히 너와 네 자손의 기업이 되리라"고 축복한 모세의 그 맹세를 근거로 갈렙은 과거를 상기시키며 헤브론 땅을 요청한 것입니다. 모세는 갈렙을 축복하고 헤브론을 그에게 주어 기업을 삼게 하였습니다. 갈렙은 구원의 하나님의 능력을 굳게 믿고 장대한 아낙 사람들을 몰아내고 헤브론을 차지하게 된 것입니다.

✞ 기 도

언약을 주시고 그 언약을 중히 여기시는 여호와여! 저희들도 갈렙처럼 어떤 상황에도 흔들리지 아니하고 굳은 믿음으로 하나님을 기쁘시게 하는 자가 되게 하옵소서. 예수님의 이름으로 기도드립니다. 아멘

✞ 중보기도

그리스도인 가정들이 주로 인하여 작은 천국을 이루도록.

✞ 명 상

죄에서 구원해 주신 하나님의 능력과 사랑을 굳게 믿고 있습니까?

유다 지파의 영토

♣ 성경 여호수아 15장(외울요절 1절) 찬송 391(446)장 ♣

　이스라엘의 각 지파는 가나안 땅을 기업으로 나누었습니다. 첫 번째로 유다 지파가 기업으로 무를 땅을 받습니다. 그리고 갈렙이 기업으로 분배받은 헤브론을 점령하는 것도 자세하게 기록되어져 있었습니다.
　유다 지파가 첫 번째로 땅을 분배받음은, 장차 이스라엘의 왕족이 될 지파요, 그 후손에서 메시아가 나오는 축복받은 지파이기 때문입니다. 지역은 온화하고 지질도 좋은 옥토로 가장 좋은 지역을 분배받았습니다(1~12절). 당시 이스라엘 여러 지파 중에 가장 수가 많고 활동도 활발했던 지파가 바로 유다 지파였으며, 르우벤의 실수(창 35:22) 이후로 실질적으로 장자의 역할을 해왔던 것입니다(창 49:3~12).
　여호수아로부터 헤브론 지역을 분배받은 갈렙은 그 지역을 점령하기 위하여 승리자에게는 딸을 주겠다고 현상을 걸었습니다. 그나스의 아들인 옷니엘이 헤브론을 점령하였고(13~19절), 그는 후일에 이스라엘의 첫 번째 사사가 되었습니다(삿 3:8~11). 갈렙이 아낙 자손을 물리친 것은 하나님이 이스라엘에게 행하신 모든 언약들이 반드시 실현될 것을 말하고 있습니다. 따라서 우리가 해야 할 일은 그 약속을 믿고 하나님의 법에 순종하는 것입니다. 또한 야곱을 통해 유다를 축복하신 하나님은(창 49:8~12) 유다가 중앙의 좋은 땅을 제비뽑도록 하셔서 훗날을 예비하도록 합니다.

✝ 기 도
　하나님! 부족한 저희들을 보호하시며 인도해 주심을 감사드립니다. 늘 주의 약속 믿고 말씀으로 승리하게 하옵소서. 예수님의 이름으로 기도합니다. 아멘

✝ 중보기도
　서로의 생명과 인격을 존중히 여기며 섬기는 삶을 살기를 위해서.

✝ 명 상
　계획하시고 끝까지 이루시는 하나님을 믿는 우리는 정말 든든한 사람들입니다.

요셉 후손의 축복

♣ **성경** 여호수아 16장, 창세기 48:9 (외울요절 창 48:9)　**찬송** 325(359)장 ♣

유다 지파가 남부에서 가장 좋은 지역을 차지하였던 것처럼, 요셉의 후손들은 북부에서 가장 좋은 지역을 차지하였습니다. 요셉의 후손이 이 같은 축복을 받은 이유는 무엇일까요?

요셉은 야곱의 열한 번째 아들로서 형들에게 미움을 받아 애굽에 종으로 팔려갔으나 하나님의 도우심으로 애굽의 총리가 되었습니다. 그의 맏아들은 므낫세인데 이는, "하나님이 나로 나의 모든 고난과 나의 아버지 온 집 일을 잊어버리게 하셨다"는 뜻이며, 둘째 아들인 에브라임은 "하나님이 나로 나의 수고한 땅에서 창성하게 하셨다"는 의미입니다.

요셉 지파는 두 아들에게 각기 몫이 주어지는 복을 받았습니다. 그 이유는 먼저는 요셉으로 말미암아 이스라엘이 구원을 받았음이며, 또 한 가지 이유는 야곱의 장자인 르우벤은 서모(庶母) 빌하와의 통간 사건을 인하여(창 35:22), 시므온과 레위는 살인을 인하여(창 34:25), 장자권을 상실하게 됨으로 명목상 유다가 장자권을 가지고 있었지만 아직까지는 요셉이 장자의 역할을 수행해 왔기 때문입니다. 요셉으로 인하여 그 후손이 복을 받게 된 것입니다. 후에 이스라엘을 대표해서 에브라임이라고 부르게 된 것도 여기서부터 연유하는 것입니다.

✟ **기 도**

먼저 된 자를 나중 되게 하시고 나중 된 자를 먼저 되게 하시는 하나님! 우리의 가진 바 혈통이나 지식이나 눈에 보이는 세상적인 것들을 자랑치 말게 하옵소서. 우리가 속한 현장에서 주를 사랑하며 충성함으로 주의 주실 축복을 누리게 하옵소서. 예수님의 이름으로 기도드립니다. 아멘

✟ **중보기도**

그리스도인들의 삶에 올바른 가치관이 정립될 수 있도록.

✟ **명 상**

하나님과 다른 많은 것을 가진 자는 하나님만 가진 자보다 못합니다.

에브라임 지파의 불순종

♣ **성경** 여호수아 16:5~10 (외울요절 10절)　**찬송** 28(28)장 ♣

　에브라임 지파는 아버지 요셉을 인하여 좋은 지역을 기업으로 물려받을 수 있었습니다. 북부 지역의 땅 중에 가장 좋은 노른자위를 차지하게 된 것입니다. 그런데 이들은 어떻게 했습니까?

　요셉의 차남인 에브라임은 장남인 므낫세에 비하면 작은 땅을 기업으로 받았지만, 지역의 토지가 비옥하고 좋은 땅을 기업으로 받았습니다(5~9절).

　그 외에 므낫세 지파의 지역에도 에브라임 지파를 위하여 구별한 성읍과 촌락이 있었습니다(9절). 그들은 이러한 축복을 받았습니다. 그러나 에브라임 지파는 가나안 거민들을 쫓아내라고 하신 하나님의 명령을 어기고, 게셀에 거하는 가나안 거민들을 쫓아내지 아니했습니다. 이는 그들을 종으로 삼아 부리기 위함이었습니다(10절).

　이로 말미암아 그들은 하나님의 명령을 어긴 것이 되었고, 불순종은 결국 에브라임 지파의 타락을 자초하게 되고 말았습니다. 그들은 인간적인 편의를 위해 말씀을 어기고 만 것입니다.

　하나님의 명령을 인간의 마음대로 해석하고 판단하는 것은 결국 패망을 가져오고 맙니다. 그러므로 우리는 하나님의 말씀을 그대로 받아들이고 순종하여 하나님의 예비하신 복을 받는 자녀들이 됩시다.

✚ **기 도**
　하나님! 저희들의 마음속에 있는 불순종의 원인들을 제하시고, 은혜 속에서 말씀에 순종하는 기쁨을 누리게 하옵소서. 예수님의 이름으로 기도합니다. 아멘

✚ **중보기도**
　성경 말씀이 나라의 곳곳에서 법과 질서의 기준이 되기를.

✚ **명 상**
　우리가 삶 속에서 부딪히는 벽은 도저히 말씀으로 쓰러뜨릴 수 없는 것처럼 보입니다. 그러나 말씀대로의 삶은 우리가 고난받는 가운데서 이루어지는 것입니다.

므낫세 지파의 기업

♣ **성경** 여호수아 17장 (외울요절 18절)   **찬송** 486(474)장 ♣

아버지 요셉을 인하여 많은 기업을 물려받은 요셉 지파는 분배받은 땅 중에서 남쪽은 에브라임 자손이, 북쪽은 므낫세 자손이 차지하였습니다. 당시의 딸들은 기업을 물려받을 수 없는 법에 묶여 있었습니다(민 27:1~11). 기업을 물려받을 슬로브핫은 아들이 없고 딸만 있었습니다. 그런데 딸들의 요청에 의하여 각각 한 분깃씩 분배를 받게 되었습니다(1~6절).

원래 여자는 가축이나 종과 같이 남자의 소유로 생각하였는데(출 20:17, 신 5:21), 딸들에게 상속권을 인정함으로 남녀 평등사상을 보여 주었습니다. 하나님은 남자나 여자의 구별 없이 모두 존귀하게 여기시는 분이십니다.

바울도 그리스도 안에서는 남녀의 차별이 없다고 말합니다(갈 3:28). 그런데 에브라임과 마찬가지로 이들은 가나안 거민을 쫓아내라는 하나님의 명령을 거역하고 거민들을 종으로 부립니다(7~13절). 현재는 가나안의 거민들이 힘이 없는 무력한 존재이지만 나중에는 이스라엘 백성의 눈과 옆구리를 찌르는 가시와 같은 존재로 성장하고 맙니다. 또한 이들로 말미암아 우상숭배의 이방종교를 혼합하는 죄를 범하게 됩니다.

그런데도 하나님께서는 요셉의 후손인 그들에게 약속대로 기업을 늘려 주심으로 하나님의 신실하심을 보여 주십니다.

✞ **기 도**

생명을 귀히 여기시며 사랑하시는 하나님! 하나님이 사랑하시는 형제를 우리들의 인간적인 판단으로 경멸하거나 업수이 여겼던 것을 용서해 주시고 모두를 귀중히 여길 수 있게 하옵소서. 예수님의 이름으로 기도드립니다. 아멘

✞ **중보기도**

이 땅에 신분과 계급과 성의 차별이 없는 사회가 임하도록.

✞ **명 상**

우리들은 교회에서 여신도나 연약한 이들을 경홀히 여긴 적이 없었는지 반성해 보아야 합니다.

실로에 세운 회막

♣ 성경 여호수아 18장(외울요절 1절) 찬송 545(344)장 ♣

　가나안을 정복하고 약속의 땅을 분배하는 중에 이스라엘은 실로에 모여 회막을 짓고 하나님께 예배를 드렸습니다(1절). 광야 유랑시절부터 늘 함께 옮겨다니던 회막을 정복한 땅에 세웠을 때의 이스라엘의 감격은 어떠했습니까?
　이곳은 이스라엘의 종교적 중심지가 되어 다윗 왕국 시대까지 계속되었습니다. 회막은 보이지 않는 하나님이 이스라엘과 함께하신다는 하나의 상징입니다. 그러나 그것은 일시적으로 거하시기 위해 선택하신 장소입니다.
　실로에 회막이 세워졌다 함은 가나안이 완전히 정복되었다는 것을 의미하기도 합니다. 회막을 지고 광야를 유랑할 때는 어느 곳이라도 하나님이 계시고 지배하신다는 것을 그들은 알았습니다. 그러나 정착해서 회막을 세운 후에 그들은 하나님을 그 지역에만 소속된 분으로 오해하는 잘못도 범합니다.
　실로에 회막을 세우고 예배를 드릴 때까지 일곱 지파는 아직 기업을 얻지 못하였습니다. 이들은 대표 3인씩을 선정하여 나머지 지역을 분배하였습니다(2~10절). 그러나 아직 그 분배지역을 점령한 것은 아니었습니다. 후에 그들은 힘을 모아 그 지역을 점령해 나갑니다. 베냐민은 야곱의 막내아들이요 요셉의 친 동생입니다. 열한 형들은 모두 외지에서 출생했으나, 베냐민만은 가나안 본토 출생입니다(창 35:16~18). 베냐민 지파는 비록 작은 지역이지만 거룩한 성 예루살렘을 포함한 핵심적인 지역을 차지했습니다(11~28절).

✚ 기 도
　보이지 아니하지만 항상 주의 백성들과 함께하시는 하나님! 저희들에게 믿음의 눈을 밝히셔서 살아계신 하나님을 바라보게 하시며 항상 주님과 함께하는 의식을 갖고 살아가게 하옵소서. 예수님의 이름으로 기도드립니다. 아멘

✚ 중보기도
　한국 교회들이 외적 장식보다는 내적 충실을 기할 수 있게 되기를 위해서.

✚ 명 상
　"하나님이 우리와 함께 계신다."는 말을 우리 삶 속에서 고백해 봅시다.

나머지 지파의 기업

♣ **성경** 여호수아 19장(외울요절 51절) **찬송** 395(450)장 ♣

베냐민을 제외한 나머지 여섯 지파가 공평하게 제비 뽑아 나누고 여호수아를 위해서도 기업을 나누어 주었습니다. 이에 대한 기록이 19장의 말씀입니다.

시므온은 독립적으로 기업을 얻지 못하고 유다 지파 중에서 기업을 나누어 얻습니다(1~9절). 야곱의 예언이 성취된 것입니다(창 49:7).

스불론 지파는 친 형인 잇사갈보다 먼저 기업을 받는데 비록 작은 땅이지만 사면이 육지로 둘러싸인 비옥한 땅이었습니다(10~16절). 그리고 이스라엘의 각 지파에게 하나님께서 약속하신 땅을 분배한 후, 여호수아에게도 땅을 분배해 줍니다(49~50절). 이는 여호수아도 기업을 받을 자, 즉 하나님이 아님을 보여 줍니다. 출애굽 당시 20세 이상 되었던 자 중 유일한 생존자인 갈렙을 시작으로 하여, 마지막으로 여호수아에게 기업을 줌으로써 하나님의 약속이 완성된 것입니다(민 14:30). 그 외 잇사갈 지파(17~23절)와 아셀 지파(24~31절), 납달리 지파(32~39절)와 단 지파(40~48절)가 각기 주어진 땅을 기업으로 분배받게 되었습니다.

✟ **기 도**

이스라엘에게 약속 주시고 끝까지 인내하심으로 그 약속을 이루시는 신실하신 하나님! 우리에게 주신 그 약속들을 믿고 소망 중에 살아가게 하옵소서. 우리는 비록 약하고 의지가 없어서 하나님에 대한 굳은 믿음을 갖지 못할 때가 많사오나, 주님께서 우리를 도우셔서 하나님에 대한 확고한 믿음을 가지고 세상에서 승리하며 살아가게 하옵소서. 예수님의 이름으로 기도드립니다. 아멘

✟ **중보기도**

주님에 대한 확신 없이 여러 상황들 속에서 쓰러지는 형제들이 늘 승리할 수 있도록.

✟ **명 상**

믿음이 없이는 하나님을 기쁘시게 못합니다. 우리는 그가 계신 것과 자기를 찾는 자들에게 상 주시는 이심을 믿어야 합니다(히 11:6).

도피성을 만들라

♣ 성경 여호수아 20장(외울요절 5절)   찬송 419(478)장 ♣

땅을 분배한 후에 가나안에서 이스라엘이 제사장 나라로서 거룩한 백성의 삶을 사는데 있어야 할 제도로 도피성을 만들라고 하였습니다. 이는 피의 복수를 막아서 한 사람이라도 더 보존하고자 하는 하나님의 뜻이었습니다.

도피성은 살인한 사람이 들어가는 곳인데, 고의적인 살인자가 아니라 '부지중에 오살한 자' 즉, 잘못하여 실수로 사람을 죽인 자만 들어갑니다(3절). 실수로 사람을 죽인 것이 동기 면에서 볼 때 그 사람까지 죽임을 당해야 하는 죄는 아니기 때문입니다.

이스라엘은 처음에는 고의든 아니든 살인자는 죽이도록 되어 있었습니다. 이는 살인으로 균형이 깨진 가족관계를 살인자를 죽임으로 회복시키기 위한 것이었습니다. 그래서 무조건적인 보복으로 말미암은 살인을 하였는지를 알아보고 회중 앞에서 정식으로 재판을 받게 하기 위함입니다(6절). 이는 하나님의 백성들이 서로 피흘리는 것을 막기 위함입니다. 일종의 집행유예와 같은 것입니다.

인간의 무고한 생명이 희생되는 것을 원치 않으시는 주님의 마음을 알 수 있습니다. 그것은 우리의 영원한 도피성이신 예수님을 이땅에 보내심을 통해 가장 잘 드러났습니다.

✞ 기 도

우리의 피할 바위이시며, 산성이 되시는 여호와여! 세상의 온갖 죄악의 유혹과 악의 세력으로부터 저희들을 지켜주심을 감사드립니다. 주 안에 참 평안이 있고 쉼이 있음을 알고 주를 의지합니다. 예수님의 이름으로 기도드립니다. 아멘

✞ 중보기도

출감하는 재소자들이 발붙일 수 있는 따뜻한 사회가 될 수 있도록.

✞ 명 상

인간을 이처럼 아끼시는 하나님을 믿는 우리가 인간적인 판단이나 욕심 때문에 우리 형제에게 상처 입히는 일이 있어서는 안 됩니다.

레위 지파의 기업
♣ 성경 여호수아 21장(외울요절 3절) 찬송 331(375)장 ♣

　이스라엘의 각 지파와 여호수아에게 땅을 분배한 후에 성막 봉사를 위하여 택함받았기 때문에 기업이 없는 레위 지파도 그들이 거할 성을 요청하고 있습니다. 레위 지파는 성막에서 봉사를 하는 제사장 지파이기 때문에 그들에게는 특별한 기업이 있는 것이 아니라, 다른 지파들이 여호와께 바치는 제물을 분배받았습니다. 여호와께서 레위 지파의 기업이 되어 주신 것입니다.
　그런데 이들에게도 거할 성이 필요하였기 때문에 모세에게 명하셨던 언약을 상기시키며 머무를 성을 요청하였습니다(1~3절). 이들은 각 지파로 흩어져서 그 지파들에게 하나님의 뜻을 가르치며 전하는 일을 맡았고 재판의 일도 하게 됩니다. 레위 지파는 레위⇒그핫⇒아므람⇒아론으로 연결되어 아론의 계통이 제사장 직분을 맡게 되었습니다(4~8절). 그러나 모든 레위인이 제사장이 되는 것은 아니었습니다. 주로 성전에서 시중을 들거나 백성들을 가르치고 재판하는 일을 하게 됩니다.
　레위 지파는 각 지파들에게서 얼마씩 성을 분배받았습니다(9~45절). 특히 아론 자손은 유다, 시므온, 베냐민 지파의 성읍들을 얻었는데, 그 지역에 장차 예루살렘 성전이 세워질 자리였음은 하나님의 특별하신 섭리였습니다.

✞ 기 도
　예수 그리스도를 통하여 우리에게 말씀을 주시고 대속을 허락하신 하나님을 찬양합니다. 오늘날 우리들은 모두 왕 같은 제사장입니다. 주님의 제사장답게 세상에서 승리할 수 있게 하옵소서. 예수님의 이름으로 기도드립니다. 아멘

✞ 중보기도
　이 땅의 청소년들이 올바른 가치관과 비전을 가질 수 있도록.

✞ 명 상
　하나님께서는 하나님나라를 위해 애쓰는 사람들에게 모든 것들을 풍성하게 주십니다. 먼저 그의 나라와 그의 의를 구하는 사람에게는 모든 것이 더하여 지는 것입니다(마 6:33).

요단 강변의 제단

♣ 성경 여호수아 22장(외울요절 10절) 찬송 542(340)장 ♣

　가나안 땅을 완전히 점령한 이스라엘은 강 건너편에 기업을 받았지만 가나안 정복을 위해 건너와 함께 싸웠던 동편의 지파들은 강 건너로 돌아가게 했습니다. 르우벤, 갓, 므낫세 지파가 강을 건너와서 함께 싸웠던 것은 그들이 한 동족임을 표시하는 것이었고, 자기만 아는 일을 없애기 위함이었습니다.
　여호수아는 여호와께서 약속하신 대로 이스라엘에게 안식을 주셨으니 기업을 받은 동편으로 돌아가라고 말합니다(1~9절). 안식을 주셨다 함은 가나안 정복이 끝났다는 것을 의미합니다. 이렇게 해서 동편의 세 지파는 이미 자기들이 정복한 요단 동편으로 돌아가게 됩니다. 요단을 건너 하나님께서 주신 기업의 땅으로 돌아가던 동편 지파는 요단 강가에 이르자 큰 단을 쌓았습니다. 이로 인해 서편 지파들은 그들이 다른 신을 섬기는 것으로 오해하여 노를 발하고 사실을 확인하기 위해 대표를 선정해 파송했습니다.
　동편 지파들이 강변에 단을 쌓은 것은 지형적으로는 서편 지파들과 갈라졌지만 같은 민족이라는 증거로서 단을 쌓아 후일을 예비함이었습니다(21~34절). 설명을 들은 서편 지파들은 오해를 풀고 함께 기뻐하였습니다. 선한 일이었지만 단독으로 행함으로 오해를 빚었던 것입니다. 동편 지파의 이러한 행동은 이스라엘을 출애굽 시킨 한 분 하나님만을 섬기자는 의도였습니다.

✚ 기 도
　이스라엘에게 가나안을 주신 하나님! 오늘 우리에게도 하나님의 나라를 허락하여 주옵소서. 예수님의 이름으로 기도드립니다. 아멘

✚ 중보기도
　여러 곳으로 흩어져 있으나 모든 크리스천들이 한 공동체를 이루며 서로 교통할 수 있도록.

✚ 명 상
　이웃의 의미는 내가 이웃을 찾는 데 있지 않고 내가 이웃이 되어 주는 데 있습니다. 흩어져 있는 형제들을 먼저 찾아야 하겠습니다.

여호수아의 유언(I)

♣ 성경 여호수아 23장(외울요절 6절)　찬송 446(500)장 ♣

　이스라엘이 가나안을 점령한 후 오랜 세월이 지난 후에 여호수아는 늙었고, 죽음을 앞둔 여호수아는 이스라엘에게 유언과도 같은 말을 남겼습니다.
　첫째, 여호수아는 이스라엘의 장로들과 수령들과 재판장들을 비롯한 이스라엘의 지도자급들을 불러 모아 과거를 회상하며 오늘날 이스라엘에게 가나안을 주신 분이 여호와이심을 말하고, 가나안 우상을 섬기지 말고 끝까지 하나님 여호와만을 섬겨야 할 것과 하나님의 말씀에 절대 순종할 것을 말하고 있습니다(16절).
　둘째, 지도자들에게 백성들이 가나안 사람과 혼합하는 일을 못하도록 당부합니다. 또한 이방인과의 교제로 말미암아 혼인하며 피차에 왕래하면 그들이 올무가 되고 덫이 되며, 가시와 채찍이 되어서 필경은 하나님께서 주신 아름다운 땅에서 멸하리라고 말하고 있습니다(12~13절). 그런데 결국 이스라엘은 가나안 백성들과 혼합하게 되어 그들의 순결을 잃고 하나님께 버림을 받게 됩니다.
　하나님의 크신 은혜로 구원받은 우리는 그 은혜를 감사하면서 주의 말씀에 절대 순종하며 살아가야 할 것입니다. 잘못된 생활 습성들을 버리고 세상과 하나님을 겸하여 섬기려는 어리석음을 범하지 말아야 하겠습니다.

✞ **기 도**
　만복의 근원이 되시는 여호와 하나님! 우리로 하여금 좌로나 우로나 치우치지 않도록 하시고 또한 세상과 혼합하여 주의 이름을 더럽히지 않게 하옵소서. 예수님의 이름으로 기도드립니다. 아멘

✞ **중보기도**
　이단의 유혹에 빠져들지 않도록 영을 분별하는 지혜 주시기를.

✞ **명 상**
　물질의 논리와 하나님을 섬기는 것을 혼합하고 있지는 않습니까?

여호수아의 유언(Ⅱ)
♣ 성경 여호수아 24장(외울요절 14절)   찬송 516(265)장 ♣

　여호수아는 이스라엘의 지도자들을 세겜에 모아 이스라엘의 과거를 회상하면서 최후의 부탁으로 오직 여호와만을 섬기라고 말하고 있습니다. 그것이 그의 생 전체를 돌이켜 볼 때 얻은 유일한 결론이었던 것입니다.
　여호수아는 이스라엘의 과거를 회상합니다. 그의 일생을 통하여 바라보았던 인도하시는 하나님을 말하고 있습니다(1~7절). 우상을 섬기며 죄악 가운데 있던 아브라함에게 언약을 주시고 백성 삼아 주시며 애굽의 압제에서 구원해 주시고 가나안으로 인도해 주신 하나님이심을 말하고 있습니다.
　둘째로 그는 그런 과거 속에서 오늘에 이르기까지 역사하신 하나님을 이야기합니다. 또한 이스라엘을 인도하시는 하나님께서는 이스라엘이 어려움 가운데 처할 때마다 하나님의 능력으로 도우시며 보호하여 주셨고, 이스라엘을 대적하는 무리들을 권능으로 물리쳐 주셨던 것을 강조하고 있습니다(8절).
　마지막으로 이스라엘이 바로 그 하나님만을 섬겨야 함을 이야기합니다. 그러므로 하나님의 인도와 보호하심을 받아 가나안에 들어와 기업을 물려받은 이스라엘은 이방신들을 제하고, 오직 여호와 하나님만을 경외하며 온전함과 진실함으로 섬길 것을 말하고 있습니다(14절). 만약 이방신을 섬기면 이스라엘에게 내리신 복을 거두시며 재앙을 내리시고 멸하시며 질투하시는 하나님을 말하고 있습니다(19~20절).

✝ **기 도**
　이스라엘을 인도하시고 보호하시며 질투하시는 하나님! 우리가 늘 하나님 편에 설 수 있도록 지혜를 주옵소서. 예수님의 이름으로 기도드립니다. 아멘

✝ **중보기도**
　장애우들과 그 부모들이 넘치는 용기와 희망을 가지도록.

✝ **명 상**
　매 순간순간 선택의 기로에서 과연 어디를 선택하느냐 하는 것은 평생과 영원이 달린 중요한 문제입니다. 하나님 편에 서야 하겠습니다.

불완전한 가나안 정복
♣ 성경 사사기 1장(외울요절 21절) 찬송 380(424)장 ♣

    여호수아가 죽은 후 이스라엘은 여호수아를 후계할 만한 인물이 없어 방황하게 되었고 범죄함으로 하나님의 진노의 형벌을 받았습니다. 고통스러운 하나님의 진노의 심판 가운데서 이스라엘이 회개하며 구원을 요청할 때에, 사사를 세워 이스라엘을 구원하여 주신 하나님의 구원 사역이 기록된 것이 사사기입니다.

    여호수아의 인도로 약속의 땅 가나안에 들어감으로 이스라엘 여정은 끝이 났습니다. 하나님께서는 이스라엘에게 가나안 거민들과 계약을 맺지 말고(출 23:32) 완전히 정복하라고 말씀하셨습니다. 그런데 이스라엘은 하나님의 말씀을 순종하지 않고 가나안 거민들과 화친을 맺기도 하고 종을 삼기도 했습니다. 이는 하나님의 말씀을 거역하는 행동입니다. 이로 인해 하나님께서는 이스라엘을 심판하셨고 이스라엘은 고통을 당하게 되었습니다. 그들이 옆구리를 가시로 찌르는 창이 되어 계속적으로 이스라엘을 괴롭히게 된 것입니다.

    하나님께서는 그의 선하신 뜻대로 우리들을 백성 삼으시고 복을 주시면서 백성 된 우리에게 순종을 요구하십니다. 불순종은 심판을, 순종은 복을 가져옵니다. 인간의 편의와 합리라는 명목으로 하나님의 말씀을 왜곡하거나 불순종하는 것은 결국 저주를 자초하는 일입니다.

✚ 기 도

    우리를 구원하시고 복을 주시며 순종을 요구하시는 하나님! 우리 삶의 화복이 주께 있사오니 순종함으로 복을 누리게 하옵소서. 우리와 함께 계셔서 고난을 이기고 주님을 따르게 하옵소서. 예수님의 이름으로 기도드립니다. 아멘

✚ 중보기도

    저소득 계층의 사람들이 영육간에 풍요로움을 누릴 수 있도록.

✚ 명 상

    말씀을 순종할 때의 고난과 믿음으로 그것을 극복하는 과정을 통해서만 신앙이 성숙하고 실제적이 된다는 것을 욥의 경우를 통해 명상합시다.

사사를 세우신 하나님

♣ **성경** 사사기 2장(외울요절 16절) **찬송** 499(277)장 ♣

　여호수아가 죽고 세월이 좀 더 흐른 후에 출애굽을 경험했던 이스라엘 사람들도 모두 죽었습니다. 이제 이스라엘의 후손들은 여호와를 알지도 못하였고 하나님께서 이스라엘에게 행하신 일들은 그들의 기억에서 사라져 갔습니다(10절). 이스라엘 사람들은 정착하면서 농사를 짓게 되었고, 가나안 토착민들에게 농경법을 배우면서 바알과 같은 신들을 섬기게 되었습니다.

　이스라엘은 그들을 애굽에서 인도하여 내신 여호와를 버리고 가나안 사람들이 섬기는 바알과 아스다롯을 섬기며 절을 하고, 바알이 복을 주는 신으로 믿고 섬김으로 하나님 앞에 악을 행하였던 것입니다(11~13절). 그들은 하나님을 목축의 신 정도로만 이해했습니다.

　하나님께서는 범죄한 이스라엘을 향하여 노를 발하셨습니다. 주변의 이방인들을 사용하셔서 이스라엘을 노략하게 하고, 주변에 많은 대적들이 일어나 이스라엘을 심히 괴롭혔습니다(14~15절). 괴로움을 당하는 이스라엘이 자신들의 행동을 회개하고 구원하시는 여호와를 향하여 부르짖음으로, 여호와께서 사사를 세워 그들을 대적의 손에서 구원해 주셨습니다(16~18절).

　인간들은 하나님의 은혜와 능력을 망각하고 겨우 목축의 신 정도로만 생각하여 하나님을 향하여 범죄하였지만, 하나님은 인내하심으로 자비와 긍휼을 베풀어 주셔서 이스라엘을 구원해 주셨던 것입니다.

✙ **기 도**

　사랑과 자비와 긍휼이 풍성하신 하나님! 악한 세력들이 우리를 넘어뜨리려고 유혹하는 때가 많습니다. 결코 유혹에 넘어지지 아니하고 하나님만을 섬기고 찬양하게 하옵소서. 예수님의 이름으로 기도드립니다. 아멘

✙ **중보기도**

　세속 문화 속에서 기독교 문화가 꽃 피워지기를 위해서.

✙ **명 상**

　하나님은 교회뿐만 아니라 가정과 직장과 학교와 전체 역사 속에 계신다.

남겨 둔 나라들

♣ 성경 사사기 3:1~6(외울요절 4절) 찬송 325(359)장 ♣

가나안 사람들은 힘과 풍요의 상징이었던 바알과 아스다롯을 섬겼습니다. 이 신들을 섬기는 의식에는 음란한 행위와 어린 아이를 제물로 바치는 일이 있었습니다. 그런데 이스라엘은 이러한 이방 종교를 본받아 섬김으로 하나님을 노엽게 하였던 것입니다.

하나님께서는 이러한 이스라엘을 심판하시기 위하여 이방 나라들을 남겨 두었다고 말씀하십니다(2~3절).

하나님께서 이러한 이방 나라를 남겨 두심은 이스라엘의 출애굽과 가나안 전쟁의 역사 가운데서 구원하시고 인도하여 주신 하나님을 가르쳐 알게 하려 하심이라고 말씀하십니다(2절).

또 한 가지는 모세를 통하여 이스라엘에게 말씀하신 명령들을 순종하는가를 열국으로 시험하기 위함이라고 말씀하십니다(1~4절).

하나님께서는 그의 백성들을 축복하시기 위하여 때로는 여러 가지 방법을 통하여 시험을 하실 때가 있고, 그러한 사람들과 고난들을 통하여 교훈하시기도 합니다. 이러한 시험을 통과한 자들은 하나님이 예비하신 더욱 크신 복을 누리게 됩니다. 그러나 이스라엘은 거듭하여 실패하게 되었고, 징벌을 받은 후에야 하나님께로 돌아오는 어리석음을 계속 범하게 됩니다.

✞ **기 도**
하나님! 저희들을 붙드셔서 모든 시험과 환난에서 승리하게 하옵소서. 우리가 때로 주님을 떠날 때, 우리를 그냥 버려두지 마시고 깨닫고 주께로 돌아올 수 있게 하옵소서. 예수님의 이름으로 기도드립니다. 아멘

✞ **중보기도**
환난과 시험 중에 있는 성도들이 소망 중에 승리할 수 있도록.

✞ **명 상**
우리는 때로 어려움에 빠지게 됩니다. 이때마다 과연 하나님께서는 우리에게 무얼 말씀하시는가를 주의해야 하겠습니다.

여선지자 드보라

♣ **성경** 사사기 4장(외울요절 14절)   **찬송** 336(383)장 ♣

　이스라엘의 범죄는 또 계속되었습니다. 하나님께서는 가나안 왕 야빈을 들어서 이스라엘을 20년 동안 괴롭히게 하셨습니다. 야빈의 군대장관 시스라는 철병거 900대를 앞세우고 이스라엘을 쳐들어왔습니다(2~3절). 이런 고난 속에서 이스라엘 사람들은 잘못을 깨닫고 하나님께 부르짖기 시작했습니다.

　그때에 하나님께서는 랍비돗의 아내인 여선지자 드보라를 사사로 세우셔서 이스라엘을 다스리게 하시고, 그녀를 통해 이스라엘을 구원하셨습니다(4~5절). 드보라는 아비노암의 아들 바락을 불러 하나님의 뜻을 전하고 시스라의 군대를 물리칠 것을 명하자 바락은 드보라와 함께 가기를 요청했습니다(8절). 당시 이스라엘은 아직 제철 기술이 없어 놋 병기만을 쓸 수밖에 없었습니다. 철과 놋의 대결은 너무나 큰 차이였습니다.

　그러나 바락은 두려워하지 않고 하나님을 믿는 마음으로 드보라와 함께 가자고 했던 것입니다. 이에 드보라는 이 전쟁이 여호와의 손에 달려 있음을 확신하고 시스라의 군대를 물리치게 됩니다. 전쟁에 패하여 도망치는 시스라는 헤벨의 아내 야엘에 의하여 죽임을 당하고 말았습니다(9~21절). 마침내 가나안을 침공하였던 야빈 왕은 하나님이 함께하시는 드보라에 의하여 진멸되고 말았습니다. 하나님은 연약한 여인을 강하게 하셔서 사용하셨던 것입니다.

✚ **기 도**
　연약한 것을 들어 강한 것을 부끄럽게 하시는 하나님! 인간의 눈으로 볼 때 연약할지라도 하나님의 손에 붙들리면 능치 못할 일이 없는 줄 아오니, 저희들과 함께하사 험한 세상에서 승리하게 하옵소서. 예수님의 이름으로 기도합니다. 아멘

✚ **중보기도**
　병들고 연약하고 소외된 사람들이 주님으로 인해 능력 있는 삶을 살도록.

✚ **명 상**
　인간은 아무리 연약할지라도 오히려 그 연약함이 하나님께서 사용하시는 기회가 됨을 사도 바울의 경우를 통해 잘 알고 있습니다(고후 12:9).

드보라와 바락의 노래
♣ **성경** 사사기 5장(외울요절 3절)　**찬송** 31(46)장 ♣

　20년 동안 자신들을 괴롭혀 온 가나안 군대를 물리친 이스라엘의 기쁨은 충천했습니다. 감히 이길 수 없는 전쟁이었음을 잘 알고 있었기 때문입니다. 이스라엘은 전쟁의 승리가 온전히 여호와께 있음을(삿 4:23) 깨달았습니다.
　이스라엘이 기뻐 찬송하는 내용 속에는 하나님의 전능하심과 이스라엘을 보호하시는 하나님의 도우심이 담겨져 있습니다. 그들이 찬양함은 과거 이스라엘을 지키셨던 하나님께서 지금도 도우심을 확신함이었으며(2~5절), 하나님의 사람 드보라를 인함이었습니다.
　삼갈의 날과 야엘의 날, 즉 이방민족들의 침략이 잦았던 시대에 이스라엘은 대로로 다니지 못하고, 불안에 떨며 소로로 다니던 시대에 드보라가 일어나 대적을 물리쳤습니다(6~11절). 그것은 결코 한 자연인 드보라가 행한 일이 아닙니다. 하나님께서 드보라를 통해 당신을 이스라엘에 알리신 것입니다.
　이스라엘은 자신들이 대적들로 인하여 압제받는 이유가 이스라엘이 새긴 우상을 숭배함이요, 대적을 통한 전쟁이 하나님의 징계로 임한 것임을 깨닫고 하나님의 섭리를 찬양한 것입니다. 하나님은 사랑하는 당신의 백성을 죄악 중에 그냥 두지 않으시고 여러 방법으로 깨닫게 하셔서 다시 돌아오게 해주시는 분입니다.

✚ **기 도**
　인간의 앉고 일어섬을 아시며 역사를 주장하시는 하나님! 날아가는 참새 한 마리가 떨어지는 것도 주의 뜻에 달렸사오니, 저희들의 삶을 주장하사 하나님의 기뻐하시는 선한 열매들이 맺히게 하옵소서. 예수님의 이름으로 기도합니다. 아멘

✚ **중보기도**
　나라와 나라의 분쟁이 그치고 지구상에 평화의 꽃이 피기를 위해서.

✚ **명 상**
　우리의 삶 속에서 살아 역사하시는 하나님의 주권을 찬양해야 합니다. 그것은 말로만의 찬양이 아니라 삶 자체로 드리는 찬양인 것입니다.

함께하시는 여호와

♣ **성경** 사사기 6장 (외울요절 12절)　**찬송** 292(415)장 ♣

　40년 동안 태평하였던 이스라엘 백성들은 또 다시 타락하여 우상을 섬기는 죄를 범함으로 하나님께서 이번에는 미디안에 의하여 압제를 받도록 하셨습니다. 그런데 백성들이 미디안을 인하여 여호와께 부르짖자 하나님은 기드온을 세워 구원하여 주십니다. 하나님은 기드온을 어떻게 쓰셨습니까?

　첫째, 여러 기적과 표적으로 그를 담대하게 하셨습니다. 기드온은 므낫세 지파인 요아스의 아들이요 검소한 농부였습니다. 기드온은 하나님의 부르심에 대하여 자신의 부족함을 하나님께 고하며 하나님이 함께하시는 표징을 보여 달라고 요청을 하였습니다(13~17절). 이에 하나님께서는 고기와 무교병의 기적과(19~21절), 양털과 이슬로 표징을 보여 주셔서(36~40절) 하나님의 사역을 감당하도록 하셨습니다. 둘째, 그와 함께하셔서 모든 우상을 몰아내셨습니다. 기드온은 자기를 부르시고 사역을 맡기신 이가 여호와 하나님이심을 확신하고 담대하게 우상을 파괴하고(25~27절), 미디안과 아말렉과 동방사람들이 쳐들어올 때에 담대하게 나팔을 불고 일어섰습니다.

　표징을 요구하는 기드온의 요구에 하나님께서 응답하심은 곧 하나님께서 기드온과 함께하시겠다는 의미입니다(12절). 그리하여 기드온은 마침내 미디안을 물리칠 수 있었습니다.

✚ **기 도**

　임마누엘의 하나님, 감사합니다. 하나님께서 우리와 함께하실 때에는 세상에서 어느 누구도, 어떤 세력도 우리를 대적할 수 없음을 믿습니다. 주님과 함께 승리의 길을 걷게 하옵소서. 예수님의 이름으로 기도합니다. 아멘

✚ **중보기도**

　병상에 있는 형제들이 하나님의 위로하심을 힘입어 소망을 가질 수 있도록.

✚ **명 상**

　말 못하는 우상이 우리를 다스리는 경우가 많이 있습니다. 우리 가정의 우상은 무엇입니까? 기드온처럼 그것의 정체를 밝혀야만 합니다.

큰 용사 기드온

♣ **성경** 사사기 6:11~16 (외울요절 12절)   **찬송** 212(347)장 ♣

　사람들에게는 크고자 하고 높아지고자 하는 욕망이 있습니다. 그런데 문제는 크지도 못하면서 큰 체하려는 것입니다. 성경은 이것을 교만이요, 외식이라고 말합니다. 하나님은 결코 교만한 자를 쓰시지 않습니다.
　하나님께서 이스라엘을 구원하시려고 기드온을 부르셨을 때에 그는 아비 집에서 가장 작은 자요 능력이 없음을 말하며 자신의 미약함과 부족함을 고하였습니다. 그는 스스로 낮추면서, 하나님 앞에 겸손하였던 것입니다. 인간이 낮아질 때 바로 하나님이 활동을 하시게 되는 것입니다
　여호와의 사자가 기도온을 향하여, "큰 용사여 여호와께서 너와 함께 계시도다"(12절)고 하였습니다. 가장 작은 자를 자처하였던 기드온을 하나님이 능력으로 함께하심으로 '큰 용사'를 만들어 주시겠다고 약속하여 주셨습니다. 그리고 그의 군사들은 겨우 300명만 데리고 가게 했습니다. 인간적으로 생각할 때 불가능한 것이지만, 하나님은 바로 그 약한 것을 통해 강한 것을 물리치신 것입니다(고전 1:27).
　하나님은 작은 자를 기뻐하시고 겸손한 자를 들어 사용하십니다. 아무리 약한 자일지라도 하나님의 손에 붙들리면 강한 능력을 나타내어 승리의 삶을 살게 되는 것입니다.

✞ **기 도**
　작은 자라고 자처하던 기드온을 들어 강한 미디안을 물리치신 여호와 하나님! 약한 그때가 곧 강하다는 것을 늘 깨닫게 하옵소서.
　예수님의 이름으로 기도드립니다. 아멘

✞ **중보기도**
　성도들이 겸손한 삶으로 그리스도의 향기를 날릴 수 있도록.

✞ **명 상**
　스스로 약해진다는 것은 하나님 앞에서 아무것도 아님을 깨달을 때만 가능합니다.

기드온 삼백 용사

♣ 성경 사사기 7:1~8(외울요절 7절) 찬송 585(384)장 ♣

　미디안과의 전투를 위해 기드온을 따라 나선 이스라엘 군사 수는 32,000명이었습니다.
　하나님께서는 기도온에게 군대의 수효를 줄이라고 명령하셨습니다. 여호와께서 군대의 수효를 줄이라고 하심은 전쟁에서의 승리가 그들의 힘이 아니라 여호와를 인함이라는 것을 알게 하기 위함이었습니다(2절).
　또 한 가지는 전쟁에 임함에 있어서 두려워 떠는 자를 제외시키도록 하였습니다. 왜냐하면 두려워 떠는 자는 다른 동료들에게까지 영향을 미치기 때문에 율법까지도 출전하지 못하도록 규정했습니다(신 20:8). 결국 10,000명만 남게 되었습니다(3절).
　여호와께서는 아직도 많다고 하시면서 물가로 내려가 그들을 시험하여 물을 손으로 떠서 개가 핥는 것같이 그 혀로 물을 먹는 자를 따로 세우도록 하셨습니다. 이는 물을 손으로 떠서 마시는 자들로서 방심하지 아니하고 전쟁에 임할 자세를 갖춘 자이기 때문이었습니다(5~6절). 이로 인하여 남은 자는 300명에 불과했습니다. 하나님께서는 이들에게 미디안을 치게 하셨습니다.
　우리 가족 모두도 기드온의 300명 용사로 선택되어야 하겠습니다.

✞ 기 도
　믿는 자들의 대장이 되시는 하나님! 우리로 하여금 주의 군사답게 항상 깨어 근신하며 살아갈 수 있게 하옵소서. 군사로 복무하는 자는 자기 생활에 얽매이지 않는다고 하였사오니, 우리가 비록 세상에 살고 있지만 세상에 속한 사람이 되지 않고 주의 군사가 되게 하옵소서. 예수님의 이름으로 기도드립니다. 아멘

✞ 중보기도
　북한 땅에도 복음이 들어가 그 곳에 하나님의 나라가 이루어지기를 위해서.

✞ 명 상
　우리는 인간적인 강함과 숫자의 많음을 자랑해서는 안 됩니다.

여호와와 기드온의 칼이여
♣ **성경** 사사기 7:9~25 (외울요절 20절)   **찬송** 351(389)장 ♣

전쟁에서의 승리의 비결 중 하나는 승리의 확신입니다. 하나님께서는 기드온에게 미디안을 정탐케 하셨습니다. 그 곳에서 기드온은 한 미디안 군사의 꿈 이야기(13~14절)를 통하여 미디안 군사들이 이스라엘에 대하여 두려워하고 있다는 결정적인 징표를 얻게 되었습니다.

기드온은 300명의 군사를 세 패로 나누어 야간 기습을 계획하였습니다. 군인들은 각각 나팔과 빈 항아리와 그 속에 횃불을 감추게 하였습니다. 그리고 적진 가까이 다가가서 일제히 나팔을 울리고, 일시에 항아리를 부수어 소리를 낸 후, 갑자기 횃불을 밝히며, "여호와와 기드온의 칼이다!" 라고 함성을 질러 미디안 군대로 하여금 당황하게 하였습니다. 그로 인하여 자기 동료들끼리 죽이면서 도망하게 하는 것이었습니다.

이로 말미암아 이스라엘은 미디안 군대를 쳐부수고 승리를 하게 되었는데, 이는 여호와께서 이스라엘과 함께하셨기 때문입니다.

하나님은 처음부터 끝까지 우리와 함께하셔서 약할 때마다 힘을 주시고 용기를 주셔서 결국 승리하게 하시는 분이십니다.

✞ **기 도**
위로와 소망이 되시는 하나님! 연약하고 어리석은 저희들을 택하사 주의 백성 삼으시고 구원의 확신과 세상을 살아갈 수 있는 용기 주심을 감사드립니다. 우리들은 약하지만 주님께서 강하시기에 항상 승리할 수 있음을 믿습니다. 날마다 저희들과 함께하셔서 승리하게 하옵소서. 예수님의 이름으로 기도드립니다. 아멘

✞ **중보기도**
각 직장에서 신자들의 기도 모임이 방해를 받지 않도록.

✞ **명 상**
모든 것이 하나님의 주관에 속한 것이지만 일을 하실 때는 반드시 사람과 더불어 일하십니다. 우리는 하나님의 일에 쓰임받는 기드온의 300명의 용사가 되어야 하겠습니다.

기드온의 삶
♣ 성경 사사기 8장(외울요절 23절) 찬송 310(410)장 ♣

　미디안과의 전쟁에서 승리한 이스라엘은 기드온을 중심으로 다시 태평세월을 누리게 되었습니다. 전쟁 후에 발생된 일들을 통하여 기드온의 사람됨을 발견하게 됩니다. 에브라임 지파는 기드온이 미디안과의 전쟁을 시작할 때에 그들을 부르지 아니함에 대하여 불평을 말하였습니다. 그때 기드온이, "에브라임의 나쁜 포도가 아비에셀의 좋은 포도보다 낫지 않느냐?"고 유순하게 대답함으로 그들의 분노는 가라앉았습니다. 그는 참으로 겸손한 인격을 소유한 자입니다. 그것은 다음의 경우에도 잘 나타납니다.

　기드온이 승리를 거두자 다시는 이방나라들이 넘보지를 못하였습니다. 그러자 이스라엘은 기드온을 향하여 기드온과 자자손손이 이스라엘의 지도자가 되어줄 것을 요청하였습니다(22절). 이에 기드온은 이스라엘을 다스리시는 분은 오직 여호와 한 분이시라고 말하였습니다. 여호와께서 다스린다는 말의 의미는 여호와 하나님만이 이스라엘의 진정한 통치자임을 말하는 것입니다.

　기드온의 공적 생활은 참으로 하나님 보시기에 아름다운 삶이었습니다. 그러나 그의 사생활은 많은 처첩을 둠으로 70명의 자식과 그들의 불화로 말미암아 실패하고 말았습니다. 기드온의 이런 면들을 통해 우리는 지도자의 사생활이 얼마나 중요한지를 배워야 하겠습니다.

✚ 기 도
　연약하고 겸손하였던 기드온을 들어 강하게 사용하셨던 하나님! 주께서 저희들을 부르셔서 백성 삼아 주셨사오니 주의 백성답게 겸손하며 유순하고 삶이 향기롭게 하옵소서. 예수님의 이름으로 기도드립니다. 아멘

✚ 중보기도
　신자의 삶 속에서 그리스도의 온유함과 겸손함이 넘치기를.

✚ 명 상
　우리는 우리나라 지도자들의 불충실한 사생활 때문에 몇 번의 큰 충격을 경험하기도 했습니다. 결코 이런 일이 있어서는 안 되겠습니다.

갚으시는 하나님

♣ 성경 사사기 9장 (외울요절 57절)   찬송 382(432)장 ♣

　기드온이 죽은 후에 이스라엘은 바알 신을 음란하게 섬기고 모든 대적의 손에서 건져주신 여호와를 기억하지 않았습니다 (삿 8:33~36). 기드온의 첩의 아들인 아비멜렉은 친척들을 선동하여 형제 70명을 한 반석 위에서 죽이고 왕이 되었습니다 (5절). 이와 같이 정치적 목적을 위하여 형제를 살해하는 것은 이방종교의 풍습이 이스라엘에 젖어들어 왔기 때문입니다.
　가까스로 살아난 말째 아들 요담은 세겜 족속을 향하여 이야기를 합니다. 하루는 나무들이 왕을 세우려고 감람나무, 무화과나무, 포도나무에게 요청을 하였으나 이들은 모두가 자신에게 주어진 본연의 사명 때문에 사양을 하는데, 가시나무는 무가치한 자신의 모습을 살피지 아니하고 왕이 되고자 했다는 내용입니다. 이는 기드온의 여러 형제들과 아비멜렉을 두고 한 말로써 협조하였던 세겜에게 그것이 옳은가를 책망한 것입니다.
　불의한 방법으로 왕이 되었던 아비멜렉은 결국 동조자에게 배신을 당하게 되고 한 여인에 의하여 피살되고 말았습니다. 이는 하나님께서 모든 악을 그들의 머리에 갚으시리라는 요담의 예언대로 이루어진 것입니다.
　하나님은 이처럼 불의한 방법으로 하나님을 대신하여 사람들을 다스리고자 하는 자들을 벌하십니다. 그래서 하나님의 의를 드러내는 것입니다.

✜ 기　도
　행한 대로 갚으시는 하나님! 저희들의 행위가 하나님의 심판대 위에 놓였사오니 그 날을 기억하며 우리 자신들에게 주어진 본연의 사명에서 욕심을 내지 않고 잘 감당하게 하옵소서. 예수님의 이름으로 기도드립니다. 아멘

✜ 중보기도
　직분자들이 자신에게 주어진 본연의 위치에서 탈선하지 않기를.

✜ 명　상
　세상에는 하나님 대신 인간을 다스리려고 하는 사람들이 많습니다. 그것은 결코 하나님께서 기뻐하시는 일이 아닙니다.

범죄하는 이스라엘

♣ 성경 사사기 10장 (외울요절 13절)   찬송 538(327)장 ♣

　이스라엘이 여호와께 부르짖음으로 하나님께서 그들을 구원하여 주시는 반복적인 역사가 계속되었습니다. 이것이 사사기 전 과정을 통해 반복됩니다.
　이스라엘 백성들이 다시 여호와의 목전에서 범죄하였는데, 이번에는 바알과 아스다롯을 비롯하여 아람, 시돈, 모압, 암몬, 블레셋 사람들이 섬기는 일곱 우상의 신을 섬기는 죄를 범하였습니다(6절).
　하나님께서는 진노하셔서 블레셋과 암몬 족속에 의하여 18년 동안 괴로움을 당하게 하셨습니다(8절). 하나님께서 택한 백성을 버려두신다는 것은 엄청난 형벌입니다. 또한 그것은 그런 어려움을 통해서라도 죄악을 깨닫고 돌아오기를 바라시는 사랑이기도 한 것입니다.
　블레셋과 암몬 족속을 인하여 곤고를 당하던 이스라엘은 자신들이 섬겼던 일곱 우상들이 자신들을 구원하지 못함을 깨닫고 여호와께로 돌아와 하나님의 도우심을 구하였습니다(15절). 하나님께서는 택한 그의 백성들이 하나님을 거역하고 범죄하면, 환난이나 곤고를 통해서라도 회개시켜 하나님의 품으로 돌아오도록 하십니다. 반면 하나님께서 미워하시는 사람은 어떠한 일이 있어도 그냥 버려두십니다.

✞ 기 도
　사랑과 긍휼이 풍성하신 하나님! 이스라엘의 역사를 통하여 저희들을 교훈하여 주시고 깊이 깨닫게 하시니 감사를 드립니다. 우리의 삶에 일어나는 여러 가지 환난들을 통해 풍랑 속에서 역사하시고 교훈하시는 하나님의 손길을 바라보고 깨닫게 하옵소서. 예수님의 이름으로 기도드립니다. 아멘

✞ 중보기도
　범죄한 이들이 회개함으로 죄 씻음 받게 되기를 위해.

✞ 명 상
　우리는 어려움을 당하거나 징계를 받는다고 느낄 때 오히려 하나님의 크신 사랑을 생각하며 감사해야 할 것입니다.

세움을 받는 입다

♣ 성경 사사기 11:1~28 (외울요절 11절)　찬송 287(205)장 ♣

　본문에는 입다라는 사사에 의해 이스라엘이 구원받은 기사가 나옵니다. 사사 입다는 기생의 몸에서 태어난 천한 신분 때문에 형제들에게 천대를 받고 쫓겨나서 돕이라는 곳에서 사람을 모아 힘을 길렀습니다(1~3절).
　얼마 후 암몬 족속이 공격해오자 이스라엘은 이미 돕 땅에서 힘을 기르고 있던 입다에게 도움을 요청했습니다. 입다는 찾아온 장로들에게 과거에 자신이 무고하게 쫓겨난 사실을 들어 이들의 요청의 진실성을 물었습니다(9~10절). 즉 이기면 그들의 지도자가 되게 하겠느냐는 것입니다. 이에 장로들은 입다에게 암몬과 싸울 동안에는 군대장관으로 뿐만 아니라 전쟁 후에 그들의 지도자가 되어 줄 것을 요청했습니다. 입다가 그들의 요청을 다시 확인할 때 장로들은 여호와께서 증인이 되시리니 반드시 시행하리라고 했습니다(10절).
　하나님께서 사람을 부르실 때에 때로는 직접 부르시기도 하지만 때로는 인간들의 부름을 통하여 부름받게 하시는 경우도 있습니다.
　천한 신분으로 형제들에게 버림을 받았던 입다는 환경과 사람들을 통하여 부르시는 하나님의 부르심을 받고 이스라엘을 구원하는 큰 용사(1절)로 쓰임받게 되었습니다. 인간의 지위나 신분의 존귀함과 비천함을 떠나서 하나님은 모든 사람을 동일하게 생각하십니다.

✞ 기 도
　외모를 보고 판단하시지 않고 중심을 보시는 여호와 하나님! 우리가 외모와 외형을 자랑하며 교만할 때 하나님께 버림받는다는 것을 명심하고, 항상 겸손하며 진실하게 하옵소서. 예수님의 이름으로 기도드립니다. 아멘

✞ 중보기도
　이 땅의 곳곳에 하나님의 정의와 진실하심이 뿌리내리게 되기를.

✞ 명 상
　하나님은 약하고 멸시받는 자들을 통해 강한 자를 부끄럽게 하시는 분이십니다(고전 1:27~29).

입다의 서원

♣ 성경 사사기 11:29~40(외울요절 31절)　찬송 279(337)장 ♣

　이스라엘의 요청으로 이스라엘의 군대장관이 된 입다는 아르논과 얍복과 요단 땅의 반환을 요청하는 암몬에게, 서로에게 피해가 되는 전쟁을 피하기 위하여 사자를 보내 역사적 사실을 들어 암몬이 주장하는 것의 부당성을 이야기하였습니다. 그러나 암몬이 이를 거절함으로 부득불 전쟁을 하게 되었습니다(삿 11:12~28).
　전쟁에 임하게 된 입다는 하나님께 서원하기를 이 전쟁에서 이기게 하시면 집에 돌아갈 때에 누구든지 자신의 집 문에서 자신을 영접하는 자를 여호와께 번제로 드리겠노라고 서원을 하였습니다(29~31절). 이는 하나님 앞에 분명히 잘못된 서원이었습니다. 하나님은 어떤 인간도 무고히 죽는 것을 원치 않으시기 때문입니다.
　여호와께서 이스라엘로 이 전쟁에서 승리하게 하셨습니다. 전쟁에서 승리한 입다가 미스바에 돌아와 자기 집 앞에 이를 때에 무남독녀인 그의 딸이 입다의 승리를 기뻐하며 영접하였습니다. 결국 입다는 하나님께 서원한 것을 지키기 위하여 가슴을 찢으며 딸을 죽여 번제로 드려야 했습니다. 서원을 지키기 위해 사람까지 죽여야 하느냐는 것은 더 생각해야 할 문제이지만, 입다에게 배울 수 있는 것은 자기 서원에 대한 진실한 태도입니다.
　서원은 지켜져야 합니다. 그러므로 하나님의 백성들은 함부로 서원을 하지 않도록 유의해야 합니다.

✝ **기 도**
　하나님! 저희들의 부족함을 채워 주옵소서. 입다와 같이 잘못된 서원을 하지 않도록 지혜를 주옵소서. 예수님의 이름으로 기도드립니다. 아멘

✝ **중보기도**
　우리나라에 복지기관들이 많이 설립되어 주의 사랑을 나눌 수 있기를.

✝ **명 상**
　우리는 하나님과의 약속을 얼마나 지키고 있습니까?

에브라임의 불평

♣ 성경 사사기 12장(외울요절 3절) 찬송 212(347)장 ♣

입다가 암몬과의 전쟁에서 승리를 거두자 에브라임 사람들이 입다에게 와서 암몬과의 전쟁에 자신들을 부르지 아니하였다 하여 불평을 하였습니다(1절). 그런데 그들의 불평은 정당한 것이 아니었습니다. 그들의 시기심에서 나온 것입니다. 에브라임 사람들은 과거 기드온과 미디안과의 전쟁 시에도 불평을 했던 자들입니다(삿 8:1~3). 당시에는 기드온이 유순하게 대답하여 잘 해결되었습니다. 하지만 입다는 그들에게 도움을 요청할 때는 거절했다가 이스라엘이 암몬과의 전쟁에서 승리하니 트집을 부린 것이라 하여 용납하지 않았습니다(2~6절). 여기서 입다의 단호한 성격을 볼 수 있습니다.

이로 말미암아 입다를 중심한 길르앗과 에브라임과의 전쟁이 일어나게 되어 에브라임은 패하고 말았습니다(4절). 길르앗 사람들은 패하여 도망하는 에브라임 사람들을 요단 나루턱에서 '십볼렛'이라 발음하게 하여 'ㅅ' 발음을 하지 못하고 '씹볼렛'이라 발음하는 에브라임 사람들을 구별하여 전멸시켰습니다(5~6절). 이로 인하여 아무도 입다와 그의 승리에 대하여 불평하지 못했지만 우리는 기드온과 입다의 태도에서 어떤 태도가 바람직한가를 잘 살펴야 하겠습니다.

형제의 성공에 불평하고 도전하였던 에브라임은 결국 멸망을 받고 말았던 것입니다. 하나님께서는 질투와 시기를 일삼는 자들을 기어코 징벌하십니다.

✞ 기 도

참되신 하나님! 형제를 미워하고 시기하며 질투하는 악한 마음들이 저희들 속에 있음을 고백합니다. 우리의 마음을 정결케 하사 형제를 대할 때에 온유함과 겸손함과 사랑으로 대하게 하옵소서. 예수님의 이름으로 기도드립니다. 아멘

✞ 중보기도

한국 교회가 교회 본연의 사명을 잘 감당할 수 있기를.

✞ 명 상

"사촌이 땅을 사면 배가 아프다."는 속담을 묵상해 봅시다.

삼손의 출생
♣ 성경 사사기 13장 (외울요절 5절)   찬송 330(370)장 ♣

이스라엘이 다시 여호와의 목전에서 악을 행함으로 여호와께서는 이스라엘을 40년간 블레셋 사람의 손에 붙여 괴롭게 하셨습니다. 블레셋인들은 대단히 강성하였습니다. 그러면서도 하나님께서는 또 다시 이스라엘을 구원하시려고 구원자를 예비하셨습니다.

단 지파에 마노아라고 하는 사람의 아내가 잉태하지 못하였습니다. 그 당시에는 여인이 잉태하지 못하면 수치스럽게 여김을 받았습니다. 여호와의 사자가 그 여인에게 나타나 아들을 낳을 것을 예언하고 성별되어 기를 것을 말하였습니다. 삼손은 태어나기 전부터 하나님께 바쳐져, 머리에 삭도를 대지 아니하고, 술을 먹지 아니하는 나실인으로서 성별되었습니다.

때가 이르러 그 여인이 아이를 낳으매, 여호와의 사자의 예언대로 사내아이를 낳아 그 이름을 삼손이라고 하였습니다. 그 이름의 의미는 "태양과 같다."는 뜻입니다. 여호와께서는 이 아이에게 복을 주셨으며, 여호와의 신이 감동하여(25절) 삼손이 이스라엘의 구원자로서 능력을 발휘하도록 하나님께서 친히 역사하시고 예비하신 것입니다.

하나님께서는 암흑한 시대에도 당신의 일꾼을 택하시어 성령을 부어 주시고 일하게 하십니다. 내가 바로 그 일꾼이면 얼마나 좋겠습니까?

✟ 기 도

역사를 이끌어 갈 일꾼들을 택하시는 주여, 부족한 종도 주님나라를 세워가는 일에 한 몫을 감당하기 원합니다. 쓰임받기에 합당한 제목이 되도록 성령으로 도우소서. 예수님의 이름으로 기도드립니다. 아멘

✟ 중보기도

이 어두운 세대 속에서 주의 빛을 드러낼 일꾼들을 많이 보내 주시기를 위해.

✟ 명 상

추수할 것은 많되 일꾼은 적다는 말씀을 보며 나는 어떤 일꾼인지 생각합시다.

삼손의 청년 시절

♣ **성경** 사사기 14장(외울요절 2절) **찬송** 342(395)장 ♣

삼손이 행한 사역들의 특징은 그는 다른 사사들과 달리 이스라엘 군대들의 도움을 받지 않고 홀로 일하였다는 점입니다. 이는 그 시대가 악하고 블레셋이 강하여 삼손을 동조해 주는 세력이 없었음을 보여 줍니다. 삼손은 그 힘이 강대해 사자를 맨손으로 찢어 죽일 수 있는 큰 장사가 되었습니다(6절).

그런데 성별되었던 삼손은 하나님과의 언약의 확신 부족과 젊음의 정욕을 이겨내지 못하고 하나님이 금하셨던 이방나라 블레셋 여인과의 결혼 욕구로 인하여 죄의 길로 빠지고 말았습니다.

결혼을 위한 축하연에서 삼손은 회중에게 수수께끼를 내었는데 그 문제는, "먹는 자에게서 먹는 것이 나오고 강한 자에게서 단 것이 나왔느니라" 는 것이었습니다(14절). 이는 자기가 찢어 죽인 사자의 몸에 벌떼와 꿀이 있는 것을 보고 한 것이었습니다. 블레셋인들은 삼손의 여인을 위협하여 그 답을 알아내게 하여 삼손을 곤란한 지경에 빠지게 하였고, 이를 인하여 삼손은 블레셋 사람 30명을 죽여 버렸습니다.

청년 삼손은 지혜롭고 강했습니다. 그는 의로웠지만 청년의 때에 받기 쉬운 이성의 유혹을 이겨내지 못함으로 실패를 거듭하게 되었습니다. 하나님께서는 이방 결혼을 싫어하십니다.

✝ **기 도**

내가 거룩하니 너희도 거룩하라고 말씀하시는 하나님! 저희들을 죄악된 세상에서 구별해 주시고 주의 백성 삼아 주심을 감사드립니다. 이제는 죄악에 미혹되지 않고 구별된 삶을 살게 하옵소서. 예수님의 이름으로 기도합니다. 아멘

✝ **중보기도**

크리스천 젊은이들이 참된 믿음과 성결함과 인내와 소망을 갖도록.

✝ **명 상**

"우리가 선을 행하되 낙심하지 말지니 포기하지 아니하면 때가 이르매 거두리라"(갈 6:9)는 말씀을 명상합시다.

부르짖은 자의 샘

♣ 성경 사사기 15장(외울요절 19절)   찬송 585(384)장 ♣

수수께끼 사건을 인하여 노한 삼손은 아비의 집으로 올라갔다가 맥추기가 되어 그 아내를 취하고자 하였으나 장인은 그 아내를 이미 다른 동무에게 주었으니 그의 동생을 취하라고 하였습니다.

화가 난 삼손은 블레셋 사람의 곡식과 밭과 감람원을 불태워 버렸습니다. 갑자기 변을 당한 블레셋 사람들은 이 피해가 삼손의 블레셋 장인을 인함인 줄 알고 삼손의 장인과 딸을 불살라 죽여 버렸습니다. 이 소식을 들은 삼손은 다시 블레셋 사람을 크게 도륙하였고 이로 인하여 블레셋 사람들은 유다로 올라와 삼손을 요구하였습니다.

유다인들은 삼손에게 와서 사정을 하여 그를 결박한 채 블레셋에 넘겨줍니다. 삼손을 돕지는 못할망정 원수에게 넘겨주는 배은망덕한 유다인! 그러나 삼손은 공손히 그들의 요구에 응합니다. 일부러 그들에게 끌려간 삼손은 나귀 턱뼈를 취하여 블레셋 사람 일천 명을 죽여 버리고 말았습니다.

이때 그는 목이 너무 말라서 하나님께 외쳤습니다. 하나님은 한 곳에서 물이 나오게 하셨습니다. 그 샘의 이름은 "부르짖은 자의 샘"이 됩니다. 그 누구의 도움도 못 받은 채 오히려 동족들의 배반을 당해가며 의를 행하는 삼손의 부르짖음에 하나님은 응답하셨던 것입니다.

✞ 기 도

삼손을 도우셔서 성령 충만케 하시고, 마른 목을 시원케 해 주신 하나님! 우리들도 성령 충만케 하시고 연약함을 도우셔서 승리케 하옵소서. 예수님의 이름으로 기도드립니다. 아멘

✞ 중보기도

의로운 일을 위해 외롭게 살아가고 있는 이들을 위해서.

✞ 명 상

하나님의 뜻을 순종하려는 사람은 세상과 타협하지 아니하고 항상 좁은 길을 택합니다.

쓰러진 삼손

♣ 성경 사사기 16장(외울요절 17절) 찬송 407(465)장 ♣

사자를 염소 새끼 찢음 같이 찢었고 혼자서 수많은 블레셋 군사를 무찔렀던 이스라엘의 영웅 삼손은 자신과의 싸움에서 처절하게 패배하고 말았습니다. 이처럼 삼손이 비참한 지경에 빠지게 됨은 육신의 정욕을 추구하고자 하는 자신과의 싸움을 이겨내지 못했기 때문입니다. 그는 한 여자의 유혹에 넘어가 끝내 쓰러지고 말았던 것입니다.

선택받은 하나님의 종이요, 이스라엘의 사사였던 삼손은 들릴라의 유혹에 빠져 모태에서부터 하나님의 나실인이 되어 서약한 것을 깨뜨리게 되었습니다. 결국은 힘의 근원을 잃게 되었고, 블레셋에 포로가 되어 눈이 뽑혀 옥중에서 맷돌을 돌리는 처지가 되고 말았습니다.

블레셋이 섬기는 다곤 신 앞에서 제사를 드리는 날에 그들의 구경거리가 된 삼손이 살아서 죽였던 블레셋 사람의 수효보다도 더 많은 블레셋 사람을 죽이게 되었습니다. 다곤의 성전이 무너짐과 함께 삼손도 묻혀 버리게 되었습니다.

삼손의 부도덕한 행위는 자신을 패망하게 하였으나 하나님께서는 삼손의 부도덕한 행동을 통해서도 하나님을 대적하는 블레셋을 물리치심으로 뜻을 이루어 가십니다.

✝ 기 도

세상 역사의 수레바퀴를 끌고 가시는 여호와 하나님! 주님의 일을 하려고 할 때 엄청난 고난이 닥쳐오기도 하고 회유와 타협이 존재하기도 합니다. 그때마다 말씀으로 이기게 하옵소서. 예수님의 이름으로 기도드립니다. 아멘

✝ 중보기도

외국에 있는 한인 교회들이 본연의 사명을 잘 감당할 수 있도록.

✝ 명 상

고난을 통해서만 하나님을 버리거나 배반하지는 않습니다. 오히려 회유나 타협을 통해 주의 뜻과 길을 잃고 방황하는 일이 더욱 많은 것입니다.

왕이 없는 이스라엘

♣ **성경** 사사기 17장 (외울요절 6절)   **찬송** 542(340)장 ♣

　이스라엘에는 백성들을 지도할 위대한 지도자가 없어 또 다시 혼란과 무질서에 빠지고 말았습니다. 그들은 각 지파마다 약간씩 다른 방식으로 그들의 삶을 유지하고 있었습니다. 에브라임 산지에 사는 미가라 하는 청년은 자기 어머니의 은 1,100개를 훔침으로 어머니의 저주하는 소리를 듣고 어머니에게 다시 돈을 돌려주자, 어머니는 그 아들을 위하여 돈을 하나님께 드리고 나머지 200을 가지고 한 신상을 만들어 자기 집에 두었습니다. 미가는 모친이 만든 신상과 더불어 대제사장의 겉옷인 에봇과 가정에 놓아두는 우상인 드라빔을 만들고, 한 아들을 세워 제사장을 삼기도 하였습니다. 이것은 하나님과 그 지방의 신을 겸하여 섬기는 대표적인 예라 하겠습니다.
　결국은 한 레위인 소년을 만나 돈과 의복과 음식을 제공한다는 조건으로 제사장을 삼아 우상을 섬기도록 하였습니다. 그리고는 "레위인이 내 제사장이 되었으니 이제 여호와께서 내게 복 주실 줄을 아노라"(13절)고 합니다. 이 같은 혼합주의는 하나님의 뜻에 위배되는 일입니다. 이스라엘에 왕이 없으므로 사람마다 자기 소견에 옳은 대로 행하였기 때문에 이스라엘은 혼란에 빠져 곳곳에서 하나님을 거역하는 일들이 일어나고 말았습니다. 만왕의 왕 주님이 우리 마음에 없으면 인생은 바른 삶을 살 수가 없습니다.

✠ **기 도**
　위대한 지도자가 되시는 여호와 하나님! 우리의 삶 속에서 당시 이스라엘 사람들처럼 세상의 여러 가지를 하나님과 겸하여 섬기는 혼합주의의 모습을 온전히 버릴 수 있게 하옵소서. 예수님의 이름으로 기도드립니다. 아멘

✠ **중보기도**
　해외의 유학생들이 민족의 자부심과 긍지를 가지고 생활하도록.

✠ **명 상**
　우리는 때로 하나님을 위한다는 명목으로 하나님의 뜻에 정반대되는 일을 하고 있을 때가 많습니다. 하나님의 뜻을 올바로 분별해야 합니다.

단 지파의 죄악

♣ 성경 사사기 18장(외울요절 30절)   찬송 347(382)장 ♣

단 지파는 가나안에 들어와서 유다와 에브라임 사이의 작은 땅을 기업으로 받았으나 아모리 사람과 블레셋 사람들로 인하여 분배된 땅을 차지하지 못하였습니다. 이들은 땅을 얻기 위해 북쪽 지방으로 이주해 가다가, 에브라임 산지에 사는 미가의 집에 이르러 새긴 우상과 드라빔과 에봇을 빼앗고, 더 많은 봉급을 주겠다며 제사장을 꼬여서 데리고 갔습니다. 하나님을 섬기는 이스라엘 족속이 우상을 가져다가 섬기는 죄악을 범했습니다.

미가는 자신이 섬기는 새긴 우상과 드라빔과 에봇을 되찾기 위하여 나섰으나 결국은 되찾지 못합니다. 이는 당시의 사회적 상황을 단편적으로 보여 주는 것으로써 약육강식의 시대였음을 보여 주고 있습니다. 오늘날 교회의 상황도, 사회의 상황도 이러한 자본주의의 윤리가 얼마나 지배하고 있는지!

그와 더불어 자신의 필요에 따라 강자를 선택하고 약자를 버리는 제사장의 처세는 당시의 종교적 부패상황을 보여 주고 있습니다. 오늘날도 목회자들이 대우가 좋은 곳으로 옮겨 다니는 예가 너무 많아 사사시대 말기를 방불케 하고 있습니다. 단 지파는 그 죄의 값으로 외국에 포로로 잡혀가는 재난을 겪어야만 했습니다(30절).

우리 한국의 교회와 교인들도 그 수를 자랑할 것이 아니라 혹시 이 단 지파의 잘못을 다시 범하고 있지는 않은지 돌아보아야 할 것입니다.

✚ 기 도
하나님! 저희들이 우둔하여 때로 하나님을 거역하고 세상의 윤리와 가치를 좇아 세상에 속한 것들을 더 사랑하였던 것을 고백합니다. 주의 자비로 용서하시고 주님만을 사랑하게 하옵소서. 예수님의 이름으로 기도드립니다. 아멘

✚ 중보기도
교회들이 지탄의 대상이 아니라 지역사회의 새벽빛이 될 수 있도록.

✚ 명 상
주님은 그 길이 협착하고 가는 이가 적은 좁은 길로 가기를 원하십니다.

레위인의 죄악

♣ **성경** 사사기 19장(외울요절 23절)　**찬송** 270(214)장 ♣

　본 장 이후는 기브아 사람들의 가증한 행위를 말함으로 이스라엘 자손들이 가나안에 정착한 이후에 하나님을 떠나 도덕적으로 얼마나 타락하였는가를 보여 주고 있습니다. 본문에서도 하나님의 심판을 받아 멸망하기 직전의 소돔과 고모라를 연상케 하는 추악한 죄악에 대한 이야기가 전개됩니다.
　성막에서 봉사하는 신령한 지파인 레위인이 도덕적으로 부패하여 첩을 두었습니다. 그리고 위기에 봉착하였을 때에는 자신의 목숨을 부지하기 위하여 첩의 생명을 내줄 수 있으리 만치 이기적인 삶을 살고 있었습니다. 또한 복수를 하기 위하여 시체를 무자비하게 가르는 몰인정한 당시의 종교 지도자들의 타락한 모습도 나타납니다.
　하나님을 섬기지 아니하고 우상을 섬기고 숭배하는 죄악 가운데, 그들의 도덕적 윤리는 남자가 남자를 상관하는 최악의 상태에 이르고 말았습니다.
　오늘날 저질 영화, 비디오테이프, 저질 문학과 성인만화, 또한 환락가의 모습들 속에서 우리는 위기감을 느끼지 않을 수 없습니다. 그런 가운데서 우리는 기도와 말씀으로 영적인 무장을 하고 성결한 삶을 살아야겠습니다.

✚ **기 도**
　불의한 것을 결코 용납하지 아니하시는 하나님! 이스라엘의 죄악을 그들의 행위대로 심판하심을 인하여 저희들을 깨우쳐 주시니 감사합니다. 오늘날 범람하는 죄악의 문화를 이겨낼 수 있는 힘을 주시고, 오히려 그들을 변화시켜 주셔서 그리스도인의 성결하고 온유한 삶을 살게 하옵소서.
　예수님의 이름으로 기도드립니다. 아멘

✚ **중보기도**
　청소년들이 세상의 악한 문화에 유혹되지 않고 마음의 안식처를 얻을 수 있도록.

✚ **명 상**
　주님의 심판이 가까이에 있습니다. 이제는 자다가 깰 때가 되었습니다.

베냐민과의 전쟁

♣ **성경** 사사기 20장(외울요절 23절) **찬송** 397(454)장 ♣

베냐민 지파 기브아인의 레위인에 대한 가증한 행위로 말미암아 온 이스라엘이 미스바에 모여 그들의 추악한 행위를 징계하기로 하였습니다.

그렇지만 베냐민 족속도 한 동족인지라 범죄의 당사자인 기브아의 건달들을 넘겨주어 그들만 처벌을 받도록 요청을 하였습니다. 그러나 베냐민 지파는 도리어 범죄자들을 옹호하여 군대를 동원해 전쟁을 준비하였습니다.

이스라엘 각 지파의 연합군은 계속하여 하나님께 여쭈어 보면서 베냐민과 전쟁을 하였으나 두 번이나 패하고 맙니다.

그 이유가 무엇이겠습니까?

우리는 여기에서 하나님의 마음을 살펴볼 수 있습니다. 비록 범죄한 베냐민이지만, 그들이 멸절되는 것을 원하시지 않고 자꾸 미루시는 하나님, 사랑의 하나님을 엿볼 수가 있습니다. 마치 동기간에 다툼이 있을 때에 잘한 아들이나 못한 아들이나 똑같이 귀하게 여기고 하나가 다치는 것을 슬퍼하는 부모의 마음과도 같습니다.

✞ **기 도**

우리의 아버지가 되시는 하나님, 범죄한 우리를 사랑하시는 하나님께 감사를 드립니다. 우리도 그와 같이 주님의 넓은 마음, 애틋한 사랑을 알고 실천하게 하옵소서. 예수님의 이름으로 기도드립니다. 아멘

✞ **중보기도**

한국 교회가 사랑과 나눔의 실천이 따르는 교회상을 이루어 가도록.

✞ **명 상**

어떤 죄인도 멸망당하는 것을 원치 않으시고 그들이 회개하고 돌아오기를 애타게 기다리시는 주님이여!

베냐민 족속의 회복

♣ **성경** 사사기 21장 (외울요절 6절)   **찬송** 282(339)장 ♣

　한 작은 사건을 인하여 수많은 동족들이 피를 흘리는 참사를 빚은 후에야 동족상잔의 비극을 깨닫게 됩니다. 그들은 저녁까지 하나님 앞에 앉아서 대성통곡하며, "오늘날 이스라엘 중에 어찌하여 한 지파가 없어지게 하시나이까?" 하였습니다. 동족을 죽이고 나서야 하나님의 넓은 마음을 깨닫고 안타까워하는 인간의 어리석음을 보인 것이 어찌 이 한번 뿐이겠습니까?

　이제야 베냐민 지파를 다시 회복시키고자 노력합니다. 전쟁에 패한 베냐민 족속 가운데 600명이 목숨을 건질 수 있었습니다. 그러나 이들은 여인이 없었으므로 기업을 이어갈 수가 없었습니다. 그런데 전쟁의 흥분 속에서 베냐민 족속에게는 딸을 주지 않겠다고 서원을 한 관계로 딸을 주지 못하고 전쟁에 참여하지 않았던 야베스 길르앗 거민들을 진멸하고 처녀 400명을 취하여 베냐민 족속과 결혼하게 하고, 나머지 200명은 실로에서 매년 열리는 여호와의 절기 때에 실로의 딸 중에서 취하도록 하였습니다. 이로 말미암아 베냐민 지파는 멸절되지 아니하고 겨우 대(代)를 이어가게 되었습니다.

　인생들이 하나님의 말씀대로 살지 아니하고 한순간의 감정에 치우쳐 살게 되면 죄악을 낳게 되고 이로 말미암은 결과는 후회와 허무뿐입니다. 성경은 이러한 무분별한 사건과 결과들이 의로운 한 지도자가 없었기 때문이라는 결론을 내리고 있습니다.

✞ **기 도**
　하나님! 형제를 미워하는 것이 얼마나 큰 죄악이며 동시에 얼마나 어리석은 일인지를 알게 하옵소서. 예수님의 이름으로 기도드립니다. 아멘

✞ **중보기도**
　이 사회에 깊이 뿌리박힌 증오와 시기와 갈등들이 복음과 하나님의 사랑으로 해소되기를.

✞ **명 상**
　악으로 악을 이길 수 없습니다. 선으로 악을 이겨야 합니다.

다윗의 조상 룻

♣ **성경** 룻기 4:13~22(외울요절 14절)   **찬송** 101(106)장 ♣

룻기는 사사시대를 배경으로 이야기가 시작됩니다. 그런데 룻기에는 사사시대의 정치적이고 사회적인 측면이 아닌 평범한 사람들에 대한 이야기 속에서 하나님께서는 자신의 뜻을 이루어가시고 하나님을 신뢰하고 따르는 자들을 축복하여 주심을 보여 줍니다. 하나님의 역사는 반드시 높은 정치인들이나 유명한 사람들에 의하여 이끌리지 않습니다. 오히려 평범하면서도 그 세대에서 의롭게 살아가는 사람들에 의하여 확장되어져 나갑니다.

룻기에는 두 여성 즉, 나오미와 룻에 대한 이야기가 중심이 되는데 나오미가 극심한 곤경을 겪다가 어떻게 평안과 위로를 얻었는가를 보여 줍니다.

그리고 이방 여인인 룻은 시어머니 나오미가 이방 나라에서 곤란한 지경에 처하였을 때에 나오미의 하나님을 자기의 하나님으로 영접하면서 나오미에게 은혜를 베풀므로 말미암아 다윗 왕의 조상이 되는 축복을 누리게 되었습니다. 오늘 육신을 입고 이 땅에 오신 예수님의 조상이 된 것입니다(마 1:5).

이방 여인이었던 룻이 나오미가 섬기는 하나님을 나의 하나님으로 영접함으로 놀라운 축복을 받음같이, 오늘 육신을 입고 이 땅에 오신 예수님을 나의 주로 영접하게 될 때 룻이 누렸던 놀라운 축복을 받게 될 것입니다. 현재 큰 재물도 없고 명예도 없는 소시민에 불과하지만 하나님은 나를 들어 주의 뜻을 이루시는 도구로 사용하실 것입니다.

✞ **기 도**

하나님! 어려운 환경 속에서도 하나님을 의지하고 따를 수 있는 믿음을 주시고, 신뢰하고 따르는 자들에게 복을 주옵소서. 예수님의 이름으로 기도합니다. 아멘

✞ **중보기도**

이름 없이 빛도 없이 주를 섬기시는 분들이 선을 행하다가 낙심하지 않도록.

✞ **명 상**

주께서 보시는 참된 종의 기준은 '충성' 과 '진실' 입니다. 그 종이 얼마나 큰 일을 했는가가 아닙니다.

고향을 떠나는 엘리멜렉

♣ 성경 룻기 1:1~5 (외울요절 1절)   찬송 384(434)장 ♣

사사들이 통치하던 시대에 베들레헴에 흉년이 들어 그 땅에 살고 있던 엘리멜렉은 그 아내 나오미와 두 아들을 데리고 흉년을 피하여 모압 지방으로 내려갔습니다. 거기에서 그들은 거의 10년 이상을 보내게 되었습니다. 그런데 환난을 피하여 모압으로 갔지만, 또 다른 어려움에 봉착하게 됩니다.

그 땅에 거하는 동안 나오미의 남편인 엘리멜렉이 죽었고 두 아들은 이방 여인과 결혼을 하였는데 한 여인은 오르바요 또 한 여인은 룻이었습니다. 그들이 거기 거한 지 10년 쯤 되어 나오미의 두 아들인 말론과 기룐이 다 죽고 나오미와 두 며느리만 남았습니다. 이방 땅에 홀로 남은 나오미는 전보다 더욱 비참한 상태가 되었으나 거기에는 하나님의 뜻이 있었습니다.

베들레헴에 흉년이 든 것이나 엘리멜렉으로 하여금 모압 땅으로 이거하도록 한 것이나, 그 아들이 이방 여인 룻을 아내로 맞이한 것은 하나님의 은밀하신 손길이 작용하신 것입니다. 이스라엘 사람이 이방 여인과 결혼한 것은 잘못이지만, 하나님은 그 속에서 당신의 뜻을 이루시려 하셨습니다.

인간 사회의 모든 역사가 우연이나 돌발적으로 되어지는 것은 하나도 없습니다. 모든 것이 하나님의 뜻대로 운영되어지는 것입니다. 그러므로 우리의 주변에 일어나는 사건을 통하여 섭리하시는 하나님의 손길을 깨닫는 믿음의 눈이 있어야 합니다. 현재의 삶속에서 하나님의 모습을 보아야 합니다.

✝ 기 도

하나님! 눈이 어두워서 하나님의 뜻을 깨닫지 못하는 우리의 눈을 밝혀서 주의 법의 기이한 것을 깨닫게 하옵소서. 예수님의 이름으로 기도드립니다. 아멘

✝ 중보기도

저소득층의 근로자와 노동자들의 생활이 보장되도록.

✝ 명 상

모든 직분자는 하나님께서 세우셨습니다. 그리고 그들을 항상 저울로 달아 보십니다.

룻의 위대한 결단

♣ 성경 룻기 1:6~22 (외울요절 17절) 찬송 440(497)장 ♣

모압에서 남편과 두 아들을 잃은 나오미는 흉년이 지나 고향 땅으로 돌아가기로 작정을 하고, 두 며느리를 불러 축복하며 새로운 생활을 시작하도록 권고했습니다. 나오미의 간곡한 권유에 오르바는 그 백성들과 그 신에게로 돌아갔습니다(15절). 그러나 룻은, "어머니의 하나님이 나의 하나님이 되시리니 어머니께서 죽으시는 곳에서 나도 죽어 거기 묻힐 것이라 만일 내가 죽는 일 외에 어머니를 떠나면 여호와께서 내게 벌을 내리시고 더 내리시기를 원하나이다"(16~17절)라고 하면서 나오미를 따랐습니다.

룻이 자신이 섬기던 이방 신을 버리고 나오미가 섬기던 하나님을 섬기기로 한 결정은 놀라운 결과를 가져왔습니다. 또한 어려운 환경 가운데 시어머니인 나오미를 섬김으로 하나님의 축복을 받아 후일에 보아스와 결혼을 함으로 다윗 왕의 증조할머니가 되었습니다. 더욱 놀라운 축복은 이방 여인으로서 자신의 이름을 딴 성경 책 '룻기'가 기록되었으며, 가장 큰 축복은 그 후손 가운데서 예수님이 태어나게 되어 예수님의 족보에 들어간 것입니다(마 1:5).

한 번의 위대한 결단과 선택으로 룻은 이처럼 놀라운 축복을 받았습니다. 삶의 순간순간 선택의 갈림길에서 어떤 것을 택하느냐는 우리의 삶 전체를 좌우하는 중요한 것입니다.

✢ 기 도
나오미의 하나님, 룻의 하나님이여! 우리의 삶이 항상 예수님을 중심으로 살아가게 하옵소서. 매 순간순간의 선택에 있어서 지혜를 주셔서 올바른 길, 주의 길을 선택할 수 있게 하옵소서. 예수님의 이름으로 기도드립니다. 아멘

✢ 중보기도
주어진 삶의 순간마다 예수님을 생각하며 잘 판단할 수 있도록.

✢ 명 상
사람이 멸망을 받는 것은 단지 죄 때문이 아니라 예수님을 거절하였기 때문입니다. 그것은 바로 가장 중요한 선택인 것입니다.

이삭 줍는 룻

♣ 성경 룻기 2장(외울요절 12절)   찬송 400(463)장 ♣

　시어머니 나오미를 따라 베들레헴에 온 룻은 시어머니를 봉양하기 위하여 밭에 나가 이삭을 주웠습니다. 율법에 의하면(신 24:19) 곡식을 거둘 때에 가난한 자들을 위하여 얼마를 남겨 두거나 이삭을 줍지 않음으로 가난한 자들로 하여금 줍게 하였던 것입니다. 나오미 일가가 떠나기 전에는 밭이 있었으나 이제는 그 이삭을 주워야 할 정도로 비참하게 되었던 것입니다. 그러나 룻은 낙망하지 않고 이 일을 했습니다.
　그러던 중 하나님께서는 룻을 나오미의 남편 엘리멜렉의 친족 중 유력한 자인 보아스의 밭으로 인도하셔서 이삭을 줍도록 하셨습니다. 룻에게는 우연이었지만, 이것은 하나님의 섭리였습니다. 보아스는 룻이 시어머니를 위해 행한 일에 대하여 하나님께서 축복하시기를 빌며, 자신의 밭에서 계속하여 이삭을 줍도록 하고, 곡식을 다 베고 단을 묶은 후에야 이삭을 주울 수 있었음에도 불구하고 룻에게는 곡식을 베는 중에나 단을 묶는 중일지라도 이삭을 줍도록 특별하게 허락하여 은혜를 베풀었습니다(15절).
　룻처럼 모든 어려움 속에서도 하나님의 뜻을 따라 선을 행하려 할 때 하나님께서는 도와주시는 것입니다. 하나님은 우리의 행한 대로 갚으시는 분이십니다. 룻이 어려운 상황에서도 시어머니를 버리지 아니하고 은혜를 베풀므로, 하나님께서는 보아스를 통하여 은혜를 베풀어 주셨던 것입니다.

✚ 기 도
　행한 대로 갚으시는 여호와 하나님! 우리가 형제를 위하여 선한 일을 행하게 하옵소서. 상 주시는 하나님이심을 알고 영원한 소망을 갖고 선한 열매를 많이 맺게 하옵소서. 예수님의 이름으로 기도드립니다. 아멘

✚ 중보기도
　가난한 이웃들에게 사랑을 베풀 줄 아는 신자들이 될 수 있도록.

✚ 명 상
　우리는 어려움 삶 속에서도 룻과 같은 생각으로 승리해야 합니다.

나오미의 제안

♣ **성경** 룻기 3장 (외울요절 10절)　**찬송** 317(353)장 ♣

　나오미는 자기를 위하여 헌신적으로 수고하는 룻에게 가정을 이루어 주기 위하여 제안을 하였습니다. 당시의 관습으로는 결혼한 남자가 자식이 없이 죽었을 경우에는 그의 동생이 형수와 결혼을 하여 태어난 아들에게 형의 이름을 붙여 주고 이 아들이 형의 재산을 상속하였습니다. 그러므로 나오미가 남편의 가까운 친족인 보아스에게 룻으로 하여금 들어가 기업을 무를 수 있도록 한 것은 당연한 일이었습니다.
　룻은 나오미가 지시하는 대로 보아스에게 들어갔고, 보아스는 룻의 행동이 율법에 따른 행위인 것을 인정했습니다. 또한 그녀의 현숙함이 온 성읍에 소문이 난 것을 좋게 보아 기업 무르는 문제를 해결하여 줄 것을 약속하였습니다. 룻의 현숙함과 시어머니를 공경하며 섬기는 생활은 이웃에게도 인정을 받게 되었고 결국은 보아스를 통하여 안식을 누리게 됩니다.
　여인이 남편의 품에서 안식을 누리듯이 인생은 하나님의 품에서만이 참 쉼과 안식을 누릴 수 있습니다. 그것은 룻처럼 하나님을 향한 결단이 있을 때에만 가능한 것입니다.

✞ **기 도**
　하나님! 이 세상의 것들이 때로는 우리에게 안식을 주기도 하고 평안을 주는 것 같지만 참 쉼은 주께 있음을 깨닫고 주 안에서 참 안식을 누리게 하옵소서. 이런 안식은 주님께로 향하는 결단 속에서만 가능한 줄 아오니, 늘 주님 편에 서서 주님을 위하여 살아가게 하옵소서.
　예수님의 이름으로 기도드립니다. 아멘

✞ **중보기도**
　어린 아이와 노인들을 보호하고 존경하는 사회가 되기를.

✞ **명 상**
　룻의 결단과 축복 사이에는 엄청난 고난과 그것을 이겨내는 인내가 전제되어 있습니다.

룻의 결혼

♣ 성경 룻기 4:1~12 (외울요절 4절) 찬송 435(492)장 ♣

룻이 보아스에게 기업을 무르게 하여 달라고 요청을 하였지만, 보아스보다도 더 가까운 친족이 한 사람 있었습니다. 그래서 보아스는 그와 그 성읍의 장로 열 명을 초청하여 성문에 모이게 하고 기업을 무르는 문제를 해결하도록 하였습니다. 이렇게 기업을 무르는 것은 큰 손해를 보는 일이었습니다. 땅을 사더라도 자기의 것이 아니기 때문입니다.

그런데 그 근친자는 자기 기업에 손해가 있을까 하여 신을 벗어 보아스에게 줌으로 기업을 무르는 것을 포기하였습니다. 신을 벗는다 함은 자기 소유나 권리를 포기한다는 의식이었습니다. 그리하여 다음으로 기업을 무를 자격이 있는 보아스가 기쁘게 기업을 무를 수가 있었습니다.

그 곳에 모인 장로와 백성들은 보아스가 기업을 무르는 사실에 대하여 증인이 되었고, 룻으로 하여금 이스라엘의 시조인 야곱의 아내인 라헬과 레아 두 사람과 같게 하고 보아스는 이스라엘의 유력자요, 유명한 자가 되기를 축복하고 이들의 후손에 대하여도 축복해 주었습니다. 그리하여 그의 후손에서 다윗 왕이 나올 수 있었고, 끝내는 예수님까지 탄생하게 된 것입니다.

고향 땅과 친족을 포기하고 시어머니를 따르고 효도를 하였던 룻은, 하나님의 인도하심으로 보아스로 말미암아 기업을 잇게 되었고 놀라운 축복을 받을 수가 있었습니다.

✞ 기 도

룻을 인도하시고 축복해 주신 하나님! 저희들도 하나님을 사랑하고 이웃을 향하여 사랑을 나누는 삶을 살게 하옵소서. 예수님의 이름으로 기도드립니다. 아멘

✞ 중보기도

각종 구제기관을 통한 구제활동이 활발하게 진행되도록.

✞ 명 상

당장은 손해되는 것 같아도 축복의 씨앗이 되는 일이 있습니다.

일곱 아들보다 귀한 자부

♣ 성경 룻기 4:13~22 (외울요절 15절)   찬송 28(28)장 ♣

이방 여인으로서 외지인 베들레헴에 와서 갖은 어려움을 겪어야 했던 룻은 그의 시어머니를 향한 헌신적인 사랑과 효성으로 말미암아 놀라운 축복의 열매를 맺게 되었습니다. 이는 보아스와의 결혼을 통해 이루어졌습니다.

이로 말미암아 '즐거움'이라는 의미의 이름을 가졌던 나오미가, 모압 땅에서 돌아올 때 자신의 이름을 '괴로움'이라는 의미인 '마라'라고 부르도록 하였는데, 룻이 보아스를 인하여 기업을 이음으로 괴로움은 다시 즐거움으로 변하였습니다. 이제 성읍의 여인들이 나오미의 품에 안긴 룻이 낳은 아이를 축복하며 룻을 가리켜, '일곱 아들보다 귀한 자부'라고 칭찬과 축복을 합니다. 그녀는 실로 일곱 아들보다 귀한 자부였습니다.

인간의 혈통을 따지면 보잘것없는 이방 여인이지만 하나님께서는 룻의 중심을 보시고 이스라엘에게 약속하신 다윗 왕조를 잇게 한 조상이 되게 하셨습니다. 결국은 이방인까지도 구원하시려는 하나님의 크신 뜻이 담겨져 있는 것을 볼 수 있습니다. 하나님의 뜻은 참으로 신비하며 헤아릴 수 없을 정도로 오묘합니다.

한해가 저무는 세모를 맞았습니다. 우리를 통해 이루고자 하시는 주님의 구원사역에 합당하게 쓰인 한해였는지 돌이켜 봅시다. 우리의 딸들은 룻과 같이 효성스런 자부, 현숙한 아내가 되고, 아들들은 보아스같이 선하고 의로운 사람이 되어 주님의 후사를 영원히 잇는 가족이 됩시다.

✝ 기 도

의로우신 하나님! 룻처럼 약한 인생들이지만 하나님의 뜻에 따라 강하고 귀하게 쓰임받는 가족들이 되게 하여 주옵소서. 예수님의 이름으로 기도합니다. 아멘

✝ 중보기도

넘어지고 실패하여 낙심 중에 있는 사람들이 새 힘 받고 새 출발할 수 있도록.

✝ 명 상

묵은해를 돌아보고 새해의 비전을 묵상합시다.

가정예배서

2009년 10월 13일 1판 23쇄 발행
2022년 10월 20일 2판 4쇄 발행

지은이: 박종순 목사 외 3인
펴낸이: 황성연

펴낸곳: 한국문서선교회

등록: 1981. 11. 12. NO. 제14-37호
주소: 경기도 파주시 혜음로883번길 39-32
이메일: mission3496@naver.com
전화: 031-947-7777
팩스: 0505) 365-0691
정가 15,000원

잘못된 책은 바꾸어 드립니다.
* 판권 본사 소유 *
ISBN 978-89-8356-019-3 13230